製造共識

MANUFACTURING
CONSENT

媒體政治經濟學

Edward S. Herman
Noam Chomsky

愛德華·S·赫曼　諾姆·杭士基 著

沈聿德 譯

地球觀　66

製造共識【媒體政治經濟學】

政府、傳媒與廣告商，如何把偏見灌進「你」的腦裡，打造「他們」要的共識？

Manufacturing consent: The political economy of the mass media

作　者　愛德華‧S‧赫曼 Edward S. Herman
　　　　諾姆‧杭士基 Noam Chomsky
譯　者　沈聿德

野人文化股份有限公司
社　　長　張瑩瑩
總 編 輯　蔡麗真
責任編輯　徐子涵
校　　對　林昌榮、魏秋綢
行銷企畫　林麗紅、蔡逸萱、李映柔
封面設計　萬勝安
內頁排版　洪素貞

讀書共和國出版集團
社　　長　郭重興
發行人兼出版總監　曾大福
業務平臺總經理　李雪麗
業務平臺副總經理　李復民
實體通路組　林詩富、陳志峰、郭文弘、吳眉姍
網路暨海外通路組　張鑫峰、林裴瑤、王文賓、范光杰
特販通路組　陳綺瑩、郭文龍
電子商務組　黃詩芸、李冠穎、林雅卿、高崇哲
專案企畫組　蔡孟庭、盤惟心
閱讀社群組　黃志堅、羅文浩、盧煒婷
版權部　黃知涵
印 務 部　江域平、黃禮賢、林文義、李孟儒
出　　版　野人文化股份有限公司
發　　行　遠足文化事業股份有限公司
　　　　　地址：231 新北市新店區民權路 108-2 號 9 樓
　　　　　電話：（02）2218-1417　傳真：（02）8667-1065
　　　　　電子信箱：service@bookrep.com.tw
　　　　　網址：www.bookrep.com.tw
　　　　　郵撥帳號：19504465 遠足文化事業股份有限公司
　　　　　客服專線：0800-221-029
法律顧問　華洋法律事務所　蘇文生律師
印　　製　博客斯彩藝有限公司
初版首刷　2021 年 12 月

9789863846307（平裝）
9789863846314（EPUB）
9789863846321（PDF）

國家圖書館出版品預行編目（CIP）資料

製造共識（媒體政治經濟學）：政府、傳媒與廣
告商，如何把偏見灌進「你」的腦裡，打造「他
們」要的共識？／愛德華‧S‧赫曼（Edward S.
Herman), 諾姆‧杭士基（Noam Chomsky）著；沈聿
德譯. -- 初版. -- 新北市：野人文化股份有限公司
出版：遠足文化事業股份有限公司發行, 2021.12
　　面；　公分. -- (地球觀；66)
譯自：Manufacturing consent : the political economy
of the mass media
ISBN 978-986-384-630-7(平裝)

1. 大眾傳播 2. 政治公關

541.83　　　　　　　　　　　　　　110019679

This translation published by arrangement
with Pantheon Books, an imprint of The Knopf
Doubleday Group, a division of Penguin Random
House, LLC.

野人文化
官方網頁

野人文化
讀者回函

**製造共識
【媒體政治經濟學】**

線上讀者回函專用 QR CODE，
你的寶貴意見，將是我們進步
的最大動力。

謹以此書紀念

艾力克斯・凱瑞（Alex Carey）

與

赫伯・I・施樂（Herbert I. Schiller）

大家說伊朗軍售醜聞案（Iran-Contra Scandals）都得怪總統隨和客氣、容忍下屬的習性——不過，早在大家不只一次、而是兩次把這個總統送進白宮之前，就能從種種跡象得知，他有所作為與否的行事風格，便是如此啊。

——詹姆斯·雷斯頓（James Reston）

蒙蔽了民眾雙眼的人，倒要譴責大家盲目閉塞。

——約翰·米爾頓（John Milton）

目錄

譯者序

被統治者的同意
（Consent of the Governed），
由誰決定？

沈聿德

《**製**》造共識》（Manufacturing Consent）是美國當代最具影響力的自由意志派社會主義學者諾姆·杭士基（Noam Chomsky，又譯諾姆·喬姆斯基）與愛德華·S·赫曼（Edward S. Herman）合著的作品。書中提出政治宣傳模式的框架，討論大眾媒體的社會經濟學。作者細究美國近幾十年來的重大政治、軍事與外交事件，並審視其相關衍生政策，以分析當代美國大眾媒體集團，在自由經濟市場的獲利導向原則下，如何透過系統結構上的重重過濾，左右新聞的內容與報導方式，保障菁英階層的利益、達成政治宣傳的目的、打造公眾輿論與人民同意，同時維繫媒體在自由市場的競爭力。

在這個運作得宜的制度底下，重大事件發生時，雖然美國的大眾媒體看似擁有不可侵犯的新聞報導自由、同時還背負著監督政府並反映輿情的社會責任，但事實上，無論是報導也好、批評也罷，媒體的新聞自由，早已受到當權派政治宣傳模式命定的討論框架限制，而其監督政府的社會責任，事後看來，終究不過是依循國家路線的作為而已。以美國為例，舉凡冷戰時期反共氛圍下價值有別的各地宗教受難者與教宗遭刺案、拉丁美洲各國的軍政府選舉活動、中南半島戰爭與屠殺事件……等等，當權派、菁英階層以及大

眾媒體，透過系統性的居中運作，或掩蓋真相，或曲解事實，或顛倒黑白，成功地在一般的閱聽受眾之間，打造出通合一氣、同仇敵愾的立場，製造了上下一心、堅不可摧的共識，繼續頌揚對內以固有愛國主義為基礎、對外以推行民主制度為神聖己任的美國神話。

除了細膩的文獻資料分析、嚴謹的研究態度、質化／量化兼備的研究手法，還有作者身為當代最知名的自由意志派社會主義學者這些不需要再多加贅述的賣點之外，本書之所以成為當代討論媒體與社會議題的重要著作之一，還因為這份研究，揭開了近代美國文化當中難以碰觸的瘡疤──中南半島的戰爭（尤以越戰為是）。作者在挑戰美國官方、大眾媒體以及社會輿論面對中南半島戰爭的傳統解讀方式時，揚棄各打五十大板的犬儒式批評，轉而點出各方莫衷一是、看似對立的態度，只是表象；而事實上，各界透過大眾媒體探討中南半島戰爭時，立場有別且情緒高昂但卻又不出亂子的激烈辯論，都巧妙地在同一個框架之中運作，以不違背當權派設下的前提為限，最終，服膺於同一條官方路線。

這本巨作，在雷根（Ronald Reagan）主政時期尾聲問世，近 20 年後新增修訂版，如今再翻譯成繁體中文版上市，我們或許會問：多年過去，既然媒體集中化的現象不變、以獲利為依歸而牽制媒體的各個自由市場因素依舊，而且本書分析政治宣傳模式的處理手法如故，而隨著自媒體的出現、反省媒體的討論越臻細膩成熟，消息來源與取得資訊的方式更加多元，民眾文化教育也越加普及，那麼身為閱聽受眾的我們，理應具備「能力」識破這種被框架製造出來的共識、突破媒體報導不足甚或曲解的盲點，不是嗎？

其實未必如此。根據筆者旅居美國的觀察，以近兩年來台灣國人熟知的國際新聞事件為例，我們可以從美國主流媒體與政府的態度，看到當權者如何安排路線，一統群情輿論，打造出人民的同意。

2019 年 3 月份開始而且依然持續當中的香港反送中運動，跟 1989 年冷戰時期尾聲發生的六四天安門事件，兩者同樣發生在中國，同樣反共意味濃厚，目的也同樣是爭取自由與民主，不過，美國大眾媒體呈現前後兩事件的報導方式與強度，大大有別，因此，美國公眾的關心程度，也差異甚鉅。美國官方與大眾媒體，將六四天安門事件定調為屠殺事件，積極介入，在當時民主與共產對立二分的情勢下，事件當中的所有的受害者，都是有價值的受

害者。反觀香港反送中運動的受害者，其價值則在有與無之間擺盪，端看2018年至今的中美貿易戰情勢變化以及美國官方和菁英利益團體是否需要以此為談判籌碼而定；冷戰落幕20多年後，大眾媒體面對這個過去被視為替美國民主擦脂抹粉的機會，缺乏質量兼具的報導，而閱聽受眾，面對這個以往能輕易挑起仇愾的事件，倒所知有限。

2020年，中國武漢爆發新冠肺炎，初初流行之時，太平洋彼端的美國，原有充足的時間完成防疫規畫，因應日後可能發生的全球疫情蔓延，不過，由於官方一開始僅將此肺炎視為流感之輩，再加上民眾整體公衛習慣與防疫觀念不足，疫情爆發後，一發不可收拾，很快地，美國就成為災情最慘重的國家之一。起初，對於如此的官方反應，美國的主流大眾媒體，無論立場與當權派異同與否，或看似袒護，或看似抨擊，都沒能即時而完整地提供其他國家的有效防疫策略作為參考，僅固著於疫情失控的究責——以是否戴口罩為例，官方連同媒體的無作為，導致一般民眾甚至第一線醫療人員，都合理認為無須配戴口罩，甚至還發生民眾於氣憤恐慌之際，攻擊戴口罩之華裔人士的種族歧視事件。事後證實，美國國內光是第一線醫護人員的醫療用口罩與其他個人防護裝備（PPE）都嚴重不足，無怪乎政府連同大眾媒體，也只能藉口美國人向來沒有戴口罩預防流感的共識，藉稱口罩防疫尚待評估，繼續隱諱地冷處理口罩議題；等到事態嚴重，各州政府不得已開始實施保持社交距離與居家庇護的政策之後，官方與大眾媒體，才一改立場。政府先是鼓勵民眾捐獻口罩與其他相關醫療物資給第一線防疫人員，隨後砸重金出動海軍特技飛行隊藍天使（Blue Angels）表演，向醫療人員致敬，接著，大眾媒體也捐棄歧見，一呼百應地紛紛製作特輯，營造全民頌揚醫護人士的氛圍——透過種種手段，祭出固有的愛國主義，抑制民眾無口罩或相關物資可買的潛在恐慌，轉移疫情失控的焦點，替當權派爭取時間，補充國內口罩供應量能。各州實施居家庇護一段時間後，才決定人民進出密閉或無法保持社交距離的空間時，必須配戴能掩住口鼻之面罩的政策。拿筆者居住的加州來說，從第一例社區感染病患的出現，到州政府強制執行民眾戴面罩的政策，竟相距將近兩個月的時間。至於美國國家層級的疾管署（CDC），甚至到各州政府結束強制居家庇護、陸續重新開放之後，遲至六月底，才更新公告政策，建議民眾配戴面罩（即廣義上的能罩住口鼻的面罩，包含口罩）。短短數月之間，

美國疫情便讓我們見識到，在重大事件上，大眾媒體的新聞報導與看似立場衝突的批評辯論，其實早已受制於預先命定的框架，而民眾大多被動接受官方路線，視其為合理共識。

延續前例當中的例子：在疫情蔓延、然當局防疫措施未明的情況下，為求自保的華裔人士，因出入公共場合戴口罩而招致攻擊的案件，雖然得以曝光，但媒體卻無後續報導，也未盡監督之責，追蹤相關單位之作為；這些例子，更沒有因為涉及嚴重種族歧視，而引發社會大眾對少數族裔所受不平待遇的憤慨。撇除這些因為疫情升溫的關係，在美國全國各地都發生了種族歧視事件，2020 年 2 月，筆者居住的舊金山灣區灣景市（Bayview），發生了一件撿拾資源回收的華裔老先生遭到數名非裔美國人挑釁甚至毆打的案子。老先生受害的經過被人用手機拍了下來，涉案的其中一人，甚至對著邊哭邊跑的老先生大喊著：「我他媽的痛恨亞洲人！」（"I fucking hate Asians!"）消息見諸媒體，各家新聞都以嚴肅的態度播報了這則新聞，痛斥此不當行為應受譴責。不過，我們依然沒有看到媒體更新後續的追蹤報導。另一方面，2020 年 5 月，當明尼阿波利斯市（Minneapolis）警方執法不當，將非裔男性喬治·佛洛伊德（George Floyd）壓脖致死，因而再次引爆「黑人的命也是命」（Black Lives Matter，簡稱 BLM）的公民活動時，媒體緊追不放的煽情報導與「政治正確」的態度，輕易點燃了民眾的仇愾之火，美國各地痛陳長久以來之全面性歧視（systemic discrimination）並要求改革的抗議事件頻頻發生，甚至還出現民眾洗劫商家的脫序行為。時值各州陸續重新開放、美國總統大選在即，政治立場不同的主流媒體，報導方式更是南轅北轍。在「政治正確」的旗幟下，白人員警單膝下跪，象徵性地對非裔人士的不平待遇致歉，突然間，有色人種的區隔消失不見了，在反種族歧視的大旗之下，孰為弱勢、孰為更弱勢的問題，還有種族歧視的受害者是否也是加害者的問題，都不見了。在「反種族歧視」與「要求公平」的基本框架之下，看似正義的主流媒體，很可能不過是選舉在即而各為其主、替當權陣營做正反宣傳兩面手法的傳聲筒。

這幾年來，由於兩岸與國際情勢多有變化、再加上台灣經歷了幾次大型選舉活動，台灣的社會輿論界，對於大眾媒體的議題，也討論不斷。身為閱聽受眾的你我，在接收資訊的同時，必須時時提醒自己：在系統與結構上，受制於自由市場、內在預設以及自我審查等種種問題的大眾媒體，其背

後之集團巨頭，與官方及利益團體之間，有何關聯；在執行過程上，有何預先命定的討論框架，可能折損了媒體的新聞自由與社會功能；在效果上，身為政治宣傳載具的大眾媒體，到底建立了何種輿情共識。本書作者認為，從長遠的觀點看來，建立民主政治秩序的前提是，讓更多的人有辦法取得並利用媒體資，而且能大規模地掌控媒體資源。換句話說，在自媒體使用率越來越普及的現在，不管個人也好，社群也罷，必須組織起來、自我教育、建立關係並積極行動，如此，才會產生有意義的社會改變，我們才有希望看到自由與獨立的媒體。

概論

本書的討論，圍繞著我們稱為「政治宣傳模式」（Propaganda Model）的分析框架；這個分析框架試圖透過基本的組織結構與關係，說明美國媒體居中運作的行為表現。我們認為，除了其他的功能之外，媒體效命於影響力強大的社會利益團體，並為之宣傳；而這些團體掌控了媒體，也提供資金。這些利益團體的代表們，有他們想宣揚的重要主張與原則，而且有能力影響並限制媒體政策。通常，社會利益團體為達此一目的，靠的都不是粗糙的介入行為，而是透過選用思想正確的人員，同時仰賴編輯與記者內化何謂符合組織政策的新聞價值、並予以優先處理，方可成效。

其中結構性的因素很多，例如：所有權與控制權、對其他大型資金來源的倚賴（顯然廣告商就是一種）以及有權創造、定義並詮釋新聞的人和媒體之間的相互利益與關係。政治宣傳模式也納入了其他密切相關的因素，例如：針對媒體如何處理新聞的批評能力（也就是「炮轟媒體」〔flak〕的能力）、針對官方扭曲新聞而提供「專家」予以證實的能力以及針對媒體人員和菁英階層視為理所當然而普羅大眾卻往往不予接受之基本意識型態與原則的導正能力。[1] 我們認為，幕後擁有媒體並以廣告商身分提供資金、主導新聞定義、同時製造出炮轟媒體的評論，並提供思想合宜專家的同一批權力來源，在導正基本原則和主流意識形態方面，也扮演著關鍵的腳色。我們以為，這種結構分析所納入的誘因、壓力還有限制，往往得以充分解釋記者的工作、他們對新聞價值的認定，還有他們視什麼為理所當然的工作先決條件。

這些主導媒體運作的結構性因素，不一定具備全盤掌控的能力，也不見得一定都會造就出簡單且同質的結果。我們普遍公認，媒體組織中的各個

部分有一定程度的自主權、個人與專業價值觀都會影響媒體工作、政策的執行不會是完美無縫的，還有，媒體政策本身就可能容許某種意見分歧與報導而挑戰既定觀點——這甚至可說是我們透過本書提出的組織批判內容之一。如此種種，都是要確保部分分歧意見和難以面對的事實獲得報導。[2]話說回來，這套系統的迷人之處就是，分歧意見與難以面對的資訊，還是控制得宜而且不痛不癢，也因此，即便上述情況的存在顯示這套系統並非密實無縫，但這些情況也不會嚴重到過度干預官方理念的主導地位。

我們還要提醒的一點是，此處我們討論的是媒體結構和行為表現，而不是媒體對公共大眾所產生的影響。誠然，媒體要是固著於官方理念而鮮少歧異，就很有可能以特定方向引導大眾輿論觀點，然而，這是程度的問題，還有，碰到公共大眾和菁英階層之利益大相逕庭的事件，同時對此雙方各自擁有獨立的資訊來源時，官方的路線就可能廣受質疑。話說回來，在此，我們想強調的一點是，政治宣傳模式描述了形塑媒體行為的各種力量；這樣的政治宣傳模式，並不暗示媒體所展現的宣傳必然有效。

雖然經過了十多年，但本書第一版當中所提出的政治宣傳模式和案例研究，仍相當禁得起考驗。這篇新的概論，目的是要更新政治宣傳模式、增加一些資料以補強書裡已經提到的案例研究（接下來各章案例研究的內容都未有更動），同時，點出這個政治宣傳模式於當今與近期爭論議題上的可能應用。

更新政治宣傳模式

第一章裡詳盡討論的政治宣傳模式，透過主流媒體的企業性格還有它與主流經濟體系下政治經濟的結合，說明了主流媒體的整體行為和表現。因此，我們側重於媒體企業規模的擴張、媒體逐步的集權化與集中化、掌控多種不同媒體（電影製片廠、電視網、有線電視頻道，還有圖書出版公司）的媒體集團的成長以及全球化進程中媒體的跨國拓展。我們也點出了專業經理人逐步取代家族控管的現象，他們效命於更廣大的企業股東，同時受到市場更嚴密的規範。

過去十多年來，上述這些趨勢以及更為激烈的跨媒體廣告競爭，不斷上演，而且持續增強，各家公司更看重帳面利潤。因此，超大型公司的數量日益縮減，媒體集中化現象加劇，對此現象，民主與共和兩黨的行政與監管機關也完全不反對。班‧貝迪金提到，1983 年他的著作《媒體壟斷》（Media Monopoly）問世時，有 50 間巨頭公司，幾乎主導了每一種大眾媒體；不過，短短七年之後，到了 1990 年，占據同樣主導地位的，只剩 23 間公司。

　　自 1990 年起，一波大型交易案與快速全球化的浪潮，致使媒體產業更加集中於九家跨國集團——迪士尼公司（Disney）、美國線上時代華納公司（AOL Time Warner）、維亞康姆公司（Viacom，旗下擁有哥倫比亞廣播公司〔CBS〕）、新聞集團（News Corporation）、貝塔斯曼集團（Bertelsmann）、奇異電氣（General Electric，簡稱 GE，旗下擁有國家廣播公司〔NBC〕）、索尼企業（Sony）、AT&T– 自由媒體集團（AT&T-Liberty Media）以及維旺迪環球集團（Vivendi Universal）。這些巨商，坐擁世界上所有的大型電影製片廠、電視網、音樂公司，同時，最重要的有線電視頻道、有線電視系統、雜誌、主要市場電視台還有圖書出版公司，他們也掌握了相當的數量。其中規模最大、最近才合併完成的美國線上時代華納公司，把領頭的網際網路入口網，整合進傳統的媒體體系之中。另外的 15 間公司，則瓜分了剩下的媒體系統，也就是說，這 20 幾家的公司，幾乎控制了大多數美國民眾會碰上的所有媒體。貝迪金總結道：「正是這些公司教人無以招架的集體影響力，還有他們彼此環環相扣的關係和統一標準的文化與政治價值觀，讓我們惶惶不安地想質疑美國民主制度下的個人角色。」

　　除了奇異電器之外，目前這九間主導媒體世界的巨商，在媒體圈都已經大規模地實現了集中化，在內容製作與發行上，地位均不容小覷。其中四家——迪士尼公司、美國線上時代華納公司、維亞康姆，還有新聞集團——製作電影、書籍、雜誌、報紙、電視節目以及其他產品；透過旗下的廣播與有線電視、零售商，還有連鎖電影院，它們也掌握了大規模的發行機構。雖然也提供探討政治議題的新聞以及調查報導與紀錄片，不過，這些大眾文化巨擘的領導人主要感興趣的，還是會創造大量觀眾的娛樂節目：像 ABC（美國廣播公司頻道）的《百萬大富翁》（Who Wants to Be a Millionaire）和 CBS 的《倖存者》（Survivor），或像《獅子王》（Lion King）這種創造觀眾同時又可以創

造交叉銷售「綜效」（synergies）──它們心力和資源的投注重點──的電影。

像電影和書籍這類媒體的重要分支，多年來已經建立了全球各地規模龐大的市場，不過，在過去的 20 年間，一套對國家媒體系統、文化還有政治產生重大影響的全球媒體系統才成形。概略一點地說，推動這套全球媒體系統成形的，是商業的全球化，因而牽連到全球性廣告的快速成長，以及通訊技術的日新月異，足以達成跨國界的營運與控制。政府的政策和新自由主義意識形態也一路助瀾推波。美國與其他西方國家政府都敦促鼓勵本國公司積極朝海外拓展，國際貨幣基金（International Monetary Fund，簡稱 IMF）與世界銀行（World Bank）也同聲一氣，它們促進跨國企業進軍全球媒體市場，成效可觀。新自由主義的意識形態提供了相關開放政策的思維根據，讓私人跨國投資商也能買下廣播電台、有線電視與衛星系統。

在這個全球化過程底下培育出的文化與意識形態，大多與「生活方式」的主題和商品以及這些產品的取得有關；它們往往會削弱有助於公民生活的一切社群意識。羅伯特・麥切斯尼（Robert McChesney）指出：「全球媒體系統的標記，就是它那無止歇又無處不在的重商主義（commercialism）。」購物頻道、「置商業資訊廣告」（infomercials）還有置入性行銷（placement product）在全球媒體系統裡大鳴大放。麥切斯尼補充道：「1990 年代晚期一則又一則的廣告，記錄下的是全球中產階級青年對消費者品牌和產品的入迷與依戀，這點，我們不感意外。」近幾年來，全球媒體除了報導像「聯軍空襲行動」（Operation Allied Force，北大西洋公約組織〔NATO〕對上南斯拉夫〔Yugoslavia〕的戰爭）這種正邪聖戰和國家選舉之外，它們對「新聞」的關注，已然失控地朝羶色腥發展，在辛普森殺妻案（O.J. Simpson trial）、露文斯基醜聞案（Lewinsky scandal）還有西方世界超級名人黛安娜王妃（Princess Diana）與甘迺迪總統之死的案件上，都看得到全球媒體這樣的病態關注。

全球化加上政策寬鬆和國家預算的壓力，也削弱了非商業媒體的重要性，這現象在一個又一個國家發生。這一點，對以公共廣播系統為大宗的亞洲和歐洲而言（相較於美國和拉丁美洲），特別重要。公共廣播單位面臨的財務壓力，迫使它們規模縮小，或透過募款與規畫仿效商業廣播單位，有些還透過改變政策與私有化，完全蛻變商業化單位。全球的權力平衡，已然明確

偏向商業媒體系統。詹姆斯·雷德貝特（James Ledbetter）指出，在美國，持續遭受右翼政治壓力和財務困境的「90年代，見證了重商主義席捲公共廣播事業的浪潮」，公共廣播單位「深怕太慢投向商業媒體網，合併業務。」就在這個雷德貝特稱為「公共廣播事業『商場化』（malling）」的過程中，它們相較於商業媒體網原本就不甚顯著的差異，幾乎就蕩然無存了。最重要的是，它們在節目中「碰到權大勢大的金主可能會來找麻煩的當代政治爭議，要不是避之不談，不然就粉飾太平。」

有些人主張，網際網路和新興通訊技術，正破除著企業對新聞的束縛，同時開啟了一個前所未有的互動式民主媒體時代。與此同時，網際網路提升了個人與團體建立關係網絡的效率與規模，這一點也不假，而且很重要。這讓人們在許多不同的案例中，得以逃脫主流媒體的束縛。日本的女性已經能造訪專門為她們所面臨的問題而建置的網站，跟同儕討論並分享彼此的經驗和資訊，同時取得專家針對做生意、財務還有個人問題提出的建議。1995年，墨西哥恰帕斯省（Chiapas）起義對抗墨西哥軍隊與政府蹂躪行為的人民，有辦法（靠著網際網路）動員一個國際援助團，協助他們將自己的不平與委屈公諸於世，向墨西哥政府施壓，進而促成該地區政策的改變。2000年，玻利維亞（Bolivia）的佃農抗議世界銀行的私有收購計畫與水費收取，還有1998年，印尼學生走上街頭抗議印尼總統蘇哈托（Suharto）的獨裁政府——這些事件裡，民眾透過網際網路傳遞溝通訊息的能力變強，因而製造出的曝光率等級與全球關注層級，都導致了重大後果：才剛收購了玻利維亞境內供水系統就快速調高水費一倍的貝泰公司（Bechtel）因而讓步，而該私有收購案還遭到撤銷；另外，學生示威抗議以及相關的媒體曝光，加上1998年的金融危機，促成了蘇哈托總統的下台。

涵蓋範圍更大的抗爭運動，也獲益於以網際網路為主的通訊。1998年，世界貿易組織（World Trade Organization，簡稱WTO）計畫祕密推動一項多邊投資協議（Multilateral Investment Agreement），事成的話，能更進一步保障國際投資商的權益，卻有違各國民意機關的意願，當時網際網路發揮極大價值，提醒反對勢力當心威脅，同時協助動員組織了反對勢力，擋下了這項協議案。同樣地，1999年11月在西雅圖進行的世界貿易組織會議，和2000年4月華盛頓特區舉辦的IMF與世界銀行例行年會，都有抗議行動；組織抗議活

動也好、宣傳抗議活動本身相關資訊以對抗主流媒體的惡意報導也罷，透過網際網路的資訊往來，都發揮了很大的功能。

話說回來，即便網際網路為異議者與抗議人士新增了重要的通訊方式，但是，作為關鍵工具它依然有其侷限。舉個例子吧：網際網路對於最迫切需要資訊的人，效用不彰——這些人當中很多是沒辦法使用網路的、網路的資料庫設計不符這些人的要求，還有，這些人要使用網路資料庫（以及整體上有效地使用網路），前提是得具備相關知識與組織能力。對那些沒有品牌、缺乏現存大批受眾，或／和大型資源的對象來說，網際網路並不是大眾傳播的工具。只有大規模的商業組織有能力讓大批人曉得它們在網際網路上提供了什麼。網際網路硬體的私有化、網際網路入口網與伺服器的商業化與集中化，還有網際網路跟非網際網路集團的整合——美國線上時代華納的併購案就是這種趨勢的一大邁進，同時，新寬頻技術集中在私營者的掌控之下——如此種種，都共同限制了網際網路作為民主媒體載具的所有未來願景。

過去幾年，我們見證了執牛耳地位的報紙與媒體集團，害怕被使用新技術的小規模先驅公司包抄夾殺，願意（當然也有能力）虧損幾年也要嘗試這些新的領域，快速進軍網際網路。然而大型的媒體集團，急著要減少這些虧損，加上廣告主對於要在受眾主控權過多而且瀏覽快速的媒體上花錢，多所持疑，因此它們跨足網路試水溫的手法，漸漸趨向我們熟悉的讓步路數——花更多心思在商品銷售上、減少新聞報導、提供立即會吸引受眾與廣告主的網頁功能。《波士頓環球報》（Boston Globe，《紐約時報》的子公司）跟《華盛頓郵報》都提供電子商務商品與服務；雷德貝特指出：「這些大報都不認為優質的新聞才是重點對策……因為新聞不會幫忙賣東西。這，實在讓人想想就覺得不安。」前《紐約時報》編輯麥克斯・法蘭柯（Max Frankel）表示，報紙越是想得到網路讀者，那麼，「它們的選單上就會越常出現與性、體育、暴力，還有笑聞趣談，就算不是完全略過不報國際戰事或福利改革的新聞，也會減少關注這類報導。」

引進新技術的主要目的，是滿足企業的需求，而最近這些年的各項新技術，已經讓媒體公司們在達成更大產能的情況下，還能縮減人事，甚至成就出減少媒體企業實體的全球經銷系統。提高功能而促成的受眾「互動」，主要目的就是協助他們購物。不過，這種互動也使媒體公司得以收集受眾的

詳細資料，進而依照個人特性量身打造出個人化的特色應用程式與廣告，同時，在應用程式切換之間，滑鼠一按，就能賣出東西。如此一來，除了降低了個人隱私，還會造成更徹底的商業化。

簡而言之，過去十幾年政治與傳播方式的改變，大致說來都提高了政治宣傳模式的應用性。企業規模的擴大與全球的拓展、媒體企業間的併購與媒體進一步的集中化以及公共廣播的式微，這些現象，讓底線思考的影響力，無論在美國或世界各地，都更為深遠。廣告競爭越來越激烈，而編輯部與廣告部之間的界線，越來越模糊。預算削減，還有管理階層對撼動權力結構的調查報導類新聞越來越無感，這一切，都讓跨國企業帝國，更為徹底地收編了新聞編輯室。

在過去的十多年間，菁英階層以提供消息來源與炮轟媒體而發揮影響力的機制，也越發鞏固。媒體的集中化與新聞專用的資源短少，致使媒體更倚重有權定義新聞的人士（primary definer）；這些人不但是新聞的製造者，同時還提供價廉又取得容易的新聞餵養媒體。他們現在更有能力與媒體抗衡，而替這些人工作的還有為其他大型利益喉舌的公關公司，它們也成為了更大宗的媒體消息來源。艾力克斯‧凱瑞、史都華‧艾文（Stuart Ewen）、約翰‧史韜伯（John Stauber）、薛登‧藍普頓（Sheldon Rampton）幫我們看清楚公關產業如何利用新聞干預達到它們——以及它們的企業顧客群——的目的。針對新聞來源的研究揭示，有非常大一部分的新聞，源自公關公司所發布的消息。根據其中一項統計，如今「造假訛騙」編新聞的公關人員，還比寫稿報導的記者多出兩萬多人。

雖然隨著蘇聯的垮台以及全球各地社會主義運動幾乎完全消逝，反共產的意識形態或許已減弱，不過，減弱的幅度，輕易地就被更大的一股「信仰『市場奇蹟』（miracle of the market）」（出自雷根）的意識形態力量，補回來了。資本主義的勝利，以及這批對私有化與市場法則感興趣的人影響力漸增，強化了市場意識形態對你我的支配——最起碼在菁英階層間如此，結果，無論證據怎麼說話，就算我們允許私營公司進展海外生意的時候需要補助、需要貸款紓困，還需要政府協助的這些例外，我們依舊認為，市場是良善的、甚至是民主的（也就是湯瑪斯‧法蘭克〔Thomas Frank〕所謂的「市場民粹主義」〔market populism〕），而不認為市場機制是有疑義的。80 年代，蘇聯的

經濟停滯不前，大家便歸咎這是因為缺乏市場；90年代，資本主義蘇聯解體時，大家怪的卻不是主導的市場，而是政客和勞工沒能讓市場發揮其神效。新聞產業也內化了這樣的意識形態。這樣的意識形態，因市場制度覆蓋全球的影響力，使非市場選項看似空想，這股氛圍遍布全球，再加上反共產主義的殘餘力量，給了你我力量強大的意識形態包袱。

這些加強了政治宣傳模式應用性的改變，嚴重削弱了「公共領域」（public sphere）——也就是民主社群得以辯論重要議題、並提供和理性公民參與之相關資訊的各類場所與論壇。行銷與廣告的穩步進逼及其文化影響力，導致「去政治化的消費者文化，取代了政治公共領域。」結果，廣告商依據消費者人口統計數據與品味差異，創造出一方虛擬社群的天地。這些靠著消費與風格聚合的人們，跟那些共享社交生活、相同顧慮並同時按照民主程序涉身參與的實體社群，兩者是相斥的。這些虛擬社群的組成目的是買賣商品，而不是創造或效力某個公共領域。

廣告商並不喜歡受眾群相對較小、會產生惱人爭議而且並非最佳賣貨環境的公共領域。深究廣告商們為何偏好娛樂，背後的原因就是在商業媒體體系之下，公共領域會逐漸壞蝕——美國過去75年來的廣播史，就是很好的範例。話說回來，娛樂帶來的好處不只是更能幫忙販賣商品而已，它同時也是意識形態訊息的有效載具。更進一步地說，在一套高度不平等情況越來越嚴重的體系中，娛樂等同於當代版的羅馬「競技場」，會轉移社會大眾對政治的注意力，並催生出有助於現狀保持的政治冷感。

雖然社會大眾觀看、買單越漸商業化的媒體所提供的資訊已是事實，但因此總結公共領域的逐漸蝕壞，反映出社會大眾身為公民或消費者的偏好以及自由選擇——這種結論是錯誤的。當初在1934年時，民眾從來就沒有機會對廣播權大規模移轉到商業利益團體，表達贊成或反對的意見。而且，雖然那些商業利益團體連同後來的聯邦通訊委員會（Federal Communications Commission，簡稱FCC）都掛保證，不會為了廣告商偏好的娛樂節目而犧牲廣播所提供的公共服務，但是這點從未兌現。公眾對媒體沒有主權——媒體的擁有者和經營者，招求廣告商決定其所提供的內容，而社會大眾必須從中做出選擇。人們觀賞與閱讀的東西，絕大部分，都得看當下有什麼現成選擇、而媒體強力促銷的又是什麼。民調經常顯示，雖然社會大眾真的會看性、暴

力相關的內容和其他類的娛樂節目，但是，他們希望有多一點的新聞、紀錄片還有其他的資訊。我們幾乎沒有理由相信民眾會不想了解為何自己更加努力工作，換來的卻是減少或停滯不增的收入；會不想知道為何健保這麼劣質卻如此昂貴；會不願意弄清楚世界各地正在發生有什麼以他們之名的作為。如果民眾所得到的資訊在上述這些主題上如此不足，那麼，政治宣傳模式就能解釋背後的原因：控制媒體的那些掌權者，選擇不提供這些資訊。

更新個案研究

我們在第二章到第六章裡提出的個案研究中，會檢視許多事件情節所遭受到的不同對待，這些個案之間除了牽涉其中的政治和經濟利益之外，就性質上而言大致雷同。我們預期，那些利益會嚴重影響新聞與編審意見，導致偏見如我們所料般出現。舉例來說，我們預料受美國官員偏好的附庸國政府舉辦的選舉，會跟美國官員反對的政府所舉行的選舉，在媒體報導上處理方式會有所不同。在第三章分析的重要選舉裡，我們會看到這種報導顯示出二分法的處理方式以及偏見，有多麼不尋常。

有價值與無價值受害者

在第二章裡，我們比較的是媒體處理敵對國的受害者、美國的受害者，還有美國附庸國的受害者時，方式有何不同。我們預測，敵對國的受害者會被認為是「有價值的」，獲得更密集與激憤的報導；，而不消說，受到美國或美國附庸國所害的對象，就是「無價值」受害者。我們在第二章當中會看到，1984 年波蘭牧師葉日・波別烏施科（Jerzy Popieluszko）受到境內共產份子迫害，其相關報導，不但比 1980 年在美國附庸國薩爾瓦多被謀殺的主教奧斯卡・羅梅洛（Oscar Romero）的報導還要多，就連在美國各附庸國遭遇殺害的 100 多位宗教受害者——而且當中還包含 8 位美國公民——全部加起來的報導數量，也比不過。

這種偏見，對美國的政策制定者而言是有利的——因為，關注敵對國的受害者會顯示出那些國家的邪惡，活該承受美國的敵意；另一方面，輕怠美國與附庸國的受害者，則能讓現行的政策更容易推動，不會帶來人民因介入關照這些政治上不好處理的受害者，所造成的包袱。用收集「無價值」受害者的證據有所困難作為理由，解釋這種整體上採納的雙重標準，是不足採信的，因為其他資源貧乏的媒體就有辦法從大型人權團體與教會代表這類高度可靠的消息來源，取得大量資料，報導受害者遭遇的不當對待。更進一步地說，唯有政治因素，可以解釋本書從頭到尾提到的有價值與無價值受害者，他們所受到的報導處理，**品質**上的不同——這一點，從第二章中無價值受害者招致侵害的消菌式報導（即便受害者是在薩爾瓦多被強暴的美國婦女），以及碰到有價值受害者時就立刻究責同時展現同仇敵愾的報導，便看得清楚明白。

　　早期報導波別烏施科和拉丁美洲百名宗教受害者時所展現出的巨大政治偏見，時至今日，依然存在，這可以透過 90 年代媒體使用「種族屠殺」（genocide）一詞看出端倪。請參照下表。「種族屠殺」一詞會激發群憤，是美國官員碰到敵對國的迫害事件時馬上配搭的詞彙，不過，碰到描述招致美國本身或其盟友國侵害的事件，就算性質雷同甚至情況更慘，這個字眼，也幾乎未曾出現。因此，由於海珊（Saddam Hussein）和伊拉克曾經是美國 90 年代的仇敵對象，而土耳其則是美國盟友，1990 年代透過他們對庫德族施行嚴厲的種族清算時美國又因為是主要的軍火供應商而牽涉其中，所以我們看到前美國大使彼得‧蓋兒布雷斯（Peter Galbraith）說：「雖然土耳其壓迫自己境內的庫德族人，但是他們（與我們）的合作，對於美國領軍、保護伊拉克境內庫德族人免受海珊再次種族屠殺的任務，至關重要。」即便土耳其對待自身庫德族人的方式，跟伊拉克對待其境內庫德族人的方式，都造成殺戮死亡，不過，對蓋兒布雷斯來說，土耳其只是「壓迫」，而伊拉克則涉及「種族屠殺」。

　　從上表中可以看出，我們調查的五家大型平面媒體（print media）都涉及了類似的偏見報導手法，經常以「種族屠殺」一詞描述各敵對國的迫害現象，不過，美國與其盟友和附庸國所主導的迫害行為，即使情況同樣嚴重，它們使用「種族屠殺」字眼的次數也少很多。從媒體對這個字眼的使用，我

主流媒體報導科索沃、東帝汶、
土耳其與伊拉克[1]時
使用「種族屠殺」一詞的情況

國家 / 日期	1. 用在塞爾維亞族、土耳其人等身上的次數[2]	2. 社論與專欄使用該詞的次數	3. 新聞文章	4. 頭版
1. 塞爾維亞族 / 科索沃 1998-1999	220	59	118	41
2. 印尼 / 東帝汶 1990-1999	33	7	17	4
3. 土耳其 / 庫德族 1990-1999	14	2	8	1
4. 伊拉克 / 庫德族 1990-1999	132	51	66	24
5. 伊拉克禁運區 1991-1999	18	1	10	1

1. 本表當中的主流媒體為根據 Nexus 資料庫搜尋所得，包含《洛杉磯時報》、《紐約時報》、《華盛頓郵報》和《時代雜誌》。

2. 第 1 欄的總計結果並非第 2 欄與第 3 欄的數字加總，因為第一欄的次數統計還包含了信件、「全球要聞」（World Briefings），還有新聞提要之類的報導項目。

們便能讀出誰是美國的朋友、誰又是敵人。因此，1999 年，為了回應南斯拉夫對其境內科索沃阿爾巴尼亞人（Kosovo Albanians）的迫害，美國與和北大西洋公約組織的盟軍聯合對其開戰時，媒體上處處可見政府官員針對此迫害行為的譴責，還有不斷稱為「種族屠殺」的定調。同樣的模式——敵對國家、官方譴責、嚴厲制裁以及類似的媒體報導手法——在伊拉克政權不再是美國盟友之後[3]，也套用到其境內庫德族人被政府迫害的事件上。

　　另一方面，土耳其與印尼長久以來都是美國的盟友和附庸國，同時接受美國的軍售與經濟援助。因此，一如政治宣傳模式的預測，媒體面對 90 年代土耳其對境內庫德族的嚴重迫害行為，以及柯林頓（Clinton）政府對那樣的種族清算計畫大方闊氣的協助，不僅極少著墨，還幾乎不將「種族屠殺」一詞用在土耳其政府的那些行動上。

　　同樣地，當印尼政府於 1999 年，試圖阻止或反對聯合國協助下的東帝汶獨立公投時，東帝汶人受到另一波的恐怖迫害，媒體卻往往不會把「種族屠殺」一詞用在印尼政府迫害東帝汶人的行為上。美國政府於 1965 年協助蘇哈托在 20 世紀傷亡最慘重的一役中接管政權，[4]同時支持他的獨裁政府長達 23 年之久，連他於 1975 年入侵並占領東帝汶開始，美國政府也一直給予重大的軍事與外交協助。[5]1999 年，當印尼政府企圖以武力手段阻止東帝汶的獨立公投時，美國政府以事件「乃印尼政府之權責所在，而我們不想將責任奪取過來」為由，依然繼續其軍事協助計畫，並拒絕介入阻止殺戮行為。（這是國防部部長威廉·科恩〔William Cohen〕於 1999 年 9 月 8 日記者會上的發言）這則發言的同時，印尼政府老早就已經毀了一大半的東帝汶而且殺了上千名東帝汶人。不久後，美國受到龐大的國際壓力，才力促印尼政府退出東帝汶。

　　我們也曾在其他論述中指陳，美國媒體於 1975 年與往後時間裡，將東帝汶人當成無價值受害者，而把關注焦點與憤慨，放在幾乎同一時間於柬埔寨發生的波布政權屠殺事件上。波布這名共產份子領袖手下的受害者，是有價值的，不過，在他於 1978 年遭到越南人驅逐後，柬埔寨人便不再具備價值，因為美國的政策轉向支持流亡中的波布。從上表中得知，東帝汶人在 1990 年代，一直都是無價值的受害者。

　　1991 年波斯灣戰爭（Persian Gulf War）爆發後，美國作為堅決主張嚴厲制裁伊拉克政府的派系領袖，本身就要對 90 年代大量伊拉克百姓的死負責。

約翰‧穆勒與卡爾‧穆勒（John and Karl Mueller）主張，這些「大規模毀滅性的制裁」在伊拉克所造成的死亡，「比起有史以來所謂大規模毀滅性武器（核武和化學武器）加總殺死的人還要多。」這些制裁行為導致的 100 多萬死亡人數中，有很大一部分是年幼的孩童；聯合國兒童基金會（UNICEF）執行長卡羅‧貝拉密（Carol Bellamy）指出「如果 1980 年代時伊拉克全國孩童死亡率大幅降低的情況持續到整個 1990 年代，那麼，1991 到 1998 年間，伊拉克境內五歲以下幼兒死亡人數，本來可以減少 50 萬人以上。」然而，由於造成這些死亡的是美國政策，而且國務卿瑪德蓮‧歐布萊特（Madeleine Albright）還在全國性的電視網聲稱，這 50 萬孩童死得「有意義」，我們因此預判，美國媒體會把他們當成無價值的受害者、不會多所著墨報導也不隨著義憤填膺、而「種族屠殺」一詞，也不適用於這個情況。從上表中看得出來，媒體行為證實了我們的預測。

上表顯示，從「種族屠殺」一詞的使用，可以得知媒體的嚴重偏見；1998 年到 1999 年間塞爾維亞族對科索沃阿爾巴尼亞人的迫害事件，更加鞏固了這種結果——雖然當年媒體義憤難平地大篇幅報導了科索沃阿爾巴尼亞人遭遇迫害，但是，這跟 1990 年代土耳其迫害庫德族人和 1999 年東帝汶境內的印尼軍隊與準軍事部隊迫害東帝汶人這些事件相比，幾乎可說是小巫見大巫。美國與其他西方世界消息來源估計，在北大西洋公約組織聯軍展開轟炸的前一年，科索沃各方的全部死亡人數不超過 2,000 人，其後，隨著北約組織展開轟炸，塞爾維亞族的攻擊與驅離行動，所造成的死亡人數，也不過 2、3,000（直到 2000 年 8 月，戰後大規模調查搜尋墳墓的結果，統計到 3,000 具屍體，而且還不全是阿爾巴尼亞百姓、也不見得是塞爾維亞族迫害下的受害者）。[6] 據估計，1990 年代，土耳其政府對境內庫德族人宣戰所造成的死亡人數，約為 30,000 多人，其中大多為庫德族百姓，產生的難民有 2、300 萬之多。印尼政府在東帝汶，為了對抗 1999 年 8 月 30 日聯合國力促的獨立公投，組織了軍隊同時和準軍事部隊合作，殘殺約 5,000 名到 6,000 名的東帝汶百姓，而且，這還是否決印尼統治的公投結果出來之前的數據；因公投結果惱怒的印尼政府，隨之對東帝汶人發動軍事攻擊。

「種族屠殺」一詞的政治化使用所反映出的雙重標準，可以更為廣泛地應用在媒體對新聞事件的處理上——媒體經常把重點放在有價值的受害者

所遭受的迫害，而完全忽視或輕輕帶過無價值受害者遭逢的苦難。媒體處理以下兩個新聞事件的手法相反，就是範例：1999 年 1 月 15 日塞爾維亞族疑似於科索沃拉恰克（Racak）殺害大約 40 名阿爾巴尼亞人，而 1999 年 4 月 6 日印尼軍隊與民兵組織在東帝汶立奎卡（Liquica）殺害了「高達 200 位」東帝汶人。美國官員認為前者是有用的資訊，當時的他們正試圖要為美國與西方世界民眾鋪陳北約聯軍即將對南斯拉夫發動的重大攻擊。雖然從當時到現在，這一樁在南斯拉夫境內塞爾維亞族軍隊和科索沃解放軍（Kosovo Liberation Army）對峙過程中發生的拉恰克屠殺事件，一直有所爭議，而且近來的證據，進一步質疑了當時北約—科索沃解放軍對事件的說詞[7]，但是，美國和北約官員立即大幅報導並公開斥責這是孰不可忍的「大屠殺」。美國主流媒體也如法炮製，不假批判且高度報導了這場所謂的大屠殺。這樣的處理方式，幫北約聯軍打造了他們 1999 年 3 月 24 日啟動南斯拉夫轟炸行動的道德立基。

在立奎卡一間天主教教堂尋求庇護的東帝汶人遭到印尼組織的民兵殺害事件，則毫無爭議地是一場「大屠殺」，受害者明顯比拉恰克事件的還多，而且還發生在外國（也就是印尼）非法占領據的東帝汶領土上。況且這個屠殺案既非獨立事件，又不似科索沃的情況與戰爭相關——這完全就是屠殺百姓事件。然而美國官方卻沒有譴責這場大屠殺——事實上，美國在這段期間甚至到公投結束後的一個星期，對印尼軍隊的積極支持，從未間斷，這期間已有 85% 的平民百姓被驅離家園，而且超過 6,000 位民眾招致殺害。美國的主流媒體也追隨官方風向。這兩個事件發生過後的 12 個月當中，表格中的五家媒體提及拉恰克的次數超過立奎卡，比率為 4.1：1；談到兩地事件時用「大屠殺」一詞的比率則是 6.7：1。以媒體報導拉恰克的較大篇幅字數計算，更是將比率拉高到 14：1。這期間，《新聞周刊》一共提到拉恰克與其地發生的「大屠殺」九次，卻連一次都沒提及立奎卡。

因此，有了媒體的配合，美國官方有效運用拉恰克事件替大眾鋪陳預告了戰事即發，這靠的不只是媒體密集的報導披露，還有它們對官方指控大屠殺的說法照單全收。而同時期媒體對立奎卡那場無庸置疑的大屠殺，或報導量不足，或不夠同仇敵愾，無法鼓動民眾，這和美國將東帝汶事件處理交給友邦印尼的政策相符。

第三世界選舉：讓政權合法還是毫無意義？

　　第三章裡，我們會揭露主流媒體在處理美國的附庸國與政權不受美國認同的國家選舉時，依循了政府的政治宣傳模式。美國政府在 1980 年代的薩爾瓦多，發起了數場選舉，向美國大眾展現當地民眾贊成美國在那裡的干涉行為；然而，1984 年尼加拉瓜舉辦選舉時，雷根政府卻試圖詆毀那場選舉，以阻止當時美國要推翻的政權被合法化。主流媒體也跟著配合，稱薩爾瓦多的選舉是「邁向民主的一步」、尼加拉瓜的選舉則是「裝模作樣」，然而實際的情況是，比起薩爾瓦多，尼加拉瓜的選舉狀況遠遠更為誠實可信。我們會舉證出媒體配合政府的政治宣傳模式需求，在這兩邊的選舉上套用了教人歎為觀止的雙重標準。

　　同樣的偏見在媒體處理柬埔寨、南斯拉夫、肯亞、墨西哥、俄羅斯、土耳其以及烏拉圭這些比較晚近的選舉時，也清楚可見。這七個國家當中，只有柬埔寨和南斯拉夫的執政黨受到美國決策人士憎惡，《紐約時報》便以這些國家的例子提出預警：它們提到柬埔寨時強烈主張「有問題的選舉比沒有選舉更糟糕」，還說「世界各國務必謹慎小心，以免一場被操弄的選舉給了洪森（Hun Sen）粉飾太平的合法性。」2000 年 9 月，《紐約時報》與大體上的媒體，在報導當時美國官方公開介入以防堵總統斯洛波登・米洛賽維奇（Slobodan Milosevic）連任的南斯拉夫大選時，都不斷提出可能有舞弊與選舉遭到操弄的警告。在肯亞的例子上，由於美國對其執政政府的政策曖昧不明，《紐約時報》也同樣質疑選舉的品質，提出「舉辦選舉，不足以保證能產生民主政府」的說法，而且強調肯亞需要「與政黨較無瓜葛的獨立選舉委員會」還有「獨立的廣播媒體，讓民眾可以在非選舉期間聽到在野的聲音。」

　　話說回來，在其他四場由美國國務院強烈支持的政府主導且勝出的選舉上，沒有人提出「有問題的選舉比沒有選舉更糟糕」，也沒有舞弊威脅的專題報導；沒有人強烈呼籲獨立選舉委員會和廣播媒體的重要性，而且大家都認為，每一場選舉，都是邁向民主的一步，因此都是正當合法的。

　　以墨西哥為例，雖然長久以來執政的都是同一政黨（革命制度黨，簡稱PRI），不過，該政黨過去數十年來都受到美國政府支持，《紐約時報》就

經常說墨西哥的選舉，對比過去的舞弊，實在鼓舞人心，殊不知當年這些舞弊的選舉，也被它們拿更早之前的選舉對比，並讚譽有加！報導中滿是善意言詞，對選舉結構上的缺失和濫權行為則輕描淡寫帶過。因此，《紐約時報》撰寫第一篇探討 1998 年那場把薩利納斯（Carlos Salinas de Gortari）送上執政之路的大選社論裡，便指出之前的選舉是腐敗的（革命制度黨「操控了政治酬庸、新聞媒體以及選舉票匭」），不過，文章卻強調革命制度黨候選人薩利納斯「主張」政治改革迫在眉睫，而且「呼籲（人民要的是）乾淨的選舉」。編輯們質疑「他所屬的政黨」會不會「注意到他的懇求」，以此切割這位受美國支持的候選人和可能產生舞弊的責任歸屬關係。其後的各篇社論，《紐約時報》都沒有提到可能有進行中的選舉舞弊、「背後操控的政治酬庸」，或是媒體操控與偏見——儘管這場選舉聲名大噪的原因是選後薩利納斯從眾人推估的敗選者，靠著「電腦當機」這個好用的理由，變成了勝選人。話說回來，才不過三年之後，時值 1991 年大選，編輯們為了帶承諾肅清這個新風向，又說出「只要大家還記得的話，墨西哥的選舉向來都舞弊嚴重」這樣的話。不過，《紐約時報》（還有它們的競爭同業）在這個時期與往後，全都不關注舞弊、也沒有聲稱選舉遭到操弄，他們在新聞報導與社論中，全都將這些問題很大的選舉，描述為步向民主而且合法正當的。

　　1983 年由軍政府舉辦的土耳其選舉，審查制度嚴峻，而且只有三個「由親軍政府政客領導的」政黨可以參加，《紐約時報》卻覺得「土耳其離民主不遠了」。同樣地，烏拉圭 1984 年的大選也是在軍政府時期舉辦的，這個美國國務院認可的政府，不但監禁了態勢領先的在野勢力候選人，還不允許在野勢力另派一位候選人參選，但《紐約時報》卻又一次覺得「烏拉圭再續民主志業……將軍們受拉丁美洲多處的民主再起感化，步步退讓。」

　　1996 年的俄羅斯大選對美國與盟國而言很重要，因為，當時的領導人葉爾欽（Boris Yeltsin），正在推動親西方世界的私有化政策，同時要將俄羅斯納入全球金融體系這些政策，但他正面臨著敗選的威脅。在葉爾欽政府的領導下，全國經濟產值下降了 50%、90% 的民眾收入大幅降低，另一方面，充滿貪腐的私有化過程讓一小部分的人意外致富，當中還包含了犯罪份子。社會福利與健保制度在葉爾欽的統治下，雙雙瓦解，造成傳染病病例的驚人攀升與死亡率增加。1996 年競選活動還沒開始前，葉爾欽的民眾支持度是

8％。他能在這樣的情況下贏得連任，顯示——同時反映——這是個極有問題的選舉。

不過，既然葉爾欽政權有美國政府及美國的西方世界盟友大力撐腰，《紐約時報》再度表示，這場選舉是「俄羅斯民主的一場勝利」，而主流媒體大體上也做了類似報導。在那份作為紀錄的報紙中，選舉的問題不是被輕描淡寫、就是略而不談，編輯們大剌剌地表示舉辦一場「不完美」的選舉，是「了不起的成就」。同樣的偏見，在報導 2000 年 3 月由葉爾欽欽點的前 KGB（蘇聯國家安全委員會）幹員普丁（Vladimir Putin）所贏得的俄羅斯大選時，也非常明顯。普丁靠著血腥鎮壓車臣叛亂份子建立了人氣，而他的勝選，很大一部分靠的是影響力強大的國家電視台與廣播電台替他大肆宣傳，詆毀競爭對手，甚至不播報對手的任何消息。2000 年時，以外籍人士為受眾的《莫斯科時報》（Moscow Times），經過了六個月調查，披露一篇普丁競選活動的內幕祕辛，內容是令人感到震撼的選舉舞弊證據，其中包含灌票、破壞選票以及拿 130 萬「往生者」充數選舉人名冊等行為。不過，美國的主流媒體，在大選期間從來都沒有發現任何舞弊證據，對於報導《莫斯科時報》的調查結果，也興趣缺缺。[8] 普丁就跟葉爾欽一樣，又是個「改革者」，受到西方世界的支持，因此，同樣步數再次上演：對主流媒體來說，一場有問題的選舉——而且幾乎沒人承認選舉有問題——依舊比沒有選舉好。

蘇聯國家安全委員會與保加利亞（KGB-Bulgarian）聯合暗殺教宗的陰謀

雷根主政時期（1991 年到 1988 年），為了支持軍武擴增、同時在第三世界與全球施行新的強硬政策，各國同聲一氣地妖魔化蘇聯。蘇聯成了人人口中的「邪惡帝國」，被控扶持國際恐怖主義，而且迫害自己與附庸國的人民。[9] 這樣的氛圍，在 1981 年 5 五月教宗若望保祿二世（Pope John Paul II）於羅馬遭阿格卡（Mehmet Ali Agca）刺殺未果時，就成了冷戰時期最成功的政治宣傳活動的立基點。

儘管行刺教宗的阿格卡是名土耳其的法西斯份子，還是土耳其反右派

激進政黨成員，不過在義大利監獄服刑 17 個月之後，他卻「供認」受僱於 KGB 與保加利亞。這份供詞真是來得湊巧，恰恰符合了義大利各政黨很想破壞義大利共產黨（Italian Communist Party）名聲的私欲，並正中雷根政府一連串宣傳「邪惡帝國」的私利。還有其他理由讓這份供詞極其可疑──那麼晚才招供就算了，還是各有政治盤算的義大利祕勤局幹員、法官、教宗代理人都到監獄接見阿格卡那麼多次後，他才招供，何況義大利的祕勤局是以意識形態極端主義與不惜偽造證據出了名啊。

　　儘管如此，主流媒體出乎意料地好騙，都接受了這個說法──主流媒體連提都沒提到義大利媒體的大肆討論。就理論上，阿格卡有沒有可能礙於壓力而且受人指使，才供出 KGB 與保加利亞？還有，媒體也幾乎全盤忽略了這些控訴中蘇聯的動機薄弱、直指這場刺殺行動幕後策畫者是蘇聯的說法多麼愚蠢以及徹頭徹尾缺乏定罪證據（我們在第四章當中會說明）。儘管義大利政府投入可觀的心力，這場訴訟案仍於 1968 年義大利法院敗訴，可是，對美國的主流媒體而言，敗訴結果只不過反映出義大利司法體制的荒唐；一直缺乏鐵證，導致無法重審這件案子，而媒體也不因此反思它們自身的角色。

　　接下來的幾年，兩個事件的發展，讓本案真相大白。其一，蘇聯與保加利亞的資料檔案解密，民主中心（Center for Democracy）的艾倫・溫斯坦（Allen Weinstein）調查委員會於 1991 年獲得保加利亞當局許可，得以查看保加利亞內政部的祕勤檔案。調查過後，溫斯坦無法找出任何保加利亞或 KGB 的涉案證據。雖然《洛杉磯時報》、《紐約時報》、《華盛頓郵報》、《新聞周刊》以及《時代雜誌》等每一家媒體，都做了溫斯坦 1991 年保加利亞調查之行的行前報導並說明其目的，不過，它們卻全都沒有告知讀者，溫斯坦調查出來的結果是否定的。[10]

　　隨後，1991 年任命羅伯特・蓋茲（Robert Gates）為 CIA（美國中央情報局）局長的參議院確認聽證會上，和前幹員梅爾文・古德曼（Melvin Goodman）與哈洛德・福特（Harold Ford）供稱，為了支援雷根時期的反蘇聯政治宣傳計畫，保加利亞涉刺殺教宗案的分析報告，有高度的政治因素介入其中，而且有嚴重瑕疵。古德曼證實，不僅 CIA 沒有發現蘇聯或保加利亞涉及槍擊教宗事件的證據，就連根據它們「深入滲透保加利亞祕勤單位」的資料，自家

的專業人員也總結保加利亞涉嫌刺殺教宗案根本不存在。

這份供詞，對聲稱牽連的講法是不留情面的致命一擊，這下子，媒體也尷尬了。原來它們一頭熱地支持陰謀論，顯然誤導了讀者，而且，即便它們效命了自己政府的政治宣傳需求，但做為新聞的提供者和分析者，它們的表現極度差勁。話說回來，如同1986年義大利法院駁回保加利亞涉嫌刺殺教宗案之後的情況一樣，沒有一家媒體自認有義務要說明自己的失職並對讀者致歉。它們簡要報導了中情局揭示的內情，有些依然故我，宣稱即使沒有證實牽涉案為真，但也沒有證實其為假（完全忽略了要證實偽事件往往有多麼不可能）。不過，大致而言，主流媒體並沒有重新評估自己的表現，或反省它們與媒體同業都成了政治宣傳打手，而是很快就把這件事放下了。

向來在新聞報導和社論中支持牽涉案立場不變的《紐約時報》，不僅沒有報導溫斯坦搜尋調查保加利亞檔案的結果是否定的，而且，它們摘錄古德曼證詞時，還剔除了他說中情局深入滲透保加利亞祕勤單位的部分。《紐約時報》長久以來都說，中情局和雷根行政團隊「都極不願意暗示莫斯科只要一個手勢，保加利亞的幹員就一定會採取行動。」不過，古德曼和福特的證辭卻顯示事實恰恰相反，中情局的局長威廉・凱西（William Casey）和羅伯特・蓋茲，推翻了中情局專業人士的意見，偽造支持蘇聯牽連其中的證據。《紐約時報》不是唯一一個跟隨誤導民眾之政黨說詞的媒體，不過，值得注意的一點是，這家報紙到現在還不承認自己為政治宣傳當打手，而且異常容易遭受擺布。

越南、寮國以及柬埔寨

越南：美國是受害者還是侵略者？

從第五章到第七章，我們會說明媒體對中南半島戰爭的報導，恰恰有效符合了政治宣傳模式。第二次世界大戰一結束之後，美國為了支持法國的再殖民（recolonizatino），首次干涉中南半島議題，接下來的21年間（1954年到1975年），美國想盡辦法在南越建立一個美國官方和分析家一直都認為缺

乏當地民意支持的政府，對抗眾人皆知擁有大批民意基礎的地方民族主義勢力（雖然他們是共產主義份子）。美國領導人的這些干涉行為，出於一個中心信仰：美國壓倒性的軍事能力，讓他們不只有能，而且有權得以強制民眾屈服其選出的少數政府。

按照一般的字義，美國在越南的行動，可能是一種「侵略」。不過主流媒體幾乎都認為美國的越南政策極有道德正義感，而且出於善意，即便這一切，都建立在錯估成本的基礎之上——而且是我們要付出的成本（詳見第五章）。媒體輕易接受了我們在保護「南越」——由美國創造而且直接輸入獨裁者統治的政府——對抗他人的侵略的說法，在辨識侵略者到底是北越、蘇聯、中國，或是南越那些從事「內部侵略」的反抗勢力時，態度還搖擺不定！這是主流媒體服務於政治宣傳的有力證據：在越戰期間，它們接受了戰爭操弄者所提的基本政治宣傳立場，而且，從當時到現在，我們從未發現任何一篇主流社論或新聞報導將美國對抗越南與隨後整個中南半島的戰爭，定調為一種侵略。

美國在 1975 年中止了越戰的軍武階段，但接下來的 18 年，美國對這個毀在它手中的國家抵制持續不斷。根據越南估計，這場戰爭造成他們 300 萬人被殺、30 萬人失蹤、440 萬人受傷還有 200 萬人遭到化學毒劑傷害；國土遭受炸彈、裝甲推土機還有化學武器的不堪摧殘。美軍在越戰的死亡人數為 58,000 人，不到人口數的 0.1％；越南的死亡人數統計占了全國人口的 17％，而且，只有越南人民受到化學戰的攻擊，也只有越南人的國土受到摧毀。

即便如此，美國官方與主流媒體持續認為，美國在這場戰爭中的角色，不容懷疑，而且美國是受害者。1992 年老布希總統（President George Bush）表示「今時此日，河內（Hanoi）明白到，我們只想尋求答案，不會以報復過去恩怨要脅。」也就是說，我們覺得越南曾經對我們做過了什麼或許能合理化報復的事情，不過，我們只想找出軍事行動中失蹤人員下落的答案。[11]《紐約時報》外事評論員雷斯里・蓋爾伯（Leslie Gelb）認為將越南歸類成「草寇」（outlaw），合情合理，因為「他們曾殺過美國人」。這反映了常見而公認的看法，也就是老布希總統話裡的話：誰都沒有抵抗美國、自衛的權利，就算美國跨越太平洋到另一個國家強加一個當地人民反對的政府也一樣。

美國在中南半島的化學戰爭行動

　　媒體如何處理越戰期間化學毒劑的大量使用及其對受害人的影響，也是我們想探討的。甘迺迪政府在 1961 和 1962 年時授權使用化學毒劑摧毀南越的稻作——這有違美國向來的作風，也違反了國際法（海軍上將威廉·萊希回應 1944 年摧毀日本稻作的提案時說，這麼做的話「會違背我聽聞過的所有基督教精神，也違反已知的所有戰爭法」。即便如此，1961 年到 1971 年間，美國空軍還是對 600 萬英畝的農作和樹林噴灑了 2,000 萬加侖含砷與戴奧辛的濃縮除草劑〔主要就是橙劑〕，更別提大量使用「超級催淚瓦斯」CS[i] 以及燒夷彈和磷彈。據估有 13%的南越土地受過化學攻擊。南越有 30%的橡膠種植園和 36%的紅樹林，以及其他大型的林區，都在這些化學攻擊的範圍之內；這些地方在美國多次「以結合去葉與燒夷的方式，大規模地蓄意在南越製造森林大火的行動」裡，被有毒化學藥劑摧毀殆盡。日本學術會議（Japanese Science Council）[ii] 農學部部長在一份 1967 年的研究報告中總結道，美國毀壞農作的戰爭行動，已然毀掉南越超過 380 萬英畝的良田，殺害了將近 1,000 位佃農還有 13,000 頭牲畜。這個藉由摧毀食物供應、企圖強逼敵人投降的政策，不僅僅違背了戰爭法 [12]，更因為這麼做「首當其衝受到極大影響的是小孩子」而教人關注。

　　寮國也在 1966 年和 1969 年遭受化學攻擊，直接針對的是補給線沿途的農作與植被。1969 年春，柬埔寨有 173,000 英畝左右的橡膠種植園、農作以及森林被大量噴灑橙劑。即使柬埔寨政府憤恨怨懟，認為這種非人道且違法的行動，違害了他們的中立，但是，柬埔寨國微言輕，沒能力組織動員法律或其他形式的防衛行動。雖然 1969 年聯合國大會以 83 票對 3 票的投票結果，確實嚴厲譴責了化學藥劑的使用有違國際法，不過它沒有能力對美國有所反制，而且，也沒有「國際社群」動員阻止美國在柬埔寨或中南半島其他地方執行化學戰爭行動。

　　越戰期間，化學藥劑的使用，在 1966 年首次遭到披露時，美國媒體就有相關的評論與報導，只不過，這個主題很快地就沒人報導了。媒體幾乎都

---

i　　譯註：成分為鄰 - 氯代苯亞甲基丙二腈，是各國軍警廣泛使用的催淚瓦斯。

ii　　譯註：完整的英文名稱應該是 Science Council of Japan，漢字名為「日本學術會議」，是
　　　屬於日本內閣府的特別機關，也是日本科學界的代表機構。

沒有報導化學戰爭行動的非法性、餓死敵人的政策以及這些對於受害人口影響。但也是有例外，好比 1971 年《展望》雜誌（*Look*）中歐威爾‧謝爾（Orville Schell）一篇名為〈沉默的越南：我們是如何發明生態滅絕法並謀殺了一個國家〉（Silent Vietnam: How we invented ecocide and killed a country）的文章，不過這些都是鳳毛麟角。越戰過後，由於橙劑對美國士兵造成的影響，因此有了一些關於這個化學戰爭行動計畫的報導；話說回來，在南越，化學戰爭行動直接針對的目標們所受到的影響更深遠嚴重，不過卻幾乎依然無人知曉。1990 年代，《紐約時報》、《華盛頓郵報》、《洛杉磯時報》、《新聞周刊》與《時代雜誌》裡一起提到橙劑和越南的 552 篇文章當中，大部分著墨在橙劑對美國軍役人員的傷害；只有 9 篇文章承認化學戰以糧食作物為攻擊目標（有 39 篇文章提到目標只有森林植披）；只有 11 篇討論了化學戰對越南人與越南環境的影響；只有 3 篇將橙劑的使用定義為「化學武器」或「化學戰爭行動」；而且，只有 2 篇文章暗示使用橙劑有可能構成戰爭罪。

　　《華爾街日報》在 1997 年 2 月份時的確報導過一則頭條新聞，提到多達 50 萬名孩童出生就畸形，並且證實與戴奧辛有關，而且，越南南部的新生兒缺陷數量是北部的四倍。該篇報導雖然也承認這場浩劫，美國有責，不過卻辯稱「美國輸了越戰之後，身心俱疲而沒有理會。」話說回來，就算美國對於受害者的狀況完全不負責任，倒是還理會了「越南難民」的逃難潮，而且，當時美國可沒有身心俱疲到無法嚴厲抵制侵略目標。

　　在越南，化學武器和燒夷彈的大規模使用，僅限於南部。理由之一是北越的政府與其他國家有關係，所以，要是對北越使用這些野蠻又違法的武器，會招來大肆報導。南越由美國及附庸政權占領，因此，無聲的受害人民，可以無止境地蹂躪。這當然與我們聲稱自己在保護他們對抗侵略的說法矛盾，只不過，媒體不只對暴行輕描淡寫，還沒能喚起大家注意這個矛盾性與其代表意義。《紐約時報》的記者芭芭拉‧克羅賽特（Barbara Crossette）曾經撰文報導，指出美國沒能參與研究越南化學戰爭行動所造成的影響，實屬可惜，因為，既然美國大量使用化武的地方是南越而非北越，這麼一來，越南便成了研究戴奧辛對人體影響的一組對照實驗，我們可以從中學到很多於我有益的知識。然而，克羅賽特也好，或其他主流媒體記者也罷，都隻字未提美國只將戴奧辛用於據稱要抵禦侵略並加以保護的人民身上，也沒有提

及這種行為構成了嚴重的戰爭罪，亦沒有提到美國或許有義務協助他們侵害的那些人。

　　80 年代期間，雷根政府啟動了一場針對柬埔寨與寮國「黃雨」受害者的大型政治宣傳行動，宣稱蘇聯透過他們的越南代理人，在這些地方施用了化學戰。不過，因為美國陸軍無法證實化學戰的存在，更重要的是，事後發現那些所謂的黃雨只是蜜蜂的排泄物，而不是化學藥劑，所以，這場政治宣傳以失敗告終。然而，這場政治宣傳行動吸引到的媒體目光，卻遠遠超過美國在中南半島真正執行的那些大型化學戰爭行動。當時的《華爾街日報》大篇幅報導黃雨的新聞，同時對昭示的共產主義邪惡，表達出至高的義憤情緒，卻從未提及黃雨政治宣傳行動期間，美國在該地施用化學毒劑的事。《華爾街日報》的發行人彼得・坎恩（Peter Kann）最後寫道，越戰檔案澄清了「誰是好人、誰是壞人」，這從「寮國遭到毒害的耕地」（這是他筆下黃雨的委婉說法）就能明確得知。簡而言之，坎恩用喬治・歐威爾（Orwell）[iii] 筆下象徵共產極權的黑洞，一把收掉了美國在真實世界裡大量使用化學戰的事實，對世人提出他們報社依舊不承認是瞞天大謊的黃雨爭議，讓大家明白共產主義的邪惡。

　　然而，更重要的事實在此：在媒體的協助之下，蘇聯被以不實的佐證，有效地跟這種邪惡的武器連結在一起；時至今日，美國在中南半島大規模使用化學武器一事，媒體依然低調處理，如此助長的印象是——美國在這個議題上不僅是道德力量，還反對使用這種可怕的武器。美國的領導人向來反對使用化學戰——實行化學戰的是敵對國家——不過，要是美國自己或是附庸國決定要用這樣的化學武器，那就另當別論了。[13]

重寫越戰歷史

　　以越戰為主題的書，不下數千本 [14]，而且，自從 1975 年越戰結束後，

---

iii　　譯註：喬治・歐威爾（George Orwell），英國左翼作家，新聞記者和社會評論家。在其著作中，以辛辣的筆觸諷刺泯滅人性的極權主義社會和追逐權力者；而小說中對極權主義政權的預言在之後的五十年中也不斷地與歷史相印證。由於歷史上東西方的對峙，喬治・歐威爾的作品經常被視為反蘇聯和反共的代名詞。

它就一直是美國文化裡無所不在的陰霾。對主流菁英來說，這場戰爭代表了一個時代；在這個時代下，人民對國家政策的抗拒，以及原本冷感的各個社會階層因而崛起，都造就了一場「民主的危機」。人們認為，那些不受控的社會階層以及異議份子，破壞了文化與政治的架構，而且，對軍力的運用，造成了不理性的障礙；這種障礙，被稱為「越南症候群」（Vietnam Syndrome）。當然，在所謂不受控份子以及異議人士之間，「60 年代」公認是解放的年代、文化與道德進步的年代，還是民主化短暫興起的年代。

在政治宣傳模式的引導下，我們預判，主流媒體對這場戰爭的回顧報導，會反映出菁英份子的觀點，將 1960 年代描述成黑暗時代，同時，頂多把美國在越戰中的角色，塑造成好心沒好下場的一個例子。好好看看過去十年媒體對越戰的處理方式，我們就明白，媒體所做的，大抵就是重複並闡述了幾個越戰結束前就已經牢牢確立的辯解論題。

主題之一就是，出於「共產主義橫行」（2000 年 4 月 30 日的《華盛頓郵報》社論）的理由，所以美國的干涉，合乎情理。文中從一開始就主張，共產主義前進越南，及為其全球陰謀的一部分；就算碰到中國和蘇聯分家而且彼此敵視、中國與北越關係緊張，還有缺乏北越受人操控的證據，這個立場依舊不變。前國防部長羅伯特‧麥納瑪拉（Robert McNamara）在他的著作《回顧：越戰的悲劇和教訓》（In Retrospective）中承認，他與同袍嚴重誤判了這個陰謀論的立場。然而，不管是他，或其他曾經主張此立場的當權派人士，都未曾質疑美國有無權利為了阻止「共產主義橫行」，以軍武干涉這個國家；何況，在這個國家，共產主義份子領導過民族獨立革命、對絕大多數越南民眾發號施令的能力，也受到所有官方或非官方權威人士的承認，而且，美國還非得靠著公然侵略、大規模屠殺，甚至越洋摧毀掉一個社會，才可能讓他們吃敗仗。

與上述主題緊密相關的，是另一個主題：我們在保護的，是「讓美國人接手這場奮戰」的「南越」還有「南越人民」（1995 年 4 月 30 日的《華盛頓郵報》社論）。這句話帶出的次主題是我們「讓南越人民失望了」。不過，一如之前我們提到的，南越這個政治實體，是美國拼湊打造出來的，而且，美國的戰爭操控者承認大多數的南越人民支持的是美國對抗的那一方。這解釋了為何美國暴行主要猛攻的對象是南越；燒夷彈、B52 戰機轟炸突襲、化

學戰爭行動、常規性的屠殺百姓還有焦土政策[iv]——這些都是為了要破壞這個群眾運動的基礎。我們之前也提到過，美國針對南越的狂攻猛擊——這做法跟我們在保護南越人民的說法根本牴觸——依舊不見於美國的媒體。

另一個多年來一直出現在主流媒體中的重要主題就是，美國才是越戰受害者、而越南人民是殘暴的反派壞人。打造這個教人驚嘆的顛倒現實，靠的是兩個步驟：其一，想方設法不讓越戰對越南人民造成什麼樣後果的證據浮上檯面；其二，大規模地藉著「全民對戰俘（prison of war，簡稱 POW）歌功頌德，同時傳頌這些烈士們還在被越南折磨的神話」，以妖魔化受害者。

唯一在媒體上稍有曝光的越南人，是那些遭到美國動員參與這場美國戰爭，還有那些被美國「辜負」的人 [15]；受到美國攻擊而死傷的大量人民，則一直都被視為「無價值的受害者」。官員、記者、專家以及有媒體影響力的知識份子們幾乎想著的都是美國的受害者還有越戰對美國的影響。羅伯特·麥納瑪拉那本眾人皆知的書[v]，本意應是認錯致歉與道德感化，但值得注意的是，書中他提到的越戰的「高成本」，還有自己的罪惡感與自覺的誤判，都只適用談論美國人的犧牲、只套用於越戰對「我們社會的政治統一性」所造成的影響。對於他自己的國家只是為了追求自身政治目的，就越洋入侵、無情轟炸、蹂躪了一個貧農社會的土地，還造成那裡數百萬無辜人民的死傷，他既不感到後悔、沒有道德反思、也沒有提出道歉。

同時，透過了不起的文化操作，受害者也成了反派壞人。我們在第五章裡會提到，尼克森總統為了延長越戰，窮追著越南人要為我們被捕的軍事人員（戰俘）和失蹤戰鬥人員（missing in action，簡稱 MIA）負責。他成功地延續了越戰，而為了這些所謂的失蹤戰俘，又有約莫 16,000 名美國大兵和為數不知的越南人民，在接下來的戰事中喪命。只不過，即便從來都沒有一項可信的證據顯示北越人民藏匿了戰俘，這樣的說法，卻成為往後多年主導美國對越南政策的圭臬與信仰。

這種神話，也成了電影裡頭大眾文化敘事的基礎：例如《越戰獵鹿人》

---

iv   譯註：原文為 scorched-earth policy，是一種軍事戰略，係指進入或撤出某處時破壞任何可能對敵人有用的東西，如農作等。

v   指的應是《回顧：越戰的悲劇和教訓》（In Retrospect: The Tragedy and Lessons of Vietnam）一書，繁體中文版由足智文化有限公司於 2018 年 10 月出版。

（*The Deer Hunter*）、《長驅直入》（*Uncommon Valor*）、《低空突擊》（*P.O.W.: The Escape*）和《北越歸來》（*Missing in Action*）；在這些電影裡，猶如藍波（Rambo）的英雄們營救我們那些被出賣而且招致虐待的戰俘，屠殺邪惡的越南人。這些電影反轉了歷史。一如越戰歷史學者 H·布魯斯·富蘭克林（H. Bruce Franklin）所指出的那樣：「美國對這場戰爭的看法正發生著巨大變化。模擬的影像，正在取代真實的照片和電視影片；遭到大屠殺的村民、被燒夷彈摧殘的孩童、被凌虐殺害的越南戰俘、受傷痛苦尖叫的美國大兵、一打打裝了屍體待運回來的屍袋——這些都消失了，取代的是落入野蠻的亞洲共產主義產份子手中的美國戰俘。」受虐戰俘成了越戰主題故事的文化神話，影響力強大，不僅僅讓這場戰爭得以延續，還幫助美國以此做為未遵照停戰承諾協助受害者的合理化藉口，同時，這個文化神話提供了對受害國實施 18 年經濟制裁的立論基礎。這個神話，還能當成軍事化的強力催化劑，並硬生生緩解「越戰症候群」。

先前已經披露「戰俘—失蹤戰鬥人員」神話的謬誤和信仰狂熱特性的 H·布魯斯·富蘭克林，在他最近的著作《越南及其他美國幻想故事》（*Vietnam and Other American Fantasies*）當中，除了再次處理這個議題，也討論了其他的幻想故事（例如反戰激進份子常常朝歸國的退役士兵吐口水）。《洛杉磯時報》寫了富蘭克林這本書的書評，但除此之外，美國主流媒體只有順道提及這本書兩次。另一方面，麥克·林德（Michael Lind）的著作《越南：必要之戰》（*Vietnam: The Necessary War*）遭受的待遇就不同了。這本書解釋，因為共產主義橫行、美國的「信譽」岌岌可危，而且越共殘暴又無情——從他們拒絕投降而且不願為隨之而起的美國轟炸事件中死亡的人負責，就可以看出端倪——所以，越戰打得有理！這本書除了有 44 篇書評之外，在主流媒體中還被提過 27 次，同時，除了《紐約時報》跟《華盛頓郵報》都延攬林德為其專欄執筆，他還獲得了其他的機會。

越戰歷史學者洛伊德·嘉德納在撰寫林德這本書的書評時提到，任何與越戰相關而生成的美國「信譽」問題，都是越戰的操控者們創造出來的、是他們自己的決定所產生的；嘉德納分析完林德為越戰辯護的一系列論點之後，還評論道：「就像海灘上的沙堡那樣，他的立場，輕易地就能拿證據沖掃崩壞。」話說回來，林德說的就是菁英階層想說的話，而富蘭克林說的則

不是，無怪乎主流媒體的處理也因此不同了。

寮國

　　寮國的石缸平原，遭逢過歷史上以民眾為攻擊目標的轟炸行動當中最嚴重的幾次；特別是 1968 年後，當時華府受到國內施壓，逼得與北越談判，並且停止對北越的轟炸行動。華府把目標轉到寮國身上，即使這個農業小國在戰爭中只是微小的因素；話說回來，要讓美國的轟炸機閒置在那兒，尼克森總統和國務卿季辛吉也辦不太到。全部算起來，美國一共在寮國投了大約 200 萬噸的炸彈。這些突襲行動，剷平了 353 座村莊，取了上千名百姓性命，而且，到現在為止，那些炸彈還在殺人，因為，石缸平原滿布了數億個「小炸彈」──這些是專門用來造成人員重大傷亡的武器。由於當初這些炸彈有 20％到 30％的未爆率，所以，它們仍舊是隱形殺手，而且，它們造成的傷亡率還是很高，一年估計有數百到超過兩萬個炸彈傷人的案子，死亡率為 50％，半數的受害者，都是孩童。

　　一直以來，各界都致力想處理這個人道災難。英國的地雷諮詢小組（Mines Advisory Group，簡稱 MAG）曾經試圖移除掉這些致命的炸彈，不過根據英國的媒體報導，雖然美國終於同意訓練一些寮國人民移除炸彈，在「幾個跟進地雷諮詢小組的西方世界組織當中，美國竟然毫不避諱地缺席了。」英國的媒體還帶點不悅地報導道，美國拒絕提供「炸彈解除程序」給地雷諮詢小組專家們，仍然把已經 30 歲的武器當成是國家機密處理。美國主流媒體向來都非常低調處理寮國持續增加的人員傷亡數字，對於美國不配合解除當年「祕密攻擊」寮國造成的危機，主流媒體也幾乎都三緘其口，何況，那些攻擊之所以是「祕密」，正是主流媒體默許配合的政治宣傳模式造成的。（詳見第六章）

柬埔寨

　　柬埔寨自 1988 年開始就發生了許多重大改變，其中包含了越南撤軍、聯合國力保而舉辦的選舉以及共產份子領袖波布之死。在第七章裡我們提

到，即便美國與其盟國曾斥責波布，稱他為犯下「種族屠殺」罪行的「希特勒翻版」，不過，當越南於 1978 年 12 月驅逐了波布之後，他們很快地轉而支持波布，允許其保留聯合國的席次，再不然也會提供他在泰國避難的協助與保護。越南卻因為終結了波布的暴行而遭到嚴厲地懲罰！越南不但受到嚴厲制裁，甚至美國為了給它一場教訓，還支持中國入侵越南。1979 年，美國卡特總統的國家安全顧問（National Security Advisor）布里斯辛基（Zbigniew Brzezinski）曾說「我鼓勵中國人支持波布。我鼓勵泰國人協助『民主高棉』（Democratic Kampuchea，簡稱 DK，是波布黨羽勢力）。我們對波布深惡痛絕。我們絕對不會支持他，但是中國可以。」1980 年代晚期與 1990 年代初，當越南堅持以波布及紅色高棉勢力不得重返執政才願意從柬埔寨撤軍為條件，為自身遭到國際孤立解套時，美國拒絕，還堅持在撤軍協議中加入讓紅色高棉成為參選政黨，最後也如願了。

主導美國政策、導致美國支持波布的經典法則就是，我敵人（越南）的敵人，便是我的朋友，而且，這可能也解釋了新的親中態度，同樣會表現出對越南的敵意。雖然美國先前痛斥過波布的政策，使得轉向支持一事很詭異，不過，主流媒體的態度卻泰然自若，而美國民眾幾乎可說完全不曉得他們已成為波布的盟友與支持派。（《紐約時報》、《華盛頓郵報》和《新聞周刊》從未提及前述中我們引用布里斯辛基點明支持的說法；《洛杉磯時報》和《時代雜誌》則各引用過一次。）

不過，到了 1990 年代晚期，在越南撤出柬埔寨、美國官方反越情緒消退同時波布不再是反越政策的有效工具之後，美國官員和專家們又重新看到了波布及紅色高棉黨羽的醜惡、認為他們當受戰爭罪審判才是。媒體先前主要以迴避不談的方式，處理了美國面對波布的「態度傾變」，基本上就是塗掉了 1979 到 1995 年間的事，再不然就是暗示美國出於**「現實政治」**（real-politik）[vi] 的理由而支持波布，但迴避了支持行為本質與程度的細節，也規避了支持「翻版希特勒」背後的道德反思。《紐約時報》一篇名為〈波布之興衰起落〉（"Pol Pot's Rise and Fall"，刊載於 1998 年 4 月 17 日）的文章中羅列其生平總表時寫道「1979 年到 1990 年：波布和紅色高棉得以在泰國邊界避難，

---

vi　　譯註：此處指的是國家行為主要乃受國家利益之驅使。

並以其為根據地對抗越南」。「得以避難」一詞是混淆視聽的：他們獲得的是美國及美國盟邦的經濟軍事協助以及政治扶持。1998 年初期《時代雜誌》的柬埔寨主筆記者賽斯・麥登斯（Seth Mydans）講到波布遭逐後「長達 12 年的內戰」（1998 年 4 月 13 日）以及 19 年間「柬埔寨西部和北部的游擊隊暴動」（1998 年 4 月 17 日）時，都再三避提美國對柬埔寨的支持。

1998 年 4 月 17 日，《波士頓環球報》、《紐約時報》、《華盛頓郵報》還有《洛杉磯時報》，在評述波布之死時，對於他的罪行表達了一致的義憤填膺，也通通為他逃過制裁表達遺憾，不過，這些媒體卻全都避談美國對這個罪犯長期以來的支持——也都沒講在這場「十多年的種族屠殺」初期，美國所扮演的角色。[16] 《華盛頓郵報》用這樣一句話，塗銷了美國 15 年來支持波布的尷尬歷史：「紅色高棉執政與屠殺的夢魘結束之後，美國和盟國們大量投注了幾百萬美金到柬埔寨，協助重建工作、舉行選舉。」

比較媒體處理波布和同樣是 1998 年新聞人物的印尼總統蘇哈托，就能讓人心領神會。當時印尼面臨財務危機——加上人民反抗蘇哈托的獨裁領導——結果是最後蘇哈托遭到驅逐。1998 年 4 月的報紙社論和新聞版面用「失控」一詞描述波布，說他是「殺人犯」、「戰爭罪罪犯」、「大規模屠殺兇手」、「沾滿了鮮血」，而且說他精心策畫了「恐怖統治」還有「種族大屠殺」。話說回來，在 1998、1999、連同早些年的時候，即使媒體偶爾會稱蘇哈托是「獨裁者」、說他實施的是「極權」統治，不過，從來都沒有媒體說他是「殺人犯」、「大規模屠殺兇手」或聲稱他該為「種族大屠殺」負起責任。這種詞彙使用的雙重標準，保證可以在主流媒體中看得到。

關於波布和蘇哈托的殺戮行為該由何方負責一事，媒體處理方式的雙重標準雖然比較不明顯，不過倒是一樣教人玩味。在波布的例子上，媒體態度信誓旦旦、直接了當：社論與新聞報導一致認定，他和紅色高棉高層，要為 1975 年到 1978 年間所有柬埔寨人的死負責，這是清楚不過的了。他是「屠殺了 200 萬人的兇手」（《今日美國報》〔USA Today〕）、「要為受害者之死負責」（《華盛頓郵報》）的「劊子手」（《波士頓環球報》）還是「把柬埔寨推向毀滅的人」（《紐約時報》）。

不過，在蘇哈托的例子上，我們咎責的態度模糊，也就是說，根本沒有指出蘇哈托與此之干係：舉例來說，《紐約時報》說「1965 年的政變，

導致數十萬疑似共產黨份子遭到屠殺」（1996 年 8 月 23 日社論），在這個說法下，這場屠殺的施為者不見了；或者說「一波暴力行動，奪走高達 50 萬條人命、同時讓蘇哈托在一場軍事政變中從蘇卡諾（Sukarno）手中奪權」（1996 年 8 月 7 日賽斯‧麥登斯所寫），在這個說法下，這場大屠殺不但沒有主導人，還錯誤地將此事安排在蘇哈托奪權之前發生。麥登斯在後來的文章中說，「1965 年一場左翼份子的掃蕩行動中，估計有超過 50 萬的印尼人喪生，同一年，蘇哈托坐上大位」（1997 年 4 月 8 日）。我們要注意的是，有關波布的描述，都不用被動語態，而且，談蘇哈托時不用「殺戮」或「大屠殺」而是用「掃蕩」這樣的字眼，還有，依舊沒指出行動背後的主策人。

在東帝汶的例子上，《紐約時報》也同樣不確定屠殺行動由來為何：「這是世界上不幸的地方之一，10 萬到 20 萬人，因為 1974 年的一場殘暴內戰，連同隨後鄰國的入侵、處決行動、疾病時疫，還有饑荒，就這麼死了……」（1990 年 10 月 21 日史蒂芬‧鄂蘭格所寫）。除了沒提到明確的主策人外，這個句子還嚴重歪曲了事實——內戰持續時間很短，造成的死亡人數很少；而且，鄰國入侵並非殘暴內戰的「後果」，只存有印尼的政治宣傳會這樣說。

媒體報導波布手中的「有價值」受害者以及蘇哈托手中的「無價值」受害者時，另一個重要不同之處，就在於他們是否願意詳細說明屠殺行為。處理波布時，一如我們在第七章會詳述的那樣，主流媒體的描述當中，完全看不到第一階段大屠殺的背景——當時波布的軍隊遭逢嚴重損傷，為了自身經歷過的暴行而尋仇，這麼看來波布不足為兇手；而且，媒體也完全沒有用 1975 年 4 月時饑荒與疾病早已遍布柬埔寨的事實，來解釋波布當政那些年的部分死亡人數。這些，媒體都沒有提，他們認為唯一值得交代的背景，就是他曾留學法國，而且信奉共產極端主義。

話說回來，在蘇哈托身上，脈絡化的辯解推託之詞，又讓我們開了新眼界。多年來，這套主要的辯護公式會說，1965 年到 1966 年的屠殺，是「一場失敗政變的結果」，因而「引發了一連串的暴力事件」，或「左派份子的猛攻」造成了「失敗的政變」。這套不斷被援引的公式，暗示了大規模屠殺是被挑起的，因此，先前左派份子的「猛攻」或可合理化如此的大屠殺。這些撰文者，從來都沒有解釋為何失敗的政變竟然可以成為大規模屠殺

的合理理由，媒體經常將政治壓迫與「穩定」和「成長」併置一塊：即便蘇哈托「以持續緊掌大權、打壓大眾批評和政治在野」，才有這樣的成果，但「俯拾可得的跡象，都看得出來他的成功」。這些節錄自《紐約時報》的陳述，讓你我看到了這家報社從來不肯使用在卡斯楚（Castro）身上的脈絡解釋，更遑論波布之流，而且，這種脈絡解釋，顯示了根深柢固的辯護思維。

這樣的辯護，還延伸到蘇哈托入侵並占領東帝汶的事件上。多年來，《紐約時報》的記者們都聲稱印尼是在東帝汶內戰期間入侵其中的，但事實上，印尼入侵東帝汶之前，東帝汶的內戰早就結束了。1977年到1978年間印尼攻擊東帝汶的情況和屠殺人數達到高峰時，《紐約時報》對這些別處會以「種族屠殺」加以描述的新聞，卻完全沒有報導。而且，就算印尼占領東帝汶違反了當時聯合國的裁定，直到1999年於聯合國的要求下才撤出，但《紐約時報》的記者還是不斷地把東帝汶稱為「有歸屬爭議的省」，還說東帝汶人的反抗是「分裂主義」，因而內化並正當化了印尼的侵略與占領。

媒體報導蘇哈托和印尼政府的偏見和輕縱，又是跟美國支持1965當年那場政變與屠殺的政策相關。印尼發生的這些事件，受到美國政府官員的熱切回應——當時的國防部部長羅伯特・麥納瑪拉，談到這些事件時，說這是美國支持印尼軍隊的政策帶來的「成效」之一——而「殺紅了眼的奮戰」（《時代雜誌》）與「駭人的大規模屠殺」（《紐約時報》），在媒體上，都成了「一絲曙光」（《紐約時報》的詹姆斯・雷斯頓所寫）。蘇哈托的獨裁政權期間，美國的軍隊和經濟援助，加上外交庇護，都沒斷過，媒體也因而都報導他是一個正義的種族屠殺者。

《紐約時報》的記者大衛・桑格（David Sanger）區別出蘇哈托和1990年後的海珊——1990年之前，他是美國的盟友——有何不同，他如此說道：「蘇哈托先生又不是囤積炭疽病毒或是威脅要入侵澳洲。」也就是說，蘇哈托入侵、大規模屠殺，還有長期非法占領東帝汶的這些行為，都輕如鴻毛，而記者對蘇哈托幾年前在印尼殺了50萬到200萬人的事，也抿而不提。這告訴了你我，大家有必要了解，正義與邪惡的種族屠殺者，在西方世界的政治宣傳體系當中怎麼成形。

進一步的應用

政治學者湯瑪斯・佛格森（Thomas Ferguson）在他的著作《黃金法則》（*Golden Rule*）中主張，凡是各政黨與選舉的主要投資者同意的議題，政黨就不會加以挑戰，就算社會大眾的需求嚴重有別，也在所不惜。他提出，一般的選民想要影響選舉相關選項的話，他們就勢必得握有「直接促成大眾反思與意見表達的強力管道。」這些管道，包含了透過集體影響力組成的公會和其他中介組織，它們或許能讓一般選民的利益在政治制度中更獲重視。

政治宣傳模式連同它反映出的組織運作，都意味了這些阻止政黨在主要投資者同意的議題上相互較勁的同一批影響力，也會左右媒體的傾向，摒棄這些議題上的「大眾反思與意見表達」。舉例來說，民意調查經常指出，一般大眾除了在戰爭期間或是強力的戰爭政治宣傳期間外，都希望減少國防預算，傾向挪用國防預算的一部分到教育或其他公民用途之上。可是，由於主要的投資者要的都是大筆的國防預算，所以，兩大政黨只會爭執哪一方在軍事花費上實施撙節，但雙方都同意增加國防預算（2000 年總統大選時小布希〔George W. Bush〕和高爾〔Al Gore〕便是如此）。主流媒體的行為也一樣，在兩大政黨定義的條件下思辨，摒除掉反思並表達大幅削減預算的立場。當時的另一位總統候選人拉爾夫・納德（Ralph Nader）呼籲要大幅削減國防預算，不過，媒體不給他在這個議題上發言的機會，有的還直接挑明堅持不讓他參加總統候選人辯論會，理由是兩大黨提供的選項已經夠了。[17]

美國的企業界向來傾向支持龐大的國防預算——目前，我們的國防預算，跟國力持續變弱、同時國防預算排名全球第二的俄羅斯相比，是人家的五倍——因為，從軍事花費中，企業界成員有很多好處可撈。這些好處，包含了武器和其他的承包案、直接與間接的研究補助[18]，還有許多美國的跨國企業集團在主動參與全球經濟擴張並從中獲益時，都需要軍力的支持。企業也受惠於貿易協定的市場開放行徑，與 WTO、世界銀行以及 IMF 這類支持性機構的運作。話說回來，這些貿易協定與國際金融機構的活動，也製造了爭端和政治鬥爭，因為，雖然它們有益於企業這一點是明確的，但它們最主要犧牲的對象都是被迫在全球職場競爭的勞工。更有甚者，全球化與貿易協定，強化了企業界的政治力和經濟力——這多少是因為全球化與貿易協定將

決策的權力，從民主政體手中，移轉到更會為跨國企業之利益效力的金融家與技術官僚手中。就像國防與公民用途導向預算之爭的例子，我們也會看到民意調查顯示，企業與民眾的偏好呈現兩極，人民普遍對企業支持的貿易協定和組織運作，態度反感。[19]

　　政治宣傳模式應用在媒體對這類議題的報導處理方式上，非常契合。舉例來說，我們想想新聞怎麼報導《北美自由貿易協定》（*North American Free Trade Agreement*，簡稱 NAFTA）的通過，以及隨之而來的 1994 年到 1995 年間墨西哥的金融危機和經濟垮台。《北美自由貿易協定》生效前的民調一致顯示，絕大部分的人反對這項協定——民眾還反對後來替墨西哥證券投資客們紓困的政策——不過，菁英階層支持啊。媒體社論、新聞報導，還有一部分寫評論專欄的「專家們」，態度都非常偏頗，支持菁英階層的選擇；媒體判斷，北美貿易協定的好處顯而易見，而且所有夠格的權威人士都贊同，同時，只有那些譁眾取寵的人士和「特殊利益」方持反對意見。可能是「輸家」的「特殊利益」方包含了婦女、少數族群還有大部分的勞工。對於民調顯示大多數人持續反對協議的尷尬現狀，媒體主要的處理方式，就是避而不談，不過，偶爾媒體會提出民眾資訊不足，而且沒能認清自身真正利益為何。《紐約時報》和《華盛頓郵報》都嚴厲攻擊勞工企圖想影響北美貿易協定的辯論結果，對於企業或政府（美國和墨西哥）的遊說和政治宣傳，它們卻沒有同等力道的批評。同時，雖然媒體聲稱勞工在這些議題上有既定立場，並加以攻擊，不過，它們卻不讓勞工表達實際的立場為何。

　　1994 年 12 月，《北美自由貿易協定》實施不過 11 個月，墨西哥就遭逢了重大的金融危機，包含大量的資金外逃、貨幣貶值還有隨之而來墨西哥為了換得國際貨幣基金給予的紓困貸款，必須實施的通膨政策。雖然引入《北美自由貿易協定》不到一年，這樣的經濟垮台就已經發生，媒體卻把這事實描述為通往經濟進步之黃金時代的領頭現象，口徑一致地說《北美自由貿易協定》沒有錯。媒體築起共同陣線支持墨西哥紓困案（紓困的對象是投資客），不顧民調顯示美國一般社會大眾並不贊同。專家、媒體權威人士還有評論家們不斷地解釋，《北美自由貿易協定》其中一個大優點就是這個協定「牽制住墨西哥」，所以，墨西哥不能改變整體政策方向或是以控制手段保護自己免受嚴重通貨緊縮和高失業率的影響。媒體對這種「牽制」的極度非

民主本質視而不見，而且，談判協定的墨西哥政府還是靠選舉舞弊才上台的，這就更教人質疑這個牽制了。

更為晚近的事還有：當全球反世界貿易組織、國際貨幣基金，還有世界銀行之政策的聲浪日漸壯大，大型抗議活動於是出現在 1999 年 11 月與 12 月於西雅圖舉辦的世界貿易組織會議，還有隨後 2000 年 4 月在華盛頓特區的國際貨幣基金與世界銀行年會上。媒體報導這些事件時，都語帶輕蔑鄙視、對抗議人士充滿敵意，而且，還幾乎同聲一氣地不處理抗議活動背後的實質議題。媒體把西雅圖的抗議人士描述成「什麼都可以抗議的滋事者」（《美國新聞與世界報導雜誌》〔*U.S. News & World Report*〕）、「委屈不平已無藥可醫」（《費城詢問報》〔*Philadelphia Inquirer*〕）、就是要「反世界貿易」（《ABC 新聞網》），而且「無事生非」（《CNN》），不過，對於這些抗議者的不平從何而來，媒體幾乎完全沒有探究。無獨有偶，在華盛頓特區的抗議活動新聞中，媒體重複報導的重點都放在激進人士的服裝、外貌、體味上，說抗議不過是一時趕趕時髦湊熱鬧，還宣稱他們缺乏「任何可謂合乎條理的根據」（《華盛頓郵報》記者麥可‧凱利〔Michael Kelly〕），而且，媒體依然故我，拒絕討論議題。在西雅圖和華盛頓特區的抗議人士中，有許多人深明情況，而且有條理清楚的目的——有名望卓著的經濟學家、社會理論家還有來自世界各地的資深組織活動人士——不過，媒體沒有找出他們，而是選擇塑造反全球化激進人士的刻板印象，說他們都是無知的麻煩製造者。在專欄文章裡，大多看到的是對抗議者的偏頗敵意。電視媒體的偏見，也毫不遜色，而且往往誤導事實。丹‧拉德（Dan Rather）在他 1999 年 11 月 29 日介紹世界貿易組織背景的撰文之中，辯稱世界貿易組織針對許多環境議題做出了決議，暗指那些決議保護的是我們的環境，而實際上，這些決議一般說來都是側重貿易權而非環境需要。

從媒體對西雅圖與華盛頓特區抗議活動的報導，還有先前他們對越戰時期（1965 年到 1975 年）抗議活動的處理方式，我們還看到另一個顯著的特點：它們會誇大抗議者的暴力行為、低調處理警方的挑釁及暴力行為、默許非法用來限制抗議人士行動——無論是否為和平行動——的警力戰術運用。雖然早在少數抗議者開始擊破窗戶前，警方就已經訴諸武力並以化學藥劑對付許多非暴力抗議人士，不過，媒體當時與事後的報導都對調了先後順序，

說警方為了因應抗議者的暴力行為，才以暴制暴。事實上，警方幾乎沒注意到部分抗議人士破壞公物的行為，但和平的抗議人士卻要招致毆打、被催淚瓦斯攻擊、受胡椒噴霧折磨還有被逮捕。有一篇《紐約時報》的報導文章甚至誇張到聲稱西雅圖的抗議人士對各國會議出席代表和警方丟擲排泄物、石塊，還有汽油彈；《紐約時報》事後發表了更正，承認這是莫須有的指控。誣控西雅圖的抗議者是「造成當天警方鎮壓的元兇」的丹・拉德，後來竟暗指華盛頓的抗議人士搞不好「希望去年西雅圖的暴力事件再次發生」，要跟那些「不同意暴力」、「負責維護和平的人」抗衡。

美國公民自由聯盟（American Civil Liberties Union，簡稱 ACLU）在名為〈失控：西雅圖對反世界貿易組織抗議活動的失誤回應〉（Out of Control: Seattle's Flawed Response to Protests Against World Trade Organization）的 87 頁報告中指出，「（西雅圖的）示威人士完全是非常平和的。警方就不是這麼回事了。」文中稱西雅圖警方對抗議活動的反應，本質上就是「極為嚴苛的」違反公民自由，手段包含廣泛使用「化學武器、橡膠子彈，還有棍棒對付和平的抗議者與旁觀人士。」不過，NBC、ABC、CBS 還有 CNN 以及《紐約時報》和《華盛頓郵報》，全部都故意不承認美國公民自由聯盟的報告結果，因為這些報告違背了它們挺警方、反抗議者的統一陣線。

媒體倒置時序的處理、對激進份子暴行的誇飾，以及對警方用來恫嚇有心和平抗議之人士的數起非法行動輕描淡寫，凡此種種，不但提供了警方施暴有理的基礎，還嚴重限制了言論自由。經過西雅圖抗議事件後，到了華盛頓抗議事件時，媒體的操作影響，規模更大，手法更高明；之後，2000年 7 月和 8 月在費城與洛杉磯的共和黨（Republican）和民主黨（Democratic）大會，媒體們還把這一套拿來壓制抗議行動。媒體企業與其他的企業界夥伴一致，以抗議活動的訴求目標為敵，於是，碰到它們自身權利和特別待遇受到威脅時，它們對憲法第一修正案（First Amendment）[vii] 的忠誠擁護，出現了前所未有的消滅。

從媒體對北美自由貿易協定、勞工參與其相關之辯論的權益的處理方

式，還有它們對水門案（Watergate）[viii]、反情報計畫（COINTELPRO）[ix] 還有勞資衝突史早期之重大事件（乾草市場事件〔Haymarket affair〕[x]、霍姆斯特德市罷工衝突事件〔Homestead strike〕[xi] 與一戰後的「紅色恐慌」〔post-World War I "red scare"〕[xii]）報導中，政治宣傳模式不僅適用於國內議題，也可以用在外交政策議題上。過去數十年來，美國的勞工受到一次又一次的夾擊；1980 年代早期的通貨緊縮政策、企業裁員縮編、全球化、一連串要瓦解工會的企業強力行動還有工會與勞工招致損害時政府不聞不問或認同支持的態度——這些都嚴重影響了勞工所處的狀況。從雷根總統執政時期一開始，工會成員便數量大減，勞工參加工會的比率從 1980 年的 25％，掉到 1996 年的 14.5％（在私營企業部門中，這個比率只有 10.2％）。這反映出勞工的斡旋能力減弱，隨之而來的，就是勞工在工資和福利的大幅退讓、工作條件更為繁重、勞工感受到更大的不穩定性。

1981 年雷根總統解僱了 11,000 名罷工的航空交通管制員（air-controllers），等於「政府為打擊罷工背書，產業關係的新時代於焉展開。」不過，這樣的事，有在收看或閱讀主流媒體的人，卻根本不會曉得。1994 年《商業周刊》裡一篇文章破例提到，「過去十多年來……美國產業打了一場有史以來最成功的工會戰爭」，靠的是「非法解僱數千名行使組織權的勞工」，而「1980 年代晚期，所有的工會代表選舉中，每三場就有一場」導致非法解僱之情事。然而，這場仗打得成功卻低調，還多靠了媒體幫忙。媒體非常低調、輕描淡寫地處理了解除承認工會資格的新聞、起用替代勞工的新聞，

---

viii　譯註：是 1970 年代發生在美國的一場政治醜聞。1972 年民主黨全國委員會位於華盛頓特區的水門綜合大廈發現被人侵入，然而時任總統理察·尼克森及內閣試圖掩蓋事件真相。直至竊聽陰謀被發現，尼克森仍然阻撓國會調查，最終導致憲政危機。尼克森於 1974 年宣布辭去總統職務。

ix　譯註：全名為 Counter-Intelligence Program，是美國政府公開使用滲透、監控和暴力對付異議和反抗份子的惡名昭彰案例。

x　譯註：1886 年 5 月 4 日，芝加哥工人組織舉行爭取每日最高八小時工作制遊行，但在完結前有不明人士向維持秩序的警員投擲爆炸品，導致七名警察及四名民眾被炸死，警方隨後拘捕多位人士指他們涉事，但當時反對者批評政府只是找「代罪羔羊」，最後四人被判絞刑，史稱「乾草市場事件」。

xi　譯註：19 世紀時卡內基（Andrew Carnegie）委託平克頓（Allan Pinkerton）的徵信社滲透進其鋼鐵工廠員工的組織，企圖瓦解其運作，結果造成勞資互有傷亡的事件。

xii　譯註：一戰後尼克森對外發動冷戰，對內則以國家安全為由，製造「紅色恐慌」的現象。

還有例如卡特彼勒（Caterpillar）公司捲入的那種長期而耗損式的罷工事件。談到政治宣傳模式的適用性，還有個值得注意例子：1989 年 4 月開始那場長達 9 個月的皮茲頓（Pittston）[xiii] 礦工罷工事件，媒體所給予的關注，還不及於同年夏天蘇聯礦工的罷工事件多。

1977 年到 1999 年間，全美收入最高的前 1% 的家庭，家庭收入成長了 84.8%，而收入排前 10% 的家庭，家庭收入也成長了 44.6%；但是，收入排不進前 40% 的家庭，家庭收入卻不增反降，收入排倒數 20% 的家庭，家庭收入降幅達 12.5%。1973 年到 1999 年間，非主管職的生產線員工（也就是占整體勞動力 80% 的藍領階層勞工）稅後時薪降了 4.8%。這個數據，連同同一時期社會指標的退步趨勢[20]，都意味著在那個高就業率、股市一飛沖天的「新經濟」時代裡，大多數民眾的幸福安康感是衰退的。在那段隨著 1999 年跟 2000 年的網路經濟泡沫化而告終的短暫歡愉時期裡，主流媒體幾乎沒有注意到只有少數人從中獲益；到了 1996 年總統大選競選活動期間，在帕特·布坎南的右翼民粹主義疾呼之下，媒體才短暫地注意到這個議題。2000 年的大選期間，兩大政黨候選人又再一次略而不提，在這個原本要人人雞犬升天的「看好趨勢」中、大多數的人都沒能獲利的事實現況；只有拉爾夫·納德和其他被邊緣化的候選人提出了這點，而一如我們提出的，主流媒體覺得，兩大政黨的政見訴求就已經夠了。

另一個教人注意的政治宣傳模式應用，可以從媒體處理化學工業及其法規的方式看得出來。由於這個產業權力龐大，而媒體對企業界又言聽計從，因此，瑞秋·卡森（Rachel Carson）在她的書《寂靜的春天》（Silent Spring）裡，便說明了一套媒體已然習以為常的制度——「先蓄意毒害我們，然後再嚴格控管結果。」化學產業不需要先提出客觀的安全證明，就獲准製造並販賣化學藥劑（而且，在 1990 年代時，還可以製造、販賣經生物工程改造過的食品），而環境保護署（Environmental Protection Agency）因為經費不足、再加上執法與測試受限於政治因素，因此一直沒辦法好好發揮「嚴格控管」的功能。一份國家研究委員會（National Research Council）1984 年的大型研究發現，

---

xiii　譯註：這場發生在維吉尼亞州的「皮茲頓煤礦場罷工事件」（Pittston Coal strike），當時工會成功號召了數千名同情者，從全美各地開車到罷工現場加入罷工封鎖線，最後導致資方屈服。

78％的市售化學藥劑，沒有相關對健康危害的資料可查，而且，環境保護基金（Environmental Defense Fund）的最新調查發現，經過了 10 多年，這個情況幾乎沒有改變。聯邦政府的國家毒理學計畫（National Toxicology Program）每年會檢測 10 到 20 種化學藥劑，看其有無致癌性；但於此同時，每年市售的化學藥劑會增加 500 到 1,000 種，因此，我們對這些化學藥劑的認識，是持續遞減的。

不過，這樣的制度對化學產業是有利的，因為它們希望在沒有外力干涉的情況下販賣產品；而把研究與安全檢測幾乎都交由化學產業一手包辦，再由產業成員決定什麼結果該轉呈環保署，根本是「叫狐狸看護雞群」的典型做法。這套制度對社會大眾不利，而此制度的缺失，更因化學產業有辦法左右環保署、甚至有時能挾持它而雪上加霜。化學產業往往宣稱化學藥劑的安全有環保署（或是食品藥物管理局〔Food and Drug Administration〕）的規範把關 [21]，可於此同時，它們會想盡辦法維持規範的寬鬆，而且，一如我們提到過的，這些規範根本沒能顧及市場上絕大多數的化學藥劑。

在媒體的協助之下，化學產業也讓大部分的社會大眾接受了它們所提的觀念：化學藥劑的評估，應該根據單一藥劑對個體之可能危害與個體耐受性的分析而定。話說回來，量測這樣的可能危害與耐受性，是非常困難的——因為不太可能進行對照實驗、所謂的危害可能要數年之後才會現形、事先很難曉得是什麼形式的危害、化學藥劑可能跟環境中的其他化學藥劑產生相互反應、化學藥劑可能有生物累積性（bioaccumulative）還有化學藥劑產品的分解產物可能也會有它們自己的危險性。何況，要是數千種化學藥劑進到了我們的環境裡，其中還有許多既耐久、具備生物累積性，而且會跟其他的化學藥劑交互作用，那麼，我們的公共政策如果忽略它們對人類與環境所造成的累加與交互影響，就有嚴重的問題，而且不負責任。

若有美國政府在後面撐腰的話，根據化學產業激烈反對的「預警原則」（precautionary principle）所制定的政策 [22]，不會允許化學藥劑不經完整檢驗就進入我們的環境；這樣的政策，會禁止使用那些會累積於人體組織內、同時其分解產物具備危害性或相關危害性尚不可知的化學藥劑；還有，這樣的政策，會以合理的成本，找到或發展出不具威脅性的替代物，強制取代未經檢驗、風險已知的化學藥劑。

化學產業在成功迴避預警原則之應用的同時，它們的發言人還主張，現存的制度根據的是「嚴謹的科學」（sound science）。不過，科學沒有告訴我們的是，那個產業有沒有權利把可能造成危害的化學藥劑釋放進環境裡，更別說科學也沒告訴我們，哪些可能的危險是可容忍的——這些都是政治的決定。再說了，假如環境中的化學藥劑沒有就所有跟社會選擇有關的變數一一檢測，例如：它們對免疫系統和生殖系統的長期影響、是否有任何致癌危機，還有它們的分解產物對環境造成的影響——其實沒有任何一種化學藥劑被這樣檢測過——那麼，這所謂「嚴謹的科學」清楚明白建立在政治之上，而非科學之上。

化學產業已經生產了無數項的產品，而且長久以來都否認這些產品會造成危害——從汽油裡的四乙基鉛安定劑 xiv 和電池裡的印刷電路板（PCB），到石綿、滴滴涕殺蟲劑（DDT）以及橙劑——這些現在都是公認具有嚴重殺傷力的產品，而化學產業都是在法規的龐大壓力下才完全撤掉這些產品（往往只從國內市場中撤掉）。只要它們想賣，它們總是找得到願意替這些產品背書的科學家（再不然就說產品有害的說法是未經科學證實的）。產業資助的科學研究結果，和耕耘同一領域的獨立科學家們的研究結果，向來都存在著極大的差異。而且，產業檢測也好、檢測實驗室造假資料以證明產品可用的產業手法也好，還有降低規範標準的政治操控也罷，在這些方面，都曾發生好多起詐欺案。

儘管有這些化學產業濫用科學的例子，媒體向來還是大都同意化學產業對外宣稱說法：相較於批評它們的人所引用的「無根據的科學」（junk science），它們支持「嚴謹的科學」。從 1996 年到 1999 年九月，主流報紙當中，有 258 篇文章使用了「無根據的科學」一詞；不過，其中只有 21 篇，也就是 8％ 的文章，將這個詞彙用來指陳產業界對科學的濫用，另一方面，有 160 篇，也就是 62％ 的文章，將這一詞用來指陳環保人士、其他的企業評論者或企業侵權控告案中律師所引用的科學（其中有 77 篇，也就是 30％ 的文章，使用這個詞彙的方式無法歸列在這兩大類底下）。簡而言之，媒體已經內化了化學產業用詞的自我合法化，一如它們已經認為現行「買者自慎之」（cave-

---

xiv　　譯註：一種人工製造的專利石油添加劑。

at emptor，買家要當心〔buyer beware〕）的狀況為理所當然，而非「安全第一」。

媒體還經常和產業同聲一氣，把擔憂化學藥劑的危害威脅，當成未經證實的「恐懼」，不予理會，例如：民眾懼怕戴奧辛以及蘋果上殘留亞拉（Alar）[xv] 農藥的危險。然而，這些連同其他的恐懼，結果卻往往都有造成真正健康危害的根據。與此同時，媒體幾乎不會深入報導並檢視時而有之的證據，這些證據證明了相關規範和檢測的不當，以及環境化學化後我們得付出的代價。舉例來說，1978 年美國和加拿大共創的國際聯合委員會（International Joint Commission，簡稱 IJC），背負的重責大任，就是想辦法阻止有毒化學物流進五大湖區（the Great Lakes）。這個委員會，年年都宣告任務失敗，而且，從 1992 年起，委員會就開始呼籲，要完成這項任務最重要的條件，就是停止生產氯氣。然而全國性的媒體完全無視這個訴求，國際聯合委員會的美方共同主席戈登‧德爾尼爾（Gordon Durnil）曾說：「該如何處理這個情況，是我們整個社會要面臨的問題，但是，90％的民眾，根本不知道有什麼好擔心的。」我們相信，政治宣傳模式有助於理解大眾對這種常識的缺乏。

在 1992 到 1993 年的健康保險爭議中，儘管民眾廣泛支持全民健保的選項，而且如此的健保制度在加拿大成效良好，但媒體仍然拒絕認真看待這個方案，此舉有效保障了保險業與醫療服務集團之利益。媒體在報導與評論 1992 年到 1996 年間政府要緊急實施所謂財政緊縮與平衡預算的措施時毫無批判的態度，恰恰保障了企業界要減少社會預算並減弱規範的想法。當時的說法是，這是社會保險制度（Social Security system）的「危機」，要真如保守派估測的那樣，而且又沒有簡單的補救方式，那麼，政府得提早 37 年做出政策因應──媒體輕易地就相信這個說法，而對那些急著想削弱政府成效卓著計畫的保守派死忠份子，還有亟欲從社會保險部分私有化或全然私有化過程中獲利的保險業來說，媒體的好騙，保全了它們的利益。諸如此類，以及媒體報導「毒品戰爭」的處理方式等其他例子上，我們似乎都可以清楚看見政治宣傳模式的應用。

---

xv   譯註：一種噴灑在蘋果上的殺蟲劑。

結語

　　政治宣傳模式到現在還是分析與理解主流媒體運作的有效架構——跟
1998 年時相比，也許還有過之而無不及。一如我們於前述中提及的那樣，
造就出這個政治宣傳模式、那些我們堅信——而且往往是果斷相信——會改
變媒體行為與表現的結構條件變化，都可能讓這套政治宣傳模式更教人注
目。我們在本書第一版當中的前言以及第二、第三章中，談及 1980 年代時
媒體報導中美洲的戰爭與選舉時提到，媒體在順服政府政治宣傳訴求方面，
表現得超乎期待。這一點，如同先前提到南斯拉夫時我們簡要講述、而在本
書其他地方詳細分析的那樣，媒體報導 1991 年伊拉克戰爭以及 1999 年北大
西洋公約組織聯軍向南斯拉夫宣戰時，面對政府的政治宣傳訴求，其順服態
度，也同樣出乎預期。

　　在本書第一版的結論裡，我們強調，由於媒體表現的負面效應，主要
肇始於媒體的組織結構與目標，所以，媒體的表現要能真正改變，就得對基
礎的媒體組織結構和目標有重大改變。自 1988 年以來，媒體組織結構上的
改變尚未利於其表現的提升，但話說回來，不變的核心真理是：資訊來源的
民主化，還有更加民主的媒體，是民主政治不可或缺的。除了試圖不讓主流
媒體的日漸集中化越來越嚴重同時反轉集中化的現象，草根運動和代表大量
普通民眾的中間團體，也應該要投注更多的心力與金錢，創造並支持他們自
己的媒體——就像 1999 年和 2000 年發生於西雅圖和華盛頓特區的抗議行動
催生出獨立媒體中心（Independent Media Centers）那樣。這些媒體，連同其他
非營利社區廣播電台與網路，還有善加利用可供大眾使用的頻道、網際網路
以及獨立平面媒體等等，在達成重大的民主社會與民主政治成效方面，會至
關重要。

前言

我們於本書中勾勒出一套「政治宣傳模式」，並將它套用在美國大眾媒體的表現上。這麼做，反映出我們根據多年研究媒體運作所得到的觀點：媒體的功能，就是動員大家支持主導國家與私人行動的特殊利益，[23] 而且，透過這樣概念分析媒體，往往最能讓我們了解媒體在報導上的偏好選擇、重點著墨，以及資訊略除的行為，有時，甚至能為我們帶來醍醐灌頂的了然與洞見。

　　或許這是個再清楚不過的觀點，不過，民主的基本條件，就是媒體獨立；同時媒體要以揭發並報導真相為職志，還有，它們不會單以強勢團體想要的方式、反映出我們的世界。媒體的領導人宣稱，他們根據無偏見的專業與客觀標準挑選新聞，而且，他們有知識份子界在背後支持這樣的新聞挑選標準。不過，假如有權勢者能在論述前提上動手腳、有辦法決定普羅大眾能看什麼、聽什麼、思考什麼，同時還有辦法透過一般的政治宣傳模式「操控」輿論，那麼，這套制度為了符合標準而採取的運作方法，就會跟事實嚴重相悖。[24]

　　一直以來，討論公眾輿論、政治宣傳以及社會秩序之政治條件的作家都承認，政治宣傳在華特・李普曼（Walter Lippmann）所謂的「製造共識」上，有特殊的重要性。在 1920 年代時寫下這些文字的李普曼自己聲稱，政治宣傳已成為「大眾政府常用的溝通工具」，而且，其重要性與成熟度都持續增加中。我們並非主張大眾媒體只做政治宣傳，但我們認為，媒體的政治宣傳功能，是它們提供的整體服務中非常重要的一環。在第一章裡，我們會清楚說明什麼是政治宣傳模式，它何以解釋促成媒體扮演政治宣傳角色的背

後驅力、媒體造就偏見的過程以及隨後出現的新聞偏好選擇模式。接下來的幾章裡，我們會試著讓大家看看政治宣傳模式如何應用在實際的媒體表現上。

一般說來，權威評論家都把針對體制的批評——包含我們在本書中提出的那些評論——當成「陰謀論」而不予理會，不過，這只是一種逃避。我們不使用任何一種「陰謀」假設，解釋大眾媒體的表現。事實上，我們的處理方式，更接近於「自由市場」分析，得到的結果，大抵就是市場影響力的運作結果。媒體中的偏見選擇，大部分都起源於它們預先挑選出思想正確的人士，內化了成見，而且從業人員要迎合所有權、機構、市場以及政治力的約束。審查制度大抵上就是自我審查制，而審查人員，除了因應資訊來源之真實性與媒體機構要求而自我調整的記者和評論家外，還有媒體機構內的高層人士，這些人被選出來執行機構所有權人與其他市場和政府權力中心強加的約束與管控，而且，他們通常還會內化這樣的約束管控。

會積極主動去定義、形塑新聞該有的樣貌並防止媒體作怪的重要行動者，的確是存在的。我們在此描述的是一個「導引式的市場機制」，而提供導引的，是政府、企業界領袖、媒體大亨與執行階層以及林林總總取得授權或獲准參與打造工作的個人和團體。[25] 這些發起人的數量很少，所以碰到狀況時有辦法聯合行動，就跟市場中幾乎沒有競爭對手的那些賣家一樣。不過，多數時候，媒體領導人做出類似的事是因為他們透過同樣的視野看世界、受到類似的約束與面臨相仿的誘因，也就因此很有默契地表現出追隨領導人的行為：共同打造專題報導或同時噤聲。

大眾媒體並非在所有議題上都同聲一氣。當碰到掌權者意見分歧的事，我們就能透過媒體辯論看到某種多元化的策略判斷，討論大家如何異中求同。不過，要是這些觀點挑戰的是基本命題，或是提到現行國家權力運作模式是全面性的制度問題，那麼，就算菁英階層對策略問題爭論不休，大眾媒體也不會報導。

隨著本書章節進行，我們會深入討論幾個這樣的案例，不過，事實上，這樣的模式隨處可見。撰寫本書當下，恰巧有一則占據媒體版面的新聞可以當例子，我們不妨想想新聞如何側寫遭到美國攻擊下的尼加拉瓜。在這個例子上，菁英階層的看法相當分歧，以至於人們得以質疑，資助恐怖份子軍隊

是否能有效地把尼加拉瓜變得「更為民主」，同時「對鄰國較不具威脅性」。話說回來，大眾媒體幾乎不青睞以下這些觀點，或者允許它們的新聞專欄提出任何主張以下觀點的內容：以任何非極權主義（non-Orwellian[xvi]）的民主概念來看[26]，尼加拉瓜比薩爾瓦多和瓜地馬拉都還更加民主；尼加拉瓜的政府，跟薩爾瓦多和瓜地馬拉的政府有別，並不常殺害一般的老百姓[27]；薩爾瓦多和瓜地馬拉就是沒辦法像尼加拉瓜那樣執行一場對大多數民眾而言很重要的社會經濟改革[28]；尼加拉瓜對鄰國不具軍事威脅性，實際上，他們反而一直遭到美國與美國的附庸國和代理人持續攻擊；美國對尼加拉瓜的害怕與顧忌，來自於尼加拉瓜的高道德標準行為，而不是外傳的諸多缺失與問題。大眾媒體也不討論 1954 年瓜地馬拉當時遭到美國類似對待的背景與最終結果：美國透過 CIA 協助的入侵行為，企圖為瓜地馬拉帶來「民主」，卻無限期地終結了瓜地馬拉的民主政府。雖然美國支持瓜地馬拉菁英派執政，而且數十年來協助籌組該國的國家恐怖組織（除了瓜地馬拉之外，美國還協助籌組了很多國家的國家恐怖組織）；即便美國從中破壞或明資暗助了巴西、智利和菲律賓等國顛覆民主政權的行為（同樣的，對象不只這些國家）；就算美國在全世界都「有建設性地參與了」恐怖主義政權，而且，只要蘇慕薩的暴政統治繼續當權，美國對尼加拉瓜的民主就毫不關心——媒體對於政府宣稱為尼加拉瓜的「民主」憂心的說法，卻還是深信不疑。[29]

　　菁英份子對於處理尼加拉瓜的策略意見分歧，從公共論辯中就看得出來，不過，大眾媒體處理新聞的方式，完全按照菁英份子的優先順序：報導的時候，它們都同聲一氣地將美國政策從有意義的脈絡中抽離，而且有系統性地壓下美國暴力侵略之相關證據的消息，還把桑定民族解放陣線（Sandinistas，簡稱「桑解陣」）寫得非常糟糕。[30] 對比之下，過去紀錄更為不良的薩爾瓦多與瓜地馬拉，卻被呈現為「溫和」領導者努力帶領邁向民主的國家，因此，更有利於招致同情的肯定。這些媒體運作，不僅僅扭曲了大眾對中美洲現實狀況的觀點，還嚴重曲解了美國的政策目標——也就是政治宣傳最重要的特質；如同賈克・伊閭爾（Jacques Ellul）這麼強調的：

---

xvi　　譯註：為作家喬治・歐威爾（George Orwell）延伸而成的形容詞，幾乎為極權主義的代名詞，形容反對自由開放社會的行為，包括政府洗腦人民或對民眾的時刻監視和控制。

「政治宣傳者，自然不能透露他所效命的頭頭真正的意圖。……那樣就等於是把籌謀之事交付公共討論、由公共輿論細審微查了，圖謀也就因此無功。……相反地，政治宣傳必須為這些籌謀之事罩上一層面紗，把真正的意圖掩蓋起來。」

在本書第三章討論的中美洲選舉報導中，我們也可以看到政府有能耐操弄議題的框架與議程，也有辦法有讓公眾不細查見不得光的真相事實，這些教人印象深刻的能力，在隨後章節的特定案例分析裡，處處可見。

在菁英份子對某項政府政策幾乎沒有異議的情況下，大眾媒體還是有可能出亂子，而我們通常在報紙裡不重要的版面上，可以看到那些一旦充分了解就可能對政府造成不利的事實。這是美國制度的一項優勢。見不得光的真相事實，有機會越挖越多，一如越戰期間具有批判能力的選民變多（這其中包含了 1968 年後的菁英族群），更多的真相因而被挖掘看見那樣。只不過，我們在第五章裡面會討論到，即便在越戰這個特殊的例子上，沒能謹守既定教條（例如：美國的目的一定是仁善的、都是侵略與恐怖行動讓美國得做出反應……等等）的新聞和評論，也幾乎上不了主流媒體的檯面。越戰期間與越戰過後，替國家政策護航的人，往往都提到，那些見不得光的事實真相、媒體專家時不時的「悲觀主義」，還有對戰術策略的你爭我論，都顯示了媒體「跟國家對著幹」，甚至是媒體「打輸」了越戰。這些指控荒唐可笑——我們在第五章和附錄三會詳細解釋——不過卻有雙重好處：其一，它們掩蓋了媒體所扮演的真正角色；其二，它們同時還向媒體施壓，要其穩住立場、堅持為國家政策執行政治宣傳的任務。我們長久以來的論點就是：這些操作步驟的「自然而然」——讓見不得光的真相事實，在適當的前提架構下，浮上檯面，同時把核心重要的異議完全排除於大眾媒體之外（但邊緣媒體可以登）——成就出一套政治宣傳制度，比起利用官方審查制度灌輸愛國思想，遠遠更為可信而且更加有效。

我們批評媒體選擇報導時的優先順序與偏見，但往往也從媒體本身獲得起碼一部分的事實真相。這讓大家有機會看到典型的**邏輯前後不通陳述（non sequitur）**：在這樣的陳述裡，媒體評論家從主流媒體那裡引述而來的資訊，成了成功證明他們所做評論的前後邏輯不通、而媒體針對爭議議題的報導的確合理的「證據」。媒體報導的確提供了某項議題的部分事實，但這

完全無法證實那份報導做得恰不恰當、準不準確。事實上，我們在之後的章節會詳細說明，大眾媒體真的會壓下很多真相。話說回來，在這樣的脈絡下，我們更要重視的，是新聞對事實的關注——報導的版面配置、字裡行間透露的語氣、報導的重複次數、該則新聞在什麼樣的分析架構下被報導還有伴隨著報導而來並賦予報導意義（或不讓人了解）的相關事實。一個一心尋求真相的謹慎讀者，要是夠用心、能存疑，那麼，有時便得以找出事實——無論那些事實是否獲得應有的關注、有沒有被放在應處的脈絡之中、能否讓讀者真的了解，抑或招致扭曲或隱瞞。事實值得什麼程度的關注，也許見仁見智，但是，硬說由於某個態度認真且有所存疑的研究人員可能在媒體上找得出某些事實，所以證實了偏激的成見與實際的隱瞞並不存在於媒體之中 [31]，這是相當牽強的說法，毫無助益可言。

　　本書的主旨之一，就是透過那些義憤填膺的籌謀策畫和強壓掩蓋、報導時的隱抑與強調，還有針對脈絡、前提、整體議題的選擇，可以觀察出一個模式；這個模式，對於固有的權力相當實用，對政府與大型權力集團的需求，也有求有應。不斷關注共產主義的受害者，便有助於讓社會大眾相信敵人之惡，同時為干涉、策反、支持恐怖份子國家、無止境的軍備競賽以及軍事衝突等行為做鋪陳——而這一切的理由都是那麼冠冕堂皇。與此同時，我們的領導者與媒體對一小類受害者如此熱切關注，會誘發民眾的自尊心還有愛國情操，因為，這展現了國家與人民最重要的人道精神。

　　社會大眾不會注意到我們對附庸國受害者的噤聲失語；那樣的沉默跟針對敵對國受害者的密切關注一樣，對支持國家政策而言同等重要。要不是美國媒體針對瓜地馬拉政府的報導方式，與波蘭牧師葉日・波別烏施科被殺案和安德烈・沙卡洛夫（Andrei Sakharov）面臨之困境的報導方式一樣，那麼，過去十年，瓜國政府肯定沒那麼容易可以屠殺數萬民眾（詳見第二章）。要不是媒體彼此聯合同聲一氣、把殘暴侵略描摹成捍衛自由，而且等到它們代表的利益團體覺得付出的代價太高時才帶出不同的戰略意見，那麼，當初這場對南越以及中南半島其他地方的血腥戰爭根本不可能會繼續打，徒留或許永遠都無法成功復原的苦難與毀壞。

　　同樣的情況，在我們討論的其他例子上也都成立，而我們沒討論到的範例，更是族繁不及備載。

我們在此對撰寫本書時提供協助的人，謹表謝意：詹姆士·亞倫森（James Aronson）、菲利浦·貝里曼（Phillip Berryman）、賴瑞·伯恩斯（Larry Birns）、法蘭克·布羅德海德（Frank Brodhead）、荷利·柏克哈爾特（Holly Burkhalter）、唐娜·庫柏（Donna Cooper）、卡蘿·福科（Carol Fouke）、夏娃·古德（Eva Gold）·卡蘿·葛斯蘭（Carol Goslant）、洛伊·海德（Roy Head）、瑪莉·赫曼（Mary Herman）、羅伯·科許（Rob Kirsh）、羅伯特·克林斯基（Robert Krinsky）、艾爾佛萊德·麥克隆·李（Alfred McLung Lee）、肯特·麥道格（Kent MacDougall）、奈傑·歐哲金（Nejat Ozyegin）、南西·彼得斯（Nancy Peters）、艾倫·雷（Ellen Ray）、威廉·謝普（William Schaap）、凱倫·威爾金斯（Karin Wilkins）、華倫·偉特（Warren Witte），還有傑米·楊（Jamie Young）。不過，本書內容，還是由我們作者自己負責。

第1章

政治宣傳模式

大眾媒體是一套用來向普羅大眾傳達訊息與符號的系統。它們的功能，就是娛樂大眾、逗人開心、提供資訊，同時不斷對個人灌輸價值觀、信仰，還有行為準則，讓其融入各種社會制度架構之中。想在一個財富集中、階級利益衝突龐大的世界中，完滿扮演好這個角色，就得靠系統化的政治宣傳。

在那些由政府官僚把持權力槓桿的國家裡，媒體的壟斷掌控，往往要佐以官方審查制度，這清楚意味著一件事：媒體的功能，就是滿足統治菁英之所欲。相較之下，在媒體私營而且沒有審查制度的國家，想看政治宣傳制度運作其中，可就難多了。在這些國家裡，要是媒體彼此相互競爭、時不時就聲討並揭露企業集團和政府不法瀆職情事，而且還積極營造本身是言論自由與整體社群利益代言人，那麼，難以看到有效地政治宣傳制度這一點，就特別明顯。諸如這類說法，其偏限性並不明顯（而且媒體依然未加以討論）；同樣也不明顯的，還有不同環境下資源掌控的不平等，以及這種不平等對私營媒體系統的取得與其行為與表現的影響。

政治宣傳模式想探討的就是財富與權力的這種不平等，及其對大眾媒體利益與偏好所造成的多重影響。政治宣傳模式探究金錢與權勢如何得以過濾哪些新聞見報、怎麼邊緣化異議歧見，而且還讓政府與主流私人利益團體將他們的訊息傳達給社會大眾。我們所提到政治宣傳模式最重要的組成部分——也就是新聞「過濾器」——按照種類可細分如下：（1）媒體規模、所有權集中化、媒體持有人的財力、主要媒體公司的利潤導向；（2）作為大眾媒體主要收入來源的廣告；（3）媒體對政府、企業以及這些主要權力

來源和代理人所資助並認可的「專家」提供資訊的仰賴程度；（4）用來規訓媒體的「炮轟媒體」（flak）能力；以及（5）作為國家信仰與控制機制的「反共主義」。這些組成部分，彼此交互作用、同時交相強化。基本新聞素材必得通過一道道的過濾器，只有濾淨後剩下的才適合見報。這一道道的過濾器，決定出新聞論述與解讀方式的前提，還有一開始對新聞價值的定義，同時，它們說明了最終成就出的一套套政治宣傳手法的基礎與操作。

這些新聞過濾器導致了菁英階層對媒體的絕對掌控同時邊緣化異議與歧見，整套過程，如此渾然天成，以至於往往連操守具足、秉性良善的媒體新聞人員，都能捫心堅信自己對於新聞的選擇與解讀，除了「客觀」之外，還以專業新聞價值觀為出發點。只要還在過濾器限制的範圍內，往往他們都算客觀；不過，這些限制的控制力強大，又內建於媒體系統的核心之中，連要想像以什麼其他標準挑選新聞報導，幾乎都辦不到。1984 年 11 月 5 日，美國政府緊急宣布，有一批米格戰機（MIG）正運往尼加拉瓜（Nicaragua），而媒體在評估這則消息的新聞價值時，並沒有停下來好好想想，這種政府提供的新聞素材本身所具備的輕重緩急就已帶有偏見，也不曾思考這可能是政府在操弄新聞、[32] 強加自己的思想教育，並且刻意轉移其他新聞素材的關注焦點。[33] 要明白操弄的模式以及系統性的偏見，我們就得宏觀同時微觀（一則又一則地細細觀察新聞報導）地檢視媒體運作。

我們現在來更進一步細細檢視政治宣傳模式的主要構成部分，這些在隨後的章節裡，都將獲得驗證。

第一道過濾器：
大眾媒體的規模、所有權、及其利潤導向

詹姆士・科倫（James Curram）與珍・西頓（Jean Seaton）在分析英國的媒體演進過程時，說明了獲得全國勞工階級回響的激進媒體，在 19 世紀前半葉是如何興起的。這種有別以往的媒體，能很有效地強化階級意識：它之所以團結了勞工，是因為它培植了一套有別以往的價值觀系統與世界觀，而且還「透過不斷強調勞工們藉著『合作』與有組織的行動的力量，就有影響社

會改變的潛力，因而鼓動出更強大的集體自信」。統治的菁英人士視此為重大之威脅。其中一位首相堅信，勞工階級的報紙「引燃了他們的熱血、喚醒了他們的自私，將他們的現狀拿來跟他們認定的未來情況兩相對比——殊不知那個未來與人性不符，也不見容於上帝為了公民社會之規範而建置的不變法則。」結果，政府以要求高額的擔保金為發行報紙的條件，還強加各種徵稅，想透過提高成本來遏止激進媒體，並且企圖用誹謗法和偵審起訴，壓制勞工階級媒體。這些強制手段起不了效用，到了 19 世紀中，取而代之的是市場自然會要媒體負起責任的自由派觀點。

科倫和西頓證明了市場**的確**成功辦到了國家介入而達不成的事。1853 年到 1869 年間針對報紙施行的懲罰性課稅遭到廢除之後，出現了一種新形態的地方日報，不過，一直到 19 世紀結束，都沒有新的地方工人階級日報出現。科倫與西頓提到：

「的確，全國的激進媒體，光芒消失殆盡，以至於 20 世紀的第一個 10 年間，工黨（Labour Party）從勞工階級運動中孕育而出的時候，竟沒有獲得任何一家全國性日報或星期日報的獨力支持。」

這當中的重要原因之一，就是 19 世紀中葉後，因為技術的精進，加上媒體所有權人要擴大受眾的壓力日益升高，報紙產業規模就此提升，同時資金成本也連帶增加。伴隨自由市場擴張而來的，就是「報紙媒體的工業化」。1837 年時，辦一份可以營利的全國性周報的成本不到 1,000 英鎊，而收支平衡的發行量則是 6,200 份。到了 1867 年，在倫敦辦一份新的日報，估計初始成本要 50,000 英鎊。1918 年開始發行的《周日快報》（*Sunday Express*），以 250,000 份的發行量達到收支平衡之前，支出超過 200 萬英鎊。

同樣的歷程也在美國上演：1851 年在紐約市辦一份新報紙的初始成本為 69,000 美金；1872 年《聖路易民主報》（*St. Louis Democrat*）公開發售，獲利 456,000 美金；1920 年代時，地方城市報的賣價為 600 萬到 1,800 萬之間。在這數十年來，就算是非常小型的報社也一樣，光是機器設備的成本，就高達幾十萬美金；可以說，在 1945 年時，「即使小型的報紙出版業，也算大事業……（而且）就算你很有錢，辦報也不是你可以小看的一行——而如果沒有錢的話，根本連想都不必想了。」

因此，第一道過濾器——大規模投資的必要，限制了受眾夠多的媒體

的擁有權——在一個世紀或更早以前，就有作用了，而且，時光荏苒，這個過濾器越來越有效。[34]1986 年時，美國的日報數量大約是 1,500 家、雜誌有 11,000 家、廣播電台有 9,000 家、電視台有 1,500 家、書籍出版社有 2,400 家還有 7 座電影製片廠——媒體總數超過 25,000 家。不過，這些媒體當中的新聞發行者，有很大一部分規模都非常小，而且是地方性的，除了地方新聞之外，都靠大型的全國性媒體公司和通訊社提供新聞。還有更多家的公司為多人持有，有時持有人廣布於各種類型的媒體。[35]

班‧貝迪金（Ben Bagdikian）強調，即使媒體家數如此龐大，不過，當中 29 間大型媒體集團就占了報紙發行總量的一半以上，而且，還瓜分了雜誌、廣播、書籍以及電影的大部分銷售業績與受眾。他認為，這些媒體「構成了一個新的私人資訊文化部（Private Ministry of Information and Culture）」，有辦法定調國家的思想灌輸。

事實上，貝迪金在提出媒體要擺脫我們認為不符結構現狀的企業與政府控制（以下會做說明）、謀求自治的同時，他或許也把新聞製作集中化的影響程度看得太輕了。媒體分層是早就提出的觀點，以威望、資源還有影響力作為畫分標準，其中頂層媒體大概由 10 到 24 家組成。就是這個頂層媒體，連同政府與通訊社，決定出新聞議題，並提供全國與國際新聞給其餘的低層媒體，也連帶提供給普羅大眾。[36] 第二次世界大戰後，電視這個重要的媒體、連同隨它而來的全國電視網崛起，大大加劇了頂層媒體的集中現象。電視時代來臨之前，新聞市場就算非常仰賴高層媒體還有少數來源提供全國與國際新聞，也都是地方性的；如今，三個全國性的無線電視網，成為全國與國際新聞的提供者與消息來源，電視對大眾來說，成了主要的新聞來源。[37] 不過，有線電視的日漸發展，造成電視受眾的分眾化，也慢慢縮小了電視網的市場占比和影響力。

表格 1-1 提供了組成美國頂層媒體的 24 家媒體巨頭公司（或是掌控這些公司的母公司）。[38] 當中的組成有：（1）三家無線電視網：ABC（母公司為大都會公司〔Capital Cities〕）、CBS 還有 NBC（源頭母公司為奇異電器）；（2）報紙龍頭集團：《紐約時報》（*New York Times*）、《華盛頓郵報》（*Washington Post*）、《洛杉磯時報》（*Los Angeles Times*，屬於時報－鏡報集團〔Times-Mirror〕）、《華爾街日報》（*Wall Street Journal*，屬於道瓊集團〔Dow Jones〕）、奈特瑞德新

聞集團（Knight-Ridder）、甘奈特報系集團（Gannet）、赫斯特媒體集團（Hearst）、史克力霍華報業集團（Scripp-Howard）、紐豪斯集團（New House，即先進出版社〔Advance Publications〕），還有論壇報報業集團（Tribune Company）；(3) 大型新聞與一般性雜誌：《時代雜誌》（Time）、《新聞周刊》（Newsweek，隸屬於《華盛頓郵報》）、《讀者文摘》（Reader's Digest）、《電視指南》（TV Guide，隸屬於三角出版集團〔Triangle〕），還有《美國新聞與世界報導》（U.S. News & World Post）；(4) 大型圖書出版商（麥格羅・希爾〔McGraw-Hill〕）；以及 (5) 其他規模龐大而且越來越重要的有線電視系統：梅鐸集團（Murdock）、特納廣播公司（Turner）、考克斯企業（Cox）、通用集團（General Corp.）、塔夫特集團（Taft）、史托爾通訊（Storer）、[39] 以及 W 集團（西屋〔Westinghouse〕）。這些大型集團系統的突出表現，橫跨多個領域，我們只能擅自主張將其分配在某個單一類別之下（時代公司〔Time, Inc〕除了在出版雜誌執牛耳地位，在有線電視領域也同樣重要；論壇報報業集團除了是報業的要角，在電視業的影響也已然非常強大；赫斯特媒體集團在報業與雜誌出版業都有重要地位；梅鐸集團則跨足電視、電影還有報業）。

　　這 24 家公司，是規模龐大、以營利為目標的企業，為相當富有的人所擁有，並且受其控制。我們可以在表格 1-1 裡看到，我們查得到資料的這些頂層媒體公司裡，除了一家之外，其餘的資產都超過 10 億美金，資產規模的中位數（規模的平均值）為 26 億美金。同樣地，從表格裡我們可以看到，這些媒體巨擘中，大約 3/4 的稅後營利超過了 1 億美金，稅後營利中位數為 1.83 億美金。

　　許多大型媒體公司跟市場緊密相連，而其他的公司，也一樣面臨來自股東、董事、投資人汲營於獲利底線的龐大壓力。近年來，隨著媒體股票成為市場寵兒，擁有或有意買下報紙和電視產業的人發現，增加的受眾規模和廣告收益，可以轉化成翻好幾倍的媒體加盟價值，帶來巨大財富——媒體公司的壓力因而增強變大。[40] 這不但鼓舞了投資人進場，同時也提高了想方設法來獲利的壓力與誘惑。家族經營的企業，既想利用新機會，又期待家族能繼續把持經營，兩股勢力越見分歧，這樣的立場分家，往往造成突然間的危機，最終結果，就是出售家族企業。[41]

　　這種媒體與市場牽繫更緊的趨勢，因為針對媒體集中化的規範遭到鬆

1986 年 12 月
24 家媒體巨頭公司（或集團母公司）的財務資料

公司	總資產 （百萬美元）	稅前淨利 （百萬美元）	稅後淨利 （百萬美元）	總收益 （百萬美元）
先進出版社 （紐豪斯集團）[1]	2,500	查無資料	查無資料	2,200
大都會公司／美國廣播公司	5,191	688	488	4.124
哥倫比亞廣播公司	3,370	470	370	4,754
考克斯通訊企業[2]	1,111	170	87	743
道瓊集團	1,236	331	183	1,135
甘奈特報系集團	3,365	540	276	2,801
通用集團（國家廣播公司）	34,591	3,689	2,492	36,725
赫斯特媒體集團[3]	4,040	NA	215 （1983 年）	2,100 （1983 年）
奈特瑞德新聞集團	1,947	267	140	1,911
麥格羅·希爾出版集團	1,463	286	154	1,577
新聞集團 （梅鐸集團）[4]	8,460	377	170	3,822
紐約時報	1,405	256	132	1,565
讀者文摘[5]	NA	75-110 （1985 年）	NA	1,400 （1985 年）
史克力霍華報業集團[6]	NA	NA	NA	1,062
史托爾通訊[7]	1,242	68	（-17）	537
塔夫特集團	1,257	（-11）	（-53）	500
時代雜誌	4,230	626	376	3,762

時報－鏡報集團	2,929	680	408	2,948
三角出版集團 [8]	NA	NA	NA	730
論壇報集團	2,589	523	293	2,030
特納廣播公司	1,904	（-185）	（-187）	570
美國新聞與世界報導 [9]	200+	NA	NA	140
華盛頓郵報	1,145	205	100	1,215
威斯汀豪斯	8,482	801	670	10,731

NA= 無法取得

1　資產總值來自於 1985 年《富比世》（Forbes）雜誌列出的紐豪斯家族財富總值；總收益只採計 1987 年 6 月 29 日《廣告年代》（Advertising Age）雜誌所列出的媒體銷售額。

2　1985 年以前，考克斯通訊為公有公司，之後併入考克斯家族公司考克斯企業（Cox Enterprises）。表格裡的資料是 1984 年末的資料，是考克斯通訊公有時期的最後一年，也是重大財務資訊對外發布的最後一年。

3　資料來自於 1987 年 12 月 14 日《富比世》（Forbes）雜誌威廉・巴瑞特（William Barrett）的文章「Citizens Rich」。

4　這些是 1986 年 6 月 30 日的資料，幣值單位為澳幣；資料當時澳幣與美金比為 0.68：1。

5　此為 1985 的資料，登載於 1986 年 2 月 9 日之《紐約時報》。

6　總收益只採計 1987 年 6 月 29 日《廣告年代》（Advertising Age）雜誌所列出的媒體銷售額。

7　華爾街公司私募基金 KKR（Kohlberg Kravis Roberts & Co.）於 1985 年持控史托爾通訊；表格內為 1984 年 12 月的資料，是史托爾企業自治與資料公開的最後一個時期。

8　總收益只採計 1987 年 6 月 29 日《廣告年代》（Advertising Age）雜誌所列出的媒體銷售額。

9　總資產部分為 1984 年到 1985 年的資料，來源根據為 1985 年 10 月 14 日《富比世》（Forbes）內文「Mort Zuckerman, Media's New Mogul」；總收益資料來自 1987 年 6 月 29 日《廣告年代》（Advertising Age）雜誌。

綁、集團間的交叉持股，以及非媒體公司的控制，更為加劇。[42] 我們拋除了限制與規範——雖然先前的限制與規範一點也不嚴格——廣播和電視的廣告、無法無天的娛樂節目製作，以及對「公平原則」（fairness doctrine）的威脅等等，都不再受限，開放媒體恣意利用空中電波廣告。[43]

在規範鬆綁的環境下，媒體獲利能力的增加，也同時造成了更多的公司遭到收購接管與面臨相關威脅，就連哥倫比亞廣播公司和時代公司這樣的媒體巨頭，都直接受到衝擊或招致威脅。這連帶強迫媒體巨擘的管理階層不得不擴大舉債，並且更積極、想盡辦法、毫不猶豫地汲營於公司的獲利力，他們的目的，就是一方面安撫媒體老闆、一方面降低外人覬覦企業本身資產的興趣。[44] 媒體巨頭公司把有限的自治權，交給金融家、機構投資人，還有財力雄厚的投資散客，要求他們在未來必要時能「出手相救」。[45]

雖然絕大多數巨頭媒體公司的股票，在證券市場上交易，不過，這些公司之中有 2/3，不是被持有大量股票的創始家族成員嚴密把持，就是仍然受其控制。雖然，隨著家族持有被為數越來越多的繼承人稀釋，再加上出售媒體資產的市場契機持續見好，這種創始家族成員掌控公司的情況正在改變，不過，我們依然可以從表格 1-2 清楚看出家族控制的情況仍持續當中。從同一個表格裡，我們還能清楚看到控制頂層媒體公司的家族所擁有的巨大財富。這 24 家頂層巨頭媒體公司中，有 7 家的持控家族，在 80 年代中期時坐擁的媒體資產市值超過 10 億美金，同一時期所有持控家族的資產中位數逼近 5 億美金。[46] 顯然，現狀的維持，對這些持控團體來說，為了本身的財富也好、為了他們在這樣一個社會重大機構中的策略地位也罷，是非常重要的。於是乎，他們就算不用其他的方式，最起碼也會透過訂定公司總目標和挑選高層管理人員，行使這個策略地位所帶來的權力。[47]

媒體巨頭公司的持控團體，透過董事會與社交連結，也會跟企業界的主流建立起密切的關係。以國家廣播公司和 W 電視暨有線電視集團為例，它們各自的母公司，也就是通用集團與西屋公司，本身就是主流龍頭企業，內部有著被企業高層和金融行政執行長們把持的董事會。很多其他大型媒體公司的董事會則大多由內部人士組成，這是相對小型而且由所有者持控的公司身上常見的特點。公司規模越大、股份分布越廣，外部董事的人數和比率就越高。媒體巨頭公司的外部董事組成，跟非媒體大型集團的情況很類似。

1986 年 2 月
24 家媒體巨頭公司（或集團母公司）
之持控團體的財務資料

公司	持控家族或團體	持控團體握有之表決股票占比（％）	控制股票利息總值（百萬美元）
先進出版社（紐豪斯集團）	紐豪斯家族	閉鎖性持控	2,200[F]
大都會公司／美國廣播公司	高階主管與董事（外部董事）	20.7（華倫·巴菲特17.8）	711[P]
哥倫比亞廣播公司	外部董事	20.6[I]	551[P]
考克斯通訊企業	考克斯家族	36	1,900[F]
道瓊集團	班克拉夫特－考克斯家族	54	1,500[P]
甘奈特報系集團	外部董事	1.9	95[P]
通用集團（國家廣播公司）	外部董事	＜ 1	171[P]
赫斯特媒體集團	赫斯特家族	33	1500[F]
奈特瑞德新聞集團	奈特－瑞德家族	18	447[P]
麥格羅·希爾出版集團	麥格羅家族	c.20	450[F]
新聞集團（梅鐸集團）	梅鐸家族	49	300[F]
紐約時報	蘇爾茲堡家族	80	450[F]
讀者文摘	由受託人管理遺產；無個人受益人	NA	NA
史克力霍華報業集團	史克力繼承人	NA	1,400[F]
史托爾通訊	外部董事	8.4	143[P]

塔夫特集團	外部董事	4.8	37[P]
時代雜誌	外部董事	10.7（朗訊 4.6，坦普 3.2）	406[P]
時報 - 鏡報集團	錢德勒家族	35	1,200[P]
三角出版集團	安能堡家族	閉鎖型持控	1,600[F]
論壇報集團	麥柯爾密克繼承人	16.6	273[P]
特納廣播公司	特納	80	222[P]
美國新聞與世界報導	祖克曼	閉鎖型持控	176[2]
華盛頓郵報	葛蘭姆家族	50+	350[F]
西屋	外部董事	＜ 1	42[P]

NA= 無法取得

資料來源：P 表示由委託聲明取得，數值則以 1986 年 2 月份股價採計而得；F 則由《富比世》雜誌年度富豪財富持股估計值而得。

1　　這些持股分配，包含了威廉・培里（William Paley）的 8.1％，以及勞倫斯・帝許（Laurence Tisch）透過羅氏（Lowe's）投資所取得的 12.2％。是年稍晚，羅氏增注投資，達到 24.9％，而勞倫斯・帝許立刻成為代理執行長。

2　　這是 1984 年祖克曼買下《美國新聞與世界報導》時所付的價格。詳見 1985 年 10 月 14 日《富比世》（Forbes）內文「Mort Zuckerman, Media's New Mogul」，196 頁。

表格 1-3 顯示，10 家媒體巨頭公司的所有外部董事中，企業執行長和金融家加起來，就占了一半多一點；加上律師和企業與金融界的退休人士（歸屬在「退休人士」底下的 13 人裡有 9 位就是這種），更是將所有外部董事的占比，拉高到 2/3。這 95 名外部董事也擔任其他 36 家銀行以及 255 間公司的董事（除了在媒體公司和他們自己的主業公司之外）。

　　大型媒體公司，除了這些董事會關係之外，也全都跟商業銀行和投資銀行有生意往來；這些銀行提供它們信用增貸，同時，在它們要出售股票和發行債券以及一有收購他人機會與碰到自己受到收購接管威脅的時候，還提供意見與服務。銀行與其他的機構投資人，也同時是持有媒體股票的大戶。這些機構在 1980 年代初期，就擁有上市報業 44％、上市廣播公司 35％的股份。這一批投資者，也常常都是獨立公司的最大股東。舉例來說：1980 到 1981 年間，身為投資公司的大都會集團，就持有美國廣播公司 7.1％的股份、奈特瑞德新聞集團 6.6％的股份、時代公司 6％的股份，以及西屋公司 2.8％的股份。這些持股，無論是單一看來或是集體而言，雖然不能轉化成全權控制，不過，卻能讓這些大型投資者，發言受到重視，同時還有辦法透過行動影響公司及管理人的福利。要是公司管理人沒能持續進行有利於股東收益的活動，那麼，機構投資人會傾向出售股票（拉低股票的價格），不然，就是亦有同感地站在考慮收購接管的外部人士那一邊。這些投資人，自成一股勢力，有助於將媒體公司，推向單單以市場（獲利力）為目標的企業。

　　大型媒體公司的多元化與地域擴張，也有一樣的效應。許多大型媒體公司從特定媒體領域，多方發展到其他有成長可能的領域。很多老一代以辦報為本業的媒體公司，擔心電視帶來的影響力會衝擊到廣告收益，巴不得能盡快踏足廣播與有線電視產業。時代公司也邁開了多元化的一大步，跨足有線電視，如今，公司的獲利有一半以上來自有線電視部門。這 24 家最大型的媒體巨頭公司裡，只有一小部分依然經營著單一種媒體事業。

　　大型媒體公司的多元化經營也跨出了媒體的領域，而非媒體公司則在大眾媒體業奠定了一個舉足輕重的位置。後者的重要例子有二：通用集團擁有美國無線電公司（RCA），而美國無線電公司擁有國家廣播公司電視網；還有，西屋集團擁有大型的無線電視電台、有線電視網以及廣播電台網。通用集團與西屋集團都是大型、多元化經營的跨國公司，它們的生意還大量涉

1986 年 [i]
10 家媒體巨頭公司（或集團母公司）之外部董事的任職機構

主要任職機構	人數	占比（%）
企業執行高層	39	41.1
律師	8	8.4
退休（前企業執行高層或金融家）	13（9）	13.7（9.5）
金融家	8	8.4
顧問	4	4.2
非營利型組織	15	15.8
其他	8	8.4
總計	95	100.0

其他關係		
身兼其他董事會	255（36）	
前政府官員	15	
外交事務委員會成員	20	

[i] 道瓊公司；《華盛頓郵報》；《紐約時報》；時代公司；哥倫比亞廣播公司；時報－鏡報集團；大都會公司；通用集團；甘奈特集團；奈特瑞德集團。

足武器製造和核能等爭議領域。大家也許還記得，1965 年到 1967 年間，由於大家的強力反彈，擔心讓國外投資量可觀，而且境外生意往來頻繁的跨國大企業控制大型媒體綜合平台會有危險，因此，國際電話電報公司（International Telephone and Telegraph，簡稱 ITT）收購美國廣播公司一案，以挫敗收場。人們擔懼的是國際電話電報公司的持控「可能會破壞美國廣播公司針對其利益所在國家政治事件的新聞報導獨立性」。不允准這項收購案的明智決定，在後來國際電話電報公司爆出以政治賄賂和干涉行為企圖推翻智利政府的新聞上，似乎得到了驗證。話說回來，雖然國際電話電報公司收購美國廣播公司遭到駁回的部分理由，似乎也可套用在美國無線電公司和西屋公司收購並持控媒體公司的例子上，但是這兩家公司的收購案，早在國際電話電報公司提出之前，就獲准進行了。跟國際電話電報公司相比，通用集團更為強大，有著龐大的國際影響力，深耕核能產業，在軍武產業的重要性，更是遠遠超過國際電話電報公司。這間公司是高度集中化而且相當神祕的組織，「政治」決策對它而言絕對是屬害關鍵所在。通用集團長期資助美國企業研究所（American Enterprise Institute）[xvii]，該研究所是為通用集團傳話的知識份子右翼智庫。完成收購美國廣播公司，通用集團的地位更為有利，得以確保他們合理判斷的觀點會獲得適當的關注。[48] 通用公司接管美國無線電公司與國家廣播公司的收購案，之所以沒有遭到強烈反彈，部分出於美國無線電公司持控國家廣播公司一事，不但早就打破產業各自獨立的底線，還反映出雷根執政時期更加重商而且採取放任主義（laissez-faire）的環境氛圍。

除了通用集團跟西屋公司外，大部分媒體巨頭公司對非媒體公司的興趣都不大，涉足非媒體公司的獲利，在它們的總收益當中，都只占了一小部分。不過，他們向國際的拓展，倒更值得我們注意。無線電視網、電視承包商、大型新聞雜誌、電影製片廠等跟國外都有龐大的生意往來，而且，它們的收益中，國外銷售以及國外附屬公司運作就占了相當可觀的一部分。《讀者文摘》就出版了 17 種不同語言的版本，在 160 多個國家銷售。梅鐸企業帝國最初以澳洲起家，雖然持控的母公司還是澳洲企業，它靠著澳洲和英國

的附屬公司，就能支持在美國擴張版圖的財務需求。

另外一項結構上的重要關係，就是媒體公司對政府的依賴與緊密連繫。廣播電視公司與電視網，都需要政府的執照與特許，也因而有可能受到政府的控制與騷擾。這份實務上的法律依存，向來都被拿來當成規訓媒體的家法棒，媒體過於背馳政府的既定方向，就有可能招來家法伺候。媒體透過遊說和其他的政治投資、培養政治人脈關係，還有謹慎決策，保護自己免受不測。媒體與政治的緊密連繫，一直都能教人驚嘆連連。表格 1-3 顯示，10間媒體巨頭公司的 95 位外部董事裡，有 15 位曾擔任過政府官員，而彼得・德萊爾（Peter Dreier）在他針對大型報業公司的研究裡，也提出過類似的比率數字。在電視業，媒體與電視網的寡占結構逐漸成形的那些年間，規範者與受規範公司之間「旋轉門」式的人員進出量，可謂非常可觀。49

大型媒體也仰賴政府給予一般性的政策支持。營業稅、利率、勞工政策，還有反托拉斯法（antitrust laws）xviii 的執行與否等等，這些，對所有做生意的公司而言，都事事關己。通用集團和西屋公司要靠政府補助他們核能與軍武研發，也得依賴政府創造出有利於他們海外銷售的環境氛圍。《讀者文摘》、《時代雜誌》、《新聞周刊》，還有電影與電視承包銷售商也要靠著政府的外交，支持他們拿美國的廣告、美國的價值觀資訊，以及美國對時事的解讀，進軍打入外國文化。媒體巨頭公司、廣告商，還有大型的國際企業，對有利於投資第三世界（Third World）的環境氛圍，都共同熱切企盼；而它們與政府間在這些政策上的裙帶關係，本質上就是共生。50

總而言之，執牛耳地位的媒體公司，是規模相當龐大的企業；持控這些公司的人，是非常富有的人，不然就是受到所有權人和其他與市場利益導向相關之影響力嚴密限制的管理人；51 這些大型媒體公司彼此密不可分，連同其他大型企業、銀行，還有政府，著眼於共同的重要目標。這，就是會影響新聞偏好的第一道過濾器。

---

xviii　譯註：反托拉斯法，或是反壟斷法，是一種阻止「不公平商業行為」和「反競爭行為」的法律。

第二道過濾器：要營業就要有廣告

19世紀中，出任英國財政部長的自由黨（Liberal）領導喬治・路易斯爵士（Sr. George Lewis），提出自由市場的好處就是可以用來控制歧見異議的主張時曾說道，市場會幫助那些「沉浸於廣告商偏好」的報紙。事實上，廣告作為一套影響強大的機制，削弱了勞工階級報紙的勢力。科倫和西頓認為，資金成本增加這個重要因素，讓市場得以辦到連國家課稅和介入騷擾都沒能達成的事——讓勞工階級報紙消失；而廣告業的發展同樣重要，他們說，這些「廣告商因此掙得一個相當於核發執照的權威身分，因為，沒了他們的支持，在經濟條件上報紙便不復存在。」

在廣告業興起之前，報紙的價格必須能負擔辦報的所有成本。廣告業的發展，讓吸引了廣告的報紙可以承擔遠低於印製成本的價格。這會讓缺少廣告的報紙處於嚴重劣勢：它們的價格往往比較高、銷量減損，可以用來改善報紙賣相（專題報導、漂亮格式、促銷活動等等）的盈餘就會比較少。出於這個原因，那種單靠銷售而獲利的媒體公司，就可能會被靠廣告營運的體系邊緣化，或者趕盡殺絕。有了廣告，自由市場不會衍生出一套由買家最終選擇說了算的中立機制。**廣告商**的選擇才會影響媒體的前景與生存。靠廣告營運的媒體會獲得廣告補貼，這給了它們「價格—市場—品質」三方一體的優勢，因而得以慢慢得寸進尺，然後再進一步削弱沒有廣告（或是廣告商不青睞的）的同業對手。[52] 即便靠廣告營運的媒體投其所好的對象是經濟富足（「高階層」）的受眾，它們卻往往吸引到一大群「低階層」的受眾，而它們的同業對手，市場沒了，最後遭到邊緣化或被迫離場。

事實上，就連在同樣耗心費力追求廣告收益的競爭對手之間，廣告對於加速集中化，也影響甚鉅。就一家報紙或電視台來說，市場占有率和廣告優勢會讓它們有額外的收益，競爭起來更有效——攻勢更積極地促銷、買更具賣相的專題報導與節目——而位居廣告頹勢的競爭對手，必得增加自身負擔不起的花費，想辦法迎頭處理市場占有率（還有收益比）越變越小的累進過程。資金缺口往往是導致敗亡的因素，而這有助於說明為何許多發行量很大的報紙與雜誌最終倒閉熄燈，還有報紙家數為何減少。

因此我們可以說，自從引入報紙廣告那一刻起，勞工階級和激進派報

紙就處於非常不妙的劣勢之中。它們的讀者，往往都是財務有限的一群，這是一定會影響廣告商興趣的因素。1856 年時，有一位廣告主管說道，有些日報是不良的廣告載體，因為「它們的讀者並不是購買群，在它們身上花多少錢，就等於丟掉多少錢。」同一種廣告影響力，也慢慢嚴重傷害了二次世界大戰後英國社會民主派的報媒，其中包含 1960 年到 1967 年間的《每日先驅報》、《新聞紀事報》（News Chronicle），還有《星期民報》（Sunday Citizen），即便加總的每日平均讀眾有 930 萬，還是沒能續存，再不然是被菁英體制吸收。就像詹姆斯・科倫所提出的，《每日先驅報》營業的最後一年擁有 470 萬讀者，「《每日先驅報》實際上擁有的讀者數，趨近於《泰晤士報》（The Times）、《金融時報》（Financial Times），還有《衛報》（Guardian）三家報媒合計讀者量的兩倍。」不只如此，調查還顯示，《每日先驅報》的讀者「在一般閱報人針對自己所讀的報紙給予的評價中，是最高的」，而且，「雖然這些讀者中勞工階層占了絕大多數，但他們讀報的內容量，也比閱讀其他大眾報紙的讀者還多……」《每日先驅報》，連同《新聞紀事報》和《星期民報》這三家報紙的停刊，很大一部分原因就是缺乏廣告支持的惡性循環結果。占全國報紙每日發行量 8.1％的《每日先驅報》，廣告收益淨值只占全國報紙廣告收入的 3.5％；《星期民報》的廣告收益淨值，才不過是《星期泰晤士報》（Sunday Times）的 1/10，以及《觀察家報》（Observer）的 1/7（以每千份報紙為單位計）。科倫提出了相當有說服力的論點：這三份報紙的停刊，大大造成英國工黨黨產縮水，光以《每日先驅報》為例，就等同移除掉一間龐大發行量的機構，而原本這個機構還提供了「一套不同於主流的分析與理解架構，挑戰廣播與主流報業媒體中宰制的報導陳述方式。」一場沒有任何大型媒體支持，還受媒體主動攻擊的群眾運動，會招致嚴重阻礙，成功的機會渺茫。

　　如今，經營成功的媒體，會將受眾「品質」的絕對重要性全盤納入考量：哥倫比亞廣播公司很得意地跟它們的股東說，它們一邊「不斷想方設法地要獲得最大化的受眾人數」，一邊發展出一套跟廣告商洽談生意的新「銷售工具」：「客戶受眾側寫（Client Audience Profile，簡稱 CAP）會協助廣告商，評估受眾群與針對廣告商產品和服務使用程度間的比率關係，將它們頻道節目時間表的效用，發揮到極致。」[53] 簡而言之，大眾媒體有興趣的，不只是

吸引受眾，而是吸引有購買力的受眾；跟 19 世紀時一樣，現今讓廣告商感興趣的，是有餘裕的受眾。因此，原先我們以為追求大量受眾的驅使力把大眾媒體變成「以群眾為主的」，殊不知這個政治譬喻猶如一套以收入為考量的選舉制度，先天就有問題！

　　廣告商之所以對電視節目的製作有影響力，簡單說就是因為它們花錢買節目、付錢做節目——它們是提供媒體補助款的「金主」。因此，媒體彼此競爭找金主贊助，培育出專門招來廣告商的工作人員，而且還得說明它們的節目會如何滿足那些廣告商的需求。這些金主的選擇大大影響媒體的生計，而且，金主們變成了威廉・伊凡（William Evan）口中所謂「規範性參考機構」，媒體如果想要成功，就一定要遷就這個規範性參考機構的規定與要求。

　　對電視網來說，尼爾森收視率調查上升或下降一個百分點，意味著一年有 8,000 萬到 1 億美金的廣告營收差，這當中的金額變化取決於受眾「品質」的標準。所以，受眾規模和富足程度對媒體而言影響至為重大，而且在我們的市場機制中，還極有可能深深影響政策。影響政策的關鍵一部分取決於媒體在體制壓力下所聚焦的獲利底線，另一部分則取決於媒體機構和提供收益的金主間的持續互動。根據國家廣播公司電視部負責人葛蘭特・丁克爾（Grant Tinker）的觀察，電視「是依賴廣告支撐的媒體，嚴重到要是廣告撤出，那麼節目編排就會跟著改變。」

　　勞工階級和激進派媒體，也會因為廣告商的政治歧視吃苦頭。因為重視有錢購買的人，所以造就了廣告編配中的政治歧視。不過，許多公司一定會拒絕出資惠顧與自己意識形態相左，還有它們認為會破壞自身利益的對象，同時，過度政治歧視的例子，還加劇了這套以收入為考量的選舉制度的影響力。1985 年，公共電視台 WNET，在播出了對國際集團在第三世界之企業活動稍作批判的紀錄片《渴求利益》（*Hungry for Profit*）之後，就失去了來自海灣西方公司（Gulf + Western）的企業資助金。即使播放該節目前已經預期企業界的負面反應，電視台官員「盡了全力替節目消毒」（根據電視台消息來源轉述），結果也一樣。海灣西方公司的執行長向電視台抱怨道，那個節目「即使算不上反美國，也是惡狠狠地反企業」，而且電視台製播那個節目，並不是企業集團之「友」的行為。倫敦《經濟學人》（*Economist*）雜誌

說「多數人相信，WNET 不會再犯相同的錯誤了。」

除了歧視對自己不友善的媒體機構，廣告商也會以它們自己的原則挑揀出適合的節目。這些節目，在文化態度和政治立場上，幾乎都偏保守[54]。電視上的大型企業廣告主，幾乎不會贊助涉及嚴重批評企業活動的節目，例如討論環境惡化的問題、軍事工業集團的運作，或是企業支持或受惠於第三世界暴政的議題。艾瑞克・巴諾（Erik Barnouw）談到之前環境相關議題當道時，國家廣播公司提出製作探討環境問題的紀錄片劇集一事。巴諾說，雖然當時很多大型公司耗資在環境問題相關的商業廣告與其他宣傳活動，不過那部紀錄片劇集，因為缺乏贊助商而胎死腹中。問題出在紀錄片劇集中有太多的客觀視角，其中包含點出企業或政體制度面沒做好的事，但企業要傳達的，是「沒事兒，別怕！」的訊息。

電視網多年來學到了一點：這樣的節目不會賣錢，而且，製播這樣的節目，要付出財務上的代價，此外，節目還可能觸怒勢力龐大的廣告主。[55]隨著廣告時段價格的上揚，之前不敢想的收益增加了；而追求財務表現的市場壓力增加，連同規範限制的逐漸鬆綁，靠廣告營運的媒體運作，會漸漸拉長廣告時間，邊緣化那些以重大公共事務為內容的節目，或乾脆整個移除。[56]

更常見的狀況會是廣告主想避開有著重大複雜性和惱人爭議的節目，那些節目會打亂「購買心情」。廣告主要的是讓人輕鬆愉快的節目，這些節目符合當初他們購買這些節目的主要目的精神——傳播販售的訊息。因此，時間久了，《五角大廈的交易行為》（The Selling of Pentagon）這樣的節目不再出現，取代的是尋求贊助的市場自然演化而端出的節目：《鳥瞰蘇格蘭》（A Bird's-Eye View of Scotland）、《高華德的亞歷桑納州》（Barry Goldwater's Arizona）、《飯店紀事》（An Essay on Hotels）和《跟著魯尼上餐館》（Mr. Rooney Goes to Dinner）——這是哥倫比亞廣播公司的節目，探討「美國人外食的時候是怎麼吃飯的、他們上哪兒吃飯、選擇用餐地點的理由為何」。例外情況也是有的：有些公司願意贊助嚴肅節目，但它們是出於公關操作才這麼做，目的是拉抬公司最近鬧出負面新聞而受損的形象。[57]話說回來，就算在這樣的案例中，那些公司通常也不會想贊助探討敏感與爭議議題的節目——他們比較願意選討論希臘文物、芭蕾舞、國家歷史文物和懷舊情懷的節目。巴諾

指出了一個有趣的對比：商業電視戲劇「幾乎處理的都是此時當下，一如廣告預算的操作使然」，但在公共電視的節目上，文化「儼然指的是『其他的文化』……美國的文明，也就是此時當下，根本不列入我們對文化的思考當中。」

電視台與電視網也很關注受眾「流」的維持，也就是說要讓人們一個接著一個節目地看，以維持廣告收視與收益。在節目間穿插播放會讓人轉台的紀錄片式文化主題節目，要付出很高的代價，而時間久了，這種做法，往往就會被一套「自由的」（換句話說，就是靠廣告營運的）商業制度摒除。這種紀錄片式文化批評類的素材，在次級媒體載具這類的公司努力要獲得廣告商的青睞時，也會被迫從中消失；不過，主流媒體邊緣總是會有些文化政治類的節目出現，或想辦法生存下來。

第三道過濾器：大眾媒體的新聞來源

大眾媒體，因為經濟上的必須以及利益上的互惠，跟勢力強大的資訊來源之間有著深厚的共生關係。媒體需要一直有穩定而可靠的新聞素材。它們有每天的新聞需求還有非完成不可的新聞排程。在所有可能會發生重要事件的地方安排記者與攝影機，不是媒體能負擔得起的。按照經濟學鐵律，它們要把資源集中在重大新聞比較會發生的地方、常有消息走漏與謠傳的地方，還有經常舉辦記者會的地方。華盛頓特區的白宮、五角大廈，還有國務院，就是這些新聞事件的重要樞紐處。以地方來說的話，市政府和警局則是記者眼中常去的新聞「採訪路線」。商貿集團也是常見而且可信的供應者，提供有新聞價值的消息。這些官僚組織生產出大量新聞素材，滿足了新聞機構對可靠、定期之新聞來源的需求。馬克·費許曼（Mark Fishman）稱這為「官僚聯姻原則：只有其他的官僚組織能滿足新聞官僚組織的新聞來源需求。」

政府和企業，因其地位與名望，做為新聞來源也有辨識度高又可靠的絕佳優勢。對大眾媒體而言，這是很重要的一點。費許曼這麼說：

「新聞工作者傾向將官僚機構的說詞當成事實陳述，這是因為，新聞工作者做的，就是維護授權消息人士在社會上下達規範指令。記者的工作態度就是，官員們應該知道其份內當知之事。……精確地說，新聞工作者不會只把官員知情的對外宣稱視為宣稱而已，而是將這個宣稱，當成內容可信且重要的事實消息。這造就出一種道德分工：官員們手握事實同時提供事實；記者們只是取得這些事實罷了。」

官方消息來源之所以如此重要的另一個理由是，大眾媒體宣稱它們是「客觀的」新聞發配者。媒體需要可推測為真的素材，一方面是要維持它們的客觀形象，一部分則是為了自保，以免因偏見招致批評或是面臨誹謗官司的威脅。這同時也跟成本有一部分關係：從可推估為可信的消息來源取得資訊，能減少調查的花費，而另一方面，從無法初步證明可信的消息來源，或是會招來批評與威脅的消息來源那兒取得的資訊，則需要仔細的查證還有昂貴的調查。

構成主要新聞資訊來源的大型政府官僚組織和企業官僚機構，其公共資訊操作之規模，廣繁龐大，而且都會有特殊的媒體管道。舉例來說，五角大廈有動輒數千名員工的公共資訊處，每年花費好幾億，不僅讓所有異議人士與團體的公共資訊資源相形見絀，就連這些異議團體**加總**起來的資源，都不能相比。1979 年和 1980 年，那段相對前後年代較開放的時期裡（之後又封閉了起來），美國空軍對外揭露其對外提供之公共資訊如下：

出刊 140 期的報紙，每周發行 69 萬份；
出版《飛行員》雜誌（*Airman*），每月發行量為 12.5 萬份；
營運 34 個廣播電台還有 17 個電視台，主要分布於海外；
總部與各單位發布的新聞稿共 45,000 萬則；
發布 61.5 萬份空軍近況新聞報；
接受 6,600 次新聞媒體採訪；
舉行 3,200 場新聞記者會；
安排以新聞媒體報導為目的的班機共計 500 架次；
與編輯委員會開會共計 50 場；

發表 11,000 場演說

　這些還不包括空軍在各個大行政領域耕耘的公共資訊工作。參議員 J·W·傅爾布萊特（J. W. Fulbright）早在 1970 年就寫道，1968 年時他便發現，在公共關係這一塊上，空軍就動用了 1,305 位全職員工，這還不包含額外數千名「另兼有公職的人」。當時空軍每個星期會提供電視一份影片，每個星期還會發送錄製好的特輯節目給 1,139 個廣播電台，以供每周三次的播放之用；空軍還製作了 148 部電影，其中 24 部對一般大眾上映。我們沒有理由相信，1960 年之後，空軍的公關工作就逐漸式微。

　請注意：這還只是空軍。還有三個其他三個公關規模龐大的軍種，以及一個獨立出來、統理一切公共資訊的單位，它隸屬國防部副部長之下，專責五角大廈的公共事務。1971 年《美國國防雜誌》（Armed Forces Journal）的一份調查顯示，五角大廈一年花大約 5,700 萬美金出版 371 種雜誌，這運作規模是全美國最大的出版商的 16 倍。1982 年《空軍雜誌國際版》（Air Force Journal International）又更新了資料，提到五角大廈當時出版的期刊多達 1,203 種。要理解這樣的規模，我們或許可以看看向來對五角大廈立場提出挑戰觀點的美國前兩大非營利組織 —— 美國公誼服務會（或稱貴格會，American Friends Service Committee，簡稱 AFSC）還有全美基督教協進會（National Council of the Churches of Christ，簡稱 NCC）—— 的公共資訊運作規模。1984 到 1985 年間，美國公誼服務會的總會辦公室資訊部的預算不到 50 萬美金，員工為 11 人。[58] 整個機構一年所發布的新聞稿大約 200 則，每年舉辦的記者會共 30 場，一年製作大約一部的影片，再加上兩到三場投影片展。美國公誼服務會並不提供影片、照片，或是錄製好的節目給媒體。全美基督教協進會的資訊室一年預算約 35 萬美金，每年發布的新聞稿約 100 則，每年舉行 4 場記者會。[59] 分別就發布的新聞稿和舉辦的記者會數量來看：美國空軍的新聞稿相比於美國公誼服務會以及全美基督教協進會兩會加總的數量，是 150：1（如果把空軍近況新聞報也算進來的話，更是 2,200 倍），記者會數量則是 94：1。要是再把美國空軍的其他公共資訊業務全部算進來，對比數值更是懸殊。

　只有企業界擁有資源，能產出像五角大廈和其他政府機構一樣規模的公共資訊與政治宣傳。美國公誼服務會以及全美基督教協進會無法複製美孚

石油公司（Mobil Oil）花幾百萬美金購買報紙版面或進行其他企業投資的行為，將自己的觀點傳達出去。[60] 花在公共資訊與遊說行動上的預算費用比美國公誼服務會以及全美基督教協進會還多的個人公司，多達數百家，甚至數千家。像美國商會（U.S. Chamber of Commerce）這樣的企業聯合組織 1983 年用在研究、傳播以及政治活動上的預算就有 6,500 萬美金。截至 1980 年，美國商會出版的商業雜誌（《國家商務》〔Nation's Business〕）發行量為 1,300 萬，商會發行的周報訂閱人數多達 740,000 人；該會還製播每周論壇秀，發行到 400 家廣播電台，還有 128 家商業電視台播放它們自己的每周論壇節目。

除了美國商會之外，還有數千個各州與地方性的商會以及貿易協會，這些機構也從事公關與遊說活動。企業與貿易協會的遊說網絡社群，是一個「多達 15 萬名專業人士組成的網絡」，這個網絡的資源，與企業收入、盈餘，還有公關與遊說支出的防護值有關。1985 年，企業界的稅前盈餘是 2,955 億美金。企業社群像 1970 年代那樣對政治環境感到惶惶不安時，顯然便會有足夠的資源與資金迎戰眼前的威脅。企業與貿易協會花在形象和議題上的廣告費用，從 1975 年的 3.05 億美金，增加到 1980 年的 6.5 億美金。同樣也增加的，還有運用股利推動直遞郵件宣傳或其他類信箱廣告的數量；寓教於樂的影片、書籍與小手冊的發行數量；以及花在創制與表決、遊說行動，還有政治獻金與投入智庫的金額。據估，到了 1978 年，企業與貿易協會的年度政治廣告和基層開銷，已經達到 10 億美金之譜，到了 1984，還成長為 16 億美金。

政府和企業的新聞發起人，為了鞏固自身作為資訊來源的優越地位，會不計代價地幫新聞機構省去麻煩。他們會提供新聞機構收集新聞的場所和設施；他們會事先給記者演說稿還有後續報告；他們安排記者會的時間會配合新聞標題的定稿期限；他們會用可以直接拿來發新聞的語言撰寫新聞稿；還有，他們會小心翼翼地安排記者會及「拍照」時段。這些新聞官員的工作，就是「滿足記者有時間壓力的需求，提供自家機構好整以暇生產出來的新聞素材。」

有權勢的大型官僚機構，降低了媒體取得新聞素材與產出新聞的成本，實際上就是**補助**了大眾媒體，而且還建立出特殊的互通關係。提供媒體這種補助的大型單位，成了「固定的」新聞來源，同時擁有通關的特權。非固定

的新聞來源，若不想盡辦法就無法通關，而且，把關者隨便的一個決定，就可能視其而不見。我們還應該同時注意一點：這種補助，在五角大廈和國務院公眾外交處（State Department's Office of Public Diplomacy）的例子裡，是慷納稅人之慨，因為實際上民眾是自己付錢，接受像軍火承包商和其他國家恐怖主義贊助者這類的權勢組織、為了他們自己的利益而運作的政治宣傳。

權勢者因為替媒體提供了服務、持續而緊密地與媒體互通有無、同時和媒體相互依存，因此，他們可以透過個人關係、威脅還有利誘的方式，進一步影響並脅迫媒體。媒體為了不惹惱他們的資訊來源同時不破壞彼此的緊密關係，可能會覺得自己有義務要刊載製播極為可疑的新聞報導，並且不加批評。[61] 媒體很難直呼每日新聞來源的那些權威人士為騙子，即便對方說了瞞天大謊也一樣。媒體可能不會找其他重要的消息來源，原因不單單是這些消息來源比較難找得到，而且確立可信度的成本更高，還因為主要的消息來源可能因此惱怒、甚至威脅媒體不得找上其他人提供消息。

有權勢的消息來源還有可能把自身的名望以及對媒體的重要性，當成籌碼，阻斷評論家與媒體間的管道：舉例來說，國防部曾要求防禦資訊中心（Center for Defense Information）的專家不得受邀，否則拒絕參加國家公共廣播電台討論國防議題的節目；艾略特‧亞伯拉姆斯（Elliot Abrams）曾要求前外交大使羅伯特‧懷特（Robert White）不得出席，否則拒絕出席哈佛大學（Harvard University）甘迺迪政府學院（Kennedy School of Government）探論中美洲人權的節目；[62] 克萊兒‧史德林（Claire Sterling）拒絕上討論保加利亞涉教宗遭刺案（Bulgarian Connection）的電視節目，因為抨擊批評他的人士也會出席。在最後的兩個例子中，權威人士和知名專家，透過強迫威脅，都成功獨攬操弄媒體的管道。

也許，我們更要看的是，有權勢的消息來源，經常利用媒體的固定性和依賴性「管控」媒體，操弄媒體依循特殊的思想灌輸和思考架構（我們在隨後的章節中會詳細說明）。這種管控過程，有一部分做法就是強餵給媒體一連串新聞事件，這麼做的目的，有時是為了硬要在媒體上加標題和事件框架（好比尼加拉瓜違法供應薩爾瓦多反抗軍〔Salvadoran rebels〕武器），有時則是為了硬將新聞事件踢出頭版之外，或乾脆不讓其曝光於媒體（例如傳聞中的 1984 年尼加拉瓜大選當周的米格機運送事件）。這種策略，早在第一次世界大戰期間為

了協調政治宣傳工作而成立的公共資訊委員會（Committee on Public Information）就有了，委員會「在 1917 到 1918 年間，發現了控制新聞的最佳手段之一，就是用『事實』，或最終當成官方資訊的新聞，強餵給新聞管道。」

權勢和取得消息的關係，不僅單單存在於官方與企業日復一日的新聞供應行為上，還擴大到該怎麼提供「專家」的行為上。官方消息來源的主導性，會因為備受敬重的高度權威人士，成為非官方消息來源，提出異議歧見，而有所減損。這個問題的解決方式就是「拉攏專家」──也就是說，僱用他們當顧問、出資贊助他們的研究，還有組成直接聘請他們並助其宣達意見的智庫。這麼一來，就可能打造出偏見，同時還可能順政府和「市場」之意，提供出該提供的專家。亨利·季辛吉（Henry Kissinger）曾說，在這個「專家的時代」裡，專家的「構成條件」就是「那些在一般共識之下各懷鬼胎的人；畢竟，就是以高層之姿細細闡述、定義共識的行為，讓他們變成專家的啊。」因此，有了這種觀點重構，讓一般共識觀點（也就是那些對菁英階層之利益有用處的觀點）得以繼續盛行下去，也只是剛好而已。

打造這群被你我需要的專家，過程必須精心設計而且規模耗繁龐大。早在 1972 年，法官路易斯·包威爾（Lewis Powell，之後被提名擔任最高法院大法官）就寫了一份備忘錄給美國商會，力促企業界「要買下國內頂尖學術威望，為企業研究案增添可信度，同時讓業界在校園更加有影響力。」企業買下學術威望，確保──套用傳統基金會（Heritage Foundation）創辦人艾德恩·佛訥博士（Dr. Edwin Feulner）的話──公共政策領域「充斥了」研究結果合宜的「深度學術研究」。佛訥博士以寶僑企業（Procter and Gamble）販賣牙膏作為例子解釋道：「透過維持這個產品在消費者心中的新品形象，牙膏得以天天一賣再賣。」向「數千份報紙」傳播正確的觀念，也是銷售工作之一，透過這樣的經營，就可以把意見辯論「控制在合宜的範圍之內」。

依循著這個公式，從 1970 年代到 1980 年代初期，有一系列的機構於焉誕生，而已存的機構則開始被拿來替企業觀點做政治宣傳。這些機構納入了好幾百位的知識份子；不但有人資助他們的研究，其研究結果，還透過精密的政治宣傳手法，散布到媒體上。我們看不出來這整套操作手法當中，企業的贊助以及背後清楚的意識形態目的，有沒有影響那些被組織起來的知識份子的可信度；相反地，企業的贊助和知識份子觀點的推廣，倒是將這些知

識份子，一股勁兒地推進了媒體。

　　獲得企業贊助的專家如何在媒體中先發制人，從表格 1-4 便可看出一二。該表詳列了 1980 年代中，一年內獲邀上《麥克尼爾—萊爾的新聞時刻》（*McNeil-Leher News Hour*）這個節目的恐怖主義和國防議題「專家」。我們可以看到，撇開記者不算，受邀上節目的人，大多數（54%）是當時現任或前任政府官員，而第二大類來賓（15.7%）則是保守派智庫找來的人。保守派智庫找來的人裡面，最常出現的來賓是喬治城大學戰略與國際研究中心（Georgetown Center for Strategic and International Studies）提供的；而喬治城大學戰略與國際研究中心，是保守派基金會和企業贊助的機構，專門供作國務院、CIA 以及一間名義上為私營機構組織之間的旋轉門。要不是戰略與國際研究中心在恐怖主義和保加利亞涉嫌教宗遭刺案這些議題上，占得媒體發言權，我們本來或可聽見其他獨立觀點。[63]

　　大眾媒體本身也提供固定會呼應官方視角的「專家」。因為《讀者文摘》出資贊助、出版、同時還宣傳約翰・拜倫（John Barron）和克萊兒・史德林的著作，所以這兩個人的名字家喻戶曉，成為前 KGB 和恐怖主義的權威專家；因為《時代雜誌》、美國廣播公司電視部，還有《紐約日報》選擇做了阿卡迪・謝夫欽科（Arkady Shevchenko）的專題報導（即使他的可信度七折八扣），這位從前蘇聯叛逃的人，變成前蘇聯軍武和情蒐的專家。媒體大肆報導這些承包了媒體偏好視角的人，賦予他們地位，而且還讓這些人成為分析事件與提供觀點時立刻想到的口袋人選。

　　有另外一類專家，他們的重要性，在於能為權勢者所用；這些人過去曾經是激進份子，如今終於已「大澈大悟」。這些人出於各種動機，從信奉史達林或毛澤東，改信雷根和自由企業制度，不過，對於主流媒體而言，這些前激進派份子們改變的理由就是他們總算看到自己的路線有錯。在一個民眾相當看重承認罪行與痛徹懺悔的國家裡，變節者是很重要的一類悔悟罪人。細細觀看這些媒體對其原先所為毫無興趣或只當他們是戲弄對象的人，如何從罪人突然間躍升為重要人物，還變成無庸置疑的專家，是相當耐人尋味的。我們或許記得，在麥卡錫時期（McCarthy era），叛逃者與前共產主義份子是怎麼競相編織著蘇聯入侵就快發生，還有其他言之鑿鑿的故事。這些人發現，他們順應當前需求修改自己說詞，就能達到登上新聞版面的目的。

1985 年 1 月 14 日至 1986 年 1 月 27 日*
參加《麥克尼爾－萊爾的新聞時刻》
(*McNeil-Leher News Hour*)
討論恐怖主義與國防議題的專家

專家類別	人數	占比（%）	不包含記者在內的專家人數	不包含記者在內專家人數占比（%）
政府官員	24	20	24	27
前政府官員	24	20	24	27
保守派智庫	14	11.7	14	15.7
學術界人士	12	10	12	13.5
記者	31	25.8	--	--
顧問	3	2.5	3	3.4
外國政府官員	5	4.2	5	5.6
其他	7	5.8	7	7.8
總計	120	100	89	100

---

* 這是 1985 年 1 月 14 日到 1986 年 1 月 27 日所有出現在《麥克尼爾－萊爾的新聞時刻》討論保加利亞涉入教宗遭刺事件（3 集）、蘇聯擊落大韓航空 KAL007 客機事件（5 集），還有恐怖主義、國防議題、軍武控制（33 集）之專家人士的彙整資料。（Forbes）內文「Mort Zuckerman, Media's New Mogul」；總收益資料來自 1987 年 6 月 29 日《廣告年代》（Advertising Age）雜誌。

原本無人注意的前激進派份子，源源湧入媒體，成為焦點，顯示出我們見證著一套歷久不衰的伎倆：提供會按照主流派期待發言的專家。[64]

第四道過濾器：重炮抨擊和批評人士

「重炮抨擊」一詞，指的是針對媒體陳述或節目的負面回應。可能的抨擊形式有：透過信件、電報、電話、提出請願、提告官司、在國會上發表演說或提案、其他類的申訴、威脅，還有懲罰性行動等等。抨擊活動可能是中央或地方的組織行動，也有可能完全是個人的獨立行動。

對媒體來說，要是抨擊行動規模龐大，或是由擁有龐大資源的個人或群體發起，那麼，就能讓媒體如坐針氈、付出不菲的代價。媒體不僅對內對外都得捍衛立場，有時候，還得在立法機關甚至法院上為自己辯護。廣告主可能抽掉贊助，而且電視廣告宣傳的消費者商品，輕易就可能受到聯合杯葛抵制。在麥卡錫時期，立場堅定的揪共份子（Red hunter），以抵制產品為要脅，成功迫使許多廣告商與電視廣播電台噤聲，並上繳員工黑名單。廣告商依然憂心的是，要避免冒犯可能重炮抨擊媒體的各區選民；而媒體環境不變的特點之一，又是廣告商要求製播的節目，必須內容合宜。這種預期心理，可以防止某種想像下有可能會引起抨擊的事實、立場，或是節目，浮上檯面。

重炮抨擊的能力跟權勢有關，尤其是那種威脅性十足、會造成重大損失的抨擊。重炮抨擊新聞的現象，和企業界憎惡媒體批評，以及其討厭1970 跟 80 年代的態度，緊密相關，彼此增長。權勢階層可能以直接或間接的方式抨擊媒體。直接的抨擊方式可能包含寫信或打電話：例如白宮致電或寫信給丹・拉德 xix 或威廉・沛里（William Paley）xx；抑或是聯邦通訊委員會以籌組計畫為名，致電或寫信要求電視網提供檔案資料；還有，火冒三丈的廣告商主管或企業贊助主，致電或寫信給媒體官員，要求澄清機會或威脅報

---

xix　　譯註：CBS 新聞節目主持人。

xx　　譯註：CBS 老闆。

復⋯⋯等等。權勢者也用間接的方式操弄媒體：例如向自己組織內的成員（股東、員工等）抱怨媒體、製作廣告讓自家成員知道媒體讓人不滿之處，還有資助右派的監視行動或金援專門攻擊媒體的智庫。權勢者還有可能資助政治活動、把保守派政客送進政府，而這些人，會阻止有違主流的任何媒體行為，更直接地為私營企業的當權者把關。

企業界除了 1970 和 80 年代的其他政治投資外，也資助培植了一些機構，例如：美國法律基金會（American Legal Foundation）、首都法律基金會（Capital Legal Foundation）[xxi]，媒體研究所（Media Institute）、媒體與公共事務中心（Center for Media and Public Affairs）和媒體確實報導組織（Accuracy in Media，簡稱 AIM）。我們也許可以將這些當成專門為了製造新聞抨擊而建置的機構。另外一個老牌一點、也是用來製造新聞抨擊但功能更廣的機構，叫做自由之家（Freedom House）。1980 年建置的美國法律基金會，專門協助「媒體受害者」，受理有違公平原則的投訴案還有誹謗訴訟案。成立於 1977 年的首都法律基金會，則是斯凱夫基金會（Scaife）的旗下、用來替威斯特摩蘭（Westermoreland）打哥倫比亞廣播公司誹謗案並求償 1.2 億美金的機構。

1972 年由富有的企業人士出資成立的媒體研究所，是贊助媒體監督計畫、舉辦會議、同時資助媒體研究的機構。雖然這個機構比較側重媒體對於經濟議題與企業界的側寫描摹，而沒那麼著重於媒體報導外交政策時的有失配合，不過，這個機構管的議題很廣。這個機構出資的研究案還有舉辦的會議，主題向來都是討論媒體未能精確報導企業、沒有給業界看法應有的重視，不過，同樣是討論媒體偏見，像約翰・柯瑞（John Corry）披露大眾媒體對左派存在之偏見的文章，媒體研究所卻加以支持。媒體研究所 1985 年時的董事會主席是美國醫藥協會（American Medial Association）的首席公關長史蒂芬・V・席金斯（Steven V. Seekins）；當時國家顧問委員會（National Advisory Council）的主席是美孚石油公司的賀伯・史默爾茲（Herbert Schmerts）。

媒體公共事務中心，是派翠克・布坎南（Patrick Buchanan）、費絲・威特希（Faith Wittlesey）還有雷根本人有鑑於社會需要客觀公平的媒體，而大表讚揚的機構；這是一個 1980 年代中成立的「非營利、無黨派」機構，由琳

---

xxi　　譯註：後來更名為華盛頓法律基金會（Washington Legal Foundation）。

達・利克特和羅伯特・利克特夫婦（Lind and Robert Lichter）負責。媒體公共事務中心的《媒體監督雜誌》（*Media Monitor*）和調查研究案，繼續初衷，讓你我看清楚自由派的偏見以及大眾媒體的反商傾向。

媒體確實報導組織成立於 1969 年，1970 年代時發展大躍進。這個組織的年收入從 1971 年的 5,000 美金，增加到 1980 年代初的 150 萬美金，其中資金主要來源是大型企業主、富有的繼承人，還有企業體系下的基金會。雖然在 1980 年代早期時，最起碼就已經有八家不同的石油公司是媒體確實報導組織的金主，但這個組織的企業界金主來自各行各業，令人咋舌。媒體確實報導組織的功能，就是騷擾媒體，向它們施壓，要它們遵循企業界的思想路數、謹守右派的外交策略。這個組織逼迫媒體更積極投入紅色恐怖（Red-scare）的反共浪潮，同時，只要媒體沒有照單配合外交政策，就會遭到它們抨擊，稱其瑕疵敗露。媒體被訓練到都知道，要是不依循右派的偏見標準，便會惹禍上身（而且成本增加）。[65]

自由之家的成立可溯及 1940 年代早期，一直以來，這個機構都跟媒體確實報導組織、世界反共聯盟（World Anticommunist League）、國際反抗組織（Resistance International）[xxii]，還有像自由歐洲電台（Radio Free Europe）以及 CIA 這類美國政府機構密不可分；同時，自由之家也一直就是政府與國際右派的政治宣傳利器。1979 年，自由之家派選舉監督人到羅德西亞（Rhodesia）監督伊恩・史密斯（Ian Smith）一手策畫的選舉，還報導選舉「很公平」；而 1980 年時英國政府監督下最後由穆加比（Mugabe）勝出的選舉，卻遭到自由之家報導結果可疑。自由之家的選舉監督人也認為薩爾瓦多 1982 年的選舉教人感佩。這個機構動用了龐大的資源，批評媒體對美國的外交政策操作不夠支持，而且對美國附庸國的批評過度嚴苛。自由之家針對媒體的這種批評，最值得一提的就是它所出版的《重大新聞報導》（*Big Story*）一書；作者彼得・布雷斯特拉普（Peter Braestrup）於書中主張，媒體對新春攻勢（Tet of-fensive）的負面報導，反而使美國打輸了越戰。這本書是個學術大笑話，但更有趣的是這本書的前提：大眾媒體不僅應該支持美國在海外的所有操弄，還應該熱切支持——這些政府在海外的操弄，理當都是偉大的籌謀（第五章

---

xxii　譯註：存在於 1983 年到 1988 年、以雷根政府的教條為依歸的國際反共組織。

和附錄三有自由之家研究的完整討論）。1982 年，雷根政府壓不下媒體報導薩爾瓦多軍隊大規模屠殺百姓的新聞時，自由之家發表譴責訊息，指摘在薩爾瓦多報導的媒體「有失公允」。

即使這些炮轟媒體的機器固定都會攻擊大眾媒體，但媒體還是很禮遇它們。媒體都帶著敬意報導它們，而且幾乎不會提到它們扮演的政治宣傳角色以及跟更大型的企業計畫有何關係。媒體確實報導組織的負責人里得・爾灣（Reed Irvine）抨擊媒體的文章經常見報；右派媒體批評家之一、經常攻擊「自由派媒體」的麥可・里汀（Michael Ledeen），不但有社論專欄，媒體還會找來支持他立場的人評論他，而且他還是常以專家之姿受邀上脫口秀。這反映出贊助商的龐大影響力，而右派勢力大在眾媒體裡根深柢固的地位，也是影響力之一。

打造新聞抨擊的人，其力道會彼此相長，而且這些人，還會在管理新聞的活動間強化政治權威的命令。政府就是新聞批評的大製作家，經常責難、威脅，同時「矯正」媒體，想辦法不讓媒體偏離既定路線。新聞管理本身就是用來打造新聞批評的。在雷根主政那些年，雷根先生在電視上對著百萬民眾施展魅力，要是媒體膽敢批評這位「溝通大師」，這些人就會嚴厲斥責媒體。[66]

把反共產主義當成控制機制

最後一道過濾器，就是反共產主義的意識形態。被視為極端邪惡的共產主義，一直以來都是資產階級揮之不去的惡夢，因為，共產主義會威脅這些人階級位置和優越地位的根本。對西方菁英階層而言，蘇聯、中國還有古巴的革命，根本是創傷；而持續不斷的衝突和隨處可見的共產國家施暴報導，更造就出反共產主義被提升為西方國家意識形態與政治首要原則的現象。這樣的意識形態，有助於動員民眾對抗敵人，而且，因為這個概念很模糊，所以，只要任何一個人提倡的政策威脅到資產階級利益，或支持了我們要與共產國家和激進主義並存，那麼，就可以用這個概念對付他。因此，反共的意識形態，有助於分化左派與勞工運動，可以當成一種政治操控機制。

假使共產主義的勝利，是我們想像中最糟的結果，那麼，支持海外法西斯主義，就理當比較不邪惡。套用同樣的說法，人們反對輕縱了共產主義份子並且「不自覺幫助敵人」的社會民主派人士，也於理有據了。

在主流信仰是反共產主義的文化社會情境中，國內的自由派人士，往往受到態度親共或是不夠反共的指控，一直處在抨擊之下。要是這些自由派人士在當權時，讓共產主義，或是可以貼上共產主義標籤的意識形態在自家地盤占了上風，那麼，他們就要付出很高的政治代價。不管怎樣，他們大部分都已經把這份信仰內化了，但即使如此，他們依然承受著極大的壓力，非得向大家展現他們反共產主義的實際作為。這會讓他們變得很像反動份子。社會民主派人士偶爾會受到自由派的支持，但要是碰上他們對當地激進派不夠嚴厲，或者對於串聯一般邊緣議題的民眾團體態度不夠強硬，那麼，來自於自由派人士的支持便戛然停止。璜恩・伯許（Juan Bosch）在多明尼加共和國（Dominican Republic）的短暫任期當中，打擊軍隊和政府的貪腐、開始實施土地改革、進行人民的大眾教育計畫，同時還領導一個相當開放的政府而且維繫了一套落實公民自由的制度。這些政策，威脅到影響力龐大的內部既得利益，美國對於多明尼加的獨立以及公民自由擴及共產主義份子及激進派人士身上，感到惱恨。這把民主和多元化主義向前推得太遠了。甘迺迪（Kennedy）總統對伯許的政策感到「極度失望」，國務院「旋即對這位多明尼加30多年來第一個民選總統加以批評」。伯許當政九個月後便被軍方推翻一事，美國最起碼有暗中支持。兩年後的詹森（Johnson）政府為了確保伯許不會重新掌權，因此入侵了多明尼加政府——這倒是做得明目張膽。

甘迺迪時代的自由派，對於 1964 年巴西的軍事政變與替換民眾政府事件興味十足。在甘迺迪和詹森時期，主張新法西斯主義式國家安全的國家，開始越來越多。在 1947 到 1954 年間美國推翻瓜地馬拉政權，還有 1981 到 1987 年間對尼加拉瓜發動軍事攻擊的這些例子上，許多自由派礙於勾結共產主義的指控和共產主義的威脅，支持了反革命的干涉行動，而其他自由派人士，則只好選擇沉默，深怕自己身負不忠於國家信仰的指控。

我們要注意的是，一旦反共熱情被挑起，那麼就需要鐵錚錚的證據，支持「共產主義」是暴政的說法。變節者、告密者，還有其他各式各樣的投機份子，變成了人們矚目的「專家」，就算他們不算全然說謊，只是爆料內

容很不可靠，他們也還是能占據舞臺。帕斯卡‧德威特（Pascal Delwit）和尚‧米歇爾‧德瓦勒（Jean-Michel Dewaele）指出，在法國也一樣，反共產主義思想家「要怎麼說怎麼做都可以」。德威特和德瓦勒談到兩位先前篤信史達林主義的學者安妮‧克里格爾（Annie Kriegel）和皮耶‧戴（Pierre Daix）時，分析這兩名學者在法國輕易就收服廣大觀眾的新地位[67]，這麼提到：

「分析一下他們的文章，我們就會發現字裡行間處處都是對愛情失望的人會有的經典反應。不過，即便他們的過去在他們身上留下了永恆的印記，大家想都沒想過要批評他們的過去。或許他們已經改變了信仰，但他們人沒變。……那些從未改變的事明明就大剌剌擺在眼前，但就是沒有人注意到。多虧了我們想像中最寬宏大量又懶惰的書評們大力支持，他們的暢銷書證明了一件事：民眾是會上當受騙的。沒有人譴責，或甚至注意到，先前的歌功頌德與今日的大肆批評，他們都說得理直氣壯；沒有人在意他們根本沒有提出任何證明，而且沒人在乎書中用極盡辱罵的文字取代了該有的分析。他們——用全然二元論（menicheanism）的常見手法——反轉了超史達林主義（hyper-Stalinism），一切都獲得了解決；只不過，這樣的思想之所以有效，純粹是因為它直接反共。他們的狂熱沒變，只是披了現在的新衣，受到更大的歡迎罷了。」

反共產主義的控制機制穿透了體制，對大眾媒體產生了深遠的影響。在紅色恐怖時期也好，尋常時期也罷，媒體往往都以共產強權和反共強權的二分世界角度分析議題，討論較勁的雙邊有何得失；而且，為「我方」助威，往往被認為是完全合理的新聞操作。喬‧麥卡錫（Joe McCarthy）、阿卡迪‧謝夫欽科，還有克萊兒‧史德林與羅伯特‧萊肯（Robert Leiken）或甚至是安妮‧克里格爾和皮耶‧戴……等等——這些人，就是大眾媒體找出來、創造出來然後推到聚光燈底下的。反共產主義的意識形態與信仰，是效用強大的過濾器啊。

二分法和政治宣傳活動

前五道過濾器，縮小了得以通過門檻的新聞範疇，而且，更嚴格限制

了持續不斷的新聞操作下，要成為「大新聞」的條件。就定義而言，從大型政府消息來源機構那裡得到的新聞，就滿足了主要新聞過濾器之一的條件，而大眾媒體就會毫不猶豫地接收。從異議份子還有國內外勢單力薄、組織不佳的個人與團體那裡取得的消息，或是與這些人相關的消息，往往一開始就有查證成本和可信度的劣勢，而且，這些消息往往不認同那些會影響過濾程序的媒體監督者，與其他有力政黨的意識形態和利益。[68]

　　舉例來說吧，這也就是為什麼只有那些沒有什麼政治籌碼的人權激進份子與團體，會拿土耳其政治犯遭到刑求以及工會受到攻擊的消息，向媒體施壓。美國政府從 1980 年土耳其軍政府上台實施戒嚴起就給予支持，而且美國的企業界，向來對於表達熱切反共立場、鼓勵外國投資、壓制工會、同時死忠支持美國外交政策（這幾個優點經常緊密相關）的政權，相當友善。媒體選擇要報導土耳其對自己民眾施暴的消息，就得多花錢找出消息來源，確認真偽；這些媒體，會引來政府、商界還有聯合起來的右派媒體抨擊機器，對其大肆批評，同時，它們還有可能因為沉浸在如此不切實際的想法與行動中，遭到企業界（包含廣告商）厭惡。這些媒體往往是孤身一人關注著這些主流美國利益觀點認為**無價值的**受害者。[69]

　　與此形成顯著對比的，是波蘭針對政治犯和工會權力遭侵犯的新聞。1981 年時的雷根政府與企業菁英們認為，這是了不起的事件，正好可以拿來贏來一些政治門面。很多媒體領導人和外包專欄作家，也深表同感。因此，針對波蘭侵犯人權一事，媒體可以從華府的官方資訊來源那兒取得消息與強硬看法，同時，靠波蘭的異議人士提供消息，並不會招來美國政府或媒體抨擊機器的大肆批評。新聞過濾器的管理者大抵會認為這些受害者是有價值的。大眾媒體從來不會解釋**為什麼**安德烈·沙卡洛夫是有價值的受害者、而烏拉圭（Uruguay）的荷西·路易斯·馬賽拉（Jose Luis Massera）是無價值的受害者——雖然他們所受到關注以及這種常見的二分法，是因為新聞過濾器的操作「自然而然」產生的，不過，這就好像有個政治委員 xxiii 向媒體這麼下達指令：「專心報導敵國的受害者，不用管友邦的受害者。」[70]，也會有

---

xxiii　譯註：原文為 commissar，通常只的是前蘇聯的政治委員或人民委員，現為共產國家政治委員的通稱。

同樣的結果。

有價值受害者招致虐待的報導，不只能通過一道道的新聞過濾器；這些報導還有可能成為持續不斷的政治宣傳活動的根據。要是政府或企業界連同媒體都覺得某個新聞事件既有用又有戲劇性，那它們就會強烈關注，而且拿這個新聞事件來開導民眾。舉例來說吧，在 1983 年 9 月初蘇聯擊落大韓航空 KAL007 客機的事件上，我們就可以看個明白。這則事件擴大了嚴斥政府敵人的操作，而且，大大推進了雷根政府的軍備計畫。伯納德・葛沃茲曼（Bernard Gwertzman）在 1984 年 8 月 31 日的《紐約時報》裡就得意地提到，美國官員「堅信，全世界對蘇聯的危機處理的批評，已然提升了美國相對於莫斯科的關係地位。」強烈對比之下，1973 年 2 月以色列擊落利比亞民航機的事件，西方世界卻完全沒有表達憤怒，沒有人譴責這是「冷血謀殺」，也沒有杯葛制裁行動。《紐約時報》解釋，這種新聞處理的不同，完完全全就是出於實用性：「唇槍舌戰地探討上周利比亞客機在西奈半島（Sinai peninsula）遭到擊落，誰該負責——這根本沒有實質意義。」[71] 關注蘇聯擊落大韓航空事件，則有著非常「實質的用意」，而且，隨之而來的，是一場大規模的政治宣傳操作戰。

一直以來，政治宣傳操作戰大致上都跟菁英階層利益緊密相符。1919年到 1920 年的紅色恐怖，目的就是消弭第一次世界大戰之後鋼鐵業與其他產業當中方興未艾的工會組織潮。杜魯門—麥卡錫時期（Truman-McCarthy）的紅色恐怖，則有助於揭開冷戰序幕並開啟長期的戰爭經濟，同時，也用來削弱實施新政（New Deal）那些年各界持續組成聯盟的力量。長期關注蘇聯異議份子受到的苦難、敵軍在柬埔寨的殺戮行為還有保加利亞涉教宗遭刺事件的新聞，都有助於緩解越戰症候群、合理化大幅的軍備增加與野心更高的外交政策，同時轉移民眾的焦點，讓大家忽略雷根政府的國內經濟政策核心就是收入重新分配到上層階級身上。近來政府需要以提供錯誤消息的政治宣傳，攻擊尼加拉瓜，因為，它們不要我們看見薩爾瓦多內戰的殘暴，而且，它們要合理化美國對中美洲反革命行動的擴大投注。

相反地，要是無法證實加害行為具備對菁英階層有利的實用性，那麼，就算加害行為規模龐大、時間持續，而且很有戲劇性，也不會有人動員政治宣傳操作。所以，雖然因為波布（Pol Pot）時期的柬埔寨已經落入共產主義

份子手中，而且關注其受害者可以獲取有利教訓，因此報導當時（與隨後時期）的柬埔寨，是特別有用的，不過，美國菁英媒體卻巧妙忽略了共產主義份子接手**之前**美國轟炸柬埔寨所造成的大量受害者。越南人放逐了波布之後，美國靜悄悄地轉向支持這位「比希特勒還爛」的大壞蛋，媒體對此幾乎沒有做什麼報導——再一次，媒體的行為配合了國家的政治思維。針對1965 年到 1966 年的印尼大屠殺事件或是 1975 年以降印尼入侵東帝汶對當地人的加害行為而言，拿這些事件的相關報導進行媒體操作，顯然並不有利，因為印尼是美國的盟友，而且對是歡迎西方國家投資的附庸國，同時還因為美國對東帝汶的殺戮事件要負起很大的責任。同樣的道理，在智利和瓜地馬拉的受害者身上也成立。這兩個國家是美國的客戶，國內的基礎制度結構，包含恐怖主義國家制度，不是由美國政府建立、維繫，就是靠著美國政府提供重要協助，何況它們一直都還是美國的附庸國。替這些國家的受害者發動政治宣傳操作，會與政府—企業—軍方的利益有所衝突，所以，按照我們提出的政治宣傳模式，這樣的新聞不會通過過濾系統。[72]

政治宣傳操作可能由政府或一至多個上層媒體公司發動。抹黑尼加拉瓜政府、支持薩爾瓦多選舉是落實民主制度的行動、利用蘇聯擊落大韓航空KAL007 客機事件作為動員民眾支持擴增軍備的工具——這些操作，是政府一手策畫推動的。大肆報導波布的罪行以及前蘇聯國安會疑似策畫刺殺教宗，這個媒體操作，執刀的是《讀者文摘》，隨後給予強力支持加入報導行列的還有 NBC 電視部、《紐約時報》以及其他大型媒體公司。[73] 有些政治宣傳操作是政府與媒體一起策畫的；但所有的政治宣傳操作，都需要大眾媒體的齊力協助。媒體政治宣傳操作的政治單向性，祕訣就在於上述討論的多重新聞過濾器：就算有任何有害於大型利益團體的新聞事件浮上檯面，大眾媒體也會很快讓它們消失。[74]

對於**有用的**新聞事件來說，政治宣傳操作的過程會以一連串政府外洩的消息、記者會、白皮書……等發展開來；再不然，就是從一家或多家大眾媒體的文章開始滾雪球效應——《讀者文摘》裡的這兩篇文章：拜倫和保羅合寫的〈謀殺溫和的國家〉（"Murder of a Gentle Lande"）還有克萊兒・史德林寫的〈刺殺教宗的陰謀〉（"The Plot to Kill the Pope"），就是例子。要是其他的大型媒體喜歡該則新聞報導，那它們就會用自己的版本跟進，而該事件很快

就會因為眾所熟知而具備新聞價值。要是這些文章寫得自信而可信、沒有遭到大眾媒體批評或做出其他解讀，並且有權威人士支持，那麼很快地大家就會公認這個政治宣傳主題成立，就算沒有真憑實據也一樣。如此就很容易更全面地排除掉異議歧見，因為到了這個地步，不同的聲音會跟已公認的大眾信仰有所衝突。這接著又會開啟更多空間、納入更誇張的說法，因為根本不用擔心會出現什麼嚴重的後果。同樣的誇張說詞，要是跟官方的觀點相左，就會招來強力批評，所以這種吹牛的過程，會受到政府與市場的控制。不過這種控制，並不適用於支持體制的說詞；在這種狀況下，針對媒體的重炮批評，往往會逼得媒體在提到萬惡敵人的時候，更大放厥詞。媒體不僅將批評判斷和調查熱情束之高閣，它們還會相互競爭，想要找出辦法，讓這個新公認的真理獲得眾人支持。若有其他議題與現狀事實跟這個已確立的議題不同調，即使分析得再仔細而且有憑有據，都不會浮上檯面，不然就是遭到忽略。萬一該議題因為過度誇大偽造而不再成立，那麼，大眾媒體就會靜悄悄地捲起鋪蓋、轉移陣地到另一個議題上。[75]

　　利用政治宣傳模型，我們不僅有辦法根據實用性預判事件的價值定義以及二分法的處理方式，還可以推知有價值受害者與無價值受害者（或者敵對國與友邦）的新聞報導會出現**品質**上的差異。也就是說，我們可想見，關於我們或友邦政府受到暴行對待的事件，媒體會大量而且照單全收地採用美國及附庸國政體的官方消息來源；而處理敵對國的施暴事件時，則會採用難民和其他異議份子當消息來源。[76] 我們可以想見，媒體在處理我們國家和友邦的事件時，對於某些前提——例如各自的國家和領導人都追求和平與民主、反對恐怖主義，而且事事據實以報——會照單全收，但這些前提不適用於敵對國。我們可以想見，媒體使用的評價標準有所差異，因此，敵對國中所謂的惡行，要是放在我們自己和友邦的情況下，媒體就會把它說成是避免不了的背景現況。[77] 處理某個案例時被當成是政治宣傳的，在討論另一個案例時，就不是政治宣傳了。[78] 我們還可以想見，媒體會發揮調查熱忱，尋找敵對國的暴行以及高階官員該為暴行所負的責任；不過，要是這類情事牽連到我們自己國家或其他友邦，那麼，詳細調查的熱忱就會有所降低。

　　新聞報導的品質，也應該會更直接而不矯飾地展現在版面配置、標題的下法、字彙的使用，還有其他激起興趣與憤恨的方式上。在意見專欄中，

我們可以想見，准許表達的觀點其差異性是嚴格受限的。我們的假設是：有價值的受害者會獲得凸顯而誇張的報導、他們會被刻畫成有情有義的人，媒體會像寫故事那樣交代那些加害行為的細節與背景，讓讀者產生興趣與同情。相反地，描述無價值的受害者時只是稍微帶一點細節、盡量避免刻畫他們為人的情感，也幾乎不會交代誘發情緒和憤怒的背景脈絡。

與此同時，因為政府消息來源機構、媒體抨擊機器，以及反共產主義意識形態的影響力，我們可以想見，會有人大聲疾呼且強烈吶喊有價值的受害者遭到嚴重忽視、無價值的受害者卻受到超乎常理而全然接納的大方對待，[79] 還有，就是因為媒體那自由主義式與政府對抗的敵意，才讓我們難以凝聚支持，擁護國家近來投入的反革命干涉行動。

總而言之，這一套用來分析媒體報導時的政治宣傳模式理論提出，根據新聞對國內重要掌權團體之利益的實質用處，媒體報導新聞時出現有系統的高度政治二分。這一點，應該可以從選擇新聞事件時的二分手法，還有新聞報導的質與量上面觀察得出來。在接下來的章節當中，我們會看到，媒體的這種二分法是有系統性而且規模龐大的：從系統優勢的角度，我們不僅可以理解媒體要報導什麼、不報導什麼的選擇，我們還可以明白，媒體面對偏好的新聞素材和讓人難為的新聞素材時，處理方式（版面配置、語氣、脈絡交代、新聞處理的完整性等等）按照其政治目的而有所區別。

第 2 章

有價值受害者與
無價值受害者

政治宣傳體系會固定將那些在敵對國受到暴行對待的人，描繪成**有價值**的受害者，而自己國內或附庸國裡招致同等或更嚴重暴行對待的人，則會被描繪成**無價值的**受害者。我們可以從媒體給予的報導關注與義憤情緒的程度高低和特性，讀出受害者有無價值的證據。在這一章裡，我們要讓大家看看，美國大眾媒體對受害者價值的實質定義，是極具政治性的，而且還恰恰符合了政治宣傳模式的意圖。儘管這種差別待遇，是大規模出現的，但媒體、知識份子還有一般民眾，對這個事實，卻還有辦法渾然不知，而且保持一副道貌岸然、自以為是的樣子。這，就是政治宣傳系統高度奏效的證明。

葉日・波別烏施科對比於百位拉丁美洲的宗教受害者

從大眾媒體處理 1984 年波蘭牧師葉日・波別烏施科在波蘭遭到警察殺害的新聞以及另一則牧師在美國勢力領域內遭到殺害的新聞，我們可以得到一個實用的比較結果。在我們提出的政治宣傳模式當中，於敵對國遭殺害的波別烏施科，會成為有價值的受害者，而在我國拉丁美洲附庸國遇害的那些牧師，則會是無價值的受害者。我們可以預判：有價值的受害者，會引起大眾媒體發動政治宣傳，而無價值的受害者，則不會持續地受到媒體關注報導。

新聞報導的量化面

根據表格 2-1 顯示，第一列是《紐約時報》、《時代雜誌》，還有哥倫比亞廣播公司新聞頻道針對波別烏施科遇害案及兇手審判的報導。第二列到第五列，總計的則是同樣的媒體，針對在拉丁美洲的美國附庸國被當地員警殺害的宗教人士報導：[80] 第二列顯示的新聞是對樂培霓（Penny Lernoux）在《百姓的吶喊》（*Cry of the People*）一書中列出的 72 名拉丁美洲宗教「殉道者」的報導；第三列講的是媒體針對 1980 年 1 月到 1985 年 2 月間 23 名在瓜地馬拉被殺的牧師、傳教士以及其他宗教工作者的報導。第四列總計的是媒體針對 1980 年 3 月薩爾瓦多主教奧斯卡‧羅梅洛被暗殺一案的新聞報導。第五列顯示的是媒體針對 1980 年 12 月在薩爾瓦多被殺的四名美國女性宗教工作人士的新聞報導。

波別烏施科被殺案的新聞報導，不僅讓其他無價值受害者的新聞報導相形見絀，而且，還成就出新聞管理與政治宣傳的一張重要扉頁。我們找不到任何一個自由世界裡的受害者獲得同樣程度的報導。[81] 從中我們看得出來，《紐約時報》曾十度將波別烏施科的案子登在頭版，同時，其報導的力道，高到能確保讀者都知道波別烏施科是誰、他遭到殺害，以及這可鄙的暴行發生在一個共產國家。對比之下，新聞連某些受害人的名字都不會提到，例如：1983 年 11 月在瓜地馬拉遇害的方濟各會（Franciscan order）大神父奧古斯都‧拉米瑞茲‧莫那斯特里歐（Father Augusto Ramirez Monasterio），或是波別烏施科於波蘭被殺的同一個月在瓜地馬拉失蹤的米格爾‧安捷爾‧蒙土法神父（Father Miguel Angel Montufar），抑或是其他拉丁美洲各國幾十起宗教謀殺案的受害者──有些本國媒體還大肆報導了他們被殺的消息。

事實上，包含羅梅洛主教與四位美國教會女士在內，這些在拉丁美洲極受矚目的案子中慘遭殺害的受害者，**沒有一個人**受到波別烏施科那般的報導。接下來我們就要讓大家看看，有價值受害者與無價值受害者的報導**品質**也是天差地別。有價值受害者的報導，滿是血腥的細節描述，報導還會引述各方的憤怒言詞以及伸張正義的訴求，然而，無價值受害者的報導，則被低調處理，為的就是壓抑情緒，繼續讓民眾陷在一種惆悵情懷裡，感嘆世間何處無暴力、人生本是悲苦劇。這種質性上的差別，早就顯見於新聞版面配置

和社論之中：報導波別烏施科的十篇頭版新聞，是一種重要程度的宣示；還有，譴責波蘭人的社論有三篇，但卻沒有一篇社論譴責殺害無價值受害者的兇手——這，也同樣宣示了波別烏施科遇害案的重要性。

比較表格 2-1 的第一列和第六列，我們可以看到，這三家媒體，針對有價值受害者波別烏施科的報導，都比他們針對其他 100 位無價值受害者的報導加總起來還多。我們懷疑，針對波別烏施科的報導量，很有可能超過第二次世界大戰以來針對拉丁美洲遭到殺害的數百名宗教受害者的報導總數，因為，這些案子當中最引人注目的，都包含在我們表格裡面的那 100 位受害者裡面了。從這份表格，我們還可以用美國大眾媒體的重視程度，計算出世界各地受害者的**相對**價值。受害者波別烏施科的價值，大約是美國附庸國中隨便一個受害者的 137 到 179 倍；[82] 或者，反過來說，在拉丁美洲被殺害的牧師，跟在波蘭被殺害的牧師相比，價值還不及百分之一。

有些人會說，美國大眾媒體之所以這樣處理無價值受害者，是因為他們遇害地離我們太遙遠，而且和我們實在太不相同，所以，我們很容易忽略他們。[83] 不過，波蘭比中美洲還遙遠，而且，整體而言它跟美國的文化和商業關係遠不及拉丁美洲的國家。在瓜地馬拉遭到殺害的 23 位宗教受害者當中（表格第三列），有 3 位是美國公民，而這一點也沒能推媒體一把。就連被薩爾瓦多國民警衛隊（Salvadoran National Guard）強暴然後殺害的 4 位美國教會女士，都沒能引起那種和波別烏施科謀殺案相比的關注。就《紐約時報》而言，那幾位女士的相對價值還不到這位波蘭神父的 1/10，而且，我們後續會讓大家看看，針對那些美國受害者的報導，和波別烏施科的報導相比，字裡行間所展現出的憤怒與同情，少得太多了。[84]

波別烏施科的報導，多少也因為兇手很快就受審，而且審理過程可以任由美國記者報導，所以篇幅大大增加。幾乎每一位拉丁美洲受害者的案子，都是官方軍警或準軍事部隊成員犯下的，而且案子都未受到法律調查或起訴，甚至在某些情況下，官方還主動掩蓋（下面我們就會說明羅梅洛和四位教會女士的例子）。只有四位在薩爾瓦多遭到殺害的美國女性一案，各界施壓夠大，才強逼出某種調查與法律程序。一如我們會看到的那樣，大眾媒體對此案的法律程序幾乎沒有著墨（和它們對波別烏施科案審判過程的高度興趣恰恰相反）；而且，對於「極權主義」下的波蘭出現相對嚴肅以待的審判，媒體不

大眾媒體針對有價值受害者與無價值受害者的報導（1）
遭到謀殺的波蘭神父對比於百位拉丁美洲的宗教受害者

	《紐約時報》							
	文章[1]		專欄大小		頭版文章		社論[1]	
	數量	為頭列要聞之占比%	數量	為頭列要聞之占比%	數量	為頭列要聞之占比%	數量	為頭列要聞之占比%
受害者								
1984 年 10 月 19 日遇害的葉日・波別烏施科	78	（100）	1183.0	（100）	10	（100）	3	（100）
1964 年到 1978 年拉丁美洲的 72 名宗教受害者[2]	8	（10.3）	117.5	（9.9）	1	（10）	--	--
1980 年 1 月到 1985 年 2 月在瓜地馬拉遇害的 23 名宗教人士	7	（9.0）	66.5	（5.6）	--	--		
1980 年 5 月 18 日遇害的奧斯卡・羅梅洛	16	（20.5）	219.0	（18.5）	4	（40）	--	--
1980 年 12 月 2 日在薩爾瓦多遇害的美國女性宗教人士	26	（33.3）	201.5	（17.0）	3	（30）	--	--
本表葉日・波別烏施科以外之受害者的數據總計	57	（73.1）	604.5	（51.1）	8	（80）	--	--

1　這些媒體報導，是從受害者失蹤或遇害的第一則報導開始起算，統計 18 個月的數據。

2　樂培霓（Penny Lernoux）在《百姓的吶喊》（*Cry of the People*）（New York: Double-day, 1980，464 到 465 頁）一書中所列出的。我們已經刪除了加入游擊隊之 7 名殉道者的姓名。樂培霓指出，她列出的名單更加完整，而且，列出的都是比較知名的受害者。

《時代雜誌》和《新聞周刊》				哥倫比亞廣播公司新聞頻道			
文章[1]		專欄大小		新聞節目數量[1]		晚間新聞節目數量	
數量	為頭列要聞之占比%	數量	為頭列要聞之占比%	數量	為頭列要聞之占比%	數量	為頭列要聞之占比%
16	（100）	313.0	（100）	46	（100）	23	（100）
--	--	16	（5.1）	--3	--	--	--
2	（12.5）	34.0	（10.9）	2	（4.3）	2	（8.7）
3	（18.8）	86.5	（27.6）	13	（28.3）	4	（17.4）
5	（31.2）	111.0	（35.5）	22	（47.8）	10	（43.5）
10	（62.5）	247.5	（79.1）	37	（80.4）	16	（69.6）

3　哥倫比亞廣播公司新聞指數是 1975 年才開始的；此一項目當中的空白數字，不包含早些年的統計。

4　這只是部分列出的資料；資料來源為定期舉辦的瓜地馬拉宗教會議（CONFREGUA: Conferencia de Religiosos e Guatemala）提出之「瓜地馬拉宗教遇害人士或『失蹤』人員」（"religious Killed or 'Disappeared' in Guatemala"）列表。

但沒有加以評論、也未探討其重大意義，反倒聲稱在那些美國影響力範圍內所謂「民主政體雛形」的幾個國家裡，天天都會發生沒有後續調查、也沒有兇手審判的凶殺案。

波別烏施科案的新聞報導

葉日·波別烏施科是一名強力支持波蘭團結工聯運動（Solidarity movement）的激進派神父。1984 年 10 月 19 日，波蘭的祕密警察出於除之後快或加以嚇阻的理由，綁架了這位神父。他遭到虐打、綑綁、封嘴、最後被丟進一處水庫。幾天後，他的屍體被發現了。在隨後引起的眾怒之下，直接涉及謀殺的警察，很快就被揪了出來，最後接受審判，遭判嚴屬徒刑。一如你我所見，此案在美國所受到的報導關注程度極高。新聞報導的品質，也為了贏得政治分數而精心打造，跟針對無價值受害者的報導相比，品質有如天差地別。

(a). 完整而且重複地陳述受害者的損傷和謀殺案的細節

針對波別烏施科謀殺案的報導裡，值得注意的，是關於警方暴虐行徑與屍體尋獲狀態的細節描述與完整性。而且，一有機會，媒體就會重複這些細節。尋獲屍體當時，媒體就敘述了屍身的狀態；審判過程提出法醫證據時，再敘述了一次；加害者陳供的時候又敘述了一次。[85] 媒體也一而再再而三地敘述犯案員警在審判時表現出的情緒緊張與罪惡，穿插描述著波別烏施科如何求對方放他一條生路以及罪行殘暴的種種證據。媒體還刊載了好多審判中警察的難看照片，為警方的凶暴形象增添誇張的細節。在法院裡，有罪的員警們坐在那兒，其中一人「右邊的臉緊張抽搐，使他深色的鬍子因而不受控地跳動著」，他們「含淚陳供的時候，是審判最具戲劇性的時刻之一」（1985 年 2 月 18 日《時代雜誌》）。那些警察們面對教人看了極不舒服的證據時，當著眾人的面啜泣，不然就是低下頭。波別烏施科這個人被寫得有情有義，媒體會描述他的外貌特徵還有個性，這些都讓他不只是一個難以想像的受害者。總之，針對犯罪暴行以及波別烏施科為此受到的影響，媒體報導的

方式，會讓讀者產生極大的情感衝擊。這個罪行，如此邪惡，就該得到如此的報導。加諸在無價值受害者的罪行也一樣邪惡，只不過，報導處理的方式就非常不同。

(b). 強調民眾義憤填膺、震驚莫名、並要求伸張正義

大多數以波別烏施科謀殺案為題的文章，不是主張震怒與義憤填膺之情、深深震驚與哀悼之意、伸張正義的要求，就是引用別人如此這般的反應。以非官方媒體為主的消息來源，持續而全然同情地報導為了此案上街的示威者、哀悼人士、啜泣民眾、罷工行動，以受害者為名所舉辦的彌撒禮，還有各方表達的盛怒。民眾「持續哀悼」、「民怨升高」、教宗為此震驚不已、就連雅魯澤爾斯基（Jaruzelski）ˣˣⁱᵛ 都譴責這個行動。這種日復一日重複眾怒與義憤的淨影響就是：要大家強行關注這駭人的冤屈、讓波蘭政府處於劣勢，同時，有機會的話，還能促成補救行動。

(c). 啟動高層究責

美國媒體在一篇又一篇的文章當中，提出了這個問題：背後知曉並准許這個行動的人士，層級有多高？用我們的算法，《紐約時報》刊載了 18 篇強調是否有更高層人士該負責的文章，而且大多就在標題強硬提問。有幾篇文章提到了蘇聯涉案（「律師似乎〔**按原文刊載**〕暗指蘇聯涉及神父虐殺案」〔1985 年 1 月 31 日〕），而《紐約時報》的麥可・考夫曼（Michael Kaufman），還兩度想辦法硬是搬演了暗殺教宗陰謀的那一套──就是以該報為首的美國媒體一直要扯上蘇聯和保加利亞的那個案子。媒體找個人，按照記者與其服務之報社編造的回想說故事，安排出蘇聯和保加利亞的涉案關係──可是卻完全都沒有支持這說法的佐證。

《時代雜誌》、《新聞周刊》以及哥倫比亞廣播公司新聞頻道也玩同一套遊戲，強力質疑「疑似有高層協議」（《時代雜誌》）以及〈謀殺案不得

---

xxiv　譯註：全名為 Wociech Jaruzelski。前波蘭共黨領袖，亦擔任過波蘭總統。

曝光的內幕〉（《新聞周刊》），而且，《時代雜誌》還質疑蘇聯可能涉案、保加利亞也是。

(d). 結論與後續追蹤

《紐約時報》有三篇討論波別烏施科的社論文章。每一篇文章關切的都是更高層權威人士該負的責任，而且都強調「警察國家特別應該為自己國家中的警察行為負責」（1984 年 10 月 30 日〈殘暴的波蘭〉〔"Murderous Poland"〕）。文章對波蘭國毫無忌憚地用了「暴行」、「無恥」和「蠻橫」這些字眼。警察很快就被揪出、受審而且判刑，這一切造成的國內外焦慮與憂心，倒是限制了惡行。這一點是好的，也是我們整本書所強調的：密集讓消息曝光，有可能圈限惡行。不過，我們也同時強調，**拒絕**讓某些消息曝光的行為，也有相應的重大後果，以及這麼一來，消息曝光原本後果會更嚴重的情況，卻因為美國與美國媒體的保護，讓這些殘暴的附庸國有了餘地自處。[86] 而且，《紐約時報》也沒提到殘暴波蘭跟殘暴薩爾瓦多之間的對比區別——沒有任何一個維安部隊或突擊隊隊員涉嫌的謀殺案最後遭到審判。這種比較，沒有出現在《紐約時報》裡，同時，該報也沒有寫出像「殘暴的薩爾瓦多」這種社論文章——這些都讓我們清楚看到，一套有用的恐怖主義，如何在政治宣傳模式之下，獲得保護。

魯堤里歐・格蘭德（Rutilio Grande）以及 72 位無價值受害者

從表格 2-1 當中可得知，針對 72 位在樂培霓的殉道者名單裡的無價值受害者，《紐約時報》總共刊了八篇報導，《新聞周刊》寫了一篇，《時代雜誌》連提都沒提，而哥倫比亞廣播公司新聞頻道在表格附錄年間（1975 到 1978）都未曾報導這些消息。《紐約時報》那八篇文章裡，總共提到了七位樂培霓殉道者名單裡的人，《新聞周刊》則討論到另外兩位；這也就是說，在這些重要的媒體載具中，有 63 位殉道者的新聞完全被壓下來了。《紐約

時報》的八篇文章，沒有一篇具備可能會引發同情心的細部鋪陳與誇張描述這種特質。文章把這些謀殺案寫得像遙遠世界裡與你我幾乎沒有干係的事件（詳見表格 2-2 中《紐約時報》針對麥可・傑洛姆・賽佛〔Michael Jerome Cypher〕的描述）。不過，這是社論的下筆選擇問題。真要問的話，案件的戲劇性還是有——唯一沒有的，是媒體的聞問。[87]

《紐約時報》對有價值受害者與無價值受害者
遭受之暴行的報導

有價值受害者

1984 年 10 月 19 日遭到殺害的波蘭神父**葉日・波別烏施科**

（1）找到屍體時的文字描述：「根據星期二看見神父屍體的消息人士表示，屍體遍布瘀青，顯示出他在托倫鎮（Torun）郊的高速公路上被綁架之後，遭到毒打。驗屍報告指出，波別烏施科神父嘴巴被塞起來；據聞，他的脖子跟腳，顯然還是被同一條繩子綑綁在一起的，如此一來，要是他想掙脫，就會勒到自己的脖子。根據神父的家人受訪時表示，神父的下顎與顱骨都受了傷，但這點未經消息人士證實。」（1984 年 12 月 29 日）

（2）兇手審訊時的描述：「這份影片清楚顯示了神父的腳曲著與脖子上的繩索綁在一塊兒，因此，要是兇手們把神父的腳掰直，神父就會被勒住。綑綁他雙手的繩子顯然在水裡鬆開了。好幾個用來塞住他嘴巴的東西也掉出來，散落在他的神父領和教袍前。他的腳上綁著一袋石頭，根據稍早的證詞，三名兇手在犯案當周尾隨神父時就帶著這些石頭在波蘭境內走透透。在攝影機對向神父的臉拍攝時，水庫現場的員警說『臉上明顯有遭到毆打痕跡。』瑪琍亞・比爾迪醫生（Dr. Maria Byrdy）於周四提出的病理檢查證據也證實了這一點，她說，波別烏施科神父遭人用棍棒重擊十幾次。」（1985 年 1 月 26 日）

無價值受害者

在宏都拉斯（Honduras）遭到殺害的美國神父**麥可・傑洛姆・賽佛**

「屍體在宏都拉斯東部某座宅院遭到炸毀的水井中被發現……」（1975 年 7 月 19 日）。**請注意**：沒有逮捕，也沒有審判。

天主教行動工人運動（Catholic Action Workers movement）的西班牙神父**傑米·艾爾希納**（Jaime Alcina）在智利（Chile）遭到逮捕過後：

「幾天過後，在馬普丘河（Mapocho River）一具背後有十個彈孔的屍體被人發現。西班牙領事人員證實，那就是艾爾希納神父的屍體。」（1973年10月1日）。**請注意**：沒有逮捕，也沒有審判。

1980年3月24日在薩爾瓦多遭到殺害的**大主教奧斯卡·艾爾諾佛·羅梅洛**（Oscar Arnulfo Romero）：

「羅梅洛大主教遭到狙擊手一槍斃命。顯然，狙擊手從一部紅色車輛下車後就站在天佑醫院附屬小教堂（Chapel of the Divine Providence Hospital）的大門側，對著神父開了一槍，隨即逃逸。根據後來大主教送醫處的醫院醫師表示，子彈擊中了大主教的心臟。」（1980年3月25日）。**請注意**：沒有逮捕，也沒有審判。

1985年4月4日在瓜地馬拉遭到殺害的人權團體互援會（Mutual Support Group）祕書**瑪麗亞·羅薩里歐·戈多伊·古耶瓦思**（Maria Rosario Godoy de Cuevas）：

「根據瓜地馬拉拘禁者與失蹤者家屬互援會（Support Group for Families of the Detained and Disappeared）發言人表示，該協會祕書的屍體，周五在瓜地馬拉市南方九英里一處山谷被人發現。她的兄弟和小兒子也陳屍於車上。」（1985年4月7日）。＊**請注意**：沒有逮捕，也沒有審判。

1980年12月4日在薩爾瓦多瓜地馬拉遭到殺害的四位美國女性──**琴·唐納文**（Jean Donovan）、**伊塔·福特**（Ita Ford）、**桃樂絲·卡澤爾**（Dorothy Kazel）和**莫拉·克拉克**（Maura Clarke）：

（1）找到屍體時的文字描述：

「找到埋屍處的目擊證人說，埋屍洞大約五呎深。其中一人臉部遭到射擊，另一人則是胸部中彈。當中兩名女性被發現時，她們沾了血跡的內褲被褪到腳踝處。」（1980 年 12 月 5 日）。

（2）兇手審訊時的描述：

沒有任何描述，不過有呈給庭上的醫檢證詞；詳見附錄。

這些引文內沒有提出的細節，詳見於附錄。

這 72 件案件當中的魯堤里歐・格蘭德遭殺一案，是很重要的標的案件，它顯示了薩爾瓦多暴力情事加劇，同時對新上任的聖薩爾瓦多城保守派大主教奧斯卡・羅梅洛神父造成影響。魯堤里歐・格蘭德是耶穌會（Jesuit）阿吉拉雷斯（Aquilares）教區的神父，同時也是協助佃農組成自助團體的進步派人士。當地地主、警察還有軍隊長官都非常反對他，但是，在薩爾瓦多教會中，他是全國性的人物，也是大主教的朋友。1977 年 3 月 12 日，魯堤里歐・格蘭德在前往彌撒禮的路上，跟一名青少年還有一名 72 歲的佃農，一同被槍殺身亡。根據教會的驗屍報告，造成神父之死謎團的子彈，和警方用曼瑟槍（Manzer gun）的子彈口徑一樣。「就那麼『湊巧』，這起三人的暗殺案案發後一小時內，該地區的電話通訊完全中斷。該地平常常有的警方巡邏勤務，當天也神祕地都取消了。」大主教羅梅洛神父寫信給薩爾瓦多的總理埃爾圖羅・亞曼多・摩林納（Arturo Armando Molina），強烈要求展開全面調查，並獲得總理應允。一周之後，教會證實，殺害三位被害人的應該就是警方的子彈；羅梅洛神父又寫了一封措辭更為強硬的信給摩林納總理，指出總理沒有提供答應要給的官方報告，還說已經有「許多對政府不利的評論」。由於政府持續毫無作為，羅梅洛神父便提出了威脅，除非政府調查謀殺案並將兇手繩之以法，否則，教會拒絕參加任何官方政府活動。羅梅洛神父傳記的執筆作家這麼寫道：

「六個星期過後，由羅梅洛神父選出來追蹤此案的律師回報『國家機構方面對調查的漠不關心，不知羞恥且眾人皆知。』法官下令逮捕的一名嫌疑犯，竟還完全不以為意地住在帕伊斯那爾（El Paisnal），而且根本沒有人下令開棺驗屍。子彈都還在墳墓裡面。」

魯堤里歐・格蘭德的謀殺案發生之前，就已經有多起摩林納政府強制驅逐外國神職人員的情事，還有數件更早之前教會人士的謀殺案。面對這些針對他們的暴力事件升溫加劇，羅梅洛和神職人員費盡心思要想出行動因應。雖然他們試圖對外傳達自己的擔憂，但是因為報紙的審查制度，傳達未果所在多有。最後他們終於決定要採取激進的行動：暫時關閉學校、執行先前提到的威脅計畫，拒絕在官方場合上支持政府和其他權力團體。

這整個案件牽扯到謀殺案與教會的回應，根本沒有缺乏戲劇性或新聞價值的問題。然而，謀殺案、走投無路的教會與鎮壓人民的政府間的相互衝突以及為了動員支持教會自保行為而做出的激烈行動——這一切，在美國大眾媒體上，幾乎可說是遭到刻意隱而不報。雖然《新聞周刊》提過魯堤里歐・格蘭德的謀殺案（1977 年 8 月 1 日〈處境危險的神父們〉〔Priests in Peril〕）一次，但是，《紐約時報》、《時代雜誌》，或是哥倫比亞廣播公司新聞頻道的受眾，卻從來都不知道這則新聞事件。這是讓恐怖主義得以不受阻礙而延續下去的重要操作。套用《紐約時報》那篇社論〈殘暴的波蘭〉的概念就是：消息沒有曝光又沒有挑起憤慨，就控制不了恐怖主義。

奧斯卡・羅梅洛大主教

薩爾瓦多天主教教會最高階神職人員奧斯卡・羅梅洛大主教的謀殺案，當時是條「大新聞」，而且，其政治意涵影響深遠。此謀殺案發生時，羅梅洛已然是最敢大肆批評軍政府鎮壓政策的領導人物；這些美國支持的軍政府，透過謀殺異己實施鎮壓政策。在他生前最後一場佈道演說裡，他向軍隊與維安部隊的人員喊話，要他們拒絕誅殺自己的薩爾瓦多同胞，這個呼籲惹惱了別有所想的眾軍官：當時他們想要利用下層階級人民建立一支願意無差

別殺人的軍隊。羅梅洛被列入右派人士的死亡名單中，收到右派人士的威脅；而這些右派份子，從一開始就跟軍隊和情報機構關係密不可分。他遭到謀殺前幾個星期才寫了一封強硬的信給美國總統吉米·卡特，反對美國即將批准對軍政府的援助、損害薩爾瓦多的利益。卡特政府對羅梅洛反對其政策，相當不悅，還祕密遊說教皇約束大主教。[88]

簡而言之，羅梅洛不只是一位「無價值的」受害者，他還是個反對當地軍隊與寡頭政權結盟、反對美方薩爾瓦多政策的重要激進份子。美國媒體對大主教謀殺案的新聞報導還有後續追蹤，清楚反映出他具威脅性的角色地位，媒體在針對這則新聞與相關事件的報導中，表現出前所未有的不誠實，也將政治宣傳用途發揮到前所未有的高度。

謀殺案的細節與民眾的反應

針對羅梅洛遭到殺害一案，美國媒體提供的細節，都很簡潔（詳見表格2-2）。雖然表現了震驚與悲傷，但是文章裡卻幾乎沒有引用或表達出羅梅洛支持者們的說詞與憤怒情緒。沒有隻字片語表述或是引用任何說法，指出謀殺案乃孰不可忍、非得找出罪人繩之以法不可。《紐約時報》連一篇譴責或甚至提及這樁謀殺案的社論都沒有。很快地，這樁謀殺案就淹沒在左派與右派都牽涉諸多殺人行動的更大問題之中，而薩爾瓦多與美國官方為此深表遺憾。

政治宣傳路線：
試圖控制左右兩派暴力行為的改革派軍政府

羅梅洛遭殺案發生之時，薩爾瓦多政府和美國政府都主張，薩爾瓦多境內的殺戮，是左右兩派極端份子所為，而非薩國的武裝部隊與成員；而且，薩國政府正盡其所能控制殺戮行為，實施改革。國務院的約翰·布許奈爾（John Bushnell）對著眾議院撥款委員會（House appropriation committee）表示「那些聽信新聞說薩國政府壓制民眾的人，觀念有誤」，因為事實上，暴行的來源「是極端右派與極端左派之人士」，而軍隊與維安部隊的殺戮行為，

占了「極小部分」。這個說法是眾所周知的謊言，[89] 從薩爾瓦多流出的所有獨立證據，都與此矛盾，而且羅梅洛大主教幾乎每天都在駁斥這套謊言。[90] 大主教在 1980 年 2 月 17 日寄給卡特總統的信裡就指出，美國對軍政府的協助，已加強了薩國政府暴力打壓的力道，「傷亡的人數，遠遠超過先前各個軍政權時期。」羅梅洛向卡特總統解釋，視軍政府為改革者，是一種迷思，「統治國家的既不是軍政府、也不是基督民主黨」，軍隊反而才握有實權，為自身利益與寡頭統治效力。

布許奈爾的說法之所以有某種可信度的原因，在於薩國的年輕軍官們在 1979 年 10 月發動了「改革派政變」，而且，早期的軍政府，有自由派人士和進步份子參與其中。只不過，雷蒙‧邦納（Raymond Bonner）就曾這麼指出：

「這些小心翼翼策畫政變的年輕、進步軍官，迅速執行了政變計畫，卻也迅速失勢。比較保守的資深軍官，推翻了他們的理想和目標；而背後為其撐腰的，是（美國大使）戴文（Devine）、美國駐薩爾瓦多大使館，還有華盛頓卡特政府裡的重要官員。」

軍政府裡的進步勢力發現自己完全沒有實權，最後只能退出、不然就是被趕出去，許多內閣與行政團隊人員下場也相同。荷西‧拿波里昂‧杜阿爾特（Jose Napoleon Duarte）3 月時加入了軍政府當遮羞布，任職軍隊公關，但其他不願意接受那種安排的人都離開了。

1979 年 10 月，保守派軍隊從進步派軍官手中奪回控制權之後，就開始針對薩爾瓦多境內所有進步派個人與組織，發動全面清算戰。根據教會回報，1980 年，才到 3 月底，就已經有 1,844 名百姓死亡，到當年年底時，死亡數字已高達 10,000 人。卡特政府支持的薩國政府，實施暴行無上限政策，**逼迫**中間派與左派人士打游擊戰。政府並非中間派或改革派──而是右派掌控的軍事政權，和恐怖組織騎士團（ORDEN）與追殺突擊隊的關係密切，而且常常授權這些組織為其辦事。這些準軍事團體並非控制不了──他們做的是軍方授意他們做的事。薩爾瓦多的準軍事部隊和追殺突擊隊，與官方軍隊還有維安部隊以及美國同等級的組織，有著深遠且密不可分的關係。在他們

之間，有人從事旋轉門、密切的資訊分享合作、官方勢力對準軍事團體的金援，還有分工等等。準軍事組織為官方勢力不願扛責的差事效力。[91]

雖然 1979 年 10 月的政變已經正式廢除了恐怖組織騎士團這個準軍事團體，不過，它依然維持著祕密運作，而且，跟一般的軍隊機構關係緊密。有一份交代詳細的報告這麼說：

「改革者們正式廢除了恐怖組織騎士團，也就是舊的資訊網絡。不過……對年輕改革者們心存懷疑的軍官，祕密重組了舊的情資系統，還擴大規模，將它變成草根情資網絡，提供軍隊與準軍事追殺突擊隊反動嫌疑者的名單。政變過後四天，道布依桑（D'Aubuisson）受訪時表示，高層指派他，在軍事要塞當中，協助重組幕僚長辦公室管轄的 ANSESAL（一個情資通訊網絡組織）──新上台之軍政府裡的人民根本無從左右之。」

這份任命道布依桑的祕密任務，隨後遭到軍政府成員傑米·阿巴杜·古堤耶瑞茲上校（Colonel Jaime Abdul Gutierrez）和當時國防部副部長尼可拉斯·卡蘭薩上校（Colonel Nicholas Carranza）證實。

然而，美國的大眾媒體，卻幾乎沒有異議地信了布許奈爾的那套說詞：「極端右派和左派團體間的內戰」（1980 年 2 月 25 日《紐約時報》）；「立意良善但勢力孱弱的軍政府」要從事改革，卻無法控制恐怖主義（1980 年 4 月 7日《時代雜誌》）。美國的大眾媒體大肆報導革命軍政府的改革派性格，但卻從頭到尾都不提進步派人士失勢、受挫，一開始就辭職，由願意擔當國家恐怖主義「遮羞布」的百姓取而代之的種種事證。大學教授、同時也是工程師的羅曼·瑪尤佳（Roman Mayorga），是大家無異議選出來的最初政變策畫人之一，他於 1980 年 1 月 3 日便辭去職位，同進退的還有吉耶爾莫·曼紐·兀恩戈（Guillermo Manuel Ungo）與「最起碼 37 名最高階的政府官員，當中包含了所有政府單位的領導人。」不過，對媒體而言，這些事件從未發生，而軍政府依然是個「孱弱的中間派政府……夾在兩造無法削弱的極端勢力威脅之間」（1980 年 4 月 28 日《紐約時報》社論），而不是個大開殺戒的右翼政府。羅賓·K·安德森（Robin K. Anderson）指出：

「沒有任何一家媒體頻道報導了……軍政府成員最後辭去職務。就連大篇幅報導了羅曼·瑪尤佳被任命要職的哥倫比亞廣播公司，也沒有報導他

的辭職，或其他任何人的辭職。對電視新聞觀眾來說，這些政治發展，從未發生。電視新聞報導，刻意略而不提這些至為重要、原本可以用來解釋後續暴行的政治權力鬥爭。……新聞描述軍政府時，絲毫不考慮平民缺乏主控權的事實，甚至連他們辭職都未曾列入考慮；軍政府繼續被新聞貼著溫和派的標籤。」[92]

　　時至今日，薩爾瓦多政府依舊維持「溫和」、「中間派」的形象。

　　其他媒體對事實隱而不報的行為，強化了中立的軍政府夾在極端右派與極端左派之間的迷思。1980 年 3 月 29 日，《紐約時報》刊載了《路透社》外派記者的報導，提到三名薩爾瓦多的高官辭職，根據該篇文章，他們「為了抗議軍政府對左派與右派部隊犯下之暴行毫無作為，昨天晚上辭去職務。」前一天，某位《美聯社》的外派記者也報導了同樣的辭職消息，但卻沒有解釋背後的理由。其中一位辭職的官員是農業部次長荷黑·阿爾貝爾托·維亞柯爾塔（Jorge Alberto Villacorta），他發表了一份公開聲明說道：

　　「我之所以辭職，是因為我深信，繼續待在一個不僅僅沒有能力讓暴行消失，而且自己還以壓制手段製造政治暴行的政府，已經毫無用處。……最近，身穿制服的維安部隊成員，在一間農業改革接手的大宅中，對著由一旁帶著面具的傢伙指認出的自治團體領導們開槍，就這樣，這些人，在自己的夥伴前遭到槍決。」

　　我們從這則聲明中可以看出，《路透社》外派記者所謂「抗議軍政府對左派與右派部隊犯下之暴行毫無作為」的說法，完全與事實不符，而且，維亞柯爾塔的聲明，要是實實在在地傳遞出去，有可能會牴觸政治宣傳路線。

　　1980 年 3 月 30 日，數千名集結到羅梅洛大主教葬禮上致意的民眾，有40 位被炸彈炸死，或死於槍下，數百人受傷。而美國大使羅伯特·懷特與薩爾瓦多政府對事件說明的版本是「極右派的武裝恐怖份子，在大批群眾中製造恐慌，想盡辦法挑釁維安部隊開火反擊。但是，武裝部隊的紀律讓他們隱忍住了。」約瑟夫·崔斯特（Joseph Treaster）在《紐約時報》上引用了杜阿

爾特的說法，稱暴行乃左派所為。崔斯特在文章中還引述了軍政府的聲明，說政府嚴格限制軍隊不得出軍營，他說：「槍擊前或事發當時，廣場上完全看不到穿著制服的政府部隊。」文章通通沒提到關於這件事的其他說法。然而，3 月 30 日葬禮當天，一份由 22 名教會領導簽名提出的油印聲明，卻明指造成恐慌的炸彈是國民宮（national palace）發射出來的，而緊接著就是國民宮二樓的機關槍與其他槍枝開始掃射。[93] 崔斯特對此說法隱而不報，《紐約時報》裡完全都讀不到這樣的訊息。

崔斯特在 1980 年 4 月 7 日的後續追蹤文章裡，又重提了軍政府 3 月 30 日下令所有軍隊回營的事，而且還說，「即便軍人們曉得帶著武器的左派份子當時正湧入中央廣場」，他們依然聽命回營。崔斯特強調這份政府的聲明就是事實，而且，還繼續隱匿與這份未經證實的政府聲明違背的證據與消息來源。同時他也解釋不了左派份子為何不分敵我，連前來弔唁大主教的自己人都射殺。[94]

這篇崔斯特 1980 年 4 月 7 日的文章，標題叫做〈薩爾瓦多的屠殺反傷了反抗軍〉。文章是這麼說的：

「兩個星期前奧斯卡・艾爾諾佛・羅梅洛大主教遇刺以及他的喪禮上有 30 人遭到射殺一事，在許多外交家、企業人士，還有政府官員眼中，對軍民聯合執政的軍政府而言，有利而無害。

極端右派要為大主教的死負責；而頌文弔唁羅梅洛大主教時，那場造成擁擠的中央廣場失控混亂的炸彈與槍械攻擊，則讓極端左派招指責。

『倒不是說軍政府得到了什麼』，美國駐薩爾瓦多大使羅伯特・E・懷特說道，『而是政府的極右派與極左派對手，把自己名聲都搞臭了。結果就是，軍政府聲望大增。』」

我們要注意到，文章的標題，是怎麼將異議勢力領袖的謀殺案（以及後續其從眾在葬禮上遭殺一案），從本應引發眾怒的道德議題，變成了政治優勢的問題，然後，以此攻擊反抗軍。我們很難想像《紐約時報》會刊登一篇討論波別烏施科的文章，標題下成〈波蘭的屠殺反傷了團結工會運動〉，還大肆報導官方媒體替示威份子的激進或暴力行為說好話。我們還要注意的是：

找出刺殺羅梅洛的兇手以及政府伸張正義的職責──這些問題，都變得不重要了。最後，我們要的是廣場的死傷讓「極端左派招致究責」這句話。「招致」的這個用法，讓崔斯特避掉了清楚道明究竟誰在指責極端左派。他提到文章的消息來源是「許多外交人員、企業人士以及政府官員」──甚至連做個樣子跟一般的薩爾瓦多民眾或教會代表討論都沒有──但文章裡唯一的引用，卻安插在「極端左派招致究責」這些文字旁，引的是當時美國大使羅伯特・懷特的話。《紐約時報》只靠著政府的報告、謹慎地避開隨處可得與政府說法矛盾的證據以及其他的觀點，重施故技，用極度危險的右派抵銷極度危險的左派，再次將美國政府支持的軍政府擺在中間──這回，軍政府聲望可提升了呢！

扭曲羅梅洛的觀點

一如我們先前提過的，羅梅洛一點都不懷疑軍隊與維安部隊該為薩爾瓦多國內的暴力事件負責，他認為，左派和民眾組織是被不公與暴力刺激到自衛反擊的受害者。他告訴卡特總統，薩國的人民組織「為了自己最基本的人權而戰」，對抗的是「只知道如何壓制人民、捍衛薩爾瓦多寡頭政權利益」的軍隊。羅梅洛在他的日記裡全然駁斥軍隊是因為其他人之暴行而有所回應的說法──維安部隊是工具，用來「執行一項大計畫，目的是殲滅那些左派的人；若不是那些人想結束社會的不公，他們自己是絕對不會有暴力行為或提倡暴力的。」這麼說來，約瑟夫・崔斯特在《紐約時報》頭版聲稱羅梅洛「批極左派與極右派在薩爾瓦多的大規模殺戮與虐待行為」（1980 年 3 月 31 日），就是不折不扣的謊話：羅梅洛從來都沒有指控左派犯下大規模殺戮與虐待行為，他從來都沒有把左派跟右派畫上等號，他也說得很清楚，政府（右派的代理人）才是主要的兇手。就這個方面而言，羅梅洛的看法，本質上跟美國政府**私底下**傳達給新聞媒體的觀點一致，但政府連同新聞媒體卻大剌剌地公開扭曲他的看法。

令人玩味的是，一年之後，愛德華・舒馬克（Edward Schumacher）在一篇紀念羅梅洛大主教遇刺一周年的文章裡提到，在羅梅洛的接班人里維拉・易達瑪斯（Rivera y Damas）大主教的領導之下，「教會傾向以比較中立的立場

面對這場政府與游擊隊之間的內戰。」當然，要是教會現在採取的立場中立，也就是與在羅梅洛領導下時有所不同，那麼這就是承認了崔斯特與《紐約時報》一年前吹擂羅梅洛態度中立所搬演出來的戲碼，根本是謊言（當初的確就是謊言）。那有沒有可能《紐約時報》一直以來都覺得教會的立場中立，而一年後在說謊呢？這個問題一定不能說清楚，因為羅梅洛的接班人比他更加軟弱而不敢冒險。右翼人士和軍隊連羅梅洛這樣的人都願意殺，這一點可能影響了里維拉・易達瑪斯大主教暢所欲言的能力，逼得大家要謹慎。一年後說謊的這種觀點，對舒馬克和《紐約時報》來說，不會出現。

對高層究責失去興趣

在波別烏施科的例子上，媒體想盡辦法要確認波蘭政府高層知悉這樁罪行而且要為之負責。蘇聯的嫌疑和可能涉案，也常常遭到提出。對比之下，在羅梅洛的例子上，都沒有人提出這樣的問題或施加壓力要求真相。

雖然媒體倒真的提過羅梅洛反對美國支援薩爾瓦多軍政府（反正卡特總統也提了），但是，它們卻沒有傳達羅梅洛對美國政策的反對力道有多強，也沒有讓大家知道羅梅洛的反對立場有多重要（即便這立場對美國政策的威脅性，遠遠超過波別烏施科之於蘇聯的威脅性）。新聞媒體從來都沒提及卡特總統派了特使到教宗那兒希望能約束羅梅洛，也沒提過羅馬（Rome）方面八成是為了回應美國施壓，召見了中美洲耶穌會的負責人 95 。另一件媒體隱而不報的事實是羅梅洛向軍隊喊話，要他們拒絕殺人——由此清楚可見，他反對官方政策的立場有多麼強烈，而對薩爾瓦多的統治者來說，殺了他是多麼便宜行事。

儘管提到跟薩爾瓦多人民運動同一陣線的權威人士，羅梅洛的重要性絕對遠遠高於其他人，但是，媒體一開始卻佯裝殺害他的兇手來歷完全是個謎。《華盛頓郵報》臆測，左派與右派指使兇手的可能性一樣高，而 3 月 27 日的《邁阿密先驅報》（Miami Herald）提到「他的死所造成的任何動亂，都可能讓左右兩派受惠。」（沒有一家美國報紙提出過支持團結工會的人為了抹黑政府而殺害了波別烏施科這種說法。）其實這種愚蠢的說法是少數人的立場——新聞媒體絕大多數都認為兇手八成是右派份子，只不過背後關係難明。受人

信賴的杜阿爾特認為，殺人手法太過專業，不是本地人所為──肯定是外面買兇犯案。《紐約時報》、《時代雜誌》，還有哥倫比亞廣播公司新聞頻道就乖乖地重複報導了此一觀點。[96]

照這麼看來，兇手假如很有可能是薩爾瓦多的右派人士，或是替右派做事的話，那麼，他跟軍隊和維安部隊又有什麼牽連呢？稍早我們已經看到追殺突擊隊和軍隊之間的關係很緊密：雙方最起碼有某種程度的統一調度、聯合行動以及相互保護。那兇手有沒有可能是武裝部隊的成員呢？有鑑於軍隊與準軍隊部隊的關係，他們不是應該有可能知道殺了羅梅洛的兇手是誰嗎？美國的媒體連**提出**這些問題都沒有，更遑論施壓求真相了。當大家都知道道布依桑跟謀殺案的關係時，媒體又沒把這當成大事件，也沒有檢視與討論他和政府軍隊之間的緊密關係。這，就是政治宣傳系統居中運作的證明。

當然，所有談到**美國**和這樁謀殺罪有關的說法，都是「離經叛道」的，不能在美國媒體上提出這樣的說法。愛國媒體的意識形態前提就是：無論近來的歷史告訴我們的真相為何，我們都不做這種質疑國家的事。不過，起碼我們應該要問：美國幫忙薩爾瓦多建立了這種環境，同時還訓練、援助一支殘暴的軍隊，逼使羅梅洛激烈反對軍隊的暴行，這些，是否讓美國因此成為這樁謀殺案的間接兇手呢？新聞媒體也從未討論這個觀點。《紐約時報》引述了國務卿賽勒斯・范錫（Cyrus Vance）針對這樁謀殺案的發言：「兩個星期前，我寫了封信給大主教，跟他說：『跟你一樣，我們對於極端兩派雙方挑起暴行奪走無辜性命一事，深惡痛絕。我們嚴屬譴責那些想方設法要用炸藥、恫嚇與謀殺手段，企圖掩蓋理性與中庸意見的人。』」該報指出，范錫的信，目的是回應羅梅洛對中止供應軍武的呼籲。文章裡沒有提到羅梅洛的主張大概為何，也沒有引用范錫信中拒絕大主教的請求。該篇報導也沒有點出，當范錫說「**跟你一樣**，我們對於極端兩派雙方……深惡痛絕」時，就嚴重扭曲了大主教的立場；羅梅洛將殺人暴行歸咎於軍隊和右派，根本不是「兩派雙方」。我們還要注意到，雖然殺害羅梅洛的就是范錫支持的那些勢力，而且，羅梅洛的預言似乎也因他被殺而證實不假，但是，媒體卻完全沒有批評范錫和他的同僚或點出其中的諷刺。對此新聞媒體可不能拿不知情當藉口了。一如媒體事後承認，它們清楚得很，維安部隊就是暴行的發起來源。

報不了仇的謀殺——或說，成功的謀殺

暗殺羅梅洛大主教的兇手從未被「正式」發現或起訴，他跟其他數萬名薩爾瓦多人一樣，成了正義無法伸張下的冤魂。不過，有別於波別烏施科一案，美國大眾媒體似乎對於誰暗殺了大主教，或是要求公平懲罰一事，不太有興趣。

後來大量證據出現，顯示羅貝多·道布依桑是密謀殺害羅梅洛的關鍵人物。1983 年，調查記者克雷格·派思（Craig Pyes）和勞瑞·貝克蘭德（Laurie Becklund），根據他們與國家共和聯盟黨（ARENA party）激進份子以及美國官員訪談的內容以及檢視國務院電報的結果，聲稱道布依桑和一群現役軍官共同策畫了這場暗殺，以抽籤方式決定誰有幸執行這項暗殺任務。1984年 2 月，在出任大使期間有權取得國務院電報還有其他內部消息的前大使羅伯特·懷特，也當著國會委員會的面前說，「排除合理的懷疑」，道布依桑「策畫並下令執行暗殺」羅梅洛大主教；懷特提供了策畫會議的細節，以及為求保密，槍手隨後便遭到滅口之事。道布依桑涉案的進一步證據，隨著前薩爾瓦多情報高官羅貝多·珊提凡涅茲（Roberto Santivanez）的自白而曝了光。根據珊提凡涅茲的說法，道布依桑在前國家衛兵索瑪薩的協助下，策畫且執行了暗殺羅梅洛的行動，不過，此行動受到「賈西亞將軍（General Garcia）和卡蘭薩上校（Colonel Carranza）的保護。」派思和貝克蘭德的線人還指出，道布依桑是卡蘭薩的下屬，也是政治上的盟友，而卡蘭薩一直到 1980 年 12 月在美國施壓之下遭到撤職之前，一直都是薩爾瓦多軍隊中的第二把交椅。卡蘭薩接著便接下了國庫衛警（Treasury Police）的負責人一職。道布依桑也跟國民警衛隊的 G-2 中央情報室合作，當時的衛隊負責人是尤荷尼奧·維達斯·卡薩諾瓦將軍（General Eugenio Vides Cassanova）。派思和貝克蘭德寫道：「根據美國國務院的電報內容，維達斯主導國民警衛隊期間，當時跟 G-2中央情報室共事的現役軍官，都和 1980 年 3 月大主教奧斯卡·艾爾諾佛·羅梅洛的暗殺案有所牽扯……。」[97] 別忘了，維達斯·卡薩諾瓦在杜阿爾特政府底下當上了國防部長，現在依然在任。

簡而言之，關於殺害羅梅洛的兇手身分，證據十分充裕，而且，薩爾

瓦多軍隊高官高度涉及謀殺案。事實上，在薩爾瓦多有一份由阿提里奧·拉米瑞茲法官（Judge Atilio Ramirez）主導的司法調查行動，很快就把矛頭指向了道布依桑以及美國在薩國培植的梅德拉諾將軍（General Medrano）。然而，受到數次威脅而且差點被人取走性命之後，拉米瑞茲逃離了薩國，而薩國境內再無人主動調查這樁案子。流亡中的拉米瑞茲法官聲稱，警方的犯罪調查小組直到案子發生後四天才到達犯罪現場，而且，他開庭時，檢察總長跟警方兩造都沒有提供任何證據。他總結道，從一開始，「無疑地」就存在著「一種要掩蓋謀殺案真相的陰謀」。

不消說，美國的媒體沒有報導拉米瑞茲法官的證詞，也沒有認真看待越來越多道布依桑涉案的證據。這些最多只是不假情緒如實地刊在報紙背頁的無價值新聞素材，媒體從未以激起義憤與眾怒的方式，利用情緒字眼的描述，或要求支持羅梅洛的人發表對證據的看法，處理這些消息，而且，這些消息也從未引起疾呼正義的要求。直到今天，事實的報導，依然不存在：薩國這個「民主政體雛形」的實際統治者，是與道布依桑及其祕密黨羽往來密切的軍官，而且，他們還很可能跟這樁暗殺案大大相關。

1980 年 5 月 8 日，道布依桑在一場突襲中遭到逮捕，連同證明他在計畫發動政變，而且涉及羅梅洛暗殺案的文件一併舉獲，遭逮的他面臨著受審與被關的威脅。薩爾瓦多軍隊全體軍官——足足 700 人那麼多——很快就集結起來開會，要求放人。之後他在國防部長的同意之下，旋即獲釋。而原本從他手中舉獲的那些文件也不翼而飛。維安部隊還突襲了大主教的法律扶助辦事處，取走了所有跟謀殺案有關的檔案。在剛剛提到薩爾瓦多軍官集結起來開的那場會議中，最後一位 1979 年「改革派」軍政府的改革人士阿多爾弗·瑪哈諾上校（Colonel Adolfo Majano）遭到公開譴責，接著很快就離開了軍政府；取代他的，又是一個強硬派人士。薩國軍隊表明自己跟強硬右派追殺突擊隊站在一起，而改革派軍政府為了迎戰這個對軍政府形象的新威脅，只好調整，由杜阿爾特上位當總統，當一個滿足美國國會與媒體利益的名義領導人，確保殺人兇手們有源源不絕的武器供應。

美國的大眾媒體，對薩國這場重要的大秀、極端右派的權力鞏固，還有對殺死羅梅洛大主教的兇手終獲半官方確認，幾乎都不感興趣。這是薩爾瓦多政權本質的真憑實據，也揭示證明政府立場中立或政府為改革派這種說

法，並非事實。公正的媒體，應該就會詳加報導並解釋說明這項資訊的意義。然而，因為這些事實與卡特—雷根神話（Carter-Reagan Mythology）彼此矛盾，所以媒體一如預期地對這些事件保持緘默，讓神話繼續不朽。1980年11月29日，聖薩爾瓦多城（San Salvador）反對派領袖遭到大屠殺過後，《紐約時報》雖然認為薩國政府「可信度遭受到嚴厲的挑戰」，但卻一點都沒有表示1980年5月的叛亂，已然改變了他們4月28日當天稱這是「孱弱的中間派政府」的觀點。

還有，對於八成是羅梅洛兇手的道布依桑被關後遭釋放，還有他重回官方權力架構一事，不論是當時或者事後，媒體的都能應付自若。隨著道布依桑角逐高位、最後成為薩爾瓦多立法院院長，美國的大眾媒體可沒把焦點放在他的過去紀錄上：他八成就是羅梅洛大主教謀殺案的策畫者、追殺突擊隊的公認領導人、大屠殺兇手。就連這位法西斯份子對外公開不諱的反猶太主義情緒，媒體也都隱而不談。[98] 我們會主張，要是有個反猶太的專業刺客，疑似策畫了波蘭的波別烏施科謀殺案，還角逐政府高位、成為波蘭立院龍頭，那麼美國媒體八成會有些許質疑的眼神才是。

在這整個時期，媒體的報導採取了一套政府創造出來的中心神話，媒體對事件的報導與解讀，都受限於幾個基本前提：我們所支持的這個「溫和政府」，身受左右兩派極端人士的恐怖主義所苦，沒有能力加以控制。美國政府與媒體非常清楚，這些暴行完完全全就是拜薩國維安部隊和準軍隊網絡兩者之賜——前者受到美國支持，無論過去或現在都握有薩國實權，而後者則是前者建立出來恫嚇人民的打手。然而，這個事實真相太沉重，無法用文字表達。直到今日，媒體還是保持早些年的那套神話，即便它們早就默認那全是編造出來的。琳賽·葛魯森（Lindsey Gruson）在報導薩爾瓦多和平前景時表示：「現在，左右兩派的追殺突擊隊已經不再恫嚇人民，迫其順服，逼其噤聲」，多虧了杜阿爾特總統以及他的美國支持者，成功地將這個國家帶向民主——就跟政治宣傳模式預測的那樣，分毫不差。

四位遭到薩爾瓦多國民警衛隊殺害的美國教會女士：
新聞報導與後續追蹤

　　1980 年 12 月 2 日，四名在薩爾瓦多工作的教會女士——莫拉・克拉克、琴・唐納文、伊塔・福特和桃樂絲・卡澤爾——被薩爾瓦多國民警衛隊成員擄走、強暴、殺害。當時的卡特政府，支持薩爾瓦多所謂「改革派」軍政府，而且要說服美國國會與民眾，薩國政府值得援助；因此，對卡特政府來說，這樁惡行甚是尷尬且難以處理。卡特政府一方面暫緩對薩爾瓦多的軍援，一方面要找出快速而低調的方法解決此案。卡特政府原本承諾要等薩國政府對此案做出調查回應，再決定軍援是否繼續；不過，在一次薩爾瓦多反抗軍事前預告的攻擊行動之後，美國便一反承諾，旋即恢復了軍援。美國很快地派遣了一個由威廉・P・羅傑斯（William P. Rogers）為首的委員會到薩爾瓦多調查真相，並提供調查協助。委員會曾報告他們「並未掌控任何暗指薩爾瓦多高層人士本身涉嫌此案的證據」，不過，我們看不出來，調查委員會除了透過詢問權威高層是否涉案之外，有沒有用其他的方式，確認這些人是與謀殺案無關。即使調查委員會承認在薩爾瓦多正義不彰，但是，他們只是強力要求薩爾瓦多軍政府要追查此案，卻沒有提出任何獨立調查的要求。委員會說，軍政府承諾「無論真相指向薩國的任何一個角落、何種層級，〔政府〕都會追查到底」。羅傑斯後來坦承，也許他有點樂觀，以為薩爾瓦多軍政府會嚴肅追查此案。

　　到了雷根政府時期，原本找兇手這回事就已經七折八扣，現在意願又更加消退，保護薩爾瓦多這個附庸國政權的利益，變得更加銳不可擋。很快地我們就明白，除了該做的公關不可少之外，整起事件——跟數千位已經被殺的薩爾瓦多人——即使淡忘了也沒關係。我們同樣清楚可見各界願意支持一切可行的掩蓋手法。國務卿亞歷山大・海格（Alexander Haig）對眾議院外交委員會發言時表示，證據「讓我們相信」，這四名女性是闖過路障時被殺的——這真是個無恥的謊，連國務院也很快地承認這並非事實。[99]雷根派駐的聯合國（UN）大使琴・科克派翠克（Jeane Kirkpatrick），又比海格更為離譜，她說這四名女性是「馬蒂民族解放陣線」（Frente）的政治激進派份子——跟海格說的一樣，這是不折不扣的謊話——言下之意頗為明顯：那四

名女性罪有應得。[100]

　　雖然柯克派翠克也主張薩爾瓦多政府「無疑地」對這椿謀殺案「無須負責」，不過，很快地證據浮現，顯示國民警衛隊的成員殺了這四名女性。美國政府接下來就換了一個立場，認為這些當地衛隊成員顯然「未受指使」。儘管沒有任何支持這說法的調查，官方還是一再主張並重申這樣的說詞，同時，對與此說法相反的重要線索視而不見。政治宣傳模式預測得到，大眾媒體會採認這個偏頗的政府解釋，而且，跟波別烏施科的案子相反，在這個案子上，搜查高層的罪行無法替美國政府贏得政治分數，所以，這回媒體比較沒有意願照出它們的政府急欲避免的真相。

　　這四位女性遭謀殺一案，跟薩爾瓦多其餘數千起沒有調查也沒有偵破的謀殺案不同的是，受害人的家屬是美國人，他們向這個案子施壓，最後終於成功讓國會將這椿謀殺案當成一椿判例與政治符號，認真以待。這麼一來，這些謀殺行為硬是被賦予了政治宣傳意義。美國以審判與定罪為底線，作為支持與軍援薩爾瓦多軍政府的條件。在這單一案件上——雷根政府和薩爾瓦多軍隊，也就都有義務「見證正義伸張」了。這單一案件的正義，花了三年半才得以伸張，但仍有高層涉案的隱情不得而知。這對媒體來說真是一項挑戰：媒體報導這椿謀殺案以及面對遲來又不了了之的調查結果時，可說是面臨了巨大的挑戰。他們不得挑起太過的眾怒與義憤，還要低調處理謀殺了這四位女性，而且**被逼著**才願意找些涉案之低階人士（還耗時多年）的體系本質為何。而媒體最終可是表現出色的完成了這個挑戰呢。

暴行的細節

　　《紐約時報》把找到波別烏施科的新聞視為頭版大新聞——事實上，一開始**找不到**屍體的消息也被登到了頭版——而且，在本書中分析的所有媒體出版品當中，針對波別烏施科遭綁、棄屍還有他傷勢內容的敘述，都鉅細靡遺地一再出現，幾乎沒有隱藏什麼好料祕聞（詳見表格 2-2）。同時，一有機會，這些細節就被拿來重提（尤其在審訊過程中）。相對地，這四名女性屍體被發現的新聞，《紐約時報》只當作是價值不高的背頁新聞素材，而且，我們選出來的這四個媒體機構，針對四位被殺的女性所遭到的暴力對待，都

描述得相當精簡，刪掉了很多細節，而且一開始披露報導過後，便不再重提。媒體完全不打算透過描述殘忍暴行與極度痛苦的方式重建案發現場，所以，我們在波別烏施科謀殺案相關報導裡讀到的戲劇效果，完全沒有出現在這個案子的報導中。媒體將這四位教會女性的謀殺案描繪成一個我們難以體會、冷淡無感的案子。

就拿《時代雜誌》的報導當例子吧：把受害者的名字報出來之後，《時代雜誌》說：「其中兩名女性被人對著後腦勺開槍射殺之前，遭到強暴。」表格 2-2 裡，《紐約時報》用的文字也相當簡潔。羅傑斯調查委員會（Rogers Commission）的報告指出，射殺其中一位後腦勺中彈之受害者的武器，「強大到子彈射穿頭部，毀了她整張臉」。羅傑斯的報告也提到，屍體挖掘現場的人看到傷痕「累累」，而且「屍體也處處瘀青」。雷蒙・邦那在《懦弱與欺騙》（Weakness and Deceit）一書中這樣提到：

這四名女性的屍體彼此交疊在這個簡陋的墳墓裡。第一個被拖出來的是 27 歲的琴・唐納文的屍體。她是來自克里夫蘭（Cleveland）的傳教士。她的臉被一顆從後腦勺射進去的大口徑子彈打爛了。她的褲子拉鏈是開的；內褲被捲到腳踝上。當地佃農發現她的時候，她腰部以下全裸。下葬前，他們曾試著要幫她換上衣服。接著被拖出來的是 40 歲的桃樂絲・卡澤爾的屍體。她也來自克里夫蘭，是聖吳甦樂修會（Ursuline）的修女。壓在墓洞底的是 40 歲的伊塔・福特和 49 歲莫拉・克拉克，兩人都是來自紐約（New York）的瑪利諾教會（Maryknoll）修女。這四位女性都是遭到近距離行刑。發現這兩位女性的佃農說，其中一人的嘴巴被自己的內褲塞住；另一人則是被自己的內褲蒙住雙眼。全部都遭到強暴。

我們要注意到，《時代雜誌》和《紐約時報》都沒提到瘀青（在波別烏施科的案子上，這兩份出版品都提及、也一再重複屍體上的瘀青）；沒提到琴・唐納文被轟毀的臉；隱而不談修女的內褲被用來羞辱人的低級手法；也都沒有報導發現屍體的佃農們的說法。這些和其他被邦那寫出來、而《時代雜誌》和《紐約時報》（《新聞周刊》和哥倫比亞廣播公司新聞頻道也是）刻意不談的細節，為事件現場增添了情緒和悲憤的感染力。波別烏施科的案子，就包含了這些細節，不過，媒體沒有這樣報導這四位被美國附庸國殺掉的四個美國女性。羅傑斯的報告也點出，軍政府受到美國大使羅伯特・懷特強烈要求而派

到案發現場的法醫，拒絕當場驗屍，因為沒有醫療手術用口罩。這個會讓軍政府及其幹員形象大壞的小插曲，也從美國媒體的報導中刪掉了。

在波別烏施科的案子上，屍體被發現時，**還有審判過程中**，都是媒體大書特書謀殺過程和屍體狀態細節的場合。媒體在這四位女性屍體被發現時對細節描述的不願多說，到了審判過程時，更是噤聲不談。本人也出席審判的《紐約時報》記者莉蒂亞·查維茲（Lydia Chavez）寫道，八個小時的證詞和七個小時的答辯，討論的重點放在這幾位女性在薩爾瓦多的工作，「還有她們遭綁與被殺的細節」，但是，她的文章卻完全沒細部描述驗屍結果。

沒有義憤填膺，也不堅持伸張正義

在波別烏施科的案子上，新聞媒體傳達出的是孰不可忍的憤怒，要求有關單位立即撥亂反正。在這四位美國女性的謀殺案上，即便媒體堅稱而且也引用了政府官員的話，認為這是殘忍可怕的暴行，但是，沒有人說這種行為孰不可忍，而且，媒體也沒有堅持（或是引用那些主張要求正義的人說的話）要真相正義。媒體過分指望美國和薩爾瓦多雙方政府的「高官」，而這些人對事態抱持無可奈何的觀點，也都準備好要放手讓薩爾瓦多的司法制度去想辦法了。與此相應的是，媒體報導也轉向偏哲理思考的風格——例如《時代雜誌》就說，這些女性是薩爾瓦多「日益增加的盲目暴力」下的受害者（1980 年 12 月 5 日）。反而波別烏施科面對的就是犯了罪的現役政府官員，而不是（難以定罪）的盲目軍隊。

就連在美國為那四名女性舉辦的葬禮與追悼儀式，都不能是誘發盛怒、要求公義真相的場合。大抵而言，媒體根本就無視這些活動，隱而不報。《紐約時報》（於 1981 年 12 月 8 日）在報紙背頁刊出極小一篇新聞，談及桃樂絲·卡澤爾的追悼會，登載了安東尼·M·皮亞主教（Bishop Anthony M. Pilla）發表的一句無關政治的話，「傳道者的人生，從來就不是清閒安逸或光鮮亮麗的。」

當然，我們一定也要想想科克派翠克大使沒有明說的話：這些受害者搞不好是自找的。《新聞周刊》就這麼觀察道（1980 年 12 月 15 日）：「薩爾瓦多的暴力行動有可能會更加嚴重地針對羅馬天主教教會。許多神父與修女

都倡導改革，他們有的還是激進左派份子。這樣的激情便意味著麻煩，即使對比較溫和的神職人員來說也一樣。」（我們要注意的是，這裡用「暴力行為」一詞，看到的是事情，卻看不到主事的人——《新聞周刊》的這則報導通篇未指美國支持的這個政府是殺人的始作俑者，而且大部分的屠殺都出自其手。）對比之下，在波別烏施科的案子上，媒體自始至終未曾暗指過他是國家與叛亂勢力之間（或者東方與西方之間）衝突日漸升高下的受害者。該案的情況跟薩爾瓦多的相比，單純得多：波別烏施科遭到國家官員謀殺，此暴行讓人無法忍受。至於錯綜複雜的情況，還有針對無法確認施暴者之「暴行」而訴諸攀附哲理的無謂託辭，就留給薩爾瓦多各省的亡靈吧。

缺乏找出高層惡行的熱忱

一如我們之前看到的那樣，在波別烏施科的例子上，大眾媒體急切又積極，而且還天天尋找、日日指向高層涉及該謀殺行動的證據。但在這四位女性遭到謀殺的案子上，我們可以觀察到一個完全不同的手法。在這個案子上，媒體認為，即便掌握了直指高層的證據，要揪出薩爾瓦多政府涉及謀殺，還是極其困難的。媒體的調查熱忱不過普普通通，而且隨著案情開展，它們樂得跟隨杜阿爾特（他的名言之一就是「相信我」）和美國官員給的線索起舞。它們就是裝傻。當時薩爾瓦多軍隊和維安部隊已經連著好幾個月屠殺**薩爾瓦多人**，跟屠殺這四位女性的方式如出一轍。何況，與這四名女性有關的教會不久前才遭到軍方威脅。更直接的證據還有：當地佃農在當地軍方的強迫之下，埋了這四位女性的屍體。即便如此，媒體還是沒有利用這些消息，幫它們自己追查出兇手。

美國和薩爾瓦多政府一開始的說法是，雖然軍方隱瞞屍體的行為不恰當，但是沒有軍方涉案的證明。軍政府於 12 月 8 日發表的聲明說，兇手是「極端右派的恐怖主義份子」，而杜阿爾特對新聞媒體重申了此一觀點，媒體跟著將這說法傳了出去。雖然早就有充分的線索指向國民警衛隊，而且，《紐約時報》自己還重提了羅傑斯發現維安部隊有可能在屍體被發現之後，試圖「掩蓋死亡消息」的報告結果，但是，該報為了配合政府的說法，在命案發生過後 28 天，依然只用「身分不明的兇手」這種說法。[101]

漸漸地，許多四名女性被國民警衛隊成員殺害的證據，一點一點曝露出來，已經無法再迴避政府軍隊的涉案嫌疑。接下來，薩爾瓦多政府和美國官員提出了一兩個步驟的「災害控制」程序，忠實地反映在媒體上。其一，畫清政府和國民警衛隊的區別。在波別烏施科的例子上，讀者一再遭到提醒，殺人的警察是波蘭政府的一份子。然而在這四名美國女性的例子上，媒體幾乎從未清楚呈現兇手跟薩爾瓦多政府有何關聯。媒體這麼做，是為了配合美國政府營造——而媒體自己自始至終也遵循——的基本神話：薩爾瓦多這個改革派持中間立場的政府，想辦法要控制左右兩派極端份子的殺戮行為。這個神話的編造，讓一套雙軌的制度得以運行：一方面軍隊和相關單位進行大規模屠殺，同時另一方面改革者對外發表無法控制極端份子的遺憾。這讓我們想起阿根廷（Argentina）的大規模屠殺情況最嚴重的時候，《紐約時報》也經常把阿根廷軍政府，還有最近被定罪的魏德拉將軍（General Videla）這種人描述成溫和派，說他們「沒辦法控制〔殺人〕的右派極端份子。」

　　這個立即啟動的災害控制程序，最重要的目標，就是抑止針對薩爾瓦多政府官員應負責任的所有嚴正調查。薩爾瓦多的策略，就是從頭拖到尾。因為薩爾瓦多本來就不會以殺人罪定罪軍人，何況，幾乎沒人懷疑一定有高層人士該為此罪行負責。國民警衛隊要為此謀殺案負責的態勢一旦明朗之後，美國的官方策略就是找低層級的人士受審、將之定罪——這樣才能維護薩爾瓦多司法制度，最起碼要能不影響美國國會繼續金援薩爾瓦多——於此同時，還得保護高層那些「改革者」。雖然當時美國國務院內部檔案資料確認薩爾瓦多的調查，根本是個笑話，而且，也有其他顯示高層涉案的證據，不過，1981 年 9 月 30 日，美國駐薩爾瓦多大使迪恩‧辛頓（Deane Hinton）依然態度自信地表示，犯案的當地國民警衛隊成員「未受他人指使」。無論如何，官方立場很清楚。大眾媒體為了配合官方說法，必須停止調查高層涉案，甚至還隱而不報來自其他消息來源的證據。所以，它們接著做了以下這件事。

　　約翰‧丁吉斯（John Dinges）調查兇手兩個月之後，透過《太平洋新聞社》（Pacific News Service）發表了一篇報導，指出這些都是多少有著詳細計畫的預謀殺人案。首先，有攔截到的無線電通訊內容，直指軍方針對四名女性抵達機場一事多所討論，而且還有她們的班機行程遭受嚴密監視的其他證

據，這些都顯示這是一場多方聯合的大規模軍事行動。其次，一位前計畫處副處長告訴丁吉斯，案發短短兩個星期前，薩爾瓦多國防部部長吉耶爾莫‧賈西亞（Guillermo Garcia），就在曾在國民宮做了一場 30 分鐘的簡報，指責謀殺案發地的修女與神父，還表示他們必須有所行動不可。

大多數的大眾媒體，表現了令人歎為觀止自我審查能力，完完全全無視於丁吉斯的調查結果。丁吉斯的報導出現在《華盛頓郵報》、《洛杉磯時報》，還有其他大概 15 家報紙上，不過《紐約時報》、《時代雜誌》、《新聞周刊》，還有哥倫比亞廣播公司新聞頻道卻連一個字都未提，而且，沒有任何一家媒體**繼續追蹤這些線索**。相反地，媒體繼續重申杜阿爾特與美國官員的確定立場，對於殺戮行動只發生於國民警衛隊地方成員的層級一事表示滿意，還有，政府會透過適當的法律管道繼續認真追蹤這個事件。

1984 年 3 月，薩爾瓦多情報單位的高官羅貝多‧珊提凡涅茲上校同意「聊聊」薩爾瓦多的死亡突擊隊網絡；哥倫比亞廣播公司新聞頻道和《紐約時報》都報導了他的說法。[102] 珊提凡涅茲針對這四名女性的謀殺案交代了高度可信的細節，他指出此謀殺行動就是案發地的區域負責人，也就是奧斯卡‧艾德嘉爾多‧卡撒諾瓦上校（Colonel Oscar Edgardo Casanova）下令執行的。官方為了掩人耳目，在案發兩個星期後，就將卡撒諾瓦上校調往他職。他的表親，也就是 1980 年 12 月杜阿爾特欽點的國防部長尤荷尼奧‧維達斯‧卡薩諾瓦，跟杜阿爾特都知道下令執行謀殺行動的是他。即使這項令人震驚的證據指出高層官員涉及謀殺案，還有現職國防部長與杜阿爾特涉及掩人耳目，但是，這個說法沒有後續的追蹤報導、也沒有人把它跟丁吉斯說高層研議有必要對宗教工作者採取行動的報導連結起來──媒體沒有發表社論、沒有挑起任何眾怒與民憤，沒有施壓要求有所行動。

總而言之，丁吉斯提供的線索也好，珊提凡涅茲的供詞也罷，都在在指出殺害四名女性的行動，根據的是高層的決定。政府中階官員下令謀殺、高階官員涉及持續而有系統地掩蓋真相──這些更是證據明確。在波蘭的案子上，高層涉案的證據從來都不是直接的，但是美國大眾媒體卻鍥而不捨地追蹤這個議題的真相。在四位教會女性的案子上，高層涉案的證據充分，不過，美國大眾媒體卻沒有對此事件施壓，或甚至繼續追蹤那些清楚明白的調查線索。

我們無法在本書當中完整而詳細地交代薩爾瓦多司法程序的缺失，要不是美國施壓威脅，辦案進度根本停滯不前。[103] 雖然大眾媒體曾一度嚴責薩爾瓦多政府「阻礙」調查，[104] 不過，媒體卻完全沒有詳細報導這個阻礙過程的深度與廣度，或是評論這阻礙過程於此「民主政體雛形」中有何重大意義；而且，大致上它們在傳達薩爾瓦多政府與美國政府對司法程序狀態的說法時，都不帶諷刺、也沒有表達出憤怒。媒體**當初要是**真有提供完整細節，那麼，薩爾瓦多政府也不會有任何可信之處了。所以，這一大堆樁樁件件能證明薩爾瓦多官方拒絕採取行動或偵訊相關證人的證據，還有證人、律師和法官都遭受威脅的證據，媒體只能選擇忽略——這些證據如果能套用在波蘭的調查上，相信媒體會開心地加以報導吧。

看幾個例子，就足以說明薩爾瓦多的訴訟程序了。例如案發兩年之後：

……對〔法院卷宗內〕前國民警衛隊員西薩·瓦耶·埃斯皮諾薩（Cesar Valle Espinosa）於 1982 年 8 月 9 日提供的證詞，檢察官表現出不甚知悉。根據該證詞，柯林德雷斯·阿雷曼中士（Subsegeant Colindres Aleman）於 1980 年 12 月 2 日曾表示，有逮捕這些女性的「高層指令」。對於在加州洛杉磯被 FBI（聯邦調查局）逮捕的前國民警衛隊上士達戈貝爾托·馬丁內茲（Dagoberto Martinez）的筆錄，檢察官也不知情。該筆錄是早在 1980 年 12 月就有掩蓋謀殺罪之行為的證明。

第二個看出薩國司法程序端倪的例子是：三名奉命承辦此案的法官當中，有兩位因為害怕人身安全而辭職。我們之前也提過，調查羅梅洛謀殺案的法官拉米瑞茲也是出於同樣的理由逃往國外。即便這類的證據加起來有重大的意義，但是新聞媒體處理時從來沒有把這些視為一體（這些事情連被分開當成報紙背頁不具太大新聞價值的單一事件都沒有）。第三個看出薩國司法程序端倪的例子是：根據前駐薩國大使羅伯特·懷特，兩位本來有辦法證明四名女性遭殺一案跟高層官員有關的國民警衛隊成員，先是被軍方死亡突擊隊殺害，接著還被列為軍事行動下的失蹤人口。最後一個看出薩國司法程序端倪的例子是：在犯案的薩爾瓦多行刑手總算有了官派辯護律師時，其中一位叫薩爾瓦多·安東尼歐·伊巴拉（Salvador Antonio Ibarra）的律師，本來做好了準備要認真為被告兇手們辯護。但伊巴拉卻受到另外兩名辯護律師施壓，要他乖乖照著說：「我們已經徹底調查過政府有無可能掩蓋謀殺案真相」，而這

種可能並不存在。伊巴拉拒絕遵照這個要求，結果，1983 年 10 月 30 日，他被國民警衛隊逮捕，還在國民警衛隊總部遭到刑求。在美方施壓之下才得以獲釋的伊巴拉，逃離了薩爾瓦多，因此，司法上再無阻礙的薩國辯護律師團，只能接受已經「徹底調查」過高層涉案的說法。只有最後這個例子，被大眾媒體當成單一事件短暫地報導了一下；至於其他的例子，還有一整套脈絡，自由新聞媒體根本都沒有報導。

美國政府也涉及系統性地掩蓋真相——隱而不提薩爾瓦多掩蓋真相的行為，還有案子的真相。雖然美國的大眾媒體曾一度提到薩國阻礙司法，但是，它們卻沒有點出自己的政府也說了同樣嚴重的謊、也同樣隱而不報。如同我們所指出的，卡特政府和雷根政府都認為，保護美國的附庸國，比替那些遭到該附庸國政府特務謀殺的四位美國公民伸張正義，還要重要。美國政府為了保護附庸國而進行的阻撓，有各種形式。其中之一，就是在薩爾瓦多的謀殺案掩蓋手段上，主動協力合作。美國允許前國民警衛隊上士達戈貝爾托・馬丁內茲於 1980 年 12 月移民到美國，而且，即使隨後 FBI 訪談他的內容顯示，馬丁內茲承認自己對加害者身分知情而不報——此舉是違反薩爾瓦多法律的——但是，我方政府也沒有採取什麼不利於他的行動。美國的官員，明明早就清楚薩國掩蓋罪行而且拒絕調查，[105] 卻還是重申我們沒有理由相信，這椿謀殺案有更高層的官員知情或者參與其中。國務院也常常謊稱此案調查很徹底。駐薩國大使辛頓曾公開表示，國民警衛隊隊員裴瑞茲・涅托（Perez Nieto）「遭到徹徹底底的審訊，再三否認有任何比他高階的人下令要他監視那些女性。」不過，國務院的電報內容卻說涅托的供詞「不完整、避重就輕而且還不好好配合。」

美國官方參與掩蓋罪行的第二種阻撓形式，便是拒絕公開美方調查薩爾瓦多所得到的資訊和證據。羅傑斯報告很晚才公布，而且還把最初報告提到薩爾瓦多司法制度現狀可悲的那個部分刪去了。進度的各種延遲，造成各界聲浪漸大的批評，美國政府做出因應，指派了哈洛德・R・泰勒法官（Judge Harold R. Tyler）執行進一步的調查。他的報告被官方保密了很久，顯然又是因為報告內容對薩爾瓦多司法程序甚有微詞，有礙雷根政府必要時得替薩國背書而對外宣稱有進展的這種打算。受害者家屬和律師時不時就碰到美國政府不願意公開該案資訊的狀況。官方提的說法是這些資訊很敏感，公開的話

會影響薩爾瓦多的法律程序。這套官方邏輯誰都看得出來是欺瞞之詞，因為薩爾瓦多的司法程序是天大笑話，非得靠美方威脅才有所進展。何況，杜阿爾特當時還經常公開表示，那些遭到逮捕的警衛隊成員當然有罪，不過，沒有比他們更高層級的人士涉案——這就是明目張膽的未審先判啊。針對美國掩蓋案情的舉措，唯一說得過的思考邏輯是，面對這個雙手沾血的附庸國，政府想盡可能減少與該國表現相關的壞消息。當下真正發生了什麼，或者美國自己針對該案的內部分析，抑或針對薩爾瓦多司法程序的評鑑等等，這些資訊，都會讓附庸國形象大損。美國政府希望這個案子「消失不見」，不過，在案子還沒消失前，政府希望控制案子的曝光方式。

美國政府之所以希望控制案子的新聞曝光，部分原因是這麼一來，每每薩國軍政府需要美國金援時，美國政府才能宣稱追查此案已有所進展。跟處理其他右派附庸國的例子一樣，美國一定都會在對方政府財務吃緊時，祭出該國有「進步」的說法。國務院在 1982 年 7 月的驗證報告（certification report）中，認為該謀殺案已有「實質進展」，還預測 1982 年秋天就會開庭審判。1983 年初的驗證報告則說案子有「重大發展」。這種為了確保薩國政權能持續收到美國軍武與金錢援助的證據操弄，要是對案子不有所隱瞞——或者，要是碰上公允又批判的新聞媒體——可就沒那麼容易了。

即使此案涉及四位遭到謀殺的美國女性，但美國有意掩蓋薩爾瓦多司法程序的行為，不但沒有激發媒體的義憤情緒或針砭嘲諷，就連查究報導，也不過點到即止。

審判—用 1,940 萬美金換得五名警衛隊隊員

這五名直接兇手，殺害了四名女性——媒體報導審判案的方式，應該是描述其中極其可怕的行兇過程，不過，美國的媒體倒是都只以平鋪直述的方式報導。儘管三位行兇者第一時間就被揪出，而且美國方面強力施壓，但是，等到開庭審判時，已經是謀殺案案發三年半之後的事了。三位遭到指派審理該案的法官當中，有兩人因為擔心生命安危，因而辭職；唯一的一個獨立被告律師因為在國民警衛隊總部遭到一連串刑求而逃離薩爾瓦多。雖然在這類的案子上，辯方律師一般都會以上級授意替被告辯護，而且，在本案中

有重大證據支持此說法，不過，在審判過程中，被告律師完全無意以「奉命上級」為由替兇手辯護。儘管大眾媒體暗指律師出於懼怕，或已經談好條件，或兩者兼有的原因才未替被告辯護，而且，一如我們在波別烏施科一案所看到的那樣，媒體有時候對蓄意隱瞞的行為相當敏感，但是，媒體終究沒有就此報導。1984 年 3 月，薩國前情報官員珊提凡涅茲表示，警衛隊隊員知道，「要是他們不咬出卡薩諾瓦，那麼，只要情況允許，他們就可以出獄。」媒體分析審判的時候沒有提到這些供詞——它們就這樣裝傻混過。

這個審判案就跟 1982 年和 1984 年的薩爾瓦多選舉一樣，從頭到尾都是美國布局且策動出來的。安娜・凱莉根（Ana Carrigan）就這麼說：

審判法庭的保安人員，由在阿拉巴馬州格倫科市（Glencoe, Alabama）成立編訓的特別的司法保護小隊（Judicial Protection Unit）負責；美國大使館安排防彈車於早上載送陪審員到法庭，做出判決後再送他們回家；大使館還提供了膳食與折疊床，以便陪審員與法庭工作人員在有維安的法院裡過夜的不時之需；還有，就在檢察官開始簡報時碰上了停電，也是由大使館工作人員送來防風燈恢復照明。

這些都是為了美國的真金白銀。國會在該案判決結果對我方有利之前，先凍結了 1940 萬美金的金援案。判決結果出來不到 24 小時，國務院就宣布正義已獲伸張，解凍了這筆錢，交給了時任薩爾瓦多國防部長的維達斯・卡薩諾瓦；他不但是 1980 年 12 月 4 日謀殺案案發當時的國民警衛隊負責人，根據珊提凡涅茲上校的供詞，他還是下令誅殺四名美國教會女性的官員的表親，而且，這個人不但成功保護了自己的表親，還拖延檢方起訴其下屬，一拖就是三年半。

和宣傳模式的預測如出一轍，大眾媒體完全沒有好好報導這些背景全貌：美國的處處介入、法院的維安、被告方沒有窮追高層權威人士的責任、維達斯・卡薩諾瓦的角色、拖了三年半的**這麼個單一案子**上的司法正義要用金錢交易等等。儘管就是國民警衛隊殺死了那四名女性，《新聞周刊》在一篇標題叫〈大敗死亡突擊隊〉（1984 年 6 月 4 日）的報導中，居然還是主張這樣審判的結果是「了不起的成就」。雖然該篇報導確實強調了這個案子的成案與勝利有多困難，也強調高層人士掩蓋罪行的可能性，但是，內文卻沒有利用這樣的資訊，強調凸顯出這套美國支持的體制本質為何。該文還以避談

高層涉案的泰勒報告結果，總結對整體事件的探討，卻沒有引用該報告承認「有某些支持高層涉案的證據」，也沒有提到報告承認其資訊有限的事實。文章完全沒有提到珊提凡涅茲或丁吉斯的報告：《新聞周刊》堅持只用官方的消息來源，而且，還誤讀這些資料。

1980 年到 1985 年間瓜地馬拉的 23 位宗教受害者

在美國計畫下，入侵瓜地馬拉並推翻 1954 年 6 月賈柯伯·阿爾班茲（Jacobo Arbenz）之民選政權的行動，對瓜地馬拉的現代史而言有決定性的影響。在那次行動之後，即使美國確保了瓜地馬拉受其控制，而且還無限期延後了瓜國迫切需要的經濟與社會改革，不過，瓜國的政治民主因此受到壓制，而且國家恐怖有了制度化的發展，甚至在 1970 年代晚期到 1980 年代初期，達到毀滅性的高峰。由於瓜地馬拉的附庸國地位，同時反民主反革命才符合重要菁英份子的利益，所以政治宣傳模式認為，瓜國的受害者是「無價值的」，這點應該會從媒體報導的質與量反映出來。此外，雖然在波蘭或捷克斯洛伐克（Czechoslovakia）[xxv] 這類蘇聯的附庸國當中，我們經常能追溯加害人民的行為乃蘇聯所為，不過，政治宣傳模式預判，美國的媒體解釋當前瓜地馬拉的國家恐怖氛圍時，不會說這是 1954 年（以降）的美國干涉行動自然造成的結果。相反地，我們預測，媒體會把美國說成是一名慈善又事事關己的旁觀者，盡其所能在阻止右派與左派極端份子的暴行。

然而，在我們看看媒體如何處理瓜地馬拉之前，讓我們先退一步簡單回溯一下 1945 年到 1954 年這個關鍵時期，以及後來發生了什麼，以便檢視媒體在 1980 年代時的角色。阿爾班茲和他的先驅璜·阿瑞瓦洛（Juan Arevalo），領導了瓜地馬拉歷史上的第一個民主政體。他們在位的十年間，報社、社會團體、工會、佃農還有政治團體可以組織起來，不必害怕遭受壓迫

---

xxv   譯註：該國成立於 1918 年，1993 年 1 月 1 日正式分為兩個獨立的國家：捷克共和國與斯洛伐克共和國。

或殺害。不過，這個脆弱的民主之所以得以建立，靠的是把持土地所有權的少數人，還有控制土地與戰略設施的外國勢力——而這些對瓜地馬拉的獨立與政治自由，一直都是個威脅，也是人禍。在這民主十年中，瓜國政府之所以努力推行工會化和土地改革，一部分原因就是希望培育出能作為民主制度基礎的大眾選民。[106] 阿瑞瓦洛和阿爾班茲兩人的每一項進步舉措，都會遭到地方性的寡頭統治集團、多國企業社群，還有美國政府的激烈反對。從1947年開放工會組織開始，瓜國就被冠上受到「共產主義」操控，或處於共產主義威脅的帽子，而阿爾班茲溫和且有效土地改革措施，成了壓垮駱駝的最後一根稻草。由美國策動、組織、金援的一支超小型傭兵軍隊，透過心理戰和恐怖行動，把阿爾班茲趕下台，建立一個「反共產主義」的政權。

從1954年到現在，瓜地馬拉再無可能有改革或民主，更別提什麼徹底的改變了。主要的原因是，1954年從美國手中接下瓜國這個國家的各種勢力，都「深惡痛絕地反對任何可能動搖他們根深柢固之地位的改變，哪怕只是稍微影響都不行」，而且，這些人從1945到1954年的民主時期學到了一個教訓：民主必然步向改革、免不了要威脅到在這極度不平等的體制中享有特權的他們。1954年為時極短的暫時開放過渡期，就見證了保障都會勞工與佃農階級的組織迅速成立、出現了罷工行動還有改革派和激進派的政黨與組織。皮耶洛‧格雷黑賽斯（Piero Gleijeses）就這麼說道：「阿拉那（Arana）時期（1970年到1974年）的最後幾個月，政府的鎮壓行動變得比較有選擇性，而且，勞格魯德（Laugerud，阿拉那的繼位者，1974年到1978年）還一再避免以武力『解決』罷工」。可是，改革的疲弱和人民被喚醒的期待與壓力，迫使政府做出了進一步的選擇；同時，「有鑑於這個政權的本質」，對於瓜地馬拉的統治階層來說，短暫開放過渡期後突增的恐怖手段，成了「唯一合乎邏輯的選擇」。

改革與民主都雙雙失敗的另一個原因，就是美國持續的干涉。1945年到1954年間的多元與民主，不見容於美國的權勢集團，所以他們最後終止了那樣的實驗。[107] 再接下來美國主導的32年裡，瓜地馬拉不僅僅逐漸變成一個誅殺百姓有方有法的恐怖主義國家，清算規模之大，幾乎無國能出其右；同時，每每碰到策略上美國出手高度干預時，瓜國作為恐怖主義國家的表現就會更加明顯。第一次的策略性干預，是1954年的入侵與反革命；那

次的策略性干預，又將政治謀殺和大規模鎮壓於十年民主後重新帶進了瓜地馬拉。第二次的策略性干預則發生在 1960 年代初期小型游擊隊運動出現之後，當時美國開始認真執行瓜地馬拉軍隊的反暴動（counterinsurgency, 簡稱 CI）訓練。1966 年，進一步的小型游擊隊運動，帶來了美國陸軍特種部隊（Green Berets）[xxvi] 和一場大型的反暴動戰爭，在追捕 300 或 400 個游擊隊的行動中，造成了 10,000 人死亡。「死亡突擊隊」和「失蹤案件」，就是在這個時間點上開始在瓜地馬拉出現的。1970 年代的時候，美國將警察訓練引進了瓜國，隨後，暴力的進一步制度化於焉成形。瓜地馬拉社會問題的「解決方法」，向來不變，就是國家恐怖主義——確切地說，就是因為美國 1954 年的干預行為，還有此後美國提供的協助形式才變成這樣的。美國用瓜地馬拉創造了一個「反暴動國家」。

這個反暴動國家中軍隊的角色特殊，地位越發重要，權力越來越大，最後還能操控制度，統治瓜地馬拉。跟許多美國的附庸國一樣，其國內軍隊利用權力打造經濟機會，並且直接或間接地從中竊利。瓜地馬拉軍隊的恐怖主義手段、盜竊行為還有自治制度，在魯卡斯·賈西亞（Lucas Garcia）的統治時期（1978 年到 1982 年）達到一個暫時性的顛峰——隨後被李歐斯·孟特（Rios Montt）超越。這跟卡特推行人權政策的短暫期間重疊，當時，瓜地馬拉政府遭到美方公開批評，而且，在國會的施壓之下，美國一度部分縮減了對瓜國的軍援。[108] 不過，就算在卡特政府執政時期，美國與瓜地馬拉的關係也不算敵對——美瓜兩國關係就好像家裡有個孩子很調皮，因此被罰面壁思過一下。卡特政府之所以願意不提供瓜地馬拉新的軍武，一部分的原因是這個調皮的孩子並無面臨什麼危險處境。相對地，卡特政府看到左派有可能在 1980 年的薩爾瓦多取得勝利，因此，就趕緊提供軍武給右派的恐怖主義政權。

在雷根主政時期，瓜地馬拉招致殺害的百姓，人數已達數萬人，而且，失蹤案件與殘缺的屍體，是日有所聞。這段期間，國際特赦組織（Amnesty International，簡稱 AI）、美洲觀察會（Americas Watch）以及其他人權監督組織

---

xxvi　譯註：美國陸軍特種部隊（United States Army Special Forces），因為部隊制服包括綠色的貝雷帽（beret），因此有綠扁帽（Green Berets）之封號。

的研究報告都如此寫到：官方軍事機器失控，對佃農無差別殺戮（其中還包含大量的婦孺）、強逼數十萬名農夫與村民遷往幾乎就是集中營的地方，而且還徵召數十萬人參加強制民間巡邏任務。然而，1982 年 12 月訪問瓜地馬拉的雷根總統卻說，國家領導人李歐斯・孟特「全心全意以民主為職志」，還遭到踐踏人權的這種「不公指責」。就在此前兩個月，國際特赦組織才發表了報告，當中提到瓜地馬拉三個月內有 60 個不同的印第安聚落發生百姓屠殺事件，總共有超過 2,500 人慘遭殺害。

雷根政府對瓜地馬拉的政策和對南非的政策一樣，就是所謂的「建設性介入」（constructive engagement）。打從一開始，雷根政府就盡力對軍政府示好並提供其軍武。持續的大規模屠殺，只不過是小小的尷尬。雷根政府為了重建與瓜地馬拉政權友好關係所想出來的辦法，就是在瓜國的人權紀錄上持續說謊（雷根自己就以身作則）。1981 年 7 月，國務院的史蒂芬・巴斯沃斯（Stephen Bosworth）向眾議院委員會掛保證，說魯卡斯・賈西亞政府成功地「在兼顧無辜旁觀者的保護工作下」攻打游擊隊。1981 年國務院的國家人權報告還指出，要確定到底是誰在瓜地馬拉的屠殺這麼多人，根本是不可能的事，同時還把失蹤案件都歸咎到「右派」與「左派」身上，而非政府之責。對比之下，1981 年 2 月，國際特赦組織則提供鉅細靡遺的證據，證實數千起屠殺，幾乎可說都是政府所為，這當中還包含瓜地馬拉國民宮遭到強占時，魯卡斯・賈西亞總統直接下令死亡突擊隊屠殺的那些受害者。

魯卡斯・賈西亞被推翻之後，突然間，雷根政府的說詞有如變魔術般，有了大改變，而史蒂芬・巴斯沃斯說「瓜地馬拉目前的人權狀況，跟去年 12 月相比，那讓人讚許的天差地別，不管強調幾次都不為過。……」國務院人權議題副助理國務卿梅爾文・雷維茲基（Melvyn Levitsy）向另一個國會委員會報告道：「美國無法輕易地跟一個對自己國內民眾施暴的政府維繫友好關係」，言下之意指的就是魯卡斯・賈西亞政權。

魯卡斯・賈西亞當權時，巴斯沃斯認為該政權關懷人民、保護無辜，而且，國務院都無法確認政府有無殺人。魯卡斯・賈西亞被推翻後，國務院這才明白他是個犯下無差別殺戮行為的兇手，還採用了高道德標準檢視他的行為。也就是說，國務院隱晦地承認了先前撒了謊，認為媒體不會戳破這一點。誠然，這個態度轉變的目的，為的就是讓魯卡斯・賈西亞的繼位者李歐

斯‧孟特名正言順。根據國務院發言人約翰，休斯（John Hughes）1983 年 1 月的發言，瓜地馬拉在李歐斯‧孟特的統治下，侵犯人權的情況「顯著下降」。雷根政府認為受到不公指責的人，就是李歐斯‧孟特。不過，就像我們先前提到的，國際特赦組織認為李歐斯‧孟特是另一個數一數二的殺人兇手，跟前一位統治者相比，他大規模屠殺百姓，有過之而無不及。

輪到李歐斯‧孟特被推翻時，美國國務院的說法又變了。國務院承認，1982 年李歐斯‧孟特的統治下，瓜國情況相當糟糕，然而，**現在**事態有了不得了的進步，瓜國政府展現「對人權問題越來越小心敏感」的態度。顯然，我們可以把一個固定不變的模式當成一個半準則來看：要是碰上美國政府希望「建設性介入」的恐怖主義國家，那麼，情況一定都沒有問題，一切都在進步；不過，要是那個政權被推翻的話，它——連同此前——的紀錄就越來越差，和現在符合人道主義又敏感的統治政權相比，根本遙不可及！這種說詞完全相同、替每一個繼位主政的恐怖份子辯護、同時詆毀前一個下台統治者的荒誕模式，就是西方媒體論及極權國家會用的一種歐威爾式手法，不過，在這裡我們就看到了。而且，唯有大眾媒體配合，這手法才有辦法現形。大眾媒體一開始就一定得願意低調處理或乾脆完全忽略瓜地馬拉發生的那些大規模屠殺才行。在那樣的情境脈絡之下，一個接著一個的辯護之詞、替每個殺人兇手說話的謊言，還有教人瞠目結舌的睜眼說瞎話行為——這一切，根本就不會有新聞價值。

有鑑於瓜地馬拉一開始會成為反暴動國家而且多年維持現狀不變的情況中，美國扮演著重要角色，而且，瓜國又致力阻止民眾組織的發展（用歐威爾式的論調，就是「反共」），再加上美國企業在瓜國的龐大勢力，因此根據政治宣傳模式的預測，瓜地馬拉的「無價值」受害者，還有美國政府的介入對瓜國之發展演進和表現有何影響——這些，媒體都不會有興趣。我們可以預見，媒體會輕輕帶過國際特赦組織與其他人權團體針對瓜地馬拉所提出的報告，再不然就視而不見，不管這些報告的資料有多驚人、消息有多恐怖。由於 1978 年到 1985 年間在瓜地馬拉遭到殺害的百姓可能上看 10 萬人，手法之殘暴，讓人想起柬埔寨的波布，所以，這可是政治宣傳模式是否有效的一大驗證。國際特赦組織在 1981 年時提到：

我們發現，受害者的屍體，被堆在山谷、棄置路邊，或遭到成堆掩埋。

數千具屍體身上都留有受虐的傷痕，大部分的人，不是被繩絞死、被塑膠套頭悶死，不然就是遭槍擊頭部而死。

在這個例子上，政治宣傳模式的預設，都完全成真。參照表格 2-1 針對媒體報導處理瓜地馬拉 23 位宗教受害者和波別烏施科的比較，我們所取樣的媒體，只提到了 23 位受害者其中 4 位的名字，而且，這 23 個人在《紐約時報》裡的報導篇幅，全部加起來，大概是該報針對波別烏施科案報導篇幅的 1/20。拿 1981 年 8 月 5 日《紐約時報》報導美國籍史丹利・羅德大牧師（Rev. Stanley Rother）在瓜地馬拉遇害的案子來說吧：該報在報紙背頁刊了一篇小小的消息，提到瓜國逮捕了三名男性訊問槍擊案情。逮捕後的結果是什麼呢？這些遭逮的人是否受到審訊呢？《紐約時報》的讀者永遠都不會知道，而瓜地馬拉的政府也不必面對質疑此案或其他 22 起瓜地馬拉案件的新聞媒體所帶來的尷尬或施壓。

媒體除了對瓜地馬拉牧師遇害案件的報導少之又少，關於行兇細節的描述也很簡短，而且也沒製造出義憤感或接續以激憤操作新聞。[109] 極少數篇幅稍長的報導，從未討論 1954 年政變的影響以及美國長期訓練並軍援瓜地馬拉軍隊與警力的關係；這些報導，卻幾乎都千篇一律地把屠殺行為視為左派與右派極端份子之暴行造成了內戰的結果，至於暴行出於何因，也未加解釋（詳見本書 2.3 節「奧斯卡・羅梅洛大主教」）。1981 年 5 月 16 日《紐約時報》刊了一篇名為「左右兩派對壘下四名瓜地馬拉人被殺」的《美聯社》新聞稿。這篇新聞報導了卡洛斯・高爾維茲・戈林多大牧師（Reverend Carlos Galvez Galindo）命案，也就是我們討論的 23 位教士謀殺案其一，新聞稿這麼說道：「攻擊行動顯然與左派與右派人士的長期爭權有關。」1981 年 7 月 29 日《紐約時報》刊的《合眾國際社》（UPI）新聞稿報導了史丹利・羅德大牧師的謀殺案，也是把攻擊行動連結到「右派極端份子」身上——而不是瓜地馬拉政府。

《時代雜誌》則說羅德與他的瓜地馬拉村民信眾「遭困於一場沒有正式宣布的內戰之中……。」《時代雜誌》從來沒解釋過這場內戰的根源為何，也沒說明美國施加了什麼重要的手段，拒絕瓜國進行和平的社會改革，卻建立起永久的反暴動制度。《時代雜誌》倒是很不尋常地點出瓜國政府要為「絕大多數」的殺戮行為負責，更稀奇地是，還引用了國際特赦組織證明

準軍事死亡突擊隊就是政府軍之一的說法。只不過,該篇報導沒有具體解釋這些殺戮行為的規模和性質,而且,一如我們所提,又回到以內戰解釋的思維架構。這不算什麼,《時代雜誌》討論美國政策的思辨框架,甚至還更讓步配合。根據《時代雜誌》的說法:「不過,瓜地馬拉讓雷根政府碰上了最大的外交政策挑戰:這個國家一方面飽受古巴在背後支持的暴動之害,需要美國的援助;不過另一方面,這個國家的政府顯然也危害人權。」《時代雜誌》提出的這種二分法,其實有點輕重不分:政府說古巴在背後支持,但卻從未提出證據,這說法,是利我的冷戰伎倆,不過,這卻提供了美國政府經常祭出自圓其說的一個政治宣傳架構,能轉移焦點,不讓大家注意政府背後支持大規模屠殺的事實。《時代雜誌》從而拉高了這種虛構說法的地位,將之等化成一個真實又嚴重萬分的控訴——而且,不需要引用實據,就完成了這種政治等化操作。而報導中「另一方面」的那個句子描述,即便用了「顯然」這種字眼,依然明擺著就是避重就輕。雷根政府選擇支持的政府,是一個利用大屠殺手段、消滅全然由本地人發起抗爭行動的政府,而且,還經常為這麼一個種族屠殺的政府辯解。雷根政府面臨的挑戰——跟《時代雜誌》描繪的大不相同——其實是如何**讓大家接受**政府對瓜地馬拉大屠殺的支持。對此,《時代雜誌》盡了點棉薄之力;該雜誌失職地散播瓜地馬拉暴動乃古巴撐腰的這種說詞,造成政策制定的嚴重兩難局面。

1978 年到 1985 年的大屠殺期間,有一連串人權團體的報告資料,指證歷歷,提到瓜地馬拉的國家恐怖主義,已經到了種族屠殺的嚴重等級。這些資料中,有許多都高度具備了教育大眾並激起群憤的條件,只不過,按照政治宣傳模式的預判,我們所取樣的媒體,會盡量壓低這些報告資料提供資訊的價值、同時盡量抑止這些報告資料激起與動員群眾義憤之情的能力。我們從國際特赦組織和美洲觀察會於 1981 到 1987 年間所做的瓜地馬拉報告中選出重要的十份,卻發現,我們的取樣媒體中只不過**提到**了其中的四份而已。這四份報告甚至沒有任何一份登上了頭版,同時,也沒有任何一份報告被當成社論主題,或者讓新聞媒體持續報導、引發眾怒。國際特赦組織 1981 年探討失蹤案的驚人報告《「失蹤案」:調查紀錄》(*"Disappearances": A Workbook*),詳述了猶如納粹(Nazi)翻版、教人驚駭不已的國家恐怖主義如何發展,但我們所取樣的媒體,完全無視這份報告,另一份 1985 年針對**奧斯**

卡‧亨貝多‧梅西亞‧維克多瑞斯將軍（General Oscar Humberto Mejia Victores）統治之政府底下的……「失蹤案」的國際特赦組織報告，命運也相同。當初媒體要是報導了這份報告的話，就會影響到它們將瓜地馬拉1984年到1985年的選舉描繪成該國實踐合法化的說法（詳見下一章）。媒體忽略了美洲觀察會1985年針對瓜地馬拉人權團體互援會的報告；美洲觀察會1987年針對瑟瑞佐（Cerezo）上任第一年的人權研究報告，也未遭到媒體報導。下一節當中，我們會回過頭來談瓜地馬拉的人權團體互援會。同樣地，在下一章裡，我們也會看到媒體用滿懷希望與樂觀的角度報導與看待瑟瑞佐的勝選——即使從先前瓜地馬拉的選舉和瑟瑞佐的參選看來，他的統治能力，都讓人存疑；從媒體忽略美洲觀察會對瑟瑞佐過去贏得總統大選後的任期表現觀察，我們就能看出，媒體普遍沒有追蹤報導附庸國選舉後招致的結果（我們在第三章裡會以薩爾瓦多為例詳細說明這一點）。

先前我們提過一份美洲觀察會的重要研究報告《改寫瓜地馬拉：雷根政府如何認定瓜地馬拉的人權「有進步」》（*Guatemala Revised: How the Raegan Administration Finds "Improvements" in Human Rights in Guatemala*）；這份報告最重要也最教人驚訝的主旨，就是美國國務院事後承認，他們替**前一位**將軍辯護的說詞，實屬不實。除了《紐約時報》之外，我們所取樣的媒體，都沒有報導這份釋疑解惑的報告資料；《紐約時報》給這報導下了一個無害的標題〈人權團體：瓜地馬拉的處境，都要怪美國〉（"Right Groups Faults U.S. on Guatemala Situation"）1985年9月24日），寫成了一篇刊在報紙第七頁的小文。文章當中說美洲觀察會的報告指陳出政府拒絕承認瓜地馬拉有重大的侵害人權情事，不過，卻沒有提到報告中強調美國政府事後默認說謊。當然啦，《紐約時報》如果提到這個強調的話，就等於告訴大家，他們主要的「新聞」消息來源，根本就不可靠。這一小篇報導文的最後一段，占了文章的1/4，講到了國務院對這份美洲觀察會報告的回應，指美洲觀察會「比較不像人權組織，而是政治組織」。當初該篇文章如果重點報導出美洲觀察會的證據，證明美國政府不僅為瓜地馬拉的國家恐怖主義羅織辯解之詞，而且顯然還不說實話的話，那麼國務院針對報導的這份反駁回應，背後厚顏無恥的表裡不一，本來應該是清楚不過而且張力非凡的。

雷根政府出於要維護對民眾發動恐怖攻擊的那些瓜地馬拉的將軍們，

把怒氣發洩在國際特赦組織和美洲觀察會這類的組織上，還在 1981 年和 1982 年時發起一系列組織運作，抹黑這些人權團體，稱其為左派團體，而且政治立場偏頗。助理國務卿湯瑪斯・安德斯（Thomas Enders）在 1982 年 9 月 15 日致國際特赦組織和華盛頓拉丁美洲辦公室（Washington Office on Latin America）的信中，抨擊這些組織的報告內容只是片面之詞、對——游擊隊的——「殘暴」以及「恐怖主義攻擊行動」，多所辯護。安德斯寫道：

沒有人會否認，違背政策的軍事單位，有可能〔按照原文刊登〕一直都涉及違反人權。而更重要的是，自 3 月 23 日以來，瓜地馬拉政府已經致力採取新路線，也有了重大的進展。

瓜地馬拉把這份還在為屠殺百姓、已造成數千人死亡的軍隊辯解開脫的驚人之詞，當成美國的官方文件，在境內流傳，整封信的內文還刊登在瓜地馬拉的新聞媒體上。美洲觀察會表示：

有鑑於人權調查人員在瓜地馬拉這種政治氛圍中要冒的風險，我們認為，這樣利用這封信，很不合理。對我們來說，這更進一步證明了美國國務院跟瓜地馬拉政府一樣，承認瓜地馬拉的衝突中沒有中間派；以此推想，報來壞消息的人就成了敵人的一份子，可以的話就要公開詆毀之。

美洲觀察會也指出，美國國務院對國際特赦組織和美洲觀察會的大量批評，不僅無憑無據，更重要的是，這些批評大多還預設了瓜地馬拉軍隊說詞屬實（這種輕信他人的狀況，從上述引自安德斯的發言中，可以清楚看出）。

我們在第一章便討論過，政府既是製造新聞批評的人，也是消息來源者。瓜地馬拉的一連串事件，就是說明了政府想辦法要其他資訊來源競爭對手消音的重要範例。有趣的是，即便政府進行這些危言聳聽的組織詆毀行動，是在一個維護大屠殺的政策脈絡底下，不過，《紐約時報》卻完全沒有報導或批評政府的這些行為。下一章裡我們會看到，《時代雜誌》和政府的詆毀行動合作，討論瓜地馬拉的時候，只有引述美洲觀察會一次，但卻是用這樣的說法解釋該組織：「這是一個往往被控過於同情左派的爭議組織」（《時代雜誌》極為仰賴的消息來源國務院，卻從來沒有被標上任何暗示政治立場偏頗的形容詞）。《華盛頓郵報》（1982 年 12 月 4 日）登過一篇泰瑞・蕭（Terri Shaw）寫的背頁報導，討論安德斯的那封信件；其中，國務院對人權團體的指控，不只被拿來當文章標題——〈大使館見證了與瓜地馬拉有關的『不實

資訊』：美國報告指出人權團體遭到利用〉（"Embassy Sees 'Disinformation': U.S. Report Says Rights Groups are Used"）——在內文裡也大加著墨。作者完全接受大使館聲稱「政府無意公布該份報告」的說法，而且，完全沒有提到這份國務院的指控一經走漏，會對人權監督者造成什麼樣的威脅。文章裡提及人權團體認為國務院有意抹黑，不過，作者卻都沒有將「不實資訊」這個字眼用在國務院單方所提的指控上，也沒有嚴謹檢視那些指控的內容。這篇膚淺的文章，充分展現了本章取樣媒體如何報導國務院詆毀人權團體的一系列組織行動。而且，這篇文章也根本沒提到美洲觀察會另一篇探討國務院抹黑行動和安德斯信件的報告《瓜地馬拉的人權：沒有中間派的空間》（*Human Rights in Guatemala: No Neutrals Allowed*）。

瓜地馬拉人權團體互援會的謀殺事件

一直以來，在薩爾瓦多和瓜地馬拉的「死亡突擊隊民主制度」下，監督和保護人權的機構，都很難成立與生存。1980 年 10 月到 1983 年 3 月之間，有 5 名薩爾瓦多人權委員會的官員被維安部隊抓了起來，並遭到殺害。依據政治宣傳模式，美國大眾媒體對這些謀殺事件，應該興趣缺缺——這種預判，我們也有實證證明不假。比較《紐約時報》的新聞處理當例子吧：《紐約時報》總共才刊了四篇背頁新聞，報導這五人被殺的案子，但同一時期，該報卻刊了 35 篇新聞，報導蘇聯人權激進份子納坦·沙蘭斯基（Natan Sharansky），而且有的還當成要聞處理。這兩邊的報導比率，跟大致上政治宣傳模型針對媒體處理有價值與無價值受害者的分析，十分吻合。

瓜地馬拉比薩爾瓦多還更難讓人權組織生存。1984 年，瓜地馬拉的大主教孟西諾·普洛斯佩羅·潘納多斯·戴爾巴瑞歐（Monsignor Prospero Penados del Barrio）就曾明示「當前，人權組織要在瓜地馬拉生存，是不可能的事。」「失蹤」在 1960 年代中開始成為瓜地馬拉的一種制式手段，人員失蹤的案件累積越來越多，到了稱霸西半球的特殊程度，總計大約有 40,000 件。官方一直都是透過國家策畫的謀殺，讓那些想尋求下落與法律賠償的抗議團體生存不下去。1966 年曾有段短暫的時間，大學學生協會（Association of University Students）透過法院尋求失蹤者們的下落，不過，當時一則警方殺害 28 名左派份子的消息曝光之後，瓜國的司法體系又再次停止運作。麥克林塔克（McClintock）就這麼說道：「接下來幾年，很多大學學生協會的領導人和法律系成員，都遭到逮捕與追殺。」1970 年代中，大學學生協會籌組了失蹤者親屬委員會（Committee of the Relatives of the Disappeared），總部設在聖卡洛斯國家大學（San Carlos National University）。美洲觀察會寫道：「1974 年 3 月 10 日，便衣警察走進了這所大學的法律扶助中心，槍殺了委員會主策畫人之一、同時也是法律扶助中心主任的艾德蒙多・蓋拉（Edmundo Guerra）律師，而該委員會便就此解散了。」身為心理學家、同時也是記者的懿兒瑪・夫拉克爾（Irma Flaquer），創辦了另一個叫國家人權委員會（National Commission for Human Rights）的人權團體。她的兒子遭到殺害，她自己則於 1980 年 10 月 16 日「失蹤」。

根據英國國會人權小組（British Parliament Human Rights Group）指出，瓜地馬拉光是 1984 年一年之內，平均每個月都有 100 起政治謀殺案與超過 40 件失蹤案發生。我們幾乎可以肯定這些數據都低估了現狀，因為，只有發生在瓜地馬拉市（Guatemala City）或周遭地區的失蹤案會有人注意。農村與印第安家庭慘遭謀殺與成員失蹤的情況更多，但他們沒有資源，無法投訴，同時也更有可能招致報復。

1984 年 6 月，人權團體互援會，就在這個充滿謀殺、恐懼，以及先前所有人權組織皆慘敗的氛圍下成立。這是那些想尋找失蹤親人下落何處而且甘願冒著重大風險的民眾，在萬念俱灰下的產物。其中很多人因為尋親未果的挫敗，飽嘗重大苦痛。瓜地馬拉沒有法律賠償，訴諸警方或法院，也不會得到什麼有用的結果。找尋失蹤女兒的希丘先生（Mr. Hicho）在太平間待的幾個月裡，看過不下百具屍體，其中「70% 到 75% 的亡者都曾遭到凌虐。」其他搜尋親人的人則採取了各自難熬的途徑。1985 年初，有一位女性從軍官那兒得知她的丈夫依然在世，對方要她以陪睡換得見丈夫一面。她照做了，但不久之後找到的卻是她先生的屍體。

人權團體互援會的策畫者，意圖透過集體行動，找到力量，以請願與媒體曝光的方式，蒐集相關資料、尋求法律賠償。就某種程度來說，他們生存與成功的希望，靠的是當時的現狀：雷根政府把瓜國領導人梅西亞・維克

多瑞斯（Mejia Victores）營造成又一位「改革家」，而且，雷根 - 維克多瑞斯的團隊，想辦法要讓美國國會鬆綁金援。人權團體互援會也獲得了瓜地馬拉境內潘納多斯・戴爾巴瑞歐大主教（Archbishop Penados del Barrio）和其他教會團體與人員的支持，雖然這些人當中，只有極少數覺得自己在國家恐怖無限上綱的制度裡能大聲發表意見。在國際上，瓜地馬拉人權團體互援會獲得了進步政黨與人道主義政黨和人權團體的重大政治支持。

　　1984 年 6 月，剛成立的人權團體互援會有 30 名初創成員在瓜地馬拉市舉行了一場記者會譴責失蹤案，並呼籲政府要「即刻干預以找出大家所愛之人。」同年 6 月下旬還有 8 月初，他們在大都會大教堂（Metropolitan Cathedral）舉辦了彌撒表達對失蹤者命運下落的擔心，初始儀式還是由大學教區長麥耶爾・瑪爾多納多（Meyer Maldonado）與潘納多斯大主教主持的。8 月的那場彌撒有 1,000 位民眾參加。8 月 1 日，人權團體互援會首次與梅西亞・維克多瑞斯將軍會面，將軍也承諾要調查失蹤案。人權團體互援會在 8 月 8 日與 8 月 9 日主要大報的廣告版面上登了梅西亞・維克多瑞斯將軍的諾言，作為公開紀錄。隨後，人權團體互援會開始要大家注意政府未能履踐 8 月 1 日之承諾，而且，還逐漸轉而採取其他行動。1984 年 10 月，他們贊助了一場在大教堂為了失蹤者舉辦的遊行與彌撒——那是自 1980 年 5 月 1 日以來，第一場在瓜地馬拉的大眾示威抗議活動（1980 年的那場抗議中，抗議群眾在街頭遭逮，據估有百人遭到了暗殺，或就此失蹤）。

　　這個組織繼續壯大，從一開始才只有一點點成員，到 1984 年 11 月，已經有 225 個受害家庭加入，到了 1986 年，又增加到 1,300 個家庭。大多數的成員都是婦女，其中絕大部分是鄉下來的農婦。他們意志堅決。從一開始的請願、訴求、集會與遊行，到後來開始直截了當地提出控訴，「公然指控國家維安部隊，對民眾家人遭到拘捕隨後失蹤的事件，要負起直接的責任。」他們要求調查、要求說法、要求公理正義。他們向制憲議會上訴，而且開始經常地在瓜地馬拉市市區舉辦抗議活動，敲打鍋碗瓢盆，偶爾還會和平占領建築物。

　　當然，政府對人權團體互援會的訴求，沒有任何回應行動。反正制憲議會沒有實權，倒連支持的決議，都害怕到通過不了。軍方的領導人耍著人權團體互援會玩。在公開場合新聞媒體在場時，梅西亞・維克多瑞斯會說：

「我不希望規避責任，我們得有所作為。」不過，當媒體不在的時候，他卻說：「看來你們好像在指控我──但他們（失蹤者）不在我們手上。」「就在你們手上，」大夥兒說。「不在我們手上，」他答道。軍方領導人開始覺得煩了，逐漸加強電話威脅、警告信還有公開監視等等行為。那次梅西亞‧維克多瑞斯與人權團體互援會的言語交鋒過後兩天，兩個與人權團體互援會成員有關聯的失蹤者遺體被找到，身布凌虐傷痕，其中一人的屍體被丟在自家門前，眼睛遭到挖除、面部幾乎無法辨識。

梅西亞‧維克多瑞斯在 1985 年 3 月 14 日接受電視訪問時說，人權團體互援會「遭到了顛覆勢力的利用，因為，他們若真的有問題，我們都逐步找出答案了，而且，我們一直以來都極盡所能（解決這些問題）。」[110] 一大批報紙頭條新聞於是跟著報導，強調政府給了警告，指控人權團體互援會被顛覆派人士操弄。3 月中，梅西亞‧維克多瑞斯將軍在電視上受訪時被問到政府會採取什麼手段對付人權團體互援會。他回答：「等著瞧你就知道了。」

1985 年 3 月 30 日，人權團體互援會領導人赫克托‧戈梅茲‧卡利托（Hector Gomez Calito）遭到逮捕、用刑然後被殺。（6 位來拘捕他的警察，在他死後不久也都遭到暗殺。）他的腹部和身體其他部位遭人用噴槍燒，臉部則是被重重打到嘴唇腫脹、牙齒斷裂；他的舌頭被人割除。接著，4 月 4 日，另一位人權團體互援會的領導人瑪麗亞‧羅薩里歐‧戈多伊‧德古耶瓦斯，連同她 21 歲的弟弟和 2 歲的兒子，都被帶走、凌虐然後殺害。她的胸上有咬痕，內衣褲上沾滿血跡；她的 2 歲兒子指甲全都被人連根拔掉了。

就新聞價值性而言，兩名人權團體互援會領導人以及其中一人的弟弟和小孩遭到殺害的案子，感覺上理應受到高度關注。他們表現的勇敢，是超凡的；他們對抗的惡行，是出乎尋常的；他們經營互援會的正當性，是無可置喙的；還有，他們飽受的罪行，比波別烏施科經歷的，還要更殘暴。最重要的是，我們對這些罪行要負起相當大的責任，因為這是仰賴我們援助的附庸國持續助長的罪行，消息曝光與施加壓力，或許就能大大影響人權的捍衛。另一方面，雷根政府忙著想辦法要跟瓜地馬拉的軍政權套好交情、建立更能予以協助的關係，就像先前提過的那樣，雷根政府想方設法地要樹立瓜國軍政權好一點的形象。政治宣傳模式預期，就連這些戲劇性十足而且駭人

大眾媒體針對有價值受害者與無價值受害者的報導（2）
遭到謀殺的波蘭神父對比於兩名在瓜地馬拉遇害的人權團體互援會工作人員

| | 《紐約時報》 | | | | | | | 《時代雜誌》和《新聞周刊》 | | 哥倫比亞廣播公司新聞頻道 | | | |
| | 文章 [1] | | 專欄大小 | | 頭版文章 | | 社論 [1] | | 文章 [1] | | 專欄大小 | | 新聞節目數量 [1] | | 晚間新聞節目數量 | |
	數量	為頭列要聞之占比%	數量	為頭列要聞之占比%	數量	為頭列要聞之占比%	數量	為頭列要聞之占比%	數量	為頭列要聞之占比%	數量	為頭列要聞之占比%	數量	為頭列要聞之占比%	數量	為頭列要聞之占比%
受害者																
1984 年 10 月 19 日遇害的葉日・波別烏施科	78	(100)	1183.0	(100)	10	(100)	3	(100)	16	(100)	313.0	(100)	46	(100)	23	(100)
1985 年 3 月 30 日到 4 月 6 日間遇害的赫克托・奧蘭多・戈梅茲和瑪麗亞・羅薩里歐・戈多伊・德古耶瓦斯（以及一名遭到虐殺的孩童）	5	(6.4)	80.0	(6.8)	--	--	--	--	--	--	--	--	--	--	--	--

1   這些媒體報導，是從受害者失蹤或遇害的第一則報導開始起算，統計 18 個月的數據。

聽聞的謀殺案，也會被大眾媒體低調處理，快速淡化——有別於波別烏施科，媒體對此案不會持續關注、也不會有能激起群眾（而且干擾政府計畫）的義憤表述。這些預期，通通都獲得了紀錄的證實。

表格 2-3 比較了媒體針對波別烏施科案和瓜地馬拉人權團體互援會案的報導。我們立刻可以明顯看出，這兩個案子的處理，大不相同。人權團體互援會的謀殺案，在《時代雜誌》也好、《新聞周刊》也罷或哥倫比亞廣播公司新聞頻道上，連「新聞」都排不上。《紐約時報》則是從來都不認為這些謀殺案值得登上頭版或作為社論主題，而且，我們還看得出來，針對此案，該報的報導力度很輕。《紐約時報》初次報導這四人的謀殺案是 1985 年 4 月 7 日，該報在報紙第 5 頁刊載了一則極小的新聞，內容提到瑪麗亞·羅薩里歐·戈多伊·德古耶瓦斯和她弟弟與兒子，遭人發現陳屍在山谷中的一輛車子裡。不管是這則小新聞或是《紐約時報》後續的報導文章，都沒有提供屍體狀況的細節，也都未提過兩歲男童的指甲遭到連根拔除。[111]

其他方面也是這樣，所有由史蒂芬·金瑟（Stephen Kinzer）執筆的《紐約時報》文章，大體上套用的都是一種推諉邏輯。也就是說，這些文章的重點都不是謀殺案，不是受害者的身分、暴行的細節、兇手是誰、動機為何還有以上方方面面顯然各自拼湊出的組織策畫謀殺案面貌，其背後之制度架構與根本原因。然而在波別烏施科的案子上，這一切都是**重點**議題。對於人權團體互援會謀殺案的細節，金瑟不是提得極少就是完全不寫，還有，這些受害者和他們各自加入互援會的經歷，他也幾乎沒有著墨；至於到底誰是兇手以及當前為了將殺人兇手繩之以法有何作為（或什麼沒做）——這種種問題，金瑟也幾乎不探討。金瑟理所當然地認為這些謀殺案都是政府幹員所為，但他卻不明說，也不討論背景脈絡，或去深究評價這件案子的思考架構。他「客觀」地看待此事件，用簡短而平鋪直述的方式引述部分人權團體互援會倖存成員的話，但是，這些成員的發言力道，都被他所引述的將軍發言，抵銷掉了。將軍們說：他們同意人權團體互援會的成立（這只勉強對了一半）；他們指派了一個調查委員會，「發現沒有證據證明瓜地馬拉有祕密羈押中心」（不提委員會的組成為何、有何反證，還有他們可能忽略的議題——例如後來證實遭到殺害的失蹤者）；他們不承認戈多伊和她弟弟還有兒子的謀殺案與自己相關，還聲稱那是車禍奪命。要是當初金瑟寫出了受害者的傷勢細節，那麼將軍們

的說法便不攻自破，自然就會帶出進一步的質疑。

　　金瑟在一篇又一篇的文章中，重複提到梅西亞‧維克多瑞斯誓言很快地就要恢復民治；他這麼寫有助於轉移焦點，讓大家不再關注當前殺戮事件與其原因，還有熱議中的人權團體互援會謀殺案；他也沒告訴我們，在這一個就他所知統治實權仍握在同一批軍隊的恐怖主義國家裡，所謂「民治」到底是什麼。[112] 在波別烏施科的例子上，一旦確認警方犯下謀殺罪，媒體便開始大篇幅討論警方的工具與手法，同時處理高層人士要為該案負責的問題。這些問題，金瑟完全都不討論。雖然瓜地馬拉謀殺機器的組織結構及其運作方式會是條好新聞，而且，這個謀殺機器的詳細操作手法，要查就有，但是這不符合美國政府的思想宣導，也有違《紐約時報》的處置方式。同樣地，梅西亞‧維克多瑞斯在人權團體互援會領導人謀殺案當中的角色——還記得這一樁樁謀殺案發生之前他提出的警告嗎，還有，想想看，他手裡握的是完全不受外力控制、得以自行定奪的百姓生殺大權呢——金瑟也一併忽略了。我們又再次看到，在這個無價值受害者案件當中，處理高層人員的關聯性，不會是政治宣傳的手法。金瑟成功地將人權團體互援會的謀殺案寫得好像是當時環境背景的一部分——雖然令人遺憾，但在所難免，這就是一個動盪國家複雜的歷史積累中的一部分，而且，新的民治政府掌權後，可望撥亂反正。

　　1986 年 3 月與 4 月，人權團體互援會剩下的兩位領導人，妮娜斯‧德賈西亞（Nineth de Garcia）和赫爾琳多‧希德歐‧德阿奎諾（Herlindo Hideo de Aquino），為了取得國外支持，在代表基督民主黨（Christian Democrat）勝選的平民總統維尼西歐‧瑟瑞佐（Vinicio Cerezo）就職典禮過後，造訪了歐洲。他們要傳達的最重要訊息，就是瑟瑞佐就任後的三個月間，殺戮與失蹤案件，完全都沒有減少，而且，實際上，死亡突擊隊再現，活躍於瓜地馬拉市。由於妮娜斯‧德賈西亞的健康狀況不佳，所以她取消了訪華盛頓的行程，直接從歐洲飛往芝加哥準備接受芝加哥市長哈洛德‧華盛頓（Mayor Harold Washington）贈與市鑰。不過，她在芝加哥通關時，卻被移民歸化署（Immigration and Naturalization Service）的官員搜身、問訊、騷擾了兩個小時，其中一位官員還稱她是顛覆份子、共產主義人士。即便她持有有效簽證而且只預計短暫停留，這些官員還是沒收了她攜帶的文件，威脅要遣返她。這些恫嚇行為果然

見效，妮娜斯・德賈西亞直接飛回了瓜地馬拉。由她的朋友代為出席哈洛德・華盛頓市長贈市鑰的晚宴。

這個事件揭露了真相。蘇聯人權激進份子沙蘭斯基或推翻波蘭共黨的總統華勒沙（Walesa），不太可能會遭受移民歸化署這樣對待，話說回來，就算他們真的遭到這種對待，新聞媒體一定會大加強烈抗議。[113] 後來人權團體互援會的支持者為了抗議移民歸化署的惡行，在芝加哥舉辦了一場記者會，大型媒體沒有參加，而且，就算消息見報，或國會團體為了追查此事發出信函，還找來參議員丹尼爾・派翠克・摩伊尼翰（Senator Daniel Patrick Moynihan）署名，大型媒體依然對此事三緘其口。雷根政府對瓜地馬拉的政策，和媒體優先選報何種新聞的選擇，完整融合為一。（根據那場芝加哥記者會的兩個策辦者表示，他們把該活動的完整訊息發給了《紐約時報》駐芝加哥的記者史帝夫・葛林豪斯〔Steve Greenhouse〕，不過，該報完全沒有報導這個活動的任何隻字片語。）

1986 年 9 月 17 日，瓜地馬拉軍隊發布了一則新聞稿，指控人權團體互援會進行的是：

> 「一系列用……謊言……侮辱和蠻橫攻擊軍事機構的暗黑活動，超過了民主自由〔的範疇〕與我們對自由言論的容忍。我軍無法允許人權團體互援會這些企圖破壞瓜地馬拉民主國際形象的操控行為，其背後之邪惡與尋釁本質……」[114]

即使 1984 年 3 月和 4 月時，兩名人權團體互援會領導人遇害之前，也出現過非常類似的威脅，但美國大眾媒體還是完全忽略了這則新訊息——就算人權團體互援會、瓜地馬拉人權委員會，還有他們的夥伴團體多麼費勁，想辦法要讓大家知道軍方的公開威脅，也於事無補。一如以往，這些受害者的無價值性，依然是瓜地馬拉軍隊繼續保有的屠殺自由中，至為重要的組成因子。

第3章

第三世界的選舉：
讓政權合法還是毫無意義？
——以薩爾瓦多、瓜地馬拉、尼加拉瓜為例

第三世界的選舉，提供了檢驗政治宣傳模式的絕佳場域。有的選舉，是與我友好的附庸國為了使統治者和政權合法而舉辦的；有的則是不受歡迎的國家或敵對國，為了讓**他們的**政治體制合法才舉辦的。與我友好之附庸國的選舉，往往都是在美國的贊助下舉辦，而且，在操作與公關上還有美方的大量協助——這一點，更是強化了選舉理所應然要有好壞二分。因此，美國於 1966 年在多明尼加共和國，籌辦了所謂的「示範選舉」，其後更定期在附庸國舉辦這類選舉——按照定義，示範選舉的主要功能，就是讓美國政府得以說服本國人民，美方的干涉行為立意良善、被入侵占領國的政府和民眾都歡迎美方的侵擾，而且美方給了他們一個民主的選擇。

薩爾瓦多 1982 年和 1984 年的選舉，便是不折不扣的示範選舉，而瓜地馬拉 1984 年到 1985 年間的選舉，則是美方為了提升形象大力協辦的。對比之下，1984 年，尼加拉瓜舉辦選舉，雖然目的是讓他們當時的政府合法，但這卻是雷根政府想盡辦法要顛覆推翻的政權。因此，美國政府拚盡一切醜化尼加拉瓜大選。

根據政治宣傳模式的預判，大眾媒體會支持國家的看法和思想宣傳。換句話說，不管事實如何，媒體都會認為我方支持的選舉目的就是要合法化政權；而媒體會認為，我方不支持的選舉，都有缺陷、荒謬可笑、不足以作為合法化的工具——當然，又是不管事實如何都一樣。這之所以能當成政治

宣傳模式的又一重要檢驗，原因就在於 1982 年和 1984 到 1985 年間的薩爾瓦多和瓜地馬拉選舉，都發生在國家恐怖持續不斷而且高漲的情況下；而尼加拉瓜的選舉，則不是這樣。媒體為了要呈現出前者的選舉能合法化政權，而後者的選舉不過是鬧劇一場，就必須採取兩個不同的衡量標準，更確切地說，媒體就得避而不談薩爾瓦多和瓜地馬拉大選中的國家恐怖和其他基本的選舉條件。我們隨後將會看到，媒體得做到的，都完滿達成，而且，還極力配合了國家的需求。

為了闡述政治宣傳模式在這些案例上的適用性，我們首先會說明美國政府試圖強加於媒體的選舉政治宣傳架構；接著，我們會審視這三個國家舉辦選舉時的基本選舉條件；最後，我們會檢視美國大眾媒體如何分別處理這三國的選舉。

選舉政治宣傳架構

美國政府在其支持的選舉上，採取了數種美化這些選舉的手段。對於自身想強調的議題，美國政府也有一套可以辨識的思想宣傳，當然，它也有自己希望低調處理或不要大家注意的其他議題。要操作示範選舉，最重要的一點就是操弄象徵與思想宣傳，讓我們支持的選舉有正面的形象。贊助國政府，試著把被贊助國的選舉，和「民主」這種令人滿意的字眼連結起來；同時，把支持選舉一事（因此才有民主），跟他們所支持的軍事政權連結起來。贊助國政府會強調，能在國內衝突的情況下舉辦選舉，是多麼棒的一件事；同時，贊助國政府還會把舉辦選舉一事，說成是當地國軍方同意支持選舉（雖然並不情願）並奉行選舉結果的一場道德勝利。

雖然選舉的**規畫**之一就是不讓反抗軍投票，但是，反抗軍拒絕參與選舉，就會被說成是拒絕民主，而且被當成其反民主傾向的證明。[115] 贊助國政府也會緊咬著反抗軍鼓吹大家別參與選舉，或威脅要破壞選舉的所有聲明。贊助國會利用這些聲明，把這場選舉變成一場張力十足的鬥爭：一邊是「脫胎換骨」的民主軍隊與掙扎著想投票求「和平」的人民，另一邊則是反對民主和平與投票權的反抗軍。因此，選舉的戲劇性結尾，就是**選民投票**

率，由此可衡量出民主與和平勢力（也就是軍隊），得以戰勝反抗軍威脅的力量多強大。

贊助國會派遣官方觀察員到選舉現場，確保其公關上的成功。名義上這些官方觀察員的角色，是見證選舉的「公平」。不過，他們真正的功能，是致力替政府進行思想宣傳、讓新聞媒體報導可靠的消息來源，以提出一個公平的選舉**樣貌**。[116] 他們以親身所在的現場有選民大排長龍、面帶笑臉，而且沒有攻擊行動為證，還以美國和附庸國官員的滿滿自信和十足熱力為據，證明選舉的公平。[117] 只不過，這些表象，跟排練好的騙局一模一樣。公平的基礎，是事先已具備好的基本條件；這些基本條件，是官方觀察員在有人導覽、短暫停留的狀況下幾乎不可能確認的。更何況，贊助選舉現場的官方觀察員，幾乎不會問貼切的問題。[118] 他們之所以有辦法發揮公關功能，是因為贊助國政府選出的觀察員，會忠實支持國家目標且大加宣揚觀察員角色，而且，新聞媒體也會帶著敬意地加以報導。[119]

在這些贊助的選舉裡，贊助國政府「不會列入宣傳內容」的，就是在選舉當日活動之前，定調此選舉有意義或無意義的所有基本變數。這些變數包含了：（1）言論與集會自由；（2）新聞自由；（3）籌組與運作經濟、社會與政治中介團體（工會、佃農組織、政治社團、學生與教師聯盟……等等）的自由；（4）組織政黨、動員、推出候選人、無須擔心極端暴力威脅競選活動的自由；以及（5）不存在國家恐怖與民眾恐懼氛圍。其他「不會列入宣傳內容的」，還有選舉日的「強迫手段大成」——包含要求民眾必須投票的所有法律規定，還有針對**不**投票行為的直接或間接威脅——也就是除了以選民忠於軍隊及其規畫這個原因解釋投票率之外，其他可能用來解釋投票率的一切手段。其他為了配合政府的政治宣傳方式而得低調處理的議題還包含：美國政府在籌辦、金援這類選舉方面所扮演的角色；為了催票所發動的內部政治宣傳活動；明擺著的詐騙行為；還有報導選舉的記者們所面臨的限制與威脅。

政府思想宣傳的另一個議題，則是這類選舉的**目的**。假如這類選舉要做的，就是影響贊助國的人民，那麼，清楚說明這種目的，有可能會引起人們對選舉正當性的質疑。以越南 1967 年的選舉和薩爾瓦多 1982 年與 1984 年的選舉為例，這些選舉的目的，不只是為了安撫國內民眾，同時還要混淆

意圖。在這兩個案例中，政府都暗示舉辦選舉將有助於以無紛爭的方式解決衝突，然而，政府的意圖，是替戰事升溫鋪路。在越南 1967 年的選舉中，提出和平選項的候選人，都不被當一回事，還有，我們接下來會講到，在薩爾瓦多 1982 年和 1984 年的選舉中，完全沒有主張和平的候選人，民調和記者卻一直說選民主要關心的事，就是和平。這凸顯出這些選舉的欺瞞，還有，一定要掩藏住的贊助國意圖。

美國政府的思想宣傳，在不受歡迎的國家或敵對國裡所舉辦的選舉中，可就恰恰相反了。選舉不再和民主畫上等號，而且，美國官員不再對艱困環境中舉辦的選舉驚呼連連。他們不會讚許軍隊支持選舉並同意奉行選舉結果的行為。相反地，執政黨透過對軍隊的控制與支持而獲得的影響力，在這個時候會被說成破壞選舉的公正性。反抗軍的破壞行為，不再是反對派向民主說不的證據，還有，投票率不再是民主軍隊和在野反抗派之間鬥爭的戲劇化結尾。**現在**要強調的，是想透過這個號稱選舉的工具，讓自己的統治合法的那些選舉贊助人，背後所隱藏的動機了。

更重要的是，用來評估選舉的變數，有哪些該列入思想宣傳，也都大大改變了。這下子關注的重點，從選舉的各種表象——選民排出的長隊還有臉上的笑容、選舉日投票的簡單步驟，以及候選人的性格等等——轉移到贊助選舉中不列入思想宣傳的那些基本變數之上。國務卿舒茲（Schultz）曾說：「重要的是，如果選舉舉辦在即，那麼，我們不僅要在人民投票那一刻觀察選舉，還要觀察讓這場選舉有意義的所有前置條件。」舒茲為了更進一步地詳細解釋，挑明著說選舉要有意義，那麼「敵對的政治團體」就一定要「成立並可接觸民眾」、要有集會的權利，還要能運用媒體才行。舒茲這些發言，針對的是 1984 年的尼加拉瓜大選。沒有任何一位國會議員或媒體評論家提出，是否也該將舒茲提的這些準則套用在同年薩爾瓦多或瓜地馬拉的大選上。

簡而言之，政府採取了一種幾近於完美的歐威爾式雙重思想（Orwellian doublethink）：忘掉「已然不好處理（的準則），然後，等我們需要這些準則時，……再想到它們，拿出來用，視需要時間決定這次要用多久。」對此，政府甚至還坦承不諱：某位資深美國官員曾對觀察尼加拉瓜大選的拉丁美洲研究協會（Latin American Studies Association，簡稱 LASA）成員這麼說道：

「薩爾瓦多政府並不與美國為敵；美國沒有義務把用在該國的那套標準，用在誓言與美國為敵的國家上。這些人（桑定民族解放陣線，簡稱「桑解陣」）可能會在中美洲製造出對美國有所威脅的局面。我們也就有權改變標準。」

然而，雖然政府有可能採取毫不掩飾的雙重標準，但主觀性強、又不屬於政治宣傳體制份子的媒體，則會採用單一標準。美國的大眾媒體，在處理薩爾瓦多、瓜地馬拉還有尼加拉瓜的選舉時，到底是遵照單一標準，還是遵行政府的思想宣傳，以便讓薩爾瓦多和瓜地馬拉的選舉形象大好，而詆毀尼加拉瓜的選舉呢？

1982 年到 1985 年間薩爾瓦多、瓜地馬拉和尼加拉瓜的基本選舉條件

這三個在 1982 年到 1985 年間舉辦大選的國家，都處在嚴重衝突的情境中：尼加拉瓜當時邊境經常面臨美國籌組與支持的反抗軍游擊隊侵襲。薩爾瓦多則面臨著內部衝突與外部（美國）策畫與金援的反暴動戰爭。而如前所述，瓜地馬拉當時已經進化成一個反暴動國家，固定用戰爭強迫大多數的印第安人和其他佃農接受現狀，同時，暴力壓制已成為該國政治制度的重要核心。

雖然這些國家都衝突不斷，但是，基於諸多原因，尼加拉瓜的選舉條件，比薩爾瓦多和瓜地馬拉的還要好得多。首先，而且是至為重要的一點，就是薩國與瓜國大選時，軍隊依然在大規模地屠殺百姓，兩國都有數以萬計的死亡人數，而且屠殺方式極度殘暴。在尼加拉瓜，則幾乎沒有類似的情事。這是連最不關心真實情況的人都知道的實情，並且無庸置疑。這立刻針對選舉氛圍畫分出了根本的區別。如果國家裡有外國勢力支持或控制的殺戮機器，殺紅了眼，帶給人民恐懼，那麼，這些國家的選舉條件，事先就嚴重不良——要是我們討論的是某個官方敵對國的勢力範圍，那麼媒體會馬上看出一點。[120]

尼加拉瓜與另外兩國更進一步——而且跟選舉相關——的區別在於，

執政的桑解陣政府，是一個努力解決多數民眾需求、因此**提供得起**更多言論與結社自由的人民政府。拉丁美洲研究協會的尼加拉瓜大選觀察報告提到，尼國的政府計畫，「有意重新分配財富與公共服務的取得權。國家會盡力保證大多數民眾的基本需求獲得滿足。」所謂「大多數人的這種邏輯」，這份報告接著說，也就意指「要非常大量的民眾（參與）影響人民生活的決定。」雖然自由新聞媒體並沒有提到這一點，但是這些名實相符的觀察員認定，尼加拉瓜政府奉行了這套邏輯。慈善發展機構樂施會（Oxfam）的黛安娜‧梅爾羅斯（Diana Melrose），引述了世界銀行的觀察──「各國政府……將政治領導投注於改善人民狀況並鼓勵人民主動參與國家發展過程的方式都很不相同」──之後說：「但根據我們樂施會跟 76 個開發中國家合作的經驗可證，尼加拉瓜政府致力實施承諾，非一般可及。」相對之下，尼國桑解陣施行的這種改革，就是統治薩爾瓦多政府和瓜地馬拉政府的菁英幾十年來想盡辦法要避免的。薩爾瓦多跟瓜地馬拉長期以來控制絕大多數人民的方式，就是在美國大力且不間斷的支持下，施以極端壓迫。這種壓迫的目的，就是讓人民對一切無感，同時摧毀可能為有意義的民主制度打下基礎的人民組織。桑解陣從事的則是動員大部分的人民、讓他們參與政治，而之所以有辦法這樣，是因為尼國的政府計畫，目的就是為大眾服務。

影響這三國選舉條件的第三個變數，就是在薩爾瓦多和瓜地馬拉的衝突是內部的，而且，施加於大多數人民身上的暴行，是造成內部紛亂的重要原因。在尼加拉瓜，衝突則跟外部贊助的侵略行為有關，尼國內部對此侵略行為極少支持。桑解陣可以訴諸民族主義的情操，輕而易舉地動員人民對抗美國佬策畫的恐怖主義。薩爾瓦多政府和瓜地馬拉政府幾乎做不來──薩爾瓦多政府尤其得處理因外國勢力（例如美國）主導與操弄其國家事務所激起的負面民族主義反應，這個狀況，在 1987 年秋天杜阿爾特造訪華府時，已經到了荒唐的地步；造訪當時迫不及待地親吻了美國國旗的杜阿爾特，讓自己成了拉丁美洲的笑柄。雖然隨著衝突升溫，桑解陣加強打擊內部支持反抗軍游擊隊的勢力，不過，以美國通常套用在拉丁美洲區域的評斷標準來看，尼國處理境內異議人士的手法，都出奇地客氣。在薩爾瓦多和瓜地馬拉，統治菁英階層做不到這樣的寬容大度；在這兩個國家裡，透過大規模恐怖行動對人民進行壓迫，已經是行之有年的體制了。

弔詭的是，第四個讓尼加拉瓜的選舉環境比較友善的變數，是美國的敵意以及美方政治宣傳機器的影響力。美國的自由媒體，完全不放過尼加拉瓜發生的每一樁逮捕案或所有的騷擾行為，把這些事件變成佐證，證明桑解陣政府的邪惡本質。另一方面，一如第二章已經說明過的，瓜地馬拉和薩爾瓦多的政權卻可以每天大規模地恣意凌虐、強暴、重傷、謀殺人民，而不引起媒體同等的關注報導、義憤或針對這些政權本質的推論。在這樣的脈絡之下，尼加拉瓜政府承受著強大的壓力要謹守分際，而美國的衛星國 xxvii 卻可以自由任意地殺人，不必付出重大的政治代價。

讓我們先簡短地檢視薩爾瓦多、瓜地馬拉，還有尼加拉瓜在各個自由選舉條件中的比較結果，然後再討論媒體對這些議題的報導處理方式。

言論自由與集會自由

薩爾瓦多 1980 年 3 月 7 日的戒嚴令，合法中止了言論自由與集會自由權。1980 年 12 月 3 日的 507 號命令，基本上破壞了司法制度，允許武裝部隊在無須接獲指控或罪證的情況下拘捕民眾，留置 180 天。在這些裁定之下，薩國 1982 年 3 月大選之前的 30 個月當中，連同 1984 年選舉之前，有數千位民眾，在司法程序外，因涉嫌「顛覆」行動與思想，遭到逮捕、拘禁、凌虐、強暴還有殺害。1982 年初，政府只對角逐選舉的六個政黨，解除戒嚴令；當年選舉前 10 天，政府才對所有薩爾瓦多民眾解除了戒嚴令——不過，很不幸地，民眾一直到選舉結束之後才得知這件事，而當時政府已經又重新實施戒嚴了。在 1980 年代初期的薩爾瓦多，暴露遭到毀壞的屍體以教化人民，成為了政府約定俗成的手法。我們在第二章裡也說明過，即便美國強力施壓，但要求薩爾瓦多關押、審判還有定罪那些殺害四位美國公民的嘍囉，還是面臨困難。薩爾瓦多的人民，除了在游擊隊軍隊掌控的地區受其保護之外，國家恐怖份子是完全不保護人民的。在 1982 年和 1984 年的薩爾瓦多，國家針對異議言論，所施予的極端暴力威脅，非常嚴重，而這跟自由

---

xxvii　譯註：原文為 satellite，指國際關係中在名義上完全享有主權，但其國內政治、軍事和外交皆受到強權干預的國家。

選舉，根本性質互斥。

　　無獨有偶，在 1984 年和 1985 年間，瓜地馬拉的武裝部隊針對疑似顛覆份子的行動，也完全不受法律管束。在軍方未取得授權，而且個人沒有權利接受聽證或審判的情況下，數千人遭到逮捕、凌遲與殺害。跟薩爾瓦多一樣，在 1970 年代晚期與 1980 年代時，毀屍行為，還有將受到凌遲的屍體暴露在外，也是常見的事。法院由軍方掌控，而軍方根本不會執行或遵守他們不認可的裁決；法官們則是出於有求於軍方或是出於害怕，因此也不會違抗軍方。就連向來替瓜地馬拉政權護航出了名的聯合國大會人權特別報告員卡爾羅斯柯爾威爾子爵（Viscount Colville of Culross），提到超過 80 位司法機關成員、法院工作人員以及法律產業人士在 1980 年初期遭到殺害之後，也說「這類事件造成了無法抹滅的印象，並非短時間內可以辯說分明的。」在此，我們提出兩件瓜國法院自治匱乏的例證：1983 年 5 月，時任最高法院總長的里卡爾多‧沙卡司圖梅‧維道雷（Ricardo Sagastume Vidaure），不過就因為想將軍方人員送司法制度審判，因此遭到軍令革職。1984 年 7 月 19 日，時任軍隊公關負責人的賈爾米‧多明尼奎茲（Djalmi Dominiguez）告訴自由新聞報（Prensa Libre），軍方不會容忍他們的人被送進法院，不管什麼罪嫌都一樣。

　　1980 年代初期，經過 1980 到 1983 年的大規模屠殺與破壞村莊行動之後，大量的佃農被遷到軍方控制下的「模範村」及其他地方定居，而且，超過 80 萬名的男性，被徵召為準軍事民防巡邏隊義務兵，受軍方嚴格監督。1984 年造訪瓜地馬拉的英國國會團體表示：「民防巡邏體系是靠國家恐怖才能實施的，建立這個體系，也是為了要散播恐怖。……有任何不尋常行為的人，立刻就會遭到懷疑，然後被巡邏隊帶到軍方的**分隊（destacamiento）**。訊問會交由軍方負責，不過，殺害這些嫌疑人的差事，卻往往由民防巡邏隊執行。」代表蘇格蘭羅馬天主教大主教會議（Roman Catholic Bishops' Conference of Scotland）的泰勒大主教（Bishop Taylor）以及代表英格蘭—威爾斯羅馬天主教大主教會議（Roman Catholic Bishops' Conference of England-Wales）的歐布萊恩大主教（Bishop O'Brien）於 1984 年訪問瓜地馬拉之後，報告道：

　　「全國民眾幾乎受到各地龐大的軍方與警力全面控管，這一點，我們

都觀察得出來。而且，民防巡邏隊、軍事委員和線民，還有充當軍事拘留營以容納那些來自衝突地區印第安人的『模範村』——全部組成一套全國性的網絡。瓜地馬拉的大多數地區，就跟遭到軍隊占領的國家沒兩樣。我們其中一位線民總結這個狀況的時候說，軍隊已然建立出一套『結構性控制』的體系。」

1985 年，美洲國家間人權委員會（InterAmerican Commission on Human Rights）親自造訪瓜地馬拉後也指出，該國沒有言論與集會自由：

「由於發展極地區（Development Poles）xxviii 現存的維安手段和民防巡邏隊的嚴密監控，禁止人們參與一切社交、意識形態、文化或其他類的集會與組織，因此，美洲公約（American Convention）裡第 15 條與第 16 條所探討的集會自由與結社自由，也遭到限制與禁止。諸如此類的所有聚會，就算有，也受到當局的監視、督導、管控，因此人民並不享有這些權利意味的自由。」

1984 年到 1985 年的選舉期間，瓜地馬拉允許公共示威遊行，但要提前三天公告，同時取得軍方當局的允許。然而，在瓜地馬拉的整體情況之下，核准權利意義不大。國際人權法團體（International Human Rights Law Group）以及拉丁美洲華盛頓辦公室提出，無論選舉保證人們可以做什麼，「但軍方和民防巡邏隊以及恐懼的氛圍，也會讓許多瓜地馬拉人很難結社與集會。一位當地的觀察員說，多年下來施加於地方組織的恐怖與壓迫，早已癱瘓了全體的鄉民：『光是我們這座村莊就有四名農民聯合委員會（CUC〔佃農聯盟〕）的成員遭到殺害。現在要組織任何團體，都非常困難了。』民防巡邏隊、高速公路上的警察與軍方臨檢哨，還有模範村居民需要許可證才能出入，這方方面面都阻礙了自由行動。在鄉下地區，民防巡邏隊會勸退集會活動，因為

---

xxviii　譯註：發展極理論認為經濟發展在時間和空間上都不是均衡分布的。在一個國家的經濟空間中，經濟發展應當以非總量的方法來安排發展計畫，經濟成長並非在不同的部門、行業或地區按相同的速度平衡增長，相反地，經濟成長會在不同的部門、行業、地區，按不同速度增長。

大家都怕被檢舉。」

　　許多瓜地馬拉選舉的觀察員都提到，雖然該國的重大議題是土地的分配改革以及人權，但是，沒有任何一位政治候選人討論、疾呼土地改革，或是重整軍隊，或施壓要政府對數萬名「失蹤案」給個說法。基督民主黨（Christian Democratic）的顧問跟國際人權法團體說：「因為現在不是跟軍隊或私人企業衝突的時候。」

　　簡而言之，即使選舉期間，瓜地馬拉的「自由言論情況曾有過短暫的改善」，但是該國並不符合自由選舉的第一項條件。鄉下的群眾身處於軍方管訓之下，而且深受大規模屠殺與律法蕩然無存的心理創傷，而候選人們則無法公然提出基本的社會議題。

　　1984 年時，尼加拉瓜的自由言論和集會權，受到社會的壓力與威脅，還有同年 11 月大選前 6 個月左右才終止的戒嚴狀態，多所限制。不過，尼加拉瓜對言論與集會自由的限制，和薩爾瓦多與瓜地馬拉的限制之間，存在著非常重要的差別。最值得注意的差別就是，在尼加拉瓜，軍方與警察不常拘捕可疑的顛覆份子，加以凌虐，甚至殺害。政府不會把公開展示被損毀的屍體當成公眾教育體制的一部分。瓜地馬拉那種被國際人權法團體稱為「恆常、過分的政治恐怖」，以及薩爾瓦多那種被該國前官員李奧內爾‧戈梅茲（Leonel Gomez）稱為「可怕的順從」，都不適用在尼加拉瓜的情況上。1984 年，尼加拉瓜的異議人士可以在不擔心被殺的情況下自由發言，而拉丁美洲研究協會還說：「我們代表團的每一個成員，在馬拿瓜（Managua）和其他城市走動的時候，都曾遇過憤怒的民眾找上我們，少說也有一次。這些街頭相遇的狀況，很多最後都變成找上我們的民眾與加入討論的路人，多方之間的熱烈激辯。……這些人並不感到害怕。」

　　尼加拉瓜的集會自由，多少受到官方騷擾受限，不過，還是老話一句，這並不是像薩爾瓦多和瓜地馬拉用國家恐怖禁止集會自由那樣。拉丁美洲研究協會的代表團，仔細檢視了反對派陣營對桑解陣騷擾集會的控訴，發現這些指控大多沒有根據，因此認定參與選舉的政黨，「大多都有辦法在不受到親桑解陣的示威活動阻撓之下，舉辦自身政黨的集會……。」

　　我們的結論是，尼加拉瓜部分符合了自由選舉的第一個基本條件，但薩爾瓦多和瓜地馬拉，則完全不符合。

新聞自由

　　薩爾瓦多的《人民紀事報》（*La Cronica del Pueblo*）和《獨立報》（*El In-dependiente*），是唯一會批判政府的兩家大報——但都完全算不上激進派報紙，它們分別在 1980 年 7 月和 1981 年 1 月停業。原因在此：《人民紀事報》的一名高層編輯和兩名員工，遭到維安部隊的殺害與肢解；《獨立報》則是員工遭到軍方逮捕，工廠被毀。教會報紙和廣播電台，不斷受到炸彈攻擊，面臨停刊或關台。替主要反對陣營發言的報紙或電台，除了祕密營運之外，沒有一家有辦法生存。在薩爾瓦多，自從革命軍政府奪權後，就已經有超過 30 位記者遇害。就在 1982 年選舉前夕，對付新聞業的一連串活動越演越烈。3 月 10 日，「死亡突擊隊」間流傳著一份上頭記有 35 位記者的暗殺名單，3 月 18 日，招致毀壞的 4 位荷蘭記者屍體被發現。這 4 件在薩爾瓦多發生的謀殺案，沒有一件「破案」——基本上，這些案子都是在國家的護航之下執行的。

　　在瓜地馬拉 1978 年到 1985 年間，有 48 名記者被殺，還有很多記者則是遭到綁架與威脅。殺害、綁架以及威脅已是控制媒體的主要手段。跟薩爾瓦多的案子一樣，這些瓜地馬拉的案子，沒有一件有逮到兇手或開庭審判，我們沒有任何理由不相信這些案子不是國家幹的，或不是在國家同意下幹的。在瓜地馬拉，沒有任何一家報紙、廣播電台，或是電視台，會表達反抗軍或大多數印第安人口——或總的來說，就是較低階級人民——的意見觀點。媒體「頂多是反映出不同程度的極端保守思想罷了。」有鑑於極端的恐懼氛圍，還有不得行差踏錯的威脅，就連保守的新聞媒體也戒慎小心，不斷自我審查。在這個充滿恐怖的社會中，所有應該要論辯的中心議題，都被小心避開了。

　　尼加拉瓜又有所不同了；沒有聽聞記者遭到國家恐怖份子殺害的情事，就連個人暴力威脅記者的事都沒聽過。1984 年，尼加拉瓜有 50 多家私營廣播電台，有些還自己提供自己的新聞節目；另外有 4 家獨立新聞製播公司，會提供不需事先審查的新聞節目。在 1984 年的瓜地馬拉，從哥斯大黎加（Costa Rica）、宏都拉斯和其他地方發播的那些外國廣播電台與電視，具備商業性質的也好，為美國政治宣傳的也罷，都越來越重要。三家報社中，有

兩家是私營的：其中一家支持政府但會批判特定的政府計畫與行動，另外一家，則是強烈反對政府。強烈反對政府的報紙《新聞報》（La Prensa），即使專為極端保守的少數小眾發聲，而且支持反抗軍游擊隊與外國資助的入侵行動，不過，該報 1984 年競選期間，還是獲准繼續運作，只是有受審查。審查制度依然允許該報刊登反對派團體的宣言，以及批判執政政權的宗教建言。然而，類似這類的報紙，沒有一家得以在薩爾瓦多或瓜地馬拉見光——無論時間多短也一樣。

尼加拉瓜政府，向來也利用嚴重侵犯新聞自由的審查制度和定期的緊急控制限制該國的媒體——這一點無庸置疑。只不過，我們也不應該忘了，尼加拉瓜正遭受外國的攻擊，而且，國家處在戰爭高熱的狀態。約翰·S·尼可斯（John S. Nichols）提出，美國按照 1917 年的間諜法（Espionage Act），禁止郵寄超過 100 種出版品，而且數百人因為涉嫌干涉徵兵，鋃鐺入獄。此外：

「有鑑於美國在第一次世界大戰期間，是一個相對成熟且組成同質的政體，也不特別受到戰事的威脅，從這點看來，尼加拉瓜容忍的公共討論範圍，已經很了不起了。即使雷根總統、美洲國家間報業協會（IAPA），還有其他評論主張尼加拉瓜的媒體控制，完全是極權國家式的，不過，該媒體所有權和觀點的多元，對一個第三世界國家來說，算很不尋常了，尤其他還處在戰爭中的狀態啊。」

我們的結論是，薩爾瓦多和瓜地馬拉顯然缺乏自由選舉少不了的新聞自由條件，但尼加拉瓜，則部分符合。

組織中間團體的自由

1982 年 3 月，薩爾瓦多舉辦大選，但在這之前的兩年間，有一個也許比什麼都還重要的實際狀況是：可能會威脅到軍隊和寡頭政權的民眾與私人組織，都被消滅殆盡了。我們在第二章當中也提過，這是 1979 年以來，革命軍政府的主要政策，而且有數千名組織領導人遭到殺害，還有無數組織被

摧毀或被迫地下化。教師工會因數百人被殺而殲滅；大學被軍隊占領、洗劫、關閉；透過逮捕與殺害的手段，摧毀了有組織的學生團體和專業團體，就連美國勞工暨產業工會聯盟（AFL-CIO，換句話說，就是軍政權的支持者）贊助支援的農工會，也有 100 位上下的組織者與領導者，在 1979 年 10 月到 1982 年的 3 月間遭到殺害。

瓜地馬拉的狀況也一樣；自 1954 年起，像農工會與工會、教師與學生團體，還有專業組織這類團體的中間組織，屢屢受到武裝部隊的攻擊。這種癱瘓威脅統治菁英機構的行動，在 1980 年代初期瓜國政府宣布「違法結社」要受法律懲處時，達到了顛峰。任何「遵行或隸屬集權主義意識形態體制」（顯然，瓜地馬拉的武裝部隊和國家安全的意識形態除外）的團體，都是違法的。違法與否，只有武裝部隊來認定。要是梅西亞‧維克多瑞斯將軍認為人權團體互援會的母親們是顛覆人士，那麼，這些人就會被殺（詳見第二章）。在瓜地馬拉，每隔一段時間，工會、農民團體、學生和專業組織就會再興起，不過最後，一旦他們稍微強烈提出訴求，就會被有計畫的謀殺手法除掉。1984 年到 1985 年的選舉，就發生在瓜地馬拉現代史上大規模屠殺最嚴重的時期之後——也就是魯卡斯‧賈西亞、李歐斯‧孟特和梅西亞‧維克多瑞斯等三人的當政時期。1985 年時的工會成員，比 1950 年還要少；其他的都會區團體也被殲滅，不然就沒有運作；大多數農民則完全動員不起來，同時還受到軍隊緊密的控制與監視。

同樣地，尼加拉瓜相較於前兩個美國附庸國，呈現明顯的對比。在桑解陣的治理期間，工會與農民組織突增。政府刻意動員人民參與地方事務的決策過程，希望他們跟高層領導有所互動。先前我們就曾提到，樂施會對尼加拉瓜政府的努力，讚譽有加。

對於執政的桑解陣所贊助的草根團體和其他組織，到底有多大程度的獨立性，還有這些團體，有多大程度可能是國家政治宣傳與強制脅迫的載具——這些都是可深入論辯的議題。顯然，樂施會美國分會及倫敦總會，都認為這些組織很有建設性。路易斯‧赫克特‧瑟拉（Luis Hector Serra）則主張，草根組織相對較為自治，而它們跟桑解陣高層的密切關係，「並沒有妨礙它們在地方議題上替自身成員表達訴求的能力。」他認定，這些民眾組織讓民眾因此參與了決策過程、並了解自身參與公共生活的可能性，因而是

「極度民主的」。無論我們對桑解陣的民眾組織有什麼樣的整體評價，它們與瓜地馬拉「發展極地」區——這些地方的組織，說穿了就是軍隊公開透過恐怖手段與強迫民眾**不參與**——控制的農民組織一比，反差相當大。

我們的結論是，就自由選舉的第三個基本條件來說，薩爾瓦多和瓜地馬拉在 1984 年到 1985 年間，並不符合；但尼加拉瓜，最起碼在很大程度上，是滿足這項條件的。[121]

組織政黨、推派候選人、競選公職的自由

薩爾瓦多在 1982 年跟 1984 年的選舉中，禁止左派政黨的成立，也不允許其推派候選人。民主陣線（Democratic Front，簡稱 FRD）於是很快就被迫地下化了。1980 年 11 月，薩爾瓦多的官方和準軍事部隊逮捕了 5 位民主陣線的領導高層，加以凌虐、斷手斷腳，而後殺害。1982 年 3 月大選前一年，軍隊公布了一份列出 138 名「叛徒」的清單，當中幾乎包含了所有左派與中間親左的政治人物。權大勢大的軍政府成員古堤耶瑞茲上校（Colonel Gutier-rez）態度強硬地說，因為民主陣線是游擊隊的「幌子」，所以，它們不得參與選舉。由此可見，邀約民主陣線和馬蒂民族解放陣線放下武器，用選舉一較高下，根本是虛晃一招，而且還獲得美國大使館的證實；因為，美國大使館承認民主陣線無法安全地在薩爾瓦多境內進行競選活動，大使館還建議它們，或許可以透過從國家邊界外送進來的錄影帶打這場選戰！因此，就連美國支持的候選人杜阿爾特都因為擔心被殺，不能在薩爾瓦多境外從事競選活動，同時，在 1980 年到 1984 年間，有大量基督民主黨的政治人物，遭到殺害。簡言之，在那些年當中，不只是激進派的政黨，就連親美派和溫和改革派政黨，都難逃被政治謀殺滅黨的命運。

另一點我們也想強調的是，薩爾瓦多還禁止民眾成立任何高度倡導透過與反抗軍協商的手段終止內戰的政黨，或推派候選人。這一點之所以特別重要的原因在於，1982 年時，記者和觀察員都一致表示，社會大眾希望選舉帶來的主要結果，便是和平。1982 年時，催票的政治宣傳套路是「選票對上子彈」，言下之意是說，選票是減少子彈使用的可能途徑。事實上，要是連候選人都沒有權利以和平為訴求的話，那麼，光憑這個理由，就能說選

舉是騙局一場。

為這些選舉辯說的人則主張，由於候選人之間——特別是道布依桑和杜阿爾特——差異甚巨，因此，選民可以做出有意義的選擇。[122] 不過，道布依桑與杜阿爾特對攸關薩爾瓦多人民利益的重要議題——是否要靠打仗才能分勝負，或者是否要想盡辦法跟反抗軍協商和解——並非全然意見相左。他兩人都來自主張繼續打仗的政黨，只有在戰術上有所差異。雖然杜阿爾特偶爾會拋出一些誘人的主張，說他會跟反抗軍對話，帶來和平的結果，不過他從來沒有清楚說明創造和平的程序步驟，再怎麼講都僅止於提出「對話」（對話與「協商」相反，協商意指可能得做大幅度的讓步）這種說法而已，還有，他從頭到尾都堅定立場，認為反抗軍應該放下武器、參與他和軍隊建立出來的新「民主制度」。

杜阿爾特在 1980 年 3 月危急存亡之際，加入了軍政府，當時，基督民主黨的司法部長馬利歐‧扎默拉（Mario Zamora），遭到剛起步發展的死亡突擊隊殺害，所有進步派的平民官員，都立刻離開了軍政府的職位。顯然，當時軍隊與其附隨組織死亡突擊隊，已然開始執行大規模屠殺的政策。杜阿爾特是一塊遮羞布，他提供了軍隊需要再搞一場**大屠殺**的詭辯說詞。我們認定，要不是杜阿爾特清楚表示他基本上和美國政府與薩爾瓦多軍隊的目標同調的話，他絕對沒辦法得到美國的支持與保護，也無法在薩爾瓦多存活下來。杜阿爾特從 1980 年開始，完全接受以軍事手段解決問題，而且，堅持不跟「顛覆份子」（這是他跟軍隊和死亡突擊隊的領導人士一直掛在嘴上用的詞）妥協。雷蒙‧邦那這麼說道：

「1980 年，鎮壓行動到達高峰，程度之嚴重，只有（第一場）**大屠殺**能超過，而且，比任何一件在羅梅洛將軍執政下發生的事都還要慘烈。……到了當年年尾時，（遭到殺害的）人數最起碼高達 9,000 人。每天都有遭到支解——沒有手或沒有頭——的新屍體出現：在購物中心後面；塞在麻布袋裡、丟在塵土飛揚的鄉間道路上；讓人從崖壁上扔進山谷裡。」

而在這一切過程中，杜阿爾特不僅僅提出了虛假的「改革」表象，還經常誇讚軍隊為國盡忠。1981 年 11 月 9 日，杜阿爾特在一封刊登於《邁阿

密論壇報》的信中寫道：

「武裝部隊發動的是一場壯烈的戰爭，要對抗殘酷又無良的敵人——敵軍靠的是意識形態侵略的龐大資源。意識形態的侵略外，同時還有武裝侵略。……這會是莫斯科要在中美洲地區實現的征服計畫裡，又一個待宰獵物。一旦獵物入袋，對莫斯科來說的最大獎賞，就是那個北美洲的國家了。……」

簡言之，薩爾瓦多民眾的選項當中，從來都沒有新聞媒體本身承認選民最想要的那個選項。

一如薩爾瓦多，在瓜地馬拉，1984 年的制憲議會代表選舉，也沒有左派政黨參加，1985 年的總統大選中，也只有一個組織不全的政黨嘗試參加，不但過程馬馬虎虎、結果還無關痛癢。[123] 當然，主要的游擊隊運動，打不進選舉之內。雖然游擊隊的領導人要是遭到逮捕就會被殺，不過，反正這些人在基本的社會條件與選舉條件沒有大幅更動之前，也不會參與選舉。[124] 就連像基督民主黨這樣的中間派政黨，在 1980 年到 1983 年間，也受到大量成員遭殺害之苦，而且，該黨現任的瓜地馬拉總統維尼西歐‧瑟瑞佐，都是三次檯面上暗殺行動的生還者。在先前提到的「違法集會」法之下，1984 年到 1985 年所有堅持左派的政黨都不具選舉資格。

沒有任何一位候選人代表農民大眾或者為其喉舌。瓜地馬拉人權委員會這個無法在瓜地馬拉境內運作的組織指出，替勞工階級或原住民這類大型團體發言的全國性政黨，「並不存在……因此，制度上這些團體便被政治體系排除在外。」美洲觀察會則表示，民防巡邏制度的其中一個功能，就是「監督並控制地方人民、防堵任何形式的獨立政治組織。」1984 年到 1985 的選舉，有兩個方式，反映出政府不讓農民擁有參與政治的機會。其一是投票登記：登記投票時，只有 3% 的選民以政黨成員參加投票。其二——這一點更耐人尋味了——選舉候選人當中，沒有人主張土地改革，但這卻是瓜地馬拉最重要的兩個議題其中一項（另一項是未受限制的軍隊殺人行為，而這一點，由於各方都有共識，不管誰贏得選舉，軍隊依然還是統治勢力，所以，也不是選舉的訴求議題）。

就跟薩爾瓦多的杜阿爾特一樣，維尼西歐‧瑟瑞佐作為一名候選人，最後還贏得 1985 年的選舉，讓人不禁想問：就算左派在選舉中受到限制，不過，瑟瑞佐的參選到底算不算提供了選民大眾一個意義重大的選項呢？瑟瑞佐跟他的競選對手不同，尤其是在競選活動快告一段落選情膠著時，他對大眾表達了同情，還表現出要改變人權狀況與脫貧的決心，突出了他的差異。雖然他說得不夠清楚，但他偶爾會提到國家需要結構上的改革，也會強調第一要務就是重建平民政權。不過，他倒是滿清楚地表示，要是當選，一開始的時候他的權力只是名義上的，入主政府之後得擴大：

> 「這場選舉不會把真正的實權自動轉移到總統身上。這會是**形式上**的權力移交。而我有多大的機會鞏固那個權力呢？一半一半吧。」

　　瑟瑞佐在競選活動期間都不曾直接提及土地改革的問題，而瓜地馬拉的新聞報導指出，他已經答應地主們的遊說，不將土地改革放在競選訴求上。同樣地，他也沒有允諾要對那些奪取了上千條人命的人採取任何法律行動，而且他也沒說自己要讓瓜地馬拉不再是反暴動國家。瑟瑞佐和軍方似乎最起碼有個默認的共識，他會保護軍方不受司法起訴，同時延續軍方的權力與相對的自治；事實上，他不這麼做的話，是存活不了的。[125] 掌政後的一年半當中，瑟瑞佐對土地改革毫無建樹、強力支持軍方不受究責，而且也無意廢除民防巡邏隊、發展極，還有其他制度化的恐怖手段。瓜地馬拉的人權情況，雖然有進步（部分原因是大量殺人不再被視為有利於己的手段），但「還是很糟糕」。[126] 至於那些瑟瑞佐在競選期間大表同情的窮人，要忍受實際收入更為減少，因為他的「改革」滿足的是軍方與寡頭團體。瑟瑞佐跟人權團體互援會的關係很差。因此，選舉過後再三重複的跡象顯示，雖然主要是礙於制度結構上的限制，但多少也出於選前的利益約定使瑟瑞佐無法完全服務於他的選民大眾。雖然瑟瑞佐在 1984 年到 1985 年的這場選舉，提供了瓜地馬拉人民一個機會，投票給看起來善良又好意的人，不過，這個人無法回應這個國家**真正**的統治者反對的民主需求。

　　1984 年在尼加拉瓜舉辦的選舉當中，候選人的背景多元，遠勝薩爾瓦多和瓜地馬拉；既然都講到這一點了，嗯，就連美國也比不上。保守民主黨

（Conservative Democratic Party）和獨立自由黨（Independent Liberal Party）都大力主張尊重私人財產、降低政府對經濟的控制、除去對新聞媒體的控制還有其他類型的控制，還有外交上更大規模的不結盟政策與妥協政策。這兩個政黨都得以把戰爭怪罪到桑解陣身上，也都能呼籲軍隊的去政治化，疾呼要與反革命游擊隊談判。阿爾突羅・克魯茲（Arturo Cruz）跟政府的代表們協商多時之後，選擇退出 1984 年的選舉。不過，有別於薩爾瓦多和瓜地馬拉的左派處境，退出選舉是克魯茲自願的行動（雖然的確受到美方的強力施壓），而且，這個選擇所根據的也不是對他個人的人身威脅，或是因為他無法接觸群眾。

身為執政黨的桑解陣，既抵抗外侮，又號召動員人民支持他們提出的發展計畫，所以跟反對黨相比，他們有著強大的優勢。拉丁美洲研究協會認為，桑解陣大部分的在職優勢，跟我們在世界各地的政府身上看到的相仿；他們認為：

「看起來，桑解陣顯然大量利用了自己的執政地位，而且在某種程度上，還濫用了這個優勢。不過，這種在職優勢的濫用，倒不像規畫好的；而且，這些濫用優勢的本質也好、出現的頻率也罷，都不是為了要癱瘓反對黨的競選活動、也沒造成民眾質疑選舉過程最根本的真實性。……整體而言，桑解陣隊對自己職位優勢的利用，跟任何地方（包含美國）的執政黨按例會採用的手法無異，而且，和其他拉丁美洲國家傳統上的做法相比，還**客氣**許多。」

我們的結論是，就候選人能否符合參選資格並操作競選活動以及候選人的背景多元而言，尼加拉瓜遠勝於薩爾瓦多和瓜地馬拉。而且，由於薩爾瓦多和瓜地馬拉所有主要的左派政治團體，都被暴力威脅不得參與投票，因此，就這個基本選舉條件來說，這些國家的選舉，都沒能符合。

沒有國家恐怖和恐懼氛圍

1980 年到 1984 年間，薩爾瓦多的死亡突擊隊與軍隊和維安部隊緊密合作，行動上不受限制。1982 年選舉前 30 個月的每月平均百姓遭殺人數，大約是 700 人。其中很多受害者被強暴、凌虐，還被斷手腳。犯了這些案子也完全不需究罰，只有四名美國女性遭殺的案件帶出了——靠的還是美國國會

的施壓——法律行動。就連美洲自由勞工發展部（American Institute of Free Labor Development）的威廉・朵賀蒂（William Doherty）——他長期支持美國的薩爾瓦多政策——面對國會委員會時都肯定表示，司法體系不存在於薩爾瓦多這個國家；隨後，前薩爾瓦多土地改革官員李奧內爾・戈梅茲也告訴同一個委員會，薩國的國家恐怖，已然置人民於一種「恐懼的被動」狀態之中。

瓜地馬拉的情況也是；國民生活的主要事實面相之一，就是多年來軍方不受限制而且持續進行的暴行所形成的特有恐懼。1985 年年初，美洲觀察會這麼寫道：

「凌虐、殺害還有失蹤的案件以異常的數量持續發生，透過民防巡邏隊『示範村』，政府持續對數百萬農民進行嚴格審查與控制。簡而言之，瓜地馬拉竟仍是一個囚民之國。」

人權法團體則將 1985 的瓜地馬拉說成是「大多數人民生活在持續不斷恐懼中的國家」。

在尼加拉瓜的例子上，我們要重申它之所以和美國附庸國有所區別的重要事實面相：1984 年時，尼國的政府，並沒有殺害百姓。尼加拉瓜尋常百姓的主要恐懼是反抗軍游擊隊和美國的暴行。

我們的結論是，尼加拉瓜符合了自由選舉的第五個條件，但薩爾瓦多和瓜地馬拉沒有。而且我們整體得到的結果是，薩爾瓦多和瓜地馬拉都沒有符合自由選舉基本條件的**任何一項**，但尼加拉瓜充分滿足了其中一些條件，其餘的條件雖未充分滿足也符合。

薩爾瓦多、瓜地馬拉和尼加拉瓜的威逼手段

我們先前提過，美國政府贊助的選舉，都把投票率解讀成對選舉與贊助國的支持。在我方不認同的選舉（這裡談的尼加拉瓜就算）中，這樣的思維模式就被丟到一旁；若不是忽略投票率，就是強辯選擇有限或當局威逼，因此宣告投票率沒有意義。不過，在可能存在脅迫威逼的案例上，我們顯然要一視同仁地提出這樣的疑問。我們才剛討論過，薩爾瓦多的選舉，是在軍方統治的情況下舉辦的，當時「顛覆份子」遭到大量屠殺，而恐懼的氛圍於焉

成形。要是政府當時贊助了一場選舉，而且地方軍事當局力勸人民投票的話，那麼，我們應該將很大一部分的選票當成內建威逼手段的結果。根據政治宣傳模式預判，美國的大眾媒體不會這樣想，而事實上，它們也沒這樣想。

在 1982 年和 1984 年，薩爾瓦多的法律規定人民一定要投票。法律明定沒有投票的行為要以罰款懲處，同時，也要求地方當局檢查選民實際上是否真的投了票。當局之所以能檢查選民是否投票，是因為百姓投票當下身分證會被蓋章，認定選民投了票。軍方或警察攔下來的每一個人都得出示身分證，很快就可以看得出他／她有無履行其愛國的職責。1982 年 3 月選舉前夕，國防部長賈西亞在聖薩爾瓦多市的報紙上警告人民，不投票，視為叛國的行為。在 1984 年的選舉期間，「政府和軍方的選前廣告強調的是投票的職責，不是投票的自由。」考量到恐懼的氛圍、投票的要求、身分證蓋章、軍隊的警告，還有軍方過去處理「叛徒」的紀錄，顯而易見，創造薩爾瓦多選舉高投票率的威逼手段所在多有。這些也可以從獨立觀察員針對薩爾瓦多民眾投票理由的調查結果獲得驗證。[127]

跟薩爾瓦多一樣，瓜地馬拉也以法律規定要投票；不投票的人得處 5 瓜幣（quetzales，等同 1.25 美金）的罰鍰。同時，就像薩爾瓦多，瓜國軍方贊助的報紙廣告也主張沒投票或是投廢票，就是叛國。[128] 根據人權法團體的報告，「許多」人表達了不投票行為會招致報復的恐懼，而且，軍方在選前一個星期提出威脅之後，「好多人都相信，沒有投票所遭到的懲處，不只是法律明定的 5 元瓜幣而已。」

在尼加拉瓜，雖然登記投票是義務，但**法律沒有規定要投票**。選舉當天選舉工作人員會收回選民登記卡，所以，沒有有效的選民證明文件能證明是否有投票的行為，也就不能當成施加報復的依據。對拉丁美洲研究協會的觀察員而言，多數選民在沒有脅迫威逼的情況下投票——他們不是法律規定才得投票；政府力勸他們投票，但不是用不投票是「叛徒」的罪名加以威脅；沒有什麼明確直接的方法辨識沒投票的人；還有，相較於在薩爾瓦多和瓜地馬拉常見的殺害異議人士手段，尼國政府沒有這樣做。

總而言之，跟薩爾瓦多和瓜地馬拉的政府不同，尼加拉瓜並沒有什麼拉抬投票的強力威逼手段。

薩爾瓦多：美國媒體如何讓一個「失控的殺人機器」搖身變成民主幼苗的保護者

美國的大眾媒體在報導 1982 年的薩爾瓦多大選時，緊緊遵循著美國政府的思想宣傳內容。候選人的個性、大排長龍等著投票的選民、疑似反抗軍的破壞，還有「投票率」，都是媒體大肆報導的主題。[129] 傑克‧史賓斯（Jack Spence）就指稱，「所有的媒體，特別是無線電視，報導選舉日時用的說法架構，都是選民在游擊隊大規模暴行之下，到投票所投票。」《紐約時報》的華倫‧豪吉（Warren Hoge）和李察‧麥斯林（Richard Meislin）日復一日地重申反抗軍威脅要破壞的新聞，豪吉肯定地說：「選舉的意義已經大過了選舉的結果，因為，左派份子游擊隊發起了要破壞選舉、不讓選民去投票所的一連串行動。」這個陳述，完全符合了政府的政治宣傳架構。話說回來，豪吉和麥斯林完全都沒有引述過任何一個誓言要搞破壞的反抗軍消息來源，而且，其他人也從沒引述過這樣的話。選舉日當天，沒有選民被殺，也沒有投票所被攻擊，反抗軍整體的軍事行動，比平均值還少。簡而言之，破壞選舉的說法，從反抗軍的計畫來看，或從選舉日的結果來看，都證明是假的，只不過，因為這些說法符合愛國的思想宣傳，因此，它們被賦予了重要性、經常重複地提出，還被用以建立善與惡之間的勢力對決。選舉日投票結束時，丹‧拉德驚呼：「這是一場勝利！上百萬的選民去了投票所。」拉德不認為桑解陣不以法律規定民眾要投票，卻還讓 70 萬個選民——按照人口比率算，這個投票率比薩爾瓦多還高——到投票所投票，是一場勝利。美國政府的政治宣傳架構賦予了薩爾瓦多選舉投票率的高度重要性，卻不認為尼加拉瓜選舉投票率有任何重要性，而拉德就像一隻哈巴狗一樣，乖乖照做。

1982 年 3 月 30 日選舉日當天或此前，拉德也好、任何其他的媒體分析家也罷，都沒有提到薩爾瓦多以法律規定人民得投票，也沒有人提過國防部長吉耶爾莫‧賈西亞將軍在薩爾瓦多報紙上警告民眾不投票的行為就是叛國。這些基本的選舉變數，在媒體的宣傳內容中，遭到完全抹除。探討選舉的本質與意義時，媒體也都不提《人民紀事報》和《獨立報》被毀，還有選前 26 名記者被殺的這些事。[130] 1982 年 3 月之前的好幾個月當中（也包含 3 月），薩爾瓦多的軍隊與其盟友已經大規模屠殺了好多百姓。難道這不會造

就出恐懼的氛圍，而且連同戒嚴狀態一起，多少限制了自由辯論與自由選擇嗎？大眾媒體甚至幾乎連影射這種看法都沒有。

候選人能否在不擔心被殺的情況下，自由從事競選活動、打選戰呢？反抗軍能否符合競選資格而參選呢？畢竟，如果說這是一場內戰的話，反抗軍顯然是「主要的反對勢力」吧。還是老話一句，大眾媒體又裝傻。媒體欺騙自己不讓反抗軍參選一事，並不重要；不然，就是把不能參選當成反抗軍的自願杯葛行為，而不是認為反抗軍出於這些不利於自由選舉的條件所以拒絕參選，或者認定不讓反抗軍參選，是政府明目張膽的選舉舞弊作為。我們的取樣媒體，通通都沒有提到 1981 年 3 月的暗殺名單，也沒有報導古堤耶瑞茲上校（Colonel Gutierrez）說民主陣線不得參加選舉的聲明。媒體們徹頭徹尾都不曾指出，這套選舉**計畫**，就是打造出一個充斥極端威逼與嚴重偏見，而且反抗軍不得參選的選舉環境；接著，利用這樣的計畫，製造一場有破壞行動、而投票人數大獲全勝的競爭。媒體也從未指出，軍方同意辦選舉，是因為這場選舉他們根本不會輸。

華倫・豪吉在《紐約時報》上這麼概括軍方在選舉中所扮演的角色：

「軍方在這場選舉中有沒有扮演什麼角色呢？軍隊成員是不得投票的，而且，武裝部隊還誓言保護選民免受暴行傷害、並尊重這場競賽的結果。」

由此我們可以注意到，對豪吉和《紐約時報》而言，軍方的「角色」不包含在選前的 30 個月當中，大規模屠殺百姓、有計畫地毀掉並癱瘓幾乎所有的民眾組織；而就是這些方方面面，決定了美國國務卿舒茲稱為「使選舉有意義的前置條件」啊。重申薩爾瓦多軍隊誓言要保護人民的豪吉，不僅全盤接受了這說法的表面意義，還從未指出這種說法（連同選舉本身），在一個「主要反對勢力」不得參選，而且只有贊成打仗的政黨得以推派候選人的恐怖主義國家當中，根本沒有意義。在政治宣傳的架構裡，附庸國的維安部隊會「保護選舉」；[131] 只有敵對國會干涉該國人民投票行為不得受限的自由。

如同之前我們提過的，在薩爾瓦多的觀察員和記者們，異口同聲地認為民眾最希望的莫過於終結戰爭，而政府的政治宣傳甚至還強調，投票就是達到此一目的的工具──政府力勸社會大眾用「選票『取代』子彈。」不過，在薩爾瓦多的選票上，沒有主張和平的政黨。而且，選舉過後，戰爭繼

續打，死亡突擊隊繼續猖狂。這個結果，與我們當初認為這場選舉真正目的是為了安撫美國國內的人民、同時讓他們願意金援更多戰爭與恐怖的假設，完全一致。假設薩爾瓦多的人民有自由的選擇，那這樣的結果，根本不符。有報導良知的新聞媒體，會強調這場選舉，無法用「選票『取代』子彈」。但美國的大眾媒體並沒有提出這個議題。

到了1984年時，媒體依然遵循著美國政府愛國思想宣傳的內容，並沒有受到1982年這場選舉經驗以及其後事件的影響。關於這點，我們會針對《紐約時報》處理薩爾瓦多選舉與尼加拉瓜選舉的報導，做統計比較，詳細說明如後。

「第一步：報導瓜地馬拉要拿捏分寸」[132]

美國政府插手瓜地馬拉1984年和1985年選舉的程度，不及於其干涉薩爾瓦多選舉的程度，然而，我們在第二章裡也讀到，雷根政府費盡心思要提升魯卡斯·賈西亞、李歐斯·孟特和梅西亞·維克多瑞斯等殘暴政權的公關形象，同時，也想盡辦法要將他們完全併入自由世界聯盟之中。[133] 美國鼓勵瓜地馬拉舉辦1984年到1985年的選舉、提供選舉運作的意見與資金支持、同時也給予瓜國公關協助，派遣官方觀察員去瓜國幫選舉塗脂抹粉，建立好形象。就雷根政府和瓜地馬拉執政軍方而言，這場選舉的目的，就是要改變瓜國的國際「形象」，讓軍援與貸款到位——這一點，美方幾乎毫不掩飾。

雖然瓜地馬拉不比薩爾瓦多，有雷根政府的強力投入與政治宣傳的支持，但是，在美方擁護瓜國新形象、同時該國又不斷傳出大規模屠殺新聞的情況下，我們的政治宣傳模式預判，媒體會替瓜地馬拉大選塗脂抹粉，但得找到理由自圓其說。事實上，瓜地馬拉的選舉新聞報導比薩爾瓦多的少得多；雖然瓜地馬拉的選舉新聞報導稍微比較「持平」，不過，依然以護航辯說的報導架構為主。

即使大家都承認，在軍方長期主政統治、同時大屠殺事件正在發生的情況下，再加上鄉村正遭逢新的制度佈局——人口被大量遷居到「示範

村」，還有民防巡邏隊——這些一看就跟自由選舉不符，但就算有這些背景脈絡，大家也承認選舉是為了形象塑造，媒體還是顯現了清楚不過的偏見，因為它們已然認定瓜地馬拉大選有意義。要是敵對國也在同樣的情況下舉辦選舉，那麼，就會被說成是一場無意義的公關操作。[134] 然而，在瓜地馬拉的例子上，媒體幾乎都沒有提民防巡邏隊和持續的大屠殺事件，它們對提到這些事件的消息來源視而不見，而且，新聞報導的整體口吻都很審慎樂觀、滿懷希望。大家的共識是 1984 年的立憲議會選舉「鼓舞人心」，而且是重要的第一步，而 1985 年的總統大選擇「**終結了超過 30 年的軍方統治**」（《新聞周刊》1986 年 1 月 17 日）。丹·拉德在哥倫比亞廣播公司新聞頻道上說，瑟瑞佐成為瓜地馬拉在「軍方幾乎持續統治了 30 年後的第一位平民領袖」（1985 年 12 月 9 日）。雖然拉德的說法稍嫌模稜兩可，不過，其言下之意——也是《新聞周刊》直接明說的——就是現在由瑟瑞佐**當家執政**，而不是軍方。雖然胡立歐·曼德茲·蒙特內古羅（Julio Mendez Montenegro）是 1966年到 1970 年的平民總統，但是，瓜地馬拉並不由他統治，而且，最後他還因為負責操控加劇的軍隊暴行而名譽掃地。有鑑於這些過往的經驗，而且將軍們已明白表示人民政府是軍方的「一個工作計畫」，而且瑟瑞佐也懷疑他自己的實權，那麼，客觀的新聞報導，照理應該會小心處理所謂軍方統治的**終結**。

一如薩爾瓦多的例子，對美國大眾媒體來說，瓜地馬拉將軍們的殘暴統治，並沒有讓他們失格，也不意味反抗軍有任何可能的正當理由。雖然《時代雜誌》指出（1984 年 2 月 27 日）左派份子的叛亂「對政權造成了長期的威脅」，不過，該雜誌並沒有進一步探討這個叛亂的根源，也沒有提出叛亂的領導人組成的「主要反對勢力」有辦法參選的話，是該選舉正直與否的一場「決定性考驗」（一如媒體在尼加拉瓜的選舉上清楚主張的那樣）。《時代雜誌》也沒觀察到瓜地馬拉的政權長久以來威脅著人民的生存。媒體甚至不質疑殺戮行動是否為鎮壓叛亂份子之必要，還或多或少地以此正當化大規模的屠殺行為——《時代雜誌》說道，「大部分的屠殺行為，都跟梅西亞成功鎮壓叛亂份子的行動有關」。「有關」一詞，只是模糊事實的委婉辯護：事實上，梅西亞的「成功」鎮壓，靠的是毀壞數百座村莊、大規模殺掉裡面的男人與婦孺。[135] 梅西亞因為「在重要領域上有所進步」，抵銷了大規模屠殺

行為之惡，所以有著「功過皆有的紀錄」（這是《時代雜誌》引述國務院的說法）。《時代雜誌》說，梅西亞「因為信守掌權後所做的承諾，而贏得了支持。」《時代雜誌》從未解釋它們如何斷定梅西亞「贏得支持」，或者，除了美國國務院之外，還有來自於誰的支持。當時的新聞媒體有表達意見的自由嗎？是否誕生了一套司法體系呢？

　　我們在第二章裡概述過美洲觀察會對雷根政府的清楚分析：美方如何**透過事後默認自己先前撒謊**的手法，為一個個接手繼位的瓜地馬拉恐怖份子將軍們，調整一連串說詞，為其辯解。不過，這對於《時代雜誌》面對國務院發言即為權威事實的處理方式，絲毫沒有任何影響——而國務院的發言，是評估其他說法的標準。因此，《時代雜誌》說：「美洲觀察會這個常常被控過於同情左派的爭議性團體，竟將瓜地馬拉稱為『囚民之國』。」《時代雜誌》並不獨立評估新聞來源的本質——因為美國國務院闡述的是官方的事實、愛國主義的真理，所以不必質疑。另一方面，因為美洲觀察會挑戰了美國官方的政治宣傳，因此要受譴責（而且，就算被挖苦其立場不足採信，也很少受媒體引述）。連《真理報》（*Pravda*）[xxix] 在報導示範選舉時都不會像《時代雜誌》那樣對國家的要求卑躬屈膝。

　　針對瓜地馬拉的選舉，大眾媒體的消息來源幾乎僅限於美國官員和官方觀察員、瓜地馬拉最主要的政治候選人還有瓜國的將軍們。媒體基本上都忽視了叛亂份子——也就是那些尼加拉瓜稱為「主要反對勢力」的人——的發言人、小一點的政黨、民眾組織或教會與人權團體的發言人還有一般的百姓。《時代雜誌》、《新聞周刊》，還有哥倫比亞廣播公司新聞頻道，幾乎從未訪問過一般的老百姓或叛亂份子的發言人。在瓜地馬拉選舉期間，《紐約時報》的史蒂芬·金瑟報導瓜地馬拉的數十篇新聞當中，只引述過反抗軍消息來源一次，不過，1984 年選舉日當天，他的確訪問了幾個一般老百姓就是了（這些人所表現的觀點，跟金瑟平時的消息來源相比，不樂觀多了）。

　　這份有限的消息來源清單，來自於媒體選擇愛國思想宣傳的傾向，同時也強化了這樣的傾向。美國政府官員和觀察員，談到美方贊助的選舉時，口吻一向都很樂觀、充滿希望。選舉裡領先的候選政客，通常也都算樂觀，

---

xxix　　譯註：《真理報》號稱史上最名不符實的報紙，是舊蘇聯與現今俄羅斯共產政府的傳聲筒。

因為他們很有機會取得最起碼名義上的權力。不過，他們偶爾會表現遲疑，不相信軍方會主動放棄權力。這一點，讓瓜地馬拉的選舉戲碼，在性質上跟薩爾瓦多的選舉有些微不同；薩爾瓦多上演的那齣是「保護選舉的」民主軍隊，對上拒絕放下武器參與選舉的不民主反抗軍。在瓜地馬拉的這齣劇架構則是：將軍們會不會信守承諾待在軍營裡面呢？他們**真的**待在軍營裡，現在由平民總統入主「統治」──這，便是勝利了。接下來，媒體對這個主題的興趣很快地退燒，所以，軍方到底有沒有真的放棄權力、交棒平民領導人，根本沒有人確認過（就像薩爾瓦多人民追求的「和平」也沒有人回過頭來思考一樣）。在 1947 年 1 月的波蘭也好，還有 1984 年的尼加拉瓜也罷，整體說來，在敵對國的話，媒體的焦點，都放在權力的**實質**，還有那樣的權力，透過限制重要選民們的有效參選與競爭能力，對選舉結果事先所造成的影響有多大。在瓜地馬拉身上，可就不是這麼一回事。

要是當初大眾媒體擴大了它們的消息來源，基本的條件就會獲得更大的關注。舉例來說，瓜地馬拉 1984 年 7 月 1 日的選舉和 1985 年 12 月選舉之前，瓜地馬拉主教會議（Guatemala Bishops' Conference）發表了教會聲明，以詳細地闡述與明確的用詞，指陳國家內部的條件狀況與自由選舉不符。在該主教會議 1984 年 6 月 8 日的教牧書信（Pastoral letter）中，討論的重點是民防巡邏隊多麼「容易受到操控」，也討論了失蹤案件、「慾望無盡的貪腐」，還有瓜國社會政治結構「沒有能力提升整個社會福祉」。[136] 史蒂芬・金瑟雖然在 1984 年 7 月 22 日的《紐約時報》新聞報導裡提到了這個，不過，這是 7 月 1 日選舉日**過後**才提及的，而且，金瑟並沒有把這點納入討論選舉條件的框架中，也沒有以此評估選舉的本質。此外，他總結這份 27 頁教牧書信時，提出其內容「譴責凌虐案件、選舉弊案、財富集中現象，還有『滅門』屠殺案」，卻完全不提該份報告針對選舉該有條件的明確批判。《時代雜誌》簡略地提到過這份教牧書信；而《新聞周刊》與哥倫比亞廣播公司新聞對此報告則隻字未提。

至於 1985 年的選舉，主教們又提出了另一則重大聲明，再次質疑在「近乎於奴役與絕望的情況下」，[137] 選舉是否有意義。主教們指出，民防巡邏隊、「國家安全的意識形態」，以及飢餓與赤貧的狀況，都不可能造就出真正的選舉：

「為了獲得我們渴望已久的結果，我們不僅在投下選票的那一剎那一定要有自由，同時，還要有一整套目前瓜地馬拉不幸尚未存在的社會、政治、經濟條件。實際上，嚴重的暴力事件、不尊重人權以及不遵守基本法律的事件，在瓜地馬拉依然層出不窮。所有受到壓迫、恐怖恫嚇或威脅的百姓都無法完全真真切切地行使他／她的選舉與被選舉權——這，就是事實。」

就我們所知，即便這些主教們都是保守人士、值得信賴，而且還是瓜地馬拉的國家恐怖並未摧毀的少數組織之一，不過，大型媒體或其他媒體，都沒有報導這份教牧書信。

瓜地馬拉還有其他異議之聲——小政黨的政治人物、公會人士、人權團體、律師還有其他法律人士——時不時會公開表達自由選舉的條件在該國受到的限制。而且，也有重要的活動針對這個議題詳加探討。大部分這類的活動，美國的大眾媒體都隱而不報。舉例來說，[138]1984 年 7 月 4 日，瓜地馬拉人權委員會在墨西哥發表了一份聲明，提及大家應該以三件重要的事實所構成的脈絡，檢視這場選舉的意義——這些事實分別為：瓜地馬拉沒有滿足聯合國於是年 3 月 14 日聲明中規定的選舉必要條件；左派被拒於選舉之外，無法參與；7 月 1 日選舉日前 30 天，總共發生了 115 件謀殺案與失蹤案。美國的新聞媒體，對這份聲明以及委員會所引述的事實，都視而不見。

我們再來思考下面這些事實：5 月 3 日，奧斯卡・梅西亞・維克多瑞斯將軍將大法官與最高法院總長里卡爾多・沙卡司圖梅・維道雷撤職。4 月 11 日，法官代表 157 位遭到綁架的人，發布了人身保護令，同時，沙卡司圖梅還為了針對軍方濫權要採取法律行動所面臨到的困難，向梅西亞・維克多瑞斯提出抗議。5 月 4 日，民眾黨（Populist Party）主席阿西斯科・瓦拉達瑞斯・摩琳那（Acisco Valladares Molina）說道，沙卡司圖梅「就像個小嘍囉般被炒了魷魚。」5 月 8 日，瓜地馬拉律師公會的聯合公報聲明，瓜地馬拉已毫無法治，這一點，從不斷的侵犯人權事件以及不受控地恣意行使權力現象，都清楚得證。到了 5 月 8 日，為了抗議沙卡司圖梅遭撤職一事，已經有包含最高法院與上訴法院的官員至少共 16 位司法人員，辭去職位。

史蒂芬・金瑟從未在《紐約時報》上探討過這些事件或這些事件的意

義，所有他在大眾媒體上的同僚，也都一樣。這跟我們的假設相符：在附庸國所舉辦的選舉上，諸如法治存在與否的這種基本選舉條件，都不在思想宣傳的範圍之內。這一點，亦適用於其他相關的結構性條件上。也因此，即使金瑟偶爾會提到民防巡邏隊，但他卻從來沒詳細敘述巡邏隊並細說其運作，也從來沒有解釋巡邏隊與其他制度化的控制結構有何關係，而且，他也沒有就系統的角度連結巡邏隊與軍方勢力的關係。金瑟報導與瓜地馬拉選舉相關的事實時，幾乎從來都沒有引述過國際特赦組織、美洲觀察會還有英國國會人權小組針對這些威逼機構及其扮演的恐怖份子角色所發表的無數份報告。雖然，1984 年選出來的制憲議會，制定了新的憲法，不過，這份賦予軍方特殊合法地位、同時對新聞自由施以結構限制的憲法，到底本質為何——金瑟也未曾討論。

金瑟以一種符合《紐約時報》編輯立場與美國政府思想宣傳內容的方式，在報導新聞。《紐約時報》的編輯邏輯架構就是「31 年來大多時候掌政的軍方，信守承諾，同意舉辦一場自由選舉，選出平民總統。」[139] 同一時期，金瑟主筆的新報導文章——其中一篇的標題是〈經過 30 年，瓜地馬拉的民主有望了〉（"After 30 Years Democracy Gets a Chance in Guatemala," 1985 年 11 月 10 日）——也都傳達了相同的訊息，精確總結了報導內容。只不過，這些文章還是隱約透露對最終結果的保留態度。話說回來，要是連自由選舉的基本條件都符合不了；要是軍方的勢力仍舊不受影響；要是以上情況都有憲法明文背書，而且，憲法還允許軍方享有不受法治管束的自由、並不受這個名義上的「民主制度」控制而有權殺人 [140]——那麼，金瑟要傳達的核心訊息，就是錯的。既然金瑟要傳達這個錯誤訊息，他也只能忽略沙卡司圖梅的案子、這個反暴動國家的體制操作、持續發生的殺戮事件，還有無所不在的恐懼——也就是自由選舉的基本條件；同時，他也只能反過來將重點擺在對希望的表達、選舉過程的井然有序，還有軍方的承諾之上——也就是美國政府在示範選舉上的政治思想宣傳內容。

金瑟當時肯定面臨著記者生涯的低潮之一，他竟然在 1985 年 12 月 27 日的報導文章（〈瓜地馬拉的選舉激勵了尼加拉瓜〉〔"Guatemala Vote Heartens Nicaragua Parties"〕）中暗指瓜地馬拉的選舉，為尼加拉瓜樹立了一個典範。文中金瑟寫到瑟瑞佐造訪尼加拉瓜，將報導重點放在瑟瑞佐鼓勵異議份子政黨，

也許他們靠著耐心，就能瓦解桑解陣的勢力（言下之意就是他自己已瓦解了瓜地馬拉軍方的勢力，而且已全權在握）。該篇報導文章引了反對派人士的話作結：「歐爾特加（Ortega）現在是中美洲最後一位穿著軍服的總統了，這個對比會很清楚。」金瑟在通篇文章裡都沒點出，我們根本無法從國家領導的軍服上得知軍方權勢如何，也沒指出瓜地馬拉的軍隊統治根本還沒被推翻。他沒提到瓜地馬拉軍隊已經殺了數萬名尋常百姓。他也沒承認尼加拉瓜的選舉比瓜地馬拉的選舉更為開放。相反地，這一點是包含《紐約時報》在內的媒體，為了符合國家要求，從頭到尾明明白白否認的事實。

　　跟薩爾瓦多的例子一樣，美國大眾媒體從未指稱，既然瓜地馬拉暴動組織不得參選，那麼瓜國的選舉根本沒有意義。雖然金瑟曾極為簡短地多次提到左派不得參選，但是他卻從來沒有要求任何人，從社會各階層都要能參選的角度，來討論這件事的意義。既然金瑟以選舉為題與他人合出過一本重要的書，身為作者的他，對這些事實，都清楚得不得了。瓜地馬拉絕大多數的民眾都非常貧窮，從 1954 年開始，他們就都完全不得參政、也無人為其發聲。暴動之所以出現，就是因為這一大群人狀況艱困又受到剝削，同時，又沒有任何可能的民主程序能緩解不公義與人民的悲苦。不管是政黨或個人，只有默許或明白同意不將赤貧多數最關心的議題列入政策內容，才能獲得執政軍方的允許擔任官職。雖然我們沒有辦法衡量民眾對於暴動份子的支持力道，但是，有鑑於這些反抗份子會擁護針對一般大眾利益的計畫，而且，在沒有重大外援的情況下還有辦法持續發動暴動，還有，軍方的反擊猶如對所有的農村大眾開戰──這些都在在表示，瓜國反抗軍聲稱自己是「主要反對勢力」的說法，比起阿爾突羅·克魯茲和他那群尼加拉瓜上層階級黨羽稱自己是反對勢力，更具有說服力。同時，要是反抗軍，或任何一位以訴諸多數人利益的方式威脅到軍隊與寡頭政治的候選人，沒有資格參加瓜地馬拉的選舉，難道這本質上不算騙局一場嗎？ 1984 年和 1985 年的瓜地馬拉主教會議，就已經強力指出這一點，只不過，這個德高望重的消息來源，有別於阿爾突羅·克魯茲和羅伯特·萊肯，根本沒獲得媒體的報導。和薩爾瓦多的情況一樣，瓜地馬拉的選舉，無論是事前或事後，都沒有人就自由選舉的基本要件是否獲得滿足而加以評估。對美國政府來說，暴動份子並不是反對勢力，瓜地馬拉的國家恐怖也不過是不太好處理的公關問題，還有，瓜地馬

拉的選舉是公平的。美國政府的政治思想宣傳內容，在大眾媒體針對瓜地馬拉選舉的報導處理上，看得清清楚楚。

尼加拉瓜：媒體在去合法性過程中的貢獻

與薩爾瓦多和瓜地馬拉的例子相反的是，雷根政府打定主意要抹黑尼加拉瓜的選舉，因為，那場選舉極可能建立桑解陣的合法性，這麼一來，美國金援恐怖主義軍隊一事，便站不住腳。美國政府一直都在嚴斥桑解陣辦不好選舉，如果尼加拉瓜真的成功舉辦選舉的話，肯定會讓美國難堪。所以美國政府從尼加拉瓜一開始有計畫要辦理選舉時，就開始對選舉的品質大加質疑。而且就像竭心盡力要為兩個附庸國的選舉樹立正面形象那樣，美國也同樣耗費龐大資源，要把尼加拉瓜的選舉講得極其不堪。媒體呢，一如我們的政治宣傳模式預測的那樣，認份地跟著政府的腳步。

美國政府一開始先是斥責尼加拉瓜辦不好選舉，接著又想盡辦法要延後該國的選舉，或用盡力氣詆毀——這樣的犬儒主義，媒體卻沒能讓閱聽大眾關注。[141]《時代雜誌》甚至舉證尼加拉瓜都沒有「西方世界主要民主政體的官方『觀察員』代表團」（1984 年 11 月 19 日），好像這就得以證明，該國選舉有可以詬病之處，而不是將沒有觀察團一說，歸咎於美國強權的操作。尼加拉瓜的選舉，有 450 位左右的外國觀察員出席，有些觀察員資歷超群；這些人，比起美國派到薩爾瓦多和瓜地馬拉的官方觀察員，更能自由且深入地觀察選舉。然而《時代雜誌》和其餘的大眾媒體，根本不報導這些人。[142]

史蒂芬‧金瑟對觀察員一詞的使用，很值得我們注意。在尼加拉瓜的案例上，他全然不提非官方的觀察員——先前我們也提過，很多觀察員的條件都太好了——而且，甚至連荷蘭政府的官方代表團，他也沒提；這個代表團成員來自中間偏右的派系，相當護衛薩瓦爾多的暴行——可是就連這個同時觀察過薩爾瓦多和尼加拉瓜選舉的代表團，都論定尼加拉瓜的選舉「就更多人得以參與、反對勢力不需要擔心生命受到威脅，而且就國內政權之合法性於焉確立」這幾點看來，「比薩爾瓦多的選舉還要開放。」對比之下，金

瑟在處理 1984 年和 1985 年的瓜地馬拉選局時，即便官方觀察員的報告有著強烈偏見而且內容浮泛（詳見附錄一當中討論的報告），他還是都有提出來。不過，在 1984 年的瓜地馬拉選舉上，金瑟的確有提到我們先前也舉例過的人權法律小組的非官方報告；雖然他為文時引述了人權法律小組的說法，指出投票過程「符合程序正確」，不過，他在文中或其他地方卻都沒提到人權法律小組多次重申的重點——「大多數人民都活在持續不斷的恐懼之中」，因此，「程序正確」是幾乎沒有意義的。

由於尼加拉瓜沒有美國政府指派的官方觀察員，媒體因此比平常更倚重美國政府提供的資料。對照大眾媒體散播的政治宣傳，以及外國觀察員團隊針對尼加拉瓜選舉現場的觀察報告結果，我們可以獲得更深刻的理解。為了做這樣的比較——詳件如後——我們會採用兩份這樣的報告。其中一份是愛爾蘭跨黨國會代表團（Irish Inter-Party Parliamentary Delegation）的報告，名為〈1984 年 11 月的尼加拉瓜選舉〉（The Elections in Nicaragua, November 1984）。該代表團共四位成員，其中三位來自右派或中間偏右派的政黨，他們在尼加拉瓜選舉時於該國待了 17 天。我們還會用到之前提過的拉丁美洲研究協會代表團的報告，作為媒體報導的比較基礎。這個協會派去的代表團共 15 名成員，其中一半的人曾在瓜地馬拉有過「相當多的實務經驗」。選舉前，代表團花了 8 天搭著租來的巴士，自行決定行程，「訪談了所有想上前聊一聊的人（還有臨時起意要加入的人）」。

懷疑與淡漠的語氣

《時代雜誌》從命於華府——這一點，該雜誌連隱藏都不隱藏。它引用了時任國務院公關人士（先前是《基督教科學箴言報》〔Christian Science Monitor〕的專欄作家，卸任後也是）約翰・修斯（John Hughes）說道：「這不是一場很好的選舉。……這對桑解陣不過是一場戲。」[143] 《時代雜誌》祭出一連串的詆毀打擊，有樣學樣：「一如預期，桑解陣贏了。……尼加拉瓜選舉的氣氛，只能說讓人無感。……從頭到尾我們都確認這會是選舉結果。……這場選舉相當空虛。」（以上都出現於 1984 年 11 月 19 日那一期雜誌）《時代雜誌》在稍早的文章（10 月 29 日）裡，也同樣沉浸在這種負面的老調之中：「這是

結果早就知道的競選活動」，選民「無感到一點都不想去投票所」（這是早在選舉之前就一提再提的預報）。這兩篇文章也都大肆報導了「恐懼」。不過，《時代雜誌》對薩爾瓦多選舉的報導口吻，可就不同了：「這是一場了不起的盛事，無庸置疑」（也就是說，雷根政府在這場選舉的公關上可是下了重本）；「數十萬名群眾……無懼於馬克思信徒所領導的『馬蒂民族解放陣線』的威脅，甚至無畏於子彈，就為了加入投票的人龍隊伍，參加全國企盼已久的總統大選」（1984 年 4 月 9 日）。[144]《時代雜誌》對瓜地馬拉選舉的報導也是這樣，「大約 180 萬個民眾，無懼要排上 4 個小時的隊、冒著熱帶暴風雨、迎戰琳瑯滿目的政治選擇，要在他們國家十多年來最開放、最誠實的選舉中，投下他們的選票」（1984 年 7 月 16 日）。《時代雜誌》在對示範選舉的解讀中，從來都不曾出現淡漠的態度或是對**政府**軍力的恐懼。

在《紐約時報》裡，史蒂芬・金瑟對尼加拉瓜選舉的看法，跟對瓜地馬拉的選舉相比，不客氣多了；他大篇幅報導了像美國支持的候選人阿爾突羅・克魯茲這種與執政黨競爭的對手（可是，在瓜地馬拉的例子上，他卻完全漠視與執政黨競爭的小政黨、公會抗議人士、反抗軍還有人權團體），同時，還認為比起他在瓜地馬拉的觀察，尼加拉瓜比較多人出於恐懼而投票——有鑑於尼、瓜兩國的狀況，金瑟的這個發現，真是不可思議。[145]他一直強調桑解陣為催票所做的努力、強調選舉結果是早就決定好的、強調競選聯盟撕破臉的情況、同時也強調選舉不公的傳聞與反對勢力的退出。跟《時代雜誌》的描述手法一樣，選民「面對困境都漠然以對」、「對選舉的熱中並非普遍可見」，而「幾乎看不出來有絲毫熱情」。金瑟並沒有比較尼加拉瓜和瓜地馬拉（或薩爾瓦多）的選舉形式、選項範疇，或是其他的選舉基本條件。簡而言之，他在報導尼加拉瓜和瓜地馬拉選舉的新聞時，緊緊跟隨政治宣傳的架構，討論不同的問題。

就所謂的懷疑和漠然態度來談，愛爾蘭與拉丁美洲研究協會的代表團都指出，在尼加拉瓜，法律沒有規定一定要投票，而且，投票行為是保密的。因此，如同愛爾蘭代表團提到的那樣，不投票率低反而更有意義了，而且還「讓各界民眾大多反對選舉的說法不攻自破。此外，瓜地馬拉選舉的廢票率（7.4%）跟所有文盲比率低的歐洲國家選舉相比，是差不多的」（第 7 頁）。他們還提到：

「我們代表團成員跟一位在農村投票所隊伍裡等著投票的老先生聊天時，問他：『跟你參與投票過的其他選舉相比，你覺得這場選舉有何不同之處？』他回答道：『什麼都不同啊。』『哪方面不同呢？』他聳了聳肩說：『就是什麼都不同麼。』」

美國的媒體從來都沒有訪問到像這位老先生的民眾。愛爾蘭代表團也指出：

「有些來自其他國家的觀察員認為，民眾到投票所的時候看起來並沒有很熱情。這也不是教人意外的事，因為這些人要排很長的隊，耐心等著輪到他們的時候，才能去簾幕後蓋選票。我們代表團中，有一名有機會在尼國選舉後不過兩天，便到美國觀察美國選舉的選民，他說，在美國，選民也沒有對排隊一事展現出更大的熱情啊！」

我們相信，美國大眾媒體在附庸國選舉裡所見到的那種千篇一律的熱情與樂觀，以及在美國政府不喜歡的國家裡選舉時所看到的漠然與懷疑，其實都跟選舉的實際狀況無關；唯有強加的一套政治思想宣傳內容，還有對相反意見與資訊的過濾行為，才能解釋清楚這樣的現象。

忽略尼加拉瓜選舉的超凡特質

在政治宣傳的公式中，面對附庸國，關注的重點大多落在該國選舉的機制性質上，不過，對於要詆毀的其他國家選舉，可就不是如此了。這一點，在我們討論的這些案例中，一點不假。《時代雜誌》（1984年4月9日）鉅細靡遺地說明了薩爾瓦多繁雜的選舉準備工作、「防竄改」的程序、採用壓克力板製的透明票匭箱，還有身分證上的戳記章採用的是永久墨水。然而，最後的結果是，這些超過一半以上是文盲的民眾，根本不懂這些高科技、電腦化的投票程序。《時代雜誌》和它的媒體同業們，從來都沒質疑過改善識字率是否為選舉重要的前置工作之一；也不曾質疑壓克力透明票匭箱

可能會破壞選票的祕密性，或者，在身分證蓋戳記，可能是一種有助於解釋投票率的威逼手段。

尼加拉瓜則是極為努力地維護了選舉的祕密性，同時運用了一套簡單易懂的投票系統。選前他們辦理了大規模的識字活動，讓大家都可以取得選舉文宣——這是其中一例。愛爾蘭和拉丁美洲研究協會的代表團都提到了這一點，認為這是為選舉加分的舉措。尼加拉瓜也把登錄完整的選舉人名冊和要求選民登記選舉，視為首重之舉。愛爾蘭代表團指出：「像薩爾瓦多和瓜地馬拉這些中美洲國家最近舉辦的選舉，都沒有納入這些措施；它們那些根據老舊人口普查結果、缺漏的官方人口變化紀錄以及其他資料來源所製作出來的名冊，有效性備受爭議」（第5頁）。尼加拉瓜還刻意不用透明的票匭箱、不在身分證上蓋戳記、也不採取任何能讓相關當局得以辨識民眾是否投了票或選了誰的機制。拉丁美洲研究協會指出：

「選票也是用較厚的不透明白紙印出來的。跟蘇慕薩（Somoza）時期的選舉對比，真是截然不同。蘇慕薩使用了半透明的選票，以至於幾乎所有的人都認為自己的選票不具祕密性。1984年的薩爾瓦多選舉也發生了同樣的問題，民眾將薄薄的選票投進透明的票匭箱。1984年的尼加拉瓜選舉，真的是**祕密**投票（第14頁）。」

還有，在尼加拉瓜，也有比率投票制，讓比較小的政黨也有可能取得立法席次。政黨要跨越參選資格的門檻很容易。1984年的瓜地馬拉選舉，政黨需要4,000份聯署才能參選，在一個每天都有政治謀殺案發生的社會底下，這對於異議政黨來說是很龐大的數字，取得也不易。

史蒂芬・金瑟和他的同事從來都沒有提過這些不同之處。更廣泛地說，從來都沒有人將尼加拉瓜選舉的重大優點和美國附庸國的選舉程序相比；如果有的話，這樣的對比，會讓真相更明朗，也會完全破壞了媒體在報導選舉新聞時奉行的雷根政府思想宣傳內容。我們提過，《時代雜誌》講到薩爾瓦多有問題的選舉程序時，說得好像這值得讚揚似的。《紐約時報》只報導過薩爾瓦多的透明票匭箱一次（李察・麥斯林，1984年3月25日），未加質疑地重申了透明票匭箱是為了防堵舞弊的官方說法。卻沒有提出可能造成的其他

問題。《新聞周刊》與哥倫比亞廣播公司新聞頻道則根本不報導這些事情。

反抗軍的從中破壞都消失不見了；
投票率也不再是民主勝利的指標

在薩爾瓦多的選舉上，美國政府的政治宣傳架構主軸，就是反抗軍的從中破壞。因為反抗軍反對選舉，所以，人民的投票行為，是斷然拒絕反抗軍並支持政府軍隊的證明。而投票率，就是民主勝利、反抗軍大敗的指標。我們也見識到了，大眾媒體一點也不猶豫地依循著這樣的架構。在尼加拉瓜的例子上，政治宣傳公式可就完全相反了——反抗軍是好人，而且，壞人舉辦的選舉事前就遭到詆毀。反抗軍反對選舉的立場，與想辦法從中破壞的努力，並沒有讓高投票率成為民眾拒絕反抗軍、支持桑解陣的證明。

美國的大眾媒體又再一次地依循著政府的思想宣傳內容，**即便這麼做，意味著要完全翻轉它們套用在薩爾瓦多選舉上的標準。**尼加拉瓜的反抗軍游擊隊及支持群眾呼籲大家不要投票，還跟薩爾瓦多的反抗軍一樣（不過，尼國的反抗游擊隊殺的人更多），盡其所能地干擾選舉過程。再來，尼國的投票過程更為保密，法律也沒有規定民眾一定要投票，或者要求民眾在身分證上註記已投完票的戳章。還有，桑解陣也沒有天天殺害一般百姓，這跟「死亡突擊隊之民主制度」[xxx] 下的真實狀況有別。有鑑於以上理由，尼國的選舉投票率，跟薩爾瓦多和瓜地馬拉的選舉相比，更具有意義多了——社會大眾有不投票的自由、也有投票給反對黨的自由。

美國的大眾媒體處理這個問題的主要方式，就是大規模地把消息壓下來、隱而不報。它們根本不報導尼國游擊隊與美國聯手，透過威脅與攻擊投票所和選務人員的手段，不讓人民投票；它們也不報導尼國有效地維護了投票的祕密性，以及人民有**不投票的權利，**[146] 這就像它們同時也誇大了 1982 年和 1984 年薩爾瓦多選舉時的反抗軍破壞行為，而且還不報導投票的**法律規定**以及其他人民投票的其他施壓手段。

雖然《紐約時報》刻意關注了 1982 年薩爾瓦多選舉時反抗軍反對勢力

---

xxx　　　譯註：這裡的民主制度指的是美國口中的薩爾瓦多政權。

的「挑戰」與外傳的破壞行為，因而賦予了當時的投票率特殊意義，不過，史蒂芬‧金瑟倒從來沒有提過薩國游擊隊攻擊了一些投票所，還以廣播呼籲民眾不要投票。對金瑟來說，無論是這些事實也好，或是美國所發動的抹黑尼加拉瓜行動也罷，都算不上引發了讓尼加拉瓜投票率極具意義的「挑戰」。

愛爾蘭的代表團說：「民主協商委員會（Democratic Coordinating Committee，屬商業界人士組織）的政黨會員們反對選民登記制，還呼籲各界杯葛這個程序。」而且，代表團還說有 11 座投票所因反革命活動而被迫關閉。「就算可能有危險」，民眾還是踴躍投票，這對愛爾蘭代表團而言，表示投票率意義重大，「顯見這場選舉對人民而言有多重要」。拉丁美洲研究協會代表團則提及了「主要反對勢力」呼籲選民不要投票時所採取的各種方法，同時還舉出，尼國有發送自哥斯大黎加的廣播，警告選民可能會遭到游擊隊殺害（第 16 頁和 28 頁）。拉丁美洲研究協會還提出，「選民出席率相當高」，而且「低收入地區的選民，展現了比相對富裕選區選民更熱情的態度。」[147]和《時代雜誌》一樣，拉丁美洲研究協會提到了投票率不如馬蒂民族解放陣線官員的預期，不過，與《時代雜誌》有別的是，拉丁美洲研究協會指出，選民的參與率，「跟近來另外兩個拉丁美洲的選舉以及 1984 年的美國總統大選相比，其實都相去不遠……」。[148]

總而言之，這兩份觀察員報告討論了尼加拉瓜的反抗軍破壞行動、投票率，還有投票率的意義。美國的大眾媒體談到薩爾瓦多選舉時，都以大篇幅報導的這些事，在尼加拉瓜身上，卻完全沒有新聞價值。

恢復對威逼手段的敏感度

我們之前說明過，美國政府和大眾媒體在論及薩爾瓦多和瓜地馬拉的選舉時，思想宣傳內容都不包含兩國對人民的「威逼手段」。同樣避之不談的，還有這些美國附庸國裡，大規模殺戮行為與法治蕩然無存現象所造成的恐懼。不過對付尼加拉瓜，威逼手段和恐懼又列在思想宣傳的內容當中了。這個捲土重來的舉動，在《時代雜誌》讓人驚嘆的欺詐和虛偽上，嶄露無遺。《時代雜誌》從未提過政府施加的恐懼與逼迫，或許能用來解釋美國贊

助之選舉的投票率，就連五萬名「薩爾瓦多」百姓被殺之後，它也依然不提政府威逼與民眾恐懼。不過，講到尼加拉瓜，《時代雜誌》就說「好鬥的」桑解陣「有著絕對的軍隊壟斷」，而「要他們鬆開掌控」——這是「自由選舉競爭」的必要條件——是讓人極沒把握的。《時代雜誌》的中美洲特派記者喬治‧羅素（George Russell）甚至還訪問到了一個「拉丁美洲的外交人士」，對方說「你不可能在一個根本沒有個人自由的地方建立民主」（1984年10月8日和5月14日）。羅素和《時代雜誌》從不認為薩爾瓦多政府「好鬥」、「有著絕對的軍隊壟斷」，或是為了選舉競爭需要而鬆開什麼「掌控」，而且，也未曾提到該國缺乏個人自由或個人自由與選舉有關。不過，在尼加拉瓜的選舉上，《時代雜誌》卻發現「人民受到很大的壓力來參與選舉：很多百姓擔心，他們不參與選舉就會失去寶貴的配給卡。」此外，「政府清楚表示，不投票，就是採取了反革命立場。」《時代雜誌》之後還引述了丹尼爾‧歐爾特加（Daniel Ortega）的話：「所有身為尼加拉瓜人的尼加拉瓜人，都要投票。那些不投票的人，是自己都能出賣的人」（1984年11月19日）。

我們之前就提到過，瓜地馬拉和薩爾瓦多的軍隊，都警告民眾，法律規定要投票，而不投票就是叛國。這些說法，是更不折不扣的**警告**，而奧爾特加的說法，則是一種侮辱，不算明確的威脅。根據報導，奧爾特加的說法，只有這一個算得上威脅，但《時代雜誌》卻聲稱尼國政府「清楚表示」不投票就是「反革命」，這根本是雙重欺騙——一來，政府的說法不能清楚算是威脅，二來，「反革命」這個讓人反感的詞彙，是《時代雜誌》自己捏造出來的。官方政府立場**就像法律明文表示的那樣**：尼加拉瓜人並不一定要投票。《時代雜誌》隱瞞了這件事實。投票的祕密性以及不存在檢查身分證確認投票與否的這回事——它也隱而不報；既然不能靠檢查身分證確認有無投票了，怎麼可能落實威脅。它隱瞞了尼加拉瓜軍隊就算碰上「反革命份子」也往往沒有加以誅殺的事實，另一方面，薩爾瓦多和瓜地馬拉的軍隊可是殺了無數名只不過被嫌礙事，還不具備「反革命份子」身分的人。簡而言之，政治宣傳的明目張膽，莫甚如是。

《時代雜誌》聲稱「許多人擔心不給配給卡」的「事實」，遭到拉丁美洲研究協會的反駁；協會表示，「從我們到好幾個城市的許多鄰里中進行

的訪談，我們並無發現政府要⋯⋯以**任何**理由、收回或取消配給卡的證明。」協會提到，最高選舉議會（supreme electoral council）曾收到五份報告，指稱以威脅取消配給卡的恫嚇情事，「不過這些指控，在經過調查之後沒有一件成立」。《時代雜誌》不但沒有指明該報導根據的消息來源，也沒有提供所謂「許多」案例的任何一件為例，說清講明。

先前我們就提過，史蒂芬・金瑟舉了尼加拉瓜選舉威逼手段的各種說法，數量比瓜地馬拉的選舉還多；這兩國國內鎮壓行動的規模和性質不同，是鐵錚錚的事實，這樣看來，金瑟的報導，還真是了不起的新聞成就。瓜地馬拉的國家恐怖，從各方面來說——候選人執行競選活動的能力、新聞和言論自由、中間團體可否生存、地方性的民眾恐懼，還有投票率的意義等等——都是影響選舉品質的基本因素；而金瑟對瓜國國家恐怖的輕描淡寫，成就出一場瞞天騙局。他對尼加拉瓜的報導，也包含了大規模的曲解。他沒有指出尼加拉瓜**沒有**大規模殺戮行為，也沒有提及尼加拉瓜沒有施加威逼手段——沒有透明的票匭箱、沒有規定投完票身分證要蓋戳章，而且法律也沒有規定投票是義務。在金瑟的 14 篇選舉報導中，他唯一提到按規定得投票的那一篇，卻構成了嚴重的欺騙——文中他引用了某選民的話：「『我每次都有投票，因為規定要這樣』，他說道。『當然啦，法律歸法律，可不久後，你就會明白，投票是愛國表現的一部分，而愛國才能活得久。』」尼加拉瓜的法律沒有規定一定要投票，金瑟的訪談消息來源，只有暗指，並未直接明講；而這個含糊的陳述——幾乎可說金瑟認了並無法律規定要投票一事——卻又因為受訪對象暗指大家可能是基於受到某種威脅而去投票，有說等於沒說。

愛爾蘭與拉丁美洲研究協會的代表團都強調了尼國對投票祕密性的保護；對此，拉丁美洲研究協會說，尼加拉瓜設計投票過程，「連微小細節都照顧到了，以便將濫用的可能性降到最低」。他們也強調，法律沒有規定一定要投票，同時，與《時代雜誌》和其他媒體宣揚的美國政府政治宣傳恰恰相反，催票手段中的威逼元素，占比很小。拉丁美洲研究協會指出，與「同一地區的其他國家相比⋯⋯」，尼加拉瓜國內那些會造就出恐懼環境的政府侵害人權事件，「規模是相當小的」。事實上，他們提到，尼加拉瓜國內比較恐懼的是美國和反抗軍游擊隊，而不是位於首都馬拿瓜的尼國政府。

「主要反對勢力」成為眾所矚目的焦點

之前我們就看到，在薩爾瓦多和瓜地馬拉，美國媒體對叛亂份子不得參與選舉一事，眉頭都沒皺一下。還有，1981 年時杜阿爾特承認，一年前他加入軍政府時，「社會大眾的心，是向著游擊隊的」（這說法顯然讓軍政府的人都成了「主要反對勢力」）；這件事，美國媒體也無所謂。再來，薩爾瓦多和瓜地馬拉的反對勢力領袖，遭到軍方殺害時，美國媒體同樣無動於衷。在薩爾瓦多，將反抗軍排除於選舉之外，是美國政府選舉計畫的一部分；因此，反抗軍不是「主要反對勢力」，而排拒他們的領導人、甚或將之殺害的行為，也就不會破壞選舉的品質了。至於尼加拉瓜的例子呢，美國政府則用了一個非常不同的邏輯架構，對比有如天壤之別——將美國贊助的反抗軍以及其他候選人排除於選舉之外，是非同小可的事，這麼做，選舉的品質，岌岌可危。美國的大眾媒體，就像乖狗狗一樣（是聽話的乖狗，而不是看門的乖狗），上行下效。

關於尼加拉瓜的選舉，美國官員強打的政治宣傳中心路線，就是誇大阿爾突羅‧克魯茲的困難處境：他如何奮力地勸說桑解陣制定一套他得以公平競爭的開放制度、而那些「馬克思—列寧主義份子」沒有做出適當的讓步、致使克魯茲拒絕競爭參選、最後導致「主要反對勢力」遭到「排除」。克魯茲只有在美國政府和大眾媒體的政治宣傳建構之下，才是「主要反對勢力」。克魯茲這位長期在國外工作生活的人（而且現在還承認自己為美國 CIA 做事），在尼加拉瓜沒有群眾基礎，他要是參加自由選舉，表現幾乎肯定很差才是。[149] 我們有很好的理由相信，克魯茲從來就不想參選，而他和贊助他的人提出了這參選的可能性，完全就是為了要讓美國能有效使用這樣的政治宣傳架構。[150]

這套克魯茲的戲碼，大眾媒體不但大加報導，而且還照單全收。媒體給了克魯茲一個能盡情發揮的舞臺：不斷地稱他為「主要的反對勢力」，或是執政黨的「領先對手」（卻沒有任何佐證支持這個說法），同時，媒體把他的參選資格，說成是「對桑解陣民主意圖的一個決定性檢驗」（《時代雜誌》1984 年 10 月 29 日）。而對《紐約時報》來說，沒有克魯茲的話，這場選舉就會成為「騙局」一場（1984 年 10 月 7 日社論）；該報的新聞專欄，把「主要的

反對勢力」克魯茲擺放在舞臺的中央，在這個睥睨周邊的位置上，他得以經常詆毀選舉過程，以「鬧劇」或騙局稱呼之。不過，《紐約時報》倒是有一篇不錯的背頁報導，提出了佐證，說克魯茲無意參選，或者原本他最親近的尼加拉瓜盟友和美國官員，並不允許他參選；他的功能，一如我們先前所說的，就是假藉有意參選，以抹黑這場選舉，同時因此獲得新聞媒體的重視。[151] 只不過，這篇被低調處理的文章，勢單力孤，並沒有改變媒體的態度；媒體依然將這「所謂」[xxxi] 主要反對勢力「聲稱」[xxxii] 遭到排除在外的新聞，當成尼加拉瓜選舉大戲裡最重要的情節，不斷報導。

媒體把報導重點放在尼加拉瓜自願選擇不參選的所謂主要反對勢力，卻隱而不報薩爾瓦多透過軍武與籌謀將其排除於選舉外的**真正**反對勢力，這麼做，無疑地就是採用了美國政府的政治宣傳架構。那些會提到薩爾瓦多「主要反對勢力」的處境及其不得參選背後之重大意義的消息來源人士，也就這麼一併被媒體忽略且消音了。[152] 對比之下，在尼加拉瓜選舉的例子上，媒體卻給了克魯茲和美國政府官員發揮的舞臺，讓他們發揮自己想討論的主題，還壓根不提這些內容可能有假而且有操縱之嫌，就這樣透過每日的報導傳播出去，完完全全符合了政治宣傳模式的預期。

雷根政府不僅僅在媒體面前恣意操弄克魯茲，還大費心思想辦法要勸誘或賄賂尼加拉瓜選舉的其他候選人退出選舉，以便讓此前的預言成真，證明這場選舉沒有意義。即便此一強權干涉行為的明目張膽已經到了歎為觀止的地步，不過美國媒體卻還是幾乎沒提。媒體們從未譴責此行為違反民主，也沒有把這個干涉行為跟克魯茲的競選活動連結起來（干涉行為曾提出要更費勁以抵制的方式，抹黑這場選舉），而且，媒體也從未指陳，有鑑於美國想抹黑這場選舉的一連串手段，選民的「投票率」其實更具意義。1984 年 10 月 31 日，史蒂芬‧金瑟提到，資深美國官員證實了與尼加拉瓜政黨「經常聯繫」的說法。金瑟的那篇報導，標題是「尼加拉瓜各政黨證實受到桑解陣和美國的壓力」，文章本身也好、標題也罷，都說明了美國努力干涉，要尼加拉瓜政黨抵制這場選舉，同時，尼加拉瓜政府也努力與國內政黨達成協議、並提

---

xxxi　譯註：原文中 alleged（所謂的、聲稱的）並未加注引號，但由於作者不斷使用這個字強調這些說法都只是媒體依循政府政治宣傳的片面之詞，因此，譯文處理選擇加注引號。

xxxii　譯註：同上。

供其協助！哥倫比亞廣播公司、《新聞周刊》還有《時代雜誌》皆完全不報導美國的收買計畫。《時代雜誌》大加報導了尼加拉瓜選舉的候選人數量以及其中多名候選人退選的新聞，不過，卻隻字未提此一情況乃是美國一路以來的默許、收買以及施壓行為所造成的。該雜誌甚至未加評論地引述了國務院捏造的謊話，說「國務院沒有意圖要影響選舉結果」（1984 年 11 月 19日）。一切的實證都被隱匿了起來。《時代雜誌》在同一篇報導中，還義正詞嚴地說「美國一直都努力推動所有政黨感到可以自由參選的選舉」——這，可是無恥厚顏的捏造之詞啊。

關於尼加拉瓜選舉的選項之廣，愛爾蘭的代表團是這麼說的：「（政黨）法保障所有意識形態的政黨，都能參選」；這一點有趣的觀察，可以從尼國參選政黨的政治主張各異、範圍比我們在薩爾瓦多和瓜地馬拉（或者美國）選舉裡看到的還廣，得到驗證。

拉丁美洲研究協會指出，「1984 年的尼加拉瓜選舉，所有主要的政治傾向，都得以參上一腳」。當然，同樣的說法，無法拿來形容薩爾瓦多和瓜地馬拉的選舉。這些尼加拉瓜法律與做法上的重要特點，在美國媒體上，未曾出現，也沒有人以此跟其他附庸國的情況相比。

愛爾蘭代表團強調了兩件克魯茲被當成「主要反對勢力」的事實。首先：

「我方代表團並未發現任何證據，證明這些政黨（也就是與克魯茲有關、抵制選舉的三個小黨）在國內受到廣大的支持。和包含名實相符的反對政黨代表在內的許多政治人物聊過之後，顯然，阿爾突羅・克魯茲代表選舉的意圖，一開始就很可疑……。即使國際新聞媒體大加報導了這些政黨，不過，我方代表團成員認為，這些政黨對民眾的影響少得可憐，極少人支持它們的政策。」

其次，愛爾蘭代表團還強調，尼國民眾享有**不**投票或投廢票的自由，而且，「即便克魯茲的相關政黨鼓動大家棄選」，但不投票率與廢票率都很低，這個事實，戳破了他們聲稱自己獲得重大支持的說法。拉丁美洲研究協會的報告也根據大規模檢視證據的結果，得到類似的結論，也就是：（1）「間接證據」直指克魯茲無意參選之可能性很高；（2）克魯茲沒有群眾基礎，而且參選的話，會被對手擊敗得很慘。

回頭來看，金瑟雖然用了政治宣傳的巧妙伎倆，但是，他還是承認這些事實的。他寫道「我們從來都不懷疑，歐爾特加會取得壓倒性勝利」，因為「反對勢力分裂」（而且，就像他沒能觀察到的那樣，相對於組織良好的桑解陣政黨，反對勢力沒有群眾基礎），同時還因為「桑解陣掌控了選舉機制。」不論是金瑟也好，或其他任何一個人也罷，沒有人提出任何一丁點的證據，證明桑解陣對選舉機制的控制，把選舉變成了騙局一場，他們也都沒人提出任何證據，挑戰拉丁美洲研究協會代表團獲得的結論——「桑解陣對自己職位優勢的利用，跟任何地方（包含美國）的執政黨按例會採用的手法無異。」此前數日，金瑟引用了阿爾突羅‧克魯茲的話；克魯茲觀察到，桑解陣推翻了蘇慕薩、同時「打破了尼加拉瓜必須要打破的障礙」，而這是「無可挽回的」，因為，「當桑解陣在底層努力的時候，身為傳統反對派的他們，卻無法了解大眾越來越高的期待」——就這幾件事來說，克魯茲認為，桑解陣，值得讚賞。這些，就像金瑟心知肚明卻不寫出來的那樣，在 1984 年選舉之時，也都是千真萬確的事實，而這也是沒人懷疑桑解陣取得勝利的原因。金瑟用欺瞞的態度把尼加拉瓜 1984 年的選舉視如棄屍，就是他對一連串媒體操弄活動的諸多貢獻之一，目的就是要把歐爾特加這位美國政府視為桑解陣的獨裁者，同時也並不認可的民選總統，拿來跟四個中美洲「民主政體」的「民選總統」對比。當時特定的時空背景就是：媒體為求符合雷根政府的優先重要政策，在國會即將提出重要表決決定是否恢復援助游擊隊前，大規模地執行一連串的操弄活動，要將 1987 年 8 月瓜地馬拉市和平協議的失敗，怪罪到桑解陣的頭上。

　·拉丁美洲研究協會代表團同時也強調，實際上克魯茲既能代表反抗軍游擊隊、一部分當地的企業界還有美國，他有著豐沛的金援、充分的媒體管道，而且也不必擔心會遭到謀殺，他大可以參加尼加拉瓜大選。即便沒了克魯茲，反抗軍游擊隊還是有左右選舉的實力。拉丁美洲研究協會指出：

「我們明白，拉丁美洲（或其他世界各地）的選舉，從來沒有倡導要強力推翻執政政府的團體，選擇要加入競選，尤其在外國勢力公開支持這些團體的情況下，更不可能。不過，**反抗軍游擊隊**在 1984 年的選舉活動中，卻有著影響力。有兩個民主協調委員會（Coordinadora）的相關政黨——社

會民主黨（PSD）和憲政自由黨（PLC）——支持要讓反抗軍游擊隊參加選舉。而且，阿爾突羅・克魯茲以及民主協調委員會一面否認自己代表**反抗軍突擊隊**，卻又似乎一面在國內與國外替突擊隊背書與宣傳。」

　　拉丁美洲研究協會還部分細談了美國對這場選舉的介入與干涉，提到競選活動期間，美國飛機越界飛進尼國領空造成人民的恐慌，同時也多所探討了美國想辦法誘使候選人們退出選舉的事。拉丁美洲研究協會同時報告了自由黨與保守黨人士的說法，指陳美國提供了具體且大量的金錢，要各候選人退出選舉。

對新聞自由與集會自由的關切

　　美國政府和大眾媒體論及瓜地馬拉的時候，不僅非常關切任何一位候選人都要有參選公職的權利，同時還非常在意那些面對薩爾瓦多與瓜地馬拉時不屬於政治宣傳內容的其他基本選舉條件。《紐約時報》、《時代雜誌》、《新聞周刊》還有哥倫比亞廣播公司新聞，全都加強報導了《新聞報》所受到的苦難[153]，不過這些媒體，在薩爾瓦多選舉期間，卻隻字未提《人民紀事報》和《獨立報》遭逢實質暴力與謀殺的事情，或者，也完全沒有報導遭到殺害的記者人數。《時代雜誌》以專題報導了據稱由尼國政府組成的集團暴力事件，以及尼國國內守望防衛委員會所造成的威脅，不過，該雜誌卻未曾提到薩爾瓦多和瓜地馬拉的恐怖組織騎士團和死亡突擊隊，與選舉的品質有何干係。我們不只又能看到媒體討論自由選舉的基本條件，它們還強力暗指尼加拉瓜沒能滿足這些條件。這些媒體的指控，幾乎全部都來自於以美國官員以及克魯茲和他在尼加拉瓜的盟友。媒體從來都沒有提出它們自己調查這些事件所得的證據，或從獨立消息來源取得證據。

　　李察・瓦格納在哥倫比亞廣播公司新聞節目裡（1984 年 11 月 3 日）如常地將阿爾突羅・克魯茲說成是「實力最強的反對勢力」，還鼓動了某一位（顯然是隨機挑選出來的）尼加拉瓜的公民說：「這怎麼可能是自由選舉（**按照原文刊登**），我們連言論自由、新聞自由都沒有耶？」瓦格納說道，「除了審查制度之外」，還有食糧短缺、交通系統惡化、民眾不歡迎的徵兵制以及

教會的反對等等問題，嚴重到「我們清楚曉得，為什麼自由且開放的選舉，根本不可能存在。」瓦格納連提出尼加拉瓜**為何**有食糧短缺和交通系統惡化的問題都沒有——這樣的犬儒主義，實在教人印象深刻。還有，瓦格納也忽略了尼加拉瓜跟薩爾瓦多的另一個大差別；尼加拉瓜有「民眾不歡迎的徵兵制」，而在薩爾瓦多這個恐怖主義國家裡，沒有徵兵制——相反地，薩國將貧民窟、難民營，還有農村地區的年輕人強徵入伍，而有錢人的年輕孩子則在聖薩爾瓦多市和邁阿密過著奢華的生活（瓜地馬拉和宏都拉斯的情況也差不多是這樣）。瓦格納展現的雙重標準，也讓人印象深刻。1982 年和 1984 年的薩爾瓦多，有審查制度（包含明目張膽的謀殺行為）、食糧短缺、交通系統惡化，還有教會的反對等問題，都更為嚴重。不過哥倫比亞廣播公司新聞頻道都沒有因為這些跡象，認為這場美國贊助的薩國選舉，明擺著不可能會是一場自由又開放的選舉。[154]

愛爾蘭代表團和拉丁美洲研究協會都處理了這些議題、提出深入檢視議題後的證據，而且它們的討論結果，跟美國政府—媒體所報導描摹之情況，恰恰相反。拉丁美洲研究協會的報告尤其如此。拉丁美洲研究協會大篇幅討論了桑解陣的民防委員會和**暴民**（turba）行為的規模與其對集會自由的干涉，論定這些據報的破壞事件，總計數量「相當的少」，而且，最嚴重的事件，還是發生在正式競選活動開始之前。「儘管丹尼爾・歐爾特加針對這些破壞暴行發表過令人遺憾的說法，不過，並無證據顯示，桑解陣政黨有一套統一的策略，以激化或策畫這些暴力事件」。至於民防委員會，拉丁美洲研究協會認定它們的功能並非是一套監視網絡，也沒有實證證實它們是恫嚇民眾的勢力。拉丁美洲研究協會還另外提出了兩點，但自由新聞媒體都隱而未報。第一點：選舉委員會「在新聞媒體上付費購買了廣告，呼籲人民尊重所有政黨都有不受干擾舉辦集會的權利」。第二點：克魯茲那些遭到破壞的集會是違法在先的，它們沒有按照選舉法取得舉辦競選活動集會的核准許可以及同意接受警方保護。「換句話說，由於它們決定不登記參選，克魯茲與民主協調委員會根本是故意要在選舉法營造的法律保護架構之外，進行競選活動」。拉丁美洲研究協會還比較了尼加拉瓜選舉的暴力事件以及同一地區其他國家的選舉暴力事件，同時考量了尼加拉瓜當時的時空背景，認定尼加拉瓜「有鑑於當時正與反抗軍游擊隊打仗，比起同一區域的其他國家，像這

樣的暴力事件其實是規模很小的了」。

　　拉丁美洲研究協會也探討了新聞自由，根據報告，這是該協會認為尼國選舉最棘手的面向之一。協會認為，就算桑解陣主張一個在作戰中的國家「不容許報紙淪為敵人的工具，自由公開發表其言論」（瑟吉歐·拉米瑞茲〔Sergio Ramirez〕），即便這並不完全沒有道理，但是新聞審查制度的實施，還是破壞了選舉的品質與可信度。然而，即使審查制度多少也有專權與過於以法律當令箭的疑義，不過拉丁美洲協會認為，「反對勢力還是有辦法，而且也真的把它們的訊息都傳遞出去了」。它們整體而言的報告結果是，尼加拉瓜的選舉「用拉丁美洲的標準看來，算是誠實與公正的示範了」。

　　美國的大眾媒體對此並不認同，不過，不尋常的是，它們都刻意不做比較，也不提數據資料。媒體完全無視薩爾瓦多對新聞自由限制更加嚴格的問題，之後卻能斥責尼加拉瓜對新聞自由的限制，這種操作方式，實在教人讚嘆。記者們已經內化了這種截然二分的做法，甚至會在同一篇文章當中使用這樣的雙重標準，對自己的偏見顯然毫不自知。在 1984 年 3 月 12 日《紐約時報》一篇名為〈薩爾瓦多有清楚明確的選項，尼加拉瓜的計畫卻混沌不清〉（"Clear Choices in Salvador, Murky Plans in Nicaragua"）的文章裡，赫德立克·史密斯（Hedrick Smith）認為薩爾瓦多有「清清楚楚」的選項，另一方面，尼加拉瓜還是要面對桑解陣在大選中是否會「放棄大權與掌控」的問題。史密斯認為薩爾瓦多從極右派到立場中間偏右的數個政黨，讓大家有了清楚明確的選項，不過，尼加拉瓜從右派到極左派的各種政黨，卻沒有讓他看到真正的選項——對此他倒也沒解釋就是了。顯然，還有一個議題是史密斯從未想過的，那就是：透過薩爾瓦多的選舉，薩國軍方和美國是否「會放棄大權與掌控」（以及他們誓死得勝的決心）。

　　那麼，在薩爾瓦多，一場真正的自由選舉所需的各種基本自由與不得威逼之要件，是否存在呢？赫德立克·史密斯**只**討論尼加拉瓜的重大選舉條件。他鉅細靡遺地大規模報導了尼加拉瓜國內《新聞報》的審訊過程、新聞審查制度、桑解陣獨攬大權的現象，還有所謂針對反對勢力的種種限制。只不過，他隻字不提薩爾瓦多死亡突擊隊和軍方殺害百姓的事，也完全不談嚴峻的戒嚴法。有多少薩爾瓦多的記者遭到殺害呢？多少報社被關？多少廣播電台被炸？多少公會領袖跟政治人物被殺？這些問題，都不是在美國策畫的

《紐約時報》報導
1984 年 3 月 25 日薩爾瓦多選舉時
採納與排除的新聞主題 *

主題	處理該主體的文章總數	處理該主體的文章比率
關於薩爾瓦多選舉與美國政府思想宣傳內容相符的主題		
1. 民主目的與展望	6	21.4
2. 反抗軍的破壞	15	53.6
3. 投票人數	7	25.0
4. 選舉機制	9	32.1
5. 候選人個性和政治暗鬥	10	35.7
6. 官方對該選舉的深思	10	35.7
7. 軍方作為選舉保衛者	5	17.9
關於薩爾瓦多選舉與美國政府思想宣傳內容不相符的主題		
8. 公關形象目的	3	10.7
9. 美國對選舉的投注	2	7.1
10. 1982 年選舉的訛詐	0	0
11. 法定戒嚴之下是否存在言論與集會自由	1	3.6
12. 新聞自由	0	0
13. 組織自由	0	0
14. 對候選人登記與參選資格的限制	0	0

15. 選舉之前的國家恐怖主義和恐懼氛圍	3	10.7
16. 對選舉可能不利的因素：軍隊的勢力，以及與候選人和政黨的關係	1	3.6
17. 法律規定的投票義務	4	14.3
18. 法律上針對不投票行為的處罰	2	7.1
19. 在選民手指頭做記號	1	3.6
20. 身分證蓋投票戳章	2	7.1
21. 法律規定主管單位在 10 天內檢查選民是否投票	0	0
22. 死亡突擊隊和維安部隊可能施加於不投票的人的威脅	0	0
23. 使用透明票匭	1	3.6
24. 維安部隊得以全副武裝出現在投票所的法定權利	0	0

此表根據的是《紐約時報》於 1984 年 2 月 1 日到 3 月 30 日間針對薩爾瓦多選舉的 28 篇新聞報導。

表格 3-2

《紐約時報》報導
尼加拉瓜預計 1984 年 11 月 4 日舉辦的選舉時
採納與排除的新聞主題 *

主題	處理該主體的文章總數	處理該主體的文章比率
關於尼加拉瓜選舉與美國政府思想宣傳內容相符的主題 （表格 3-1 的七個主題項目中，只有一個符合）		
1. 選舉機制	3	37.5
關於尼加拉瓜選舉與美國政府思想宣傳內容不相符的主題 **		
2. 公關形象目的	3	37.5
3. 言論自由	2	25.0
4. 新聞自由	6	75.0
5. 組織自由	4	50.0
6. 候選人登記與參選的能力	5	62.5
7. 對選舉可能不利的因素：軍隊的勢力，以及與候選人和政黨的關係	3	37.5

* 　此表根據的是《紐約時報》於 1984 年 2 月 1 日到 3 月 30 日間針對尼加拉瓜選舉的 8 篇新聞報導。

** 　許多表格 3-1 當中這個副標題底下列出的主題，都與尼加拉瓜選舉不相關——所有在我們檢視的文章裡提到的主題，都列於此了。

《紐約時報》報導
尼加拉瓜 1984 年 11 月 4 日的選舉時
採納與排除的新聞主題 *

主題	處理該主體的文章總數	處理該主體的文章比率
關於尼加拉瓜選舉與美國政府思想宣傳內容相符的主題		
1. 民主目的與展望	1	4.8
2. 反抗軍的破壞	0	0
3. 投票人數	5	23.8
4. 選舉機制	0	0
5. 候選人個性和政治暗鬥	3	14.3
6. 官方對該選舉的深思	3	14.3
7. 軍方作為選舉保衛者	0	0
關於尼加拉瓜與美國政府思想宣傳內容不相符的主題		
8. 公關形象目的	7	33.3
9. 桑解陣對選舉的投注	2	9.5
10. 之前選舉的訛詐	NA	NA
11. 法定戒嚴之下是否存在言論與集會自由	8	38.1
12. 新聞自由	6	28.6
13. 組織自由	2	9.5
14. 對候選人登記與參選資格的限制	11	52.4
15. 選舉之前的國家恐怖主義和恐懼氛圍	3	14.3

16. 政府對軍隊的控制	3	14.3
17. 法律規定的投票義務	NA	4.8
18. 法律上針對不投票行為的處罰	NA	NA
19. 在選民手指頭做記號	1	NA
20. 身分證蓋投票戳章	NA	NA
21. 法律規定要檢查是否投票	NA	NA
22. 施加於不投票的人的非法定威脅	1	4.8
23. 使用透明票匭	NA	NA
24. 維安部隊出現在投票所	NA	NA

*　　此表根據的是《紐約時報》於 1984 年 9 月 5 日到 11 月 6 日間針對尼加拉瓜選舉的 21 篇
新聞報導。

**　　NA 表示不適用。

選舉中思想宣傳的內容，而赫德立克・史密斯就這麼避開不談了。這位《紐約時報》評論員，實際上就是自家政府發言人，他跟雷根和舒茲一樣，不以為意地運用著雙重思想（doublethink）。

系統性媒體偏見的量化證據

我們用表格 3-1、3-2 和 3-3 比較了《紐約時報》報導 1984 年尼加拉瓜和薩爾瓦多選舉的新聞文章主題，以更徹底精準地呈現媒體在報導第三世界選舉時的結構性偏見。這些表格是根據先前我們講述過的美國政府思想宣傳內容設計而成的。表格上半部的項目是政府認同的議題——反抗軍的破壞、候選人的個性、選舉的機制等等——也就是政府希望在贊助的選舉中強調的內容。下半部則是美國贊助之選舉中，不會提到的內容：選舉的基本條件和其他負面的因素。我們的假設是：媒體會依循思想宣傳的內容，強調上半部那些美國贊助的選舉裡候選人之個性與其他議題，另一方面，在尼加拉瓜這類的選舉中，思想宣傳的內容會恰恰相反——媒體報導會強調的是基本的選舉條件。

我們可以輕鬆從表格 3-1 看到，在薩爾瓦多選舉的例子上，《紐約時報》的報導著重在上半部的主題，對於讓選舉有意義的選前基本條件，則略而不報。我們看得出來，《紐約時報》完全忽略了新聞自由、組織自由，還有對候選人參選資格限制的問題。表格 3-2 顯示了《紐約時報》同樣在表格 3-1 的兩個月期間，如何處理尼加拉瓜即將到來的大選。顯而易見，《紐約時報》強力關注的是自由選舉該有的基本條件，換句話說，《紐約時報》非常強調那些它在處理薩爾瓦多選舉時完全不談的事情。表格 3-3 顯示了同年稍晚尼加拉瓜選舉期間《紐約時報》所報導的主題細項。即便這些差異跟表格 3-1 與表格 3-2 的差異相比，比較沒有那麼明顯，但是，我們又再次清楚看到，《紐約時報》相當關注尼加拉瓜的基本選舉條件，這反映出它們遵照愛國思想宣傳的新聞編選。由於尼加拉瓜擁有比較好的自由選舉基本條件，而且威逼的狀況比較不嚴重，因此，《紐約時報》只在尼加拉瓜的例子上強調基本選舉條件的操作，更清楚證明了系統性偏見的存在。

尼加拉瓜選舉當周策畫的米格戰鬥機危機

雖然就像《新聞周刊》於 1984 年 11 月 19 日所指出的那樣，「（開往尼加拉瓜、據傳搭載了米格戰鬥機的）貨船的新聞，是選舉日當晚新聞報導首次披露的」，不過，《新聞周刊》（或者《時代雜誌》、《紐約時報》還有哥倫比亞廣播公司新聞頻道）可從未說過這個時間點是刻意挑選的。《紐約時報》在那些大篇幅報導根本不存在的米格戰鬥機的新聞裡，還一度引用了一名尼加拉瓜官員的話；對方說，這場危機純粹是外交公關操作，不，《紐約時報》對此也就沒有再探究下去了。儘管根本就沒有米格戰鬥機，而且新聞出現的時間就那麼剛好，能轉移注意力，不讓大家關注雷根政府想辦法要抹黑的這場成功選舉，但是，菁英媒體卻完全沒有提出質疑，連事後回想都沒再追問。雷根政府聲稱，貨船裝貨的時候，衛星觀測正好被屏蔽了，以至於無法得知貨櫃裡有什麼。大眾媒體也都把這說法當成事實加以報導，完全不想費勁評估這官方說詞。

媒體選擇關注報導的，是美國官方評估，**要是**真有米格戰鬥機送到尼加拉瓜的話，美方可能採取的作為。這麼一來，整個論述架構，就轉到了一個假設之上：**尼加拉瓜人**已經**幹了**某些壞事（而且是不可容忍的事）。《新聞周刊》一篇名為〈不存在的米格戰鬥機〉（"The MIGs That Weren't There"）的回顧文章裡，開頭就這麼寫道：「引進具備高性能表現的戰鬥機，就意味著他們考慮要威脅鄰國。」該篇文章標題已經清楚說了，根本**沒有**引進米格戰鬥機，這是美國官員編造出來的故事，但這也沒有阻礙媒體根據一件不存在的事，把惡的意圖安插在尼加拉瓜人身上。斷言尼加拉瓜人考慮要威脅鄰國，而不是為了抵禦外強授權的入侵行動，這也是一種愛國的新聞編輯判斷。《新聞周刊》在該篇文章裡還說道：「顯然各方都在玩一場不好處理又危險的遊戲。」這真是耐人尋味的公平處理啊。一個大家公認受到攻擊，還遭到對方誣告搶劫的人，卻被說成與這名作偽證的攻擊者「在玩一場危險的遊戲」。[155]

《新聞周刊》在一篇報導尼加拉瓜選舉的文章裡安插了美國政府的說法，宣稱一艘貨船裝載著專門用來運送米格 21 型戰機的貨箱，就要抵達尼加拉瓜的港口。不論政府為了挫敵的政治宣傳花招有多麼明目張膽，《新聞

周刊》從來都沒有加以質疑，而且，只有政府默認刻意欺瞞的行為時，《新聞周刊》才會回溯探討。跟《新聞周刊》和《紐約時報》一樣，《時代雜誌》也讓政府用了一套外交公關聲明，為其思想宣傳內容定調：**要是尼加拉瓜人真這麼做，那就會是對美國挑釁。那樣的話我們就會如何因應、我們會有什麼樣的政策選項……等等。**《新聞周刊》沒有討論這套聲明的真實性，也沒有討論這有沒有可能只是操弄的花招，目的是有助於轉移大家注意力，不要關照美方不想要的選舉；而且，想當然耳，《新聞周刊》也從未提出，這是美國侵略一個小小受害國的一部分政策。

只有哥倫比亞廣播公司新聞頻道在米格戰鬥機危機的新聞報導上，值得嘉許。丹‧拉德於11月6日報導了這則直接來自政府的「新聞」，說米格戰鬥機可能在運送途中，而且，府方在考慮將其摧毀的戰略選項。不過11月7日和11月8日，也許哥倫比亞廣播公司因為確認了自己又遭到「利用」，因此大篇幅報導了尼加拉瓜外交部部長米格爾‧戴思柯多（Miguel D'escoto）對此新聞的駁斥，藉此，拉德得以指出這場尼加拉瓜所造成的「威脅」有多荒謬、指出這是把米格戰鬥機跟尼加拉瓜選舉綁定的操作手段，也指出美國向康塔多拉（Contadora）的和平提議說不的事實。

但話說回來，米格戰鬥機這招完全奏效。這招製造出危機的狀態，而且大眾關注的重點，變成了我們有何「選項」以應對假想的桑解陣「威脅」。沒有人討論尼加拉瓜的選舉。拉丁美洲研究協會指出：「大部分的國際媒體，甚至都沒有報導尼加拉瓜選舉的最後結果。這些選舉結果，真的就這麼被埋在製造恐慌的大量新聞報導之下。」拉丁美洲研究協會總結道，就像美國政府宣稱的那樣，尼加拉瓜選舉的過程，的確遭到操弄，只不過是美國政府在想辦法抹黑這場美方不希望發生的選舉，操弄了這場選舉。薩爾瓦多和瓜地馬拉的選舉，成功賦予了美國支持的政權合法地位——最起碼，對美國的菁英觀點而言，的確如此。多虧媒體的效忠付出，這場明明更加可信的尼加拉瓜選舉，卻未能替其政權正名。

官方「觀察員」在強化政治宣傳路線方面所扮演的角色

運用政府操控的「專家」和「假事件」，吸引媒體注意，並將報導導向政治宣傳路線的方向上——這在官方觀察員身上，可以看到絕佳例證。而且，官方觀察員經常在示範選舉中成功完成這樣的任務，無論他們停留觀察的時間有多短暫，或者做出的評論有多愚昧，都沒有關係（詳見附錄1）。媒體認為官方觀察員具備新聞價值，是理所當然的事：這些人都是知名人物；政府從「聲譽良好」的機構中挑選出來這些人，增加了他們的可信度；還有，他們觀察到的內容，會影響到各方見解與政策。這種思考邏輯，就是自我實現預言的本質；觀察員之所以有影響力，只不過是因為媒體報導了他們。由於這些官方觀察員素來都毫不在意選舉基本條件，稱揚這些選舉公正公平，因此，媒體採用這些觀察員對選舉品質的評論，就違反了實質客觀性的標準，這跟《紐約時報》或《真理報》採納任何政府直接印製發布的新聞稿一樣，並無二致。

尼加拉瓜選舉的外國觀察員和觀察團數量，相當驚人。我們先前說過，《時代雜誌》提到有 450 名外國觀察員，不過，該雜誌卻完全沒有引用當中任何一位觀察員的話（相反地，不出意料地都仰賴國務院的新聞稿）。一如所見，國務院有辦法讓媒體依循它的思想宣傳內容，就算這表示媒體得無恥地 180 度改變同一年它們套用在薩爾瓦多和瓜地馬拉選舉的標準，也無所謂。國務院還有辦法透過利用米格戰鬥機轉移注意力的花招，誘使媒體不理會尼加拉瓜的選舉。媒體還允許瞞天大謊搖身一變成為尋常說詞——例如，跟薩爾瓦多和瓜地馬拉的選舉相比，尼加拉瓜的選舉存在著更嚴重的威逼情況、選擇更不多元；還有，跟尼加拉瓜相比，薩爾瓦多和瓜地馬拉的選舉，意義上更具備賦予政權合法性的能力。

要是像愛爾蘭代表團和拉丁美洲研究協會所做的這類報告，當初受到適當的重視，那麼這些政治宣傳的謊話，本來是沒辦法得逞的。事實上，拉丁美洲研究協會聯繫了大型的大眾媒體，試圖引起這些媒體的興趣，報導他們的報告。但每一家大型媒體都拒絕了拉丁美洲研究協會。拉丁美洲研究協會的報告，或許是有史以來紀錄最詳實、邏輯最縝密的觀察員報告了。報告

的撰寫者，各個都絕對是有史以來最有資格寫選舉觀察員報告的人，其中有半數曾經在尼加拉瓜待過，而且這份資料，還是處理中美洲主要學術機構的官方報告。撰寫者立場多元，雖然整體說來是自由派，但他們都展現了很強的批判能力（而且，跟媒體大加報導的那些官方觀察員團隊不同，他們完全沒有偏見）。他們的報告涵蓋每一項重要的議題，同時還公開挑戰並評估證據。你如果先讀了拉丁美洲研究協會的報告，之後再讀《時代雜誌》、《新聞周刊》和《紐約時報》的說法，就會發現，不是兩邊結論的不同讓人印象深刻，而是雙方在報導深度、平衡度以及客觀性上的差異，教人驚訝不已。拉丁美洲研究協會提供了深刻的歷史與脈絡、選舉架構組織的完整介紹，還完整討論了相較於其他選舉的每一項相關議題。我們相信，大眾媒體之所以沒有將拉丁美洲研究協會納為新聞資訊來源，其中一個重要原因就是，協會的報告跟媒體不假批判、日復一日散播的政治宣傳說詞，完全相悖。因此，光是這份報告的可信度、客觀性以及品質，就讓人受不了，而這也使得有政治宣傳作用的機構，不得不加以迴避了。

結論

我們已經看到了，尼加拉瓜 1984 年時的選舉條件遠比薩爾瓦多和瓜地馬拉的條件良好，而且，拉丁美洲研究協會認定，就拉丁美洲的標準而言，尼加拉瓜的選舉，算是「誠實與公正的示範」。在薩爾瓦多和瓜地馬拉，五個自由選舉的基本先決條件，沒有一個達標。在這兩個國家裡，國家在背後支持，而且包含了公開展示斷肢屍體這種行為的恐怖行動，一直到選舉當天都還在折磨百姓大眾。在這兩個國家裡，法律都規定一定要投票；人民有讓官方在身分證上蓋章、佐證已投過票的義務。這兩個國家都透過法律、透過說到做到的暴力威脅、透過算計，不准主要的反抗軍反對勢力投票。然而，美國的大眾媒體，完全遵照了國家的政治宣傳，都認為這些國家龐大的投票人數，是民主選擇的大勝利；這些選舉都賦予了政權合法地位；而且，選舉因此創造了「民主雛形」。這樣的結果很大一部分來自媒體拒絕檢視真正自由選舉的基本條件，以及這些條件適不適用在美國的附庸國選舉之上。媒體

只有在尼加拉瓜的選舉上，才著眼於像新聞自由這樣的議題，而且討論這樣的議題時，還睜眼說瞎話。即使就所有實質面而言，尼加拉瓜都比較好，媒體卻認為尼國的選舉是騙局一場，也沒能賦予勝選政權正當性。

有鑑於之前媒體面對美國贊助的 1966 年多明尼加共和國選舉以及 1967 年的越南選舉時，都有類似的表現，因此，我們姑且做這樣的歸納：美國的大眾媒體**一定會**認定自己政府贊助的第三世界國家選舉，是「向民主邁進了一步」，而在自己政府忙著於該國製造紛擾的國家所舉辦的選舉，則會是鬧劇騙局一場。即使這當然是政治宣傳模式會預測的結果，但在我們檢驗的這些例子當中，由於美方政府並無過度威逼要脅，可媒體順服於國家利益的程度，真是非凡。這些「新聞過濾器」達到的政治宣傳結果，連極權國家都很難超越。

為了自己國家的利益而成功撒下大謊的媒體，在隨後的幾年中，繼續強化它們的謊言所建立出的形象。瓜地馬拉和薩爾瓦多，都是有「民選總統」的「新興民主政體」。相反地，尼加拉瓜則是沒有「民選總統」的馬克思—列寧主義式的獨裁政體，要不是美國強迫，根本不可能准許選舉的舉辦。《紐約時報》於 1987 年 12 月 1 日的社論中，呼籲美國政府不要「看輕了赤貧焦困且無政府狀態的海地（Haiti），只當這個國家無可救藥」，而背叛了海地民主黨（Haitian Democrats），文中提到，美方要是這麼做，「就破壞了華府對尼加拉瓜需要自由選舉一事的控訴。」雖然媒體用字遣詞混沌不明，而且又典型地利用了這些針對海地的發言，隱而不報華府對於搞臭選舉的杜瓦利黨羽（Duvalierists）的支持，不過我們卻能清楚看出《紐約時報》接受了雷根政府的路線，認為 1984 年尼加拉瓜舉行的選舉不是自由選舉，還有，實現自由選舉是美國的目標。即使美國政府的這條路線，根據的是事實的竄改，但是《紐約時報》在盡其政治宣傳作用的同時，卻和其他的大型媒體同聲一氣，無論如何都認為美國政府這個老大哥 xxxiii 對中美洲選舉的描述是對的。

我們之前也強調過，媒體對國家政治宣傳路線的遵守是極為實用的。

---

xxxiii　譯註：原文為 Big Brother，是喬治·歐威爾在小說《一九八四》（1984）當中塑造的一個獨裁者角色。作者在此以反諷的味道用此稱呼媒體聽命的美國政府。

就像瓜地馬拉的政府之所以能屠殺數萬人而沒招致什麼惡果，原因正是因為媒體認為被殺的人是「無價值」受害者。因此，今日我們協助薩爾瓦多與瓜地馬拉的國家恐怖主義份子，還有金援反抗軍游擊隊攻擊尼加拉瓜的「軟目標」（soft target）xxxiv，這些行為，都相當倚重媒體對「價值」的持續判斷、及其決定政權之合法化與否的適切操作手法。由於這些媒體的政府，贊助了薩爾瓦多、瓜地馬拉和尼加拉瓜這三國的恐怖行動（還有宏都拉斯的），我們或可公正地說，即使美國的大眾媒體自我呈現了對抗所謂恐怖主義的正義形象，但是它們實際上的功能，就是忠誠的恐怖主義代理人。

---

xxxiv　譯註：特別指軍事攻擊或恐怖攻擊時，相對而言較脆弱而未受保護的人或事物。

第 4 章

蘇聯國家安全委員會

——保加利亞（KGB—Bulgarian）刺殺教宗的陰謀：把自由市場的不實資訊當「新聞

在薩爾瓦多、瓜地馬拉以及尼加拉瓜選舉的例子上，政府是提供適切分析架構與相關事實的推手，而大眾媒體主要扮演的角色，則是將資訊傳送出去，並確保政府的思想宣傳內容不會遭到過於嚴重的攻擊。不過，大眾媒體面對 1981 年 5 月的教宗遭槍擊事件，還有後來針對 KGB—保加利亞陰謀的指控時，從事發到結束，在提供說詞與維持新聞熱度上，則扮演了更重大的角色。[156]

不過就很多方面來說，流程是雷同的。先是創建出主導的架構，用特別有助於當時菁英需求的方式，解讀教宗遭刺殺事件。接著很快發起一連串活動，用不斷重複的方式將適用的政治宣傳路線，灌輸進大眾的腦子裡。大眾媒體略而不談其他的討論框架，而且，也完全不採用傾向以其他方式討論這個議題的資訊來源。只揀選符合主導架構價值的事實狀況；不符合的那些事況，就算能證明本身的參考價值也不會被採用。同時，得以獨占大眾媒體版面的那些資訊來源，還憤恨地抱怨自己的聲音恐怕蓋不過蘇聯的政治宣傳而無法傳達給大眾。當這場於義大利提出的保加利亞訴訟案，經過漫長的審判過程後以敗訴收場時，媒體卻說這個案子做多也只能辦到這邊而已。沒有一家媒體提出嚴肅的回顧探討，而且，媒體在沒有解決其矛盾說法的情況下，便不再報導這個新聞了。

保加利亞涉教宗遭刺案之所以是一個相當適合用來說明政治宣傳模式價值的例子，就是因為從事件一開始保加利亞的涉案情況就不足為信。而且

早在羅馬開庭審理之前，此案就已經讓人覺得可笑。然而，大眾媒體還是一直操弄這個案子，到最後忿忿結束方休。如果類似的戲碼，以西方世界為目標，在莫斯科上演——一個在蘇聯監獄關了 17 個月的半瘋罪犯，在 KGB 和檢察官幾次善意探視晤談後，指證美國大使館人員密謀行刺，隨後開始天天更改供詞——西方世界八成會甩頭走人，連看看所謂的證據都不願意吧。話說回來，雖然保加利亞涉教宗遭刺案的情節就是這麼離譜，但它卻符合實用原則。

這個案子，從 1981 年 5 月 13 日教皇若望保祿二世於聖彼得廣場（St. Peter's Square）遭到阿格卡槍殺重傷那刻開始。阿格卡是土耳其的右派人士，也是一名殺手，向來和極右派土耳其民族行動黨（Nationalist Action Party）的附隨組織灰狼（Gray Wolves）有掛鉤。一開始的西方世界新聞報導指出，阿格卡是 1979 年從土耳其監獄逃獄的通緝要犯，政治傾向上是法西斯右派的死硬派支持者。他槍殺教宗的原因不明。因為阿格卡的朋友都是極端的反共產主義人士，因此一開始，要能成功地將他槍殺教宗的罪行怪到東方世界的頭上，機會似乎不高。

有兩項因素讓 KGB 聯合保加利亞刺殺教皇的陰謀論，得以成型。首先，阿格卡待在灰狼地下組織期間，行遍歐洲 12 個不同的國家，他在保加利亞待了一段時間。跟灰狼組織有關聯的土耳其藥頭們，也都涉及保加利亞境內的販毒交易。因此，阿格卡跟保加利亞就有某些「關聯」，這些微不足道的小事，最後卻可以派上大用場。

第二項因素，則是西方菁英的需求，以及西方世界細心激起與此需求緊密相關的反共產主義熱潮大爆發。1979 年 7 月，西方世界政治界與媒體圈的重大代表（包含克萊兒・史德林、喬治・威爾〔George Will〕、喬治・布希以及羅伯特・摩斯〔Robert Moss〕）出席了於耶路撒冷（Jerusalem）所舉辦的強納森研究院（Jonathan Institute）第一次會議；以色列總理梅納赫姆・比金（Menahem Begin）在開幕致詞上強推力促的主題，就是大談恐怖主義議題、並且將恐怖主義與蘇聯掛鉤起來，這是多麼重要而且具備實用價值。這也是許多與會人士亟欲推廣的做法。克萊兒・史德林就靠著她 1981 年出版的《恐怖網絡》（*The Terror Network*）一書，登上了討論這個主題的頭號大眾媒體專家之位，那本書還成了雷根政府與國際右派團體的聖經。雷根政府 1981 年開始的一

整套政治宣傳活動，就是以恐怖主義和蘇聯之惡為核心，目的便是為其規畫好的軍武擴增、新導彈的歐洲部署以及干預第三世界的政策鋪路。因此可以說，1981 年 5 月阿格卡槍擊教宗一案發生之時，西方世界的重大利益團體，正好在尋覓將蘇聯與「國際恐怖主義」掛鉤起來的方法。[157]

史德林—漢茲—卡爾伯（Sterling—Henze—Kalb）模式

　　針對這樁槍殺案，雖然媒體一開始的反應都認為犯行的源頭，看來跟土耳其右派意識形態與政治有關，不過，部分右派份子立刻抓住這個機會，直指槍殺教宗的陰謀來自蘇聯陣營。教宗遭到行刺後才六天，義大利的特勤組織軍事安全情報局（SISMI）便發布了一份檔案聲稱，蘇聯官員在華沙公約（Warsaw Pact）會員國在羅馬尼亞的布加勒斯特（Bucharest, Romania）開會時，便宣布過這次的攻擊行動，而且，阿格卡是在蘇聯接受訓練的。這則「情報」，之後證實是義大利軍事安全情報局或其情報來源之一所捏造出來的，不過此一說法，透過進一步的引用還有訊息走漏，同時藉著西德出版的一本書，成了針對暗殺陰謀的諸多說法之一。

　　《讀者文摘》相當早就看到了這個行刺意圖帶來的政治宣傳機會，僱來在 CIA 服務許久，還是政治宣傳專家的保羅・漢茲（Paul Henze）以及克萊兒・史德林一起調查這件事。史德林於 1982 年 9 月刊登於《讀者文摘》當中的文章〈刺殺教宗的陰謀〉（The Plot to Kill the Pope），就是宣稱保加利亞涉教宗遭刺案的重要始作俑者；史德林文章中的觀點，連同保羅・漢茲的看法，還成了國家廣播公司電視部製作《射殺教宗的人——針對恐怖主義的研究》節目的根據。該節目於 1982 年 9 月 21 日首播，擔任旁白配音的，是馬文・卡爾伯（Marvin Kalb）。

　　史德林—漢茲—卡爾伯模式，聲稱阿格卡是保加利亞人的代理人（也就間接算是蘇聯的代理人）；這個模式透過《讀者文摘》和國家廣播公司電視節目（1983 年 1 月還改版重播）的深遠影響力，再加上其他主流媒體甚至更為迫切而欣然地接受此一說法，很快就成了大眾媒體討論教宗遇刺案的主導框架。我們取樣的大眾媒體——《新聞周刊》、《紐約時報》以及哥倫比亞廣

播公司新聞頻道——全都接受了此一說法，打從一開始，就採用了史德林—漢茲—卡爾伯模式，而且，一直到 1986 年 3 月在羅馬舉行的審理程序結束前，都堅持不悔。這些媒體在此期間，排拒了其他的觀點，還揚棄了大量使它們難以自圓其說的事實。除了這些媒體之外，《讀者文摘》、《華爾街日報》、《基督教科學箴言報》以及國家廣播公司電視網也堅守史德林—漢茲—卡爾伯路線，這套路線，很快便在整個主流媒體中，建立出主導地位。

為了平衡此一路線跟接下來兩個小節的內容，我們會先說明史德林—漢茲—卡爾伯模式為何、有什麼弱點，接著概述媒體略而不提的另一個思考框架，何以解釋阿格卡暗指保加利亞涉案的供詞。然後，我們會轉向更進一步檢視媒體何以輕易就接受了史德林—漢茲—卡爾伯的觀點，以及這行為何以符合政治宣傳模型。

史德林—漢茲—卡爾伯模式具備下列的元素：

1. 動機。史德林的那篇《讀者文摘》文章，認為意圖行刺教皇的最主要動機，就是蘇聯亟欲削弱北大西洋公約組織，做法就是教唆土耳其殺手行刺教宗：「這位在聖彼得廣場的土耳其刺客，就是要讓基督教世界明瞭，伊斯蘭教的土耳其（Islamic Turkey），是不屬於北大西洋公約組織的外人、一個似乎會帶來威脅的國家。」伴隨（而且很快地取代了）這個動機的，是唇槍舌戰的討論，說槍擊事件為的是透過除掉波蘭團結工聯運動的重要支持者，以消滅該工聯運動。保羅‧漢茲還一度提出，KGB 的意圖可能只是要「嚇唬嚇唬」教宗，而不是要殺了他，就像詹姆士‧龐德（James Bond）[xxxv]的電影演的那樣，只是警告而已。而史德林、漢茲或是卡爾伯，從來都沒有討論過蘇聯陣營出此一險招的代價跟風險，到底是什麼。

2. 蘇聯與保加利亞涉案的證據。阿格卡在 1982 年 11 月招供指認保加利亞涉案之前，史德林—漢茲—卡爾伯說法依賴的證據，只有區區兩個：其一，阿格卡曾經在 1980 年夏天在保加利亞待過；其二，跟灰狼組織有關聯的土耳其毒品販子們，會在保加利亞販毒。1982 年 11 月，阿格卡供出了三位保加利亞人，說是他的共犯，而且，還聲稱自己受僱於保加利亞人犯案。由於他沒有提出可信的證據，也沒有指名道姓地說誰曾目睹他與保加利亞人

---

xxxv　譯註：這裡指的是英國特務 007 系列電影裡的主角。

的交易，因此，這一項新「證據」，不過就是阿格卡在義大利監獄被關押了17個月之後言之鑿鑿的說詞而已。

3. 意識型態的假設。 由於這個說法看起來漏洞百出，尤其在1982年11月阿格卡的新供詞出現之前更是如此，因此，意識形態的假設，就被用來填補漏洞：這就是蘇聯會幹的勾當。蘇聯和保加利亞向來都積極主動地想盡辦法要讓土耳其「動盪不安」。[158] 如果缺乏鐵證實據，那是因為蘇聯就是湮滅證據、維持「合理推諉」（plausible deniability）態度的高超專家。蘇聯國家安全局僱用了土耳其的阿格卡，要他利用右派份子的身分掩護，模糊事實，讓大家不曉得他是蘇聯國家安全局幹員。雖然阿格卡遊歷了其他11個國家，不過，他在保加利亞待的那段時日很重要，因為，保加利亞是一個極權主義的國家，而且，保加利亞的警察無事不知曉；因此，他們知道阿格卡是誰，他們一定是為了自己所圖而利用阿格卡。[159]

史德林─漢茲─卡爾伯模式的問題

基本版的史德林─漢茲─卡爾伯模式受全無可信證據之累，又全倚靠意識型態的前提，還苦無內部的一致性。隨著問題的出現，這模式也就一改此前立場，有時候，立場一變，主張還跟之前完全相反。

這個模式一開始問題就是保加利亞連同蘇聯的動機。在這個連結中，我們要注意的是，史德林原先提出的說法奇蠢無比：她說東方陣營不嫌麻煩地找出一個土耳其法西斯主義份子射殺教宗，目的是為了讓土耳其難堪，因而得以讓土耳其與北大西洋公約組織脫鉤。光靠一個土耳其的法西斯主義份子射殺教宗、就能造成土耳其與北約組織脫鉤的說法，不合道理，而且，就算這種不切實際的計謀「成功」的機會比較大，保守的蘇聯領導階層，也不太可能參與這種計謀。[160] 這套理論假定了阿格卡會被逮，而且還遭指認為土耳其人，但他不會透露自己其實受僱於保加利亞與蘇聯。隨後，史德林提出，阿格卡本來應該會在廣場遭到槍擊身亡，死無對證。偏偏無能至極的蘇聯國家安全局，卻沒能完成這椿簡單的任務。史德林─漢茲─卡爾伯模式還不只一次提出，阿格卡甚至可能不知道僱用他的人是誰，所以他無法供出東

方陣營。後來，等阿格卡聲稱自己和羅馬的保加利亞人過從甚密的時候，史德林和漢茲則閉上嘴，不提 KGB 沒能維持假面具，遂行其「合理推諉」了。

最後，史德林—漢茲—卡爾伯模式，底定了這個說法：蘇聯與保加利亞的真正動機，就是要壓制波蘭團結工聯運動。不過，我們要是考量時間點和基本的成本效益分析，就會知道這個理論和之前的一樣都不太可能。早在團結工聯出現之前，阿格卡就據傳被土耳其收編了。關於阿格卡受僱的時間點，史德林提到很多版本，其中一個版本說，阿格卡是 1980 年 7 月被保加利亞人僱用的，就算如此，這還是在格但斯克造船廠（Gdansk shipyard）罷工事件之前，因此，也是在團結工聯對蘇聯的掌控造成公認的威脅之前。暗殺行動的風險與成本，讓人感覺是很大的——而且事實上，就連缺乏可信證據，光是大批人相信蘇聯和保加利亞涉案，這兩個國家要付出的代價就很嚴重了。再來，這個行動可能帶來的收益，也不太成立。刺殺教宗，尤其要是罪魁禍首是蘇聯，會激怒波蘭人，讓他們團結一氣，加強他們對蘇聯主導之政權的反對。還有，打壞自己跟西歐的關係——這對 1981 年的蘇聯而言，是極為重要的；當時他們正與西歐協商天然氣管線，而且美國在西歐新部署了導彈，是蘇聯一大擔憂——得進一步付出的代價，似乎不會讓蘇聯想冒這麼愚蠢的險才是。[161]

史德林—漢茲—卡爾伯模式的第二個問題是，阿格卡在 1979 年教宗參訪土耳其的時候就已經提出過要殺害教宗的威脅——還是老話一句，這又是早在團結工聯出現前的事。這麼說來，阿格卡和土耳其右派對教宗的不滿、及刺殺教宗的來龍去脈，都不是受到蘇聯的影響。這部分解釋了史德林—漢茲—卡爾伯模式為什麼主張蘇聯在教宗參訪土耳其之前就已經僱用了人在土耳其的阿格卡，幫他替之後的攻擊行動鋪路。然而，這個單純的臆測不但沒有任何證據支持，還沒能解釋為什麼除了阿格卡之外、所有的法西斯派新聞媒體對於 1979 年教宗造訪土耳其一事，都提出嚴重抨擊。難道所有的法西斯右派都聽命於蘇聯嗎？大眾媒體唯一一次提出這個討論議題，是在 1983 年 1 月 5 日《麥克尼爾—萊爾的新聞時刻》（McNeil—Leher News Hour）這個節目上；保羅·漢茲含糊其辭地說，1979 年教宗參訪土耳其一事，「沒有（新聞媒體）反對的聲音」。不過土耳其的新聞記者吾吾爾·孟朱（Ugur

Mumcu）卻彙整了一大堆土耳其右派新聞媒體當時的報導資料，證明漢茲的說法不實。

史德林—漢茲—卡爾伯模式的第三個問題是，阿格卡是一位死忠的右派份子，因此他不太可能被選上為共產勢力效命（雖然也許考量到他遭監禁的背景脈絡，他遭到勸服，指稱共產勢力是共謀）。史德林—漢茲—卡爾伯模式用盡一切辦法要把阿格卡說成是無家無國的傭兵，但他們能編造出來的最佳說詞，不過就是阿格卡似乎從未正式登記為灰狼組織的成員。[162] 話說回來，從他高中時期以來，他所有的朋友、夥伴還有聯繫對象都是灰狼組織的成員，而且他遍跡歐洲的這些行程落腳地，一直到他 1981 年 5 月 13 日的出沒處，全都在灰狼組織的網絡之內。阿格卡連被關押在監獄中，都還曾寫信給時任土耳其民族行動黨黨魁的亞帕斯蘭・土耳克斯（Alparslan Turkes），表達自己的效忠持續不變。史德林與漢茲覺得這封信造成了困擾，因為信的內容不吻合他們對阿格卡無政治傾向的描述；史德林連辯駁都沒有，就說這封信是「拙劣到可笑的偽造之作」，不予理會。然而，問題就在於，阿格卡的信在一場安哥拉（Ankara）舉行的審判中，被土耳其軍事當局列為證物之一；對史德林而言，這通常就證實了其真實性。她既沒有提到這點，也沒有檢驗自己的說詞。吾吾爾・孟朱在他寫《阿格卡檔案》（*Agca Dossier*）一書中，花了五頁詳實討論這封給土耳克斯的信，解釋了當局花了多少心力——包含監聽外部專家——才證實這封信的真實性。各方最後都同意，這封信的確是真實的。

史德林—漢茲—卡爾伯模式的第四個問題是，因為保加利亞祕密警察的效率很高，所以，他們必定知道阿格卡人在索菲亞市（Sofia）[xxxvi]，同時，阿格卡因此也一定受僱於保加利亞特務組織。這種假定的功效是一種沒有任何證據支持的意識形態假設，而且還跟保加利亞和蘇聯的實際表現不符。根本沒有證據證明保加利亞人認得當時使用假護照的阿格卡。此外，1985 年 9 月 22 日在羅馬舉行的審判上，灰狼組織的官員阿布杜拉・卡特里（Abdullah Catli）的證詞，就推翻了保加利亞警察什麼都知道的說法；卡特里表示，許多灰狼組織的成員選擇取道保加利亞，是因為藏身在穿行保加利亞的土耳其

---

xxxvi　譯註：保加利亞第一大城。

移民潮當中相當輕而易舉。

　　史德林—漢茲—卡爾伯模式的第五個問題是，阿格卡似乎是透過灰狼組織取得槍枝，並非透過保加利亞人——照理說，羅馬的保加利亞人要私下塞一把槍給阿格卡，是相當容易的事。史德林在《讀者文摘》的那篇文章裡，追查阿格卡的用槍來自於奧地利的槍枝販子霍爾斯特·葛利爾馬利爾（Horst Grillmarier）；根據史德林的說法，此人為了躲避西方世界的盤問，過了 1981 年 5 月 13 日，便逃到了鐵幕背後。[xxxvii] 然而，結果竟然發現葛利爾馬利爾是前納粹成員，專門供應槍枝給右派份子；還有，那把槍中間經手過好些人，最後才輾轉由一位阿格卡在灰狼組織的友人，交給了他。面對自己原先那套葛利爾馬利爾的說詞分崩離析，史德林的處理方式只是又改成了另一套陰謀論：聰明的保加利亞人要阿格卡跟某位有名有姓的法西斯份子買槍，這麼一來，就能強化鞏固她的說法——阿格卡是不可能跟共產勢力有關的右派份子。

　　史德林—漢茲—卡爾伯模式的最後**一堆**問題是：這個說法極為不周全，而且，既然說保加利亞和蘇聯祕密警察「合理推諉」的本事奇佳，但卻有一堆反證——他們的「合理推諉」，跟這個模式裡其他內容讓人聯想出來的超級間諜形象，根本不能安穩共存。史德林—漢茲—卡爾伯模式曾多次主張，蘇聯和保加利亞的專業人士，因為有辦法做到絕不讓自己被懷疑涉案，所以他們要行刺教宗，心有餘力也足。不過，阿格卡這個遭到通緝的罪犯，而且還是精神狀態不穩的右派份子，他一遭逮，很快就會讓人發現真實身分，那麼僱用他刺殺教宗的行為，會讓人覺得極度愚蠢吧。史德林最早編出來的故事版本是，蘇聯國家安全局**希望**他被活逮，或者就算死了，身分也能遭人指認出來，目的是要抹黑土耳其。接著，她轉而主張削弱團結工聯是動機，這時，揭露保加利亞與蘇聯涉案的後果，看起來會非常嚴重。然而保加利亞和蘇聯國家安全局既僱用了阿格卡，最後卻又沒能殺掉他。而把阿格卡帶到索菲亞市接受指導，是另一個不對勁的地方。要是阿格卡在土耳其就已經被吸收了，那麼把他帶去索菲亞市，不就破壞了他小心營造出的「假身分」嗎？如果是的話，那麼他到索菲亞市的論點，不就**有違**蘇聯和保加利亞涉案的說

---

xxxvii　譯註：原文 Iron Curtain，指的是冷戰時期受到蘇聯影響的東歐。

法嗎？

　　雖然 1982 年 11 月阿格卡承認他與保加利亞共謀的自白，即刻為西方世界的媒體「證實」了保加利亞涉教宗遭刺案，不過，這份供詞，卻也嚴重破壞了史德林—漢茲—卡爾伯模式以及「合理推諉」的邏輯。假使就像阿格卡承認的那樣，保加利亞人與他在羅馬密謀、護送他到聖彼得廣場策畫攻擊行動、招待他在他們的公寓住下，也參與了行刺攻擊，那麼，「假身分」的邏輯又跑哪兒去了呢？

另一種解釋模式

　　如果類似的情節發生在莫斯科：在這個情節中，阿格卡四處遊走時，曾在美國短暫停留，而且在槍殺了蘇聯的高層官員之後，被關在蘇聯的監獄 17 個月；現在他供稱，三位美國大使館的成員，就是他的共謀——那麼，從美國新聞媒體一定會提出的問題當中，我們便能得到保加利亞涉教宗遭刺案的另一種解釋方式。在我們假設的這個例子上，美國新聞媒體會仔細報導這份供詞對蘇聯的政治宣傳需求，有多好用；媒體會報導為何拖了 17 個月才供出美國人；媒體還會報導阿格卡顯然受到煽動或脅迫而更改供詞的可能性。媒體會很認真地關注收押阿格卡的監獄狀況、面會他的人、他有沒有可能和關押他的人達成「協議」，以及任何從他的說詞或其他消息來源中能證明他受到指使的一切證據。阿格卡曾經造訪的 12 個國家當中包含了美國，媒體不會認為這是強而有力的證據顯示 CIA 涉案，而且，新聞媒體甚至還可能會指出，只要 CIA 還有一點能力可言，一開始就不會把阿格卡帶到華盛頓接受指導。

　　這個解釋模式，會考慮史德林—漢茲—卡爾伯模式一開始考慮的事實——阿格卡曾待過保加利亞的索菲亞市——不過，解讀的方式會有所不同。待在索菲亞市，違反了「合理推諉」的原則，而且，要是蘇聯國家安全局在土耳其就已經吸收了阿格卡，他卻還跑去索菲亞市，就會讓人覺得特別愚蠢。另一方面，阿格卡曾待過索菲亞市的事實，提供了西方世界的政治宣傳系統一個必要的連結——阿格卡在羅馬犯下的恐怖攻擊與蘇聯陣營有關。

阿格卡供詞的**好用**——對社會主義領導人克拉克西（Craxi）xxxviii 如此、對義大利的基督民主黨（Christian Democrats）和新法西斯主義份子（neo—Fascists）也如此對尋方設法要把「國際恐怖主義」和蘇聯掛鉤在一起的雷根總統，更是如此——也顯而易見，而且，還會立刻讓客觀的新聞媒體嗅到一種可能性：既然有好用供詞的「需求」，或許，就能從被關押的阿格卡那邊誘發適切的「供應」。阿格卡拖了那麼久才交代保加利亞人的名字——整整在義大利監獄花了 17 個月，而且在他同意與調查此案的法官伊拉里歐·馬爾特拉（Ilario Martella）「合作」之後過了 7 個月——這也高度啟人疑竇。為什麼他花了這麼長的時間才供出同謀者是誰？史德林試著解釋其中的原因，她說原本阿格卡希望保加利亞人會把他從監獄裡「救出去」，他這是在給保加利亞人時間；阿格卡一個又接著一個詳加說明自己的聲明，接著又收回自己說過的話，這一切行為，史德林都解釋成以阿格卡在「暗示」那些所謂的同謀們。實在沒有必要為了合理化不好處理的事實，汲營於複雜又充滿臆測的白功；依據阿格卡的性格與其來往組織，還有已知提供給他的誘因，直接解釋就很合理了。何況，史德林的說法也沒有解釋為什麼阿格卡到了審判後期沒辦法提供真憑實據，而早在這個之前，我們就已經清楚，保加利亞人根本沒有回應阿格卡這些所謂的暗示。

　　阿格卡的供詞還有另一個引人疑竇的特點：他的供詞，**依循著**史德林—漢茲—卡爾伯模式的生成與此模式在媒體上廣流傳布。根據報導，遭到關押的阿格卡，在刺殺教宗陰謀案的調查期間，能接觸到新聞、廣播節目、電視節目以及其他個人聯繫外面世界的方式。調查結果也提到，阿格卡「個人想出名的慾望，似乎無止境的。……在義大利調查此案期間，他曾一度要求自己『自白』時，記者要在場，法官不准，他竟突然拒不開口。」早在阿格卡自白之前，他便曾針對保加利亞是否可能涉案一事接受訊問，而且他相當清楚，調查員要是能讓他說出保加利亞涉案，都會非常開心滿意。何況到了 1982 年的秋天時，保加利亞涉案一說，他只要每天打開報紙與電視，就看得到了。

　　稍早我們提過，義大利的軍事安全情報局，在教宗遭到攻擊後的幾天

---

xxxviii 譯註：義大利社會主義黨貝提諾·克拉克西（Bettino Craxi）

之內，便曾經散布蘇聯跟刺殺行動有密切關係的假訊息。教宗遭到槍擊的事發當時，義大利軍事安全情報局的領導人是朱賽佩・山托維多（Giuseppe Santovito），他是極右派組織義大利共濟會分會，也就是第二宣傳部（Propaganda Due，簡稱 P-2）的成員；當時，義大利軍事安全局和其他的情報機構，都受到第二宣傳部成員的嚴重滲透。雖然因為 1981 年 3 月第二宣傳部爆發了醜聞，使山托維多於同年 8 月被迫離開義大利軍事安全局，不過，右派勢力對這個祕勤組織的緊密掌控，並未遭到瓦解。

從 1966 年一直到 1981 年間，義大利政壇的重要特點之一就是情報局依照一個名為「緊張策略」[xxxix]（strategy of tension）的計畫，庇護右翼恐怖行動。這個策略的其中一部分，就是執行右翼份子的恐怖攻擊行動，接著再透過假造的文件與事先安插好的告發人做偽證，歸罪給左派勢力。這項策略的重點，就是讓社會分化對立、抹黑左派、並且替右派政變鋪路。許多在軍隊和情報單位的第二宣傳部組織成員，都參與了緊張策略計畫的執行，也有很多其他成員對該計畫的目的深表認同。1984 年 7 月，義大利國會委員會發表了針對第二宣傳部陰謀的最終報告，報告本身與連帶而來的聽證會卷宗，都強調了情報局讓社會分化對立的行為、他們經常採用的假消息散布伎倆，以及他們祕密參與右翼恐怖行動並提供包庇的事實。1985 年 7 月，波隆那（Bologna）的法院判決，義大利軍事安全局及其官員涉及多起偽造文書案，同時，還協力掩蓋 1980 年波隆那恐怖爆炸案的真相。

義大利軍事安全局參與了 1981 年 12 月對阿格卡進行的五小時偵訊，想知道他和「國際恐怖主義」的關係。初級審訊法官馬爾特拉在他冗長的調查報告中，承認他曾經跟阿格卡提過，倘若阿格卡「合作」的話，可能有減刑的機會，而且義大利的新聞媒體，也引用了阿格卡委任律師的報告中提及對方曾提供阿格卡的交換條件。歐洲的媒體以及意見不同的媒體，也做了各式各樣的報導，說明阿格卡在獄中所承受的各方施壓。1983 年 5 月，倫敦《星期泰晤士報》的團隊指出，祕勤單位「面會了阿格卡，並警告他，一旦他不再受到單監關押，那麼『當局便沒辦法保證他的人身安全。』」根據深諳本案的土耳其專家歐爾森・歐伊曼（Orsen Oymen）表示，阿格卡監獄裡的

---

xxxix　譯註：一譯為「緊張戰略」。

天主教宗教師馬里阿諾‧山提尼神父（Father Mariano Santini）經常接觸阿格卡，而且是逼迫阿格卡跟當局合作的人士之一。[163] 阿格卡在 1982 年 9 月 24 日署名寫給梵蒂岡的信中，沉痛地抱怨自己的人身安全遭受梵蒂岡派來的某位特使威脅，此舉可能證實了山提尼的施壓伎倆。

喬凡尼‧潘迪科（Giovanni Pandico）曾在義大利審判那不勒斯（Naples）黑手黨領袖時擔任國家證人，同時也是曾與阿格卡一同關在阿斯科利皮切諾省（Ascoli Piceno）監獄的黑手黨領袖拉菲爾‧庫托羅（Raphael Cutolo）之相關人士，在教宗刺殺案於羅馬開庭審判期間，他曾受訪表示（因此，這是開庭之前的事）阿格卡曾遭到庫托羅、山提尼，還有其他人的威逼、勸說，與指導，栽贓保加利亞人涉案。潘迪科說，庫托羅自己也是受到人身威脅，被迫威逼阿格卡，而且前義大利軍事安全局官員朱賽佩‧目粟玫奇（Giuseppe Musume-ci）與法蘭契思科‧巴奇安薩（Francesco Pazienza），是這項計謀的關鍵始作俑者。潘迪科指控的重要人士之一，法蘭契思科‧巴奇安薩，雖然否認指控，但他卻詳細說明了義大利軍事安全局**曾經**涉及勸說阿格卡招供的人有誰。

打從這個案子一開始就有許多疑點，顯示有人對獄中的阿格卡下指導棋。1982 年 11 月 9 日，維持緘默好長一段時間（而且也未曾解釋為何要行使緘默）的阿格卡，在據傳他頭一回看到的相簿中，指認出了保加利亞人。然而，義大利的國防部部長雷里歐‧拉戈里歐（Lelio Lagorio）在義大利國會演說時卻說，阿格卡在 1982 年 9 月就已經指認了保加利亞涉案人了。雖然從來都沒有人解釋這說法為何前後不一，但是，說阿格卡 11 月 9 號才第一次見到那些照片是不可信的。阿格卡的證詞當中，有個關鍵的部分，是他說自己曾去過涉及此「陰謀案」遭逮的其中一名保加利亞人瑟蓋‧安東諾夫（Sergei Antonov）的公寓，並且見過對方的妻子和女兒，而且，阿格卡對安東諾夫的興趣及其公寓特徵的許多細節陳述，都證實所言不假。不過，被告方有辦法證實，針對安東諾夫的公寓特徵，阿格卡的描述之一有誤；描述有誤的那個特徵，是該棟大樓其他公寓都有的特徵，這表示有人根據該棟大樓其他公寓的觀察，提供了阿格卡相關資訊。更重要的是，被告方還有辦法證實，阿格卡說他見到安東諾夫太太的時間點，她根本就出國了。報紙披露了這些被告方的反駁論點後，1983 年 6 月 28 日，阿格卡收回了他曾去過安東諾夫公寓並見到其家人的說法。我們頓時無從解釋何來那些針對安東諾夫公

寓及其家人的細節描述，唯一的可能，就是有人提供牢獄中的阿格卡這些資訊。還有，阿格卡在其他幾個例子上提供的資訊，都讓人強烈懷疑，那是法院或警方的官員與幹員提供給他的。倫敦《星期泰晤士報》記者在索菲亞市訪問了那些遭控涉案的保加利亞人，寫到「馬爾特拉在保加利亞問瓦西列夫（Vassilev）他有沒有什麼明顯的外貌特徵時，瓦西列夫說自己的左臉頰有一顆痣。一如瓦西列夫指出的那樣，阿格卡在**隨後**的自白中，『**用了完全相同的字眼**描述我自己的痣，跟我在此回答時說的一模一樣。』」[164]

　　整個 1985 年到 1986 年羅馬開庭審判期間，都沒有找出任何證據證實阿格卡聲稱從保加利亞人那裡收到的錢。也從來都沒找到阿格卡說保加利亞人用來護送他在羅馬遊走的車輛。沒有找到任何一個證人，看見據他所言跟保加利亞人的多次往來。他用的那把槍，是透過土耳其灰狼組織網絡輾轉交到他手中的，而且根本不乏證據，證明他曾在西歐多次和灰狼組織成員碰面。1981 年 5 月 13 日在阿格卡身上找到的字條上，沒提到任何共犯，我們只能從中得知大概的暗殺行動時程以及阿格卡計畫搭火車前往那不勒斯。

　　總而言之，以下的情況是很有可能發生的：有人跟阿格卡交換條件，要他打破沉默，而且有人清楚讓他明白，握有他人身安危的勢力希望他招出保加利亞人與蘇聯都涉及刺殺教宗的行動。阿格卡甚至在自白之前，就聽聞過史德林─漢茲─卡爾伯模式的說法了。也因此打從一開始，他的供詞就讓人懷疑；同時，從阿格卡指認保加利亞人涉案，所得到的「另一種解釋模式」──也就是威逼利誘從旁指導──就合乎邏輯與情理。由於阿格卡後來又策略性翻供，同時都沒有發現保加利亞人涉及刺殺教宗案的確信證據，因此，漸漸地這個解釋模式就變得更符合邏輯且具備更高的說服力。同理可得，從一開始就不合道理的史德林─漢茲─卡爾伯模式，變得更禁不起考驗了。

大眾媒體對於保加利亞涉教宗遭刺案的全盤接受

　　儘管史德林─漢茲─卡爾伯模式宣稱阿格卡受僱於保加利亞人與 KGB 的說法不合邏輯，而且即使支持此說法的觀點，後來都證實為連篇謊言，但

是保加利亞涉教宗遭刺案，卻符合了實用性的標準。因此就這個例子而言，一如政治宣傳模式預判的那樣，美國的大眾媒體採納了史德林—漢茲—卡爾伯模式，認為那是合乎情理的說法，同時，隱而不談另一個解釋模式，而且還參與一場經典的政治宣傳活動，將保加利亞與蘇聯有罪的新聞訊息，傳播給了閱聽大眾。有的大眾媒體，幫忙創造出保加利亞涉教宗遭刺案的說法，而有的大眾媒體，則只參與散布史德林—漢茲—卡爾伯模式立場的工作（同時，屏除其他的觀點與不好處理的資訊）。

這場政治宣傳活動，始於史德林 1982 年 9 月刊於《讀者文摘》的文章，1982 年 9 月 21 日，國家廣播公司電視部的節目立刻接棒。這兩家媒體主張保加利亞涉教宗遭刺案的說法影響範圍很大，其餘的媒體於是以簡潔概述的方式，廣為報導了它們的說法，完全沒有質疑這兩家媒體是否符合真憑實據。1982 年 11 月阿格卡一咬出涉案的保加利亞人之後，大眾媒體便開始大量報導保加利亞涉教宗遭刺案。媒體完全只用史德林—漢茲—卡爾伯模式的架構，報導保加利亞涉教宗遭刺案，而且，直到 1986 年 3 月羅馬針對此案的審判結果出來之前，大部分的大眾媒體都未曾有過與此架構過分偏離的說法。[165]

阿格卡供出保加利亞人一事，是創造新聞版面的關鍵，媒體據此一再針對涉案的保加利亞人及其（與蘇聯的）動機，還有這些指控一旦成立則代表了什麼樣的政治意涵等議題做了細節報導。由於媒體從未嚴正檢視所有的指控，而只是照本宣科並天花亂墜地重述荒誕的事實與觀點，而且說法不脫史德林—漢茲—卡爾伯模式的主張（同時，完全不提另一種解釋模式可能適用），因此這些新聞報導的重大特色之一就是純然的缺乏深度。如果我們只就表象意義而且只討論皮毛的話——換句話說，如果媒體的報導完全不考慮政治上的方便操作、監獄的狀況、可能的利益交換、合理推諉……等等——那麼這些指控，形同替史德林—漢茲—卡爾伯模式背書。而媒體的操作程序——重複報導阿格卡的說詞，加以極度膚淺的挺陰謀論臆測——則成了大眾媒體採信並推動此政治宣傳路線的主要方式。

《新聞周刊》1983 年 1 月 3 日一篇名為〈謀殺教宗若望保祿二世的陰謀〉（"The Plot to Kill Pope John Paul II"）可以當成是遵循史德林—漢茲—卡爾伯模式的新聞報導原型。報導引用了利益相仿的新聞資訊來源說法，重述史德

林—漢茲—卡爾伯模式描摹下的保加利亞—蘇聯動機——「預防波蘭入侵的解決手段之一」——但卻沒有引用任何說法討論此計謀要付出的代價與獲得的利益為何、蘇聯領導風格的本質是什麼，或者阿格卡的自白對**西方世界**有什麼好處。[166] 事實上《新聞周刊》說，對西方世界各國而言，控訴蘇聯陣營意圖刺殺教宗是極為難堪的事（就這點來說，《新聞周刊》根本就重申了史德林—漢茲—卡爾伯模式的立場）。《新聞周刊》完全沒有討論阿格卡何以拖延了17個月才招供、也沒有討論他在監獄的情況，而且這篇文章（或之後的任何其他文章）還沒報導阿格卡被關押時可能受到的利誘與威逼等這些倫敦《星期泰晤士報》和義大利新聞媒體所提過的說法與資訊。

《新聞周刊》透過好些手法，建立出阿格卡所提證據的可信度：它們把多次重複阿格卡的說法當成報導重心；另一邊，在同步進行的新聞報導中，強調調查法官馬爾特拉的誠信、正直與嚴守職分等等；引用義大利官員的說法，說他們「有證據」顯示「阿格卡和保加利亞人緊密聯繫行事」；主張「一切證據都顯示」阿格卡「沒有發瘋」。然而，《新聞周刊》建立阿格卡證詞可信度的最重要手法，就是之前我們就提過的拒絕探討史德林—漢茲—卡爾伯模式這個架構的前提，或者拒絕採用另外的架構。

《新聞周刊》完完全全接受了史德林—漢茲—卡爾伯模式的一系列假設，例如「現在調查人員（「保羅·漢茲」配音時如是說道）認為」阿格卡可能利用灰狼組織作為身分掩護；保加利亞和蘇聯長久以來都想辦法要「透過恐怖主義造成土耳其的動盪」（這是直接引用漢茲的話）；「保加利亞的祕密警察一定有注意到」阿格卡待在索菲亞市的事實（這複製了史德林—漢茲—卡爾伯模式常犯的兩個謬誤：他們忘了自己說阿格卡早在土耳其就被收編要刺殺教宗，還有，誤認為保加利亞的祕密警察有辦法輕易辨識穿行其國家的土耳其人）。雖然除了阿格卡自己、義大利官方還有保羅·漢茲等人堅稱「他受到一大批保加利亞人的協助」，不過根本沒有證據資以證明，但是《新聞周刊》卻把這當成是已知事實般那樣陳述。《新聞周刊》報導了阿格卡和保加利亞人在羅馬的多次交易，卻隻字未提合理推誣的問題，而且對於這個根本就很愚蠢的假想，連眼都不眨一下。話說回來，這篇《新聞周刊》的文章，因為重提了許多細節、自信滿滿且煞有其事地交代出主從情節、引用了許多支持這些指控的權威人士說法，還有態度看似開放而且偶爾也會提到缺乏完整證據的事，使得文章

很有影響力——不過，除了有提到缺乏完整證據這個事情之外，這篇文章就是一個嚴格自我設限於史德林—漢茲—卡爾伯模式框架內、毫無批判的政治宣傳。

　　一開始其他大型媒體的表現，也差不多如出一轍——毫無批判、言無重點、只遵循史德林—漢茲—卡爾伯模式的框架，而且完全忽略「另一種」解釋模式所提的嚴苛但又顯而易見的問題。從 1982 年 11 月 1 日到 1983 年 1 月 31 日為止，《紐約時報》報導刺殺教宗陰謀，或與此主題密切相關的 32 篇文章當中，有 12 篇根本不具任何新聞內容，不過是某人對於此案的看法或臆測——不然就是某人對妄議此議題表示拒絕。（《紐約時報》曾刊登過一篇新聞，其所有內容只不過是雷根總統對保加利亞涉教宗遭刺案「不予置評」。）這類文章，更典型的例子還有亨利・卡姆（Henry Kamm）執筆的頭版新聞〈波昂害怕保加利亞與恐怖份子有所關聯〉（"Bonn is Fearful of Bulgaria Tie with Terrorists"）（1982 年 12 月 12 日），或是伯納德・葛沃茲曼寫的〈關於保加利亞涉案一事，美方態度保留但欲知詳情〉（"U.S. Intrigued But Uncertain on a Bulgarian Tie"）（1982 年 12 月 26 日）。在一篇又一篇所謂的「新聞報導」中，總有某某不知名人士「欲知詳情」、他們對此案的興致「被撩起」，但據說證據「不完全讓人信服」，或者「還缺少最後的證明。」這些《紐約時報》的文章中，有 4 篇談的是保加利亞的走私勾當或是教宗與蘇聯的關係這類相對不重要且無關的主題。16 篇與新聞比較直接相關報導中，**只有一篇**報導了純然的新聞事實——也就是安東諾夫在羅馬遭逮一事。其他的 15 篇新聞文章，都是些無關緊要的事，例如：卡姆寫的〈保加利亞人對形象受損深表遺憾〉（"Bulgarians Regret Tarnished Image"）（1983 年 1 月 27 日），或是他另一篇標題叫〈義大利法官調查保加利亞案中嫌疑人的公寓〉（"Italian Judge Inspects Apartment of Suspect in Bulgarian Case"）（1983 年 1 月 12 日）的文章。所有對意見、懷疑、興趣、假設以及不甚重要之細節的描寫，都只是製造出煙霧效果——讓社會大眾持續關注蘇聯可能涉案的議題。這些描寫，都避開了跟動機、證據的品質，以及土耳其與義大利背景脈絡有關的實質議題。

　　接下來的幾年間，一直到 1986 年 3 月審判告終，大眾媒體，除了少數的例外之外，都不假批判且緊緊遵照著史德林—漢茲—卡爾伯模式的架構。[167] 它們不僅沒能積極提出史德林—漢茲—卡爾伯模式以外的其他問題、

要求真相，還拒絕仔細檢視史德林—漢茲—卡爾伯模式的前提條件、邏輯，或者支持此模式的證據。媒體之所以這樣，一部分是因為它們出乎尋常地仰賴史德林與漢茲提供新聞資訊（還極為仰賴在國家廣播公司電視部擔任新聞記者的卡爾伯），不願意向這些新聞資訊的提供者，提出追根究柢的問題。

消息來源立場偏頗

　　史德林與漢茲主導美國大眾媒體對保加利亞涉教宗遭刺案的觀點，到了讓人歎為觀止的地步；麥可‧里汀也有影響力，但小了一點。更有甚者，由於義大利的媒體在阿格卡供出保加利亞人之前，就已經報導了他們指保加利亞人有罪的說法，而此說法有可能也影響了調查法官馬爾特拉，因此他們還影響了事情在義大利的發展演變。[168] 透過他們針對此案所寫的文章與書籍廣為流傳，同時又因為菁英報紙媒體、新聞雜誌以及電視新聞節目與脫口秀，大篇幅且不假批判地視其為專家，史德林與漢茲主導了媒體的報導。史德林除了那篇發表於《讀者文摘》的文章之外，還在《華爾街日報》發表了三篇重要的文章，在《紐約時報》也發表了好幾篇文章。哥倫比亞廣播公司新聞頻道重複地播放她的觀點，毫無反駁。另一方面，從 1982 年 9 月到 1985 年 5 月間，《基督教科學箴言報》針對保加利亞涉教宗遭刺案的 16 篇文章裡，就有 12 篇是漢茲寫的，而且他的文章也受到其他媒體廣為採用。同一時期當中，《費城詢問報》唯一一篇針對保加利亞涉教宗遭刺案的觀點評論文章，是麥可‧里汀寫的。「麥克尼爾—萊爾的新聞時刻」以保加利亞涉教宗遭刺案為主題所製播的三次節目中，史德林、漢茲以及里汀三人，總共就占了 76％ 的時間。在這些節目上，我們聽不到任何不同意見，也許這是因為史德林與漢茲拒絕參加來賓有反對意見的電視節目錄影，而且，漢茲堅持任何提問內容，都要事前經過他的同意。因此這些脅迫的策略，也進一步地助長了他們一開始的媒體壟斷。[169]

　　要是我們進一步追問為什麼這些專家一開始就得以占得優勢的話，那麼我們相信，要找答案，一定就得看看這些專家的贊助者權勢多大，而且他們的觀點跟企業界與主流媒體有多合拍。他們的訊息，能很容易地通過政治

宣傳體系的過濾器。提供史德林資金並刊登文章的是《讀者文摘》，該雜誌讓她的觀點得以廣為流傳，而且立即建立了她的品牌辨識度。由於保守派網絡中意史德林，因此他們豢養的專欄作家，以及智庫機構——例如喬治城大學策略與國際研究中心，還有美國企業研究所——就強力推銷她的觀點。雷根政府對史德林也很滿意——儘管她常常謾罵 CIA 和國務院，說他們懦弱，沒能更積極一點追究恐怖主義和保加利亞涉教宗遭刺案——《紐約時報》、《時代周刊》、哥倫比亞廣播公司新聞頻道還有許多媒體也是。對於 1979 年 7 月強納森研究院那場會議而言，還有對於當時急欲創造道德氛圍，以利軍武競賽並支持反革命自由鬥士的雷根政府團隊來說，兩邊呼籲大家要尊崇的主題一致，而眾所矚目且大受歡迎的史德林，成了此一主題的評注者。[170]《讀者文摘》同樣也提供資金給身為 CIA 的老手、同時是布里斯辛基[xl]徒弟的漢茲；至於里汀則與策略與國際研究中心和雷根的政治團隊關係密切。要是媒體傳播了這三位巨頭（Big Three）那些不折不扣的謊言——他們三人經常說謊——新聞批評的機器會依然保持靜默。就像某個有線電視網的主管對其中一人說的那樣，要是有評論保加利亞涉教宗遭刺案的人獲准上節目的話，他就「必須確認每個 i 上面不能少了一點，每個 t 上面都沒有少那麼一橫；不過，來賓如果是史德林的話，就沒有任何問題。」[xli]

　　大眾媒體顯然不在意史德林、漢茲與里汀是不是格外有偏見的新聞資訊來源、他們是否豁免於證據規則的規範，還有，他們實際上是不是假新聞的媒介，這再一次與政治宣傳模式的預測相符。先前我們就討論過，史德林略而不看阿格卡對土耳其的效忠，也討論過她怎麼報導處理阿格卡的那把用槍，諸如此類的例子不勝枚舉。在她寫的《恐怖網絡》那本書中，史德林的輕信好騙很不尋常；以色列、南非與阿根廷的祕密警察提供給她的說法，她都不予深究，憑表象就信以為真，還有，最教人注意的是，她也輕信前史達林主義份子的楊·賽那（Jan Sejna）[171]——這位捷克（Czech）的變節者，當初為了證實蘇聯恐怖網絡所提的證據竟然來自美國 CIA 為了試探其誠正與否而偽造的文件耶！史德林的書《刺客的時代》（*Time of the Assassins*），還有

---

xl　　譯註：美國卡特總統時期的國家安全顧問。

xli　　譯註：此處譯者選擇直譯，但原文的延伸之思是：用字遣詞、處理內容都要格外小心謹慎不能出任何差錯。

她探討保加利亞涉教宗遭刺案的其他文章，都有一個明顯的特點：她會重申強調，自己相信雷根政府與 CIA 之所以追查赤色陰謀（Red plot）時拖泥帶水，是因為他們想緩和局勢。還有，儘管她的書銷售驚人，而且美國媒體不假批判地接受她的觀點，史德林還是會哀嘆「假如你想在某些圈子裡遊走，假如（在西方世界）你想要別人在工作上接受你的專業……你就得站在公認的立場、一個社會不可或缺的立場上」，質疑保加利亞涉教宗遭刺案；對她來說，人們對保加利亞涉教宗遭刺案的存疑，都是因為 KGB 成功催逼出一份由蘇聯記者伊歐娜·安德羅諾夫（Iona Andronov）為探討此案而撰寫的 40 頁宣傳小冊。[172]

這些欺騙行為的種種事證，都沒有損害史德林在美國大眾媒體心中的可信度——事實上，《紐約時報》還給了她頭版的欄位，而且聘她為報導保加利亞涉教宗遭刺案相關**新聞**的常任記者。《紐約時報》這麼做，就等於保證編輯政策會掌控什麼新聞適合見報。這一點，從 1984 年 6 月 10 日史德林報導檢察官阿爾巴諾（Albano）的頭版新聞，就能完全看得出來。該則新聞報導中，最重要的**新資訊**——也就是 1983 年 6 月 28 日，阿格卡收回了指控保加利亞人的一大部分供詞——史德林故意略而不報，雖然她還是故作姿態地說，阿格卡收回了部分沒有加以描述的供詞，不過那些供詞本來就「已遭證實」。這是嚴重的誤導。阿格卡曾去過安東諾夫的公寓與其家人見面一事，根本沒被證實過，而且史德林跟漢茲先前還引述過阿格卡對這些事的細節描述，把這些當成阿格卡供詞大致所言不假的關鍵證據。阿格卡收回自己的供詞，因而讓我們思考一個重要的問題：他既然沒去過安東諾夫的公寓，那又是如何得知該公寓的細部特色呢。從頭到尾，《紐約時報》都沒有嚴正地談過這個議題。[173]

保羅·漢茲曾經擔任 CIA 土耳其分局的負責人，他長年擔任 CIA 的官員，而且還是政治宣傳的專家。前土耳其總理比倫特·艾傑維特（Bulent Ecevit）甚至還曾指控漢茲，在其執政期間協助打破土耳其穩定的工作。漢茲從來沒有在他自己寫的「新聞」當中提到自己曾以 CIA 官員的身分，積極參與土耳其的事務。他的文章讓人印象深刻的是，對土耳其的軍事統治以及這些軍事政權的不誠實，都抱持一貫的辯護態度，還有，對於要證明蘇聯惡行竟還得靠證據規則一事，他公開表達不齒，而且認為自己沒錯。

我們在第一章就說過，麥可‧里汀斷言，比起美國政府，大眾媒體更願意相信格達費；比起美國敵對國和激進國家（柬埔寨與波蘭？）的受害者，大眾媒體更關照美國附庸國（東帝汶的印尼還有瓜地馬拉？）裡國家恐怖主義的受害者。不過我們再次看到，這些荒誕的看法，也沒有減損里汀利用媒體發言的機會，以專家之姿探討保加利亞涉教宗遭刺案或其他任何新聞事件。

大眾媒體不僅僅允許這些假資訊的消息來源占盡上風，還保護他們不露出說法憑據可疑的馬腳。漢茲長期身為 CIA 官員一事，從來都沒有見報（據我們所知，也從未在電視上遭到披露），而且也沒有媒體提過他一貫為土耳其軍事政權辯護，或者披露他時不時就撒謊。以史德林為例，《紐約時報》、《時代周刊》，或《新聞周刊》，抑或哥倫比亞廣播公司新聞頻道還有《麥克尼爾—萊爾的新聞時刻》，也從來沒有對閱聽大眾揭露過她犯的諸多事實錯誤、愚蠢的論調，還有考慮不周的政治觀點，這些媒體，甚至略而不談攸關她專家資格的那些「具新聞價值」的事。例如，史德林多次發言攻擊遭到謀殺的法國行動主義激進派份子亨利‧庫里埃（Henry Curiel），結果讓她因誹謗被告上巴黎法庭。《紐約時報》從沒提過這些誹謗官司；它們要是這麼做的話，就會發現史德林不只會因為那些官司以部分敗訴或全盤皆輸的結果收場而面上無光，同時這些官司還會讓大家進一步思考史德林的消息來源和手法。史德林手中的資訊，多半來自一名叫喬治‧蘇費赫特（George Suffert）的法國記者——他是法國與南非情報單位的聯繫人，出於幫襯，他曾將非洲民族議會黨（African National Congress）列為「恐怖主義份子」機構第一位。史德林在《恐怖網路》一書當中，強烈影射庫里埃是蘇聯國家安全局的幹員，不過，法國法院根據法國情報單位提供的資料，認為這個影射無憑無據。史德林退而辯稱，她暗指庫里埃與蘇聯國家安全局有關聯，只不過是「假設」，並非主張事實。簡而言之，這個例子顯示出她是假消息的傳聲者，極右派的假消息來源怎麼說，她便以此為據，誹謗遭到謀殺的激進份子。

麥可‧里汀是新保守派的行動主義份子，同時也是假消息製造者，他隨時可以透過《紐約時報》發言，也受到該報的嚴密保護。《紐約時報》找來《讀者文摘》的「特約編輯」威廉‧葛瑞菲斯（William Griffith）這位右派的麻省理工學院政治學家，評論麥可‧里汀的著作《嚴峻的新世界》（*Grave*

New World）一書；葛瑞菲斯認為里汀對保加利亞涉教宗遭刺案的說詞，全然令人信服。里汀在「比利門醜聞」（Billygate）[xliii] 中，跟法蘭契思科·巴奇安薩牽連極深，而且還多次與義大利情報單位與義大利極右派接觸。窩藏在烏拉圭的義大利法西斯主義份子、同時也是義大利極右派組織第二宣傳部（P-2）領導人的路西歐·蓋里（Lucio Gelli），命其共犯之一交給里汀一份手稿。巴奇安薩聲稱（而且由義大利特勤組織軍事安全情報局領導人山托維多證實），里汀是義大利情報單位軍事安全情報局的一員，他的代碼是 Z—3。里汀替義大利軍事安全情報局完成任務後收受的款項超過 100,000 美金，其中還包含提供舊的美國情報資料給義大利軍事安全情報局，讓他們蒙混成自己的報告。里汀把這些錢慢慢匯進了百慕達（Bermuda）銀行的戶頭底下。他在義大利的操縱行徑，涉及層面之廣，致使 1984 年夏天新上任的義大利軍事安全情報局領導人對當時的義大利國會說，里汀是個「干預者」，他在義大利是**不受歡迎人士**（persona non grata）。這種種一切，《紐約時報》連一件都沒有報導出來過。[174]

政治宣傳內容：
沒被提出的問題、未遭使用的資訊來源

　　使用的資訊來源、參考架構，還有具新聞價值事件的內容，這三者之間關係密切。大眾媒體選擇大量倚重史德林、漢茲還有里汀的同時，它們便採納了一個參考架構；在這個架構當中，保加利亞人和蘇聯都假定有罪、阿格卡是沒有政治傾向的傭兵，還有，在自由世界的義大利，認真的馬爾特拉法官正在伸張正義。在隨之而起的政治宣傳活動裡，根本沒人過問史德林─漢茲─卡爾伯模式的品質，也沒有人在意其他的資訊來源與參考架構。

　　跟我們在前一章提出過的那樣，我們又可以再一次地看到政治宣傳內容中該有與不該有的內容有何區別，而且這分別還真發人深省。「在宣傳內

---

xliii　譯註：此醜聞案係指美國卡特（Jimmy Carter）總統的弟弟比利·卡特（Billy Carter）疑似收受利比亞（Libya）政府金錢賄賂一案。

容之內的」有：針對阿格卡聲稱保加利亞涉教宗遭刺案並提出證明，阿格卡本人和馬爾特拉兩造雙方的陳述；布里斯辛基針對保加利亞是否可能涉及此一冒險行為的看法（他的看法是有可能）；或者，朱蒂‧伍卓夫（Woodruff）對保羅‧漢茲的提問——蘇聯「有沒有可能具備任何想再試一次的說法或欲望」（蘇聯向來都幹這種勾當——這次他們倒有點大意了，因為「他們已經在義大利為所欲為得很了啊」）。跟我們在第三章裡頭討論過的第三世界選舉例子一樣，媒體會選擇用一套狹隘的已知觀點，針對參與者及看法（以及保加利亞和蘇聯官員虛張聲勢的否認行為）報導相關的膚淺細節，同時，媒體還會報導支持這個公認案件的每一步發展（變節者的指控、阿格卡進一步的自白、調查員或檢察官的報告，還有走漏出的說詞或預期的新發展），不管是否具備可信度。

「在宣傳內容之外的」則有：讓大家質疑基本的史德林—漢茲—卡爾伯模式是否可靠的論點還有事實，以及跟「另一種模式」有關的主張與事實（這個模式一**開始**要問的就是阿格卡為什麼這麼晚才自白、他有沒有可能受到鼓動與施壓才開口）。我們接下來會大略只提幾個大眾媒體不列入宣傳內容的重要問題和證據。

基本的史德林—漢茲—卡爾伯模式有幾個基礎：蘇聯的動機、阿格卡在索菲亞市待過的事實，還有蘇聯與保加利亞祕密警察具備的高度專業——就是因為他們相當專業，所以要是阿格卡曾在保加利亞短暫停留，他們一定有操控阿格卡。雖然大眾媒體一直重提史德林—漢茲—卡爾伯模式的路線，不過，只有 ABC 在 1983 年 5 月 12 日節目「20／20」（"20/20"）xliii 上探討過蘇聯的動機。美國廣播公司大費周章地詢問梵蒂岡，馬文‧卡爾伯聲稱教宗曾寫信威脅，說他要辭職並回到波蘭領導反抗軍抵抗蘇聯的所有入侵行為，是否真有此事。代表梵蒂岡發言的樞機主教若望‧克羅爾（John Korl）說，「不只沒有這封信的存在，就算有這封信，由教宗將信直接交給布里茲涅夫（Brezhnev）xliv 也完全有違所有的正規程序。無論如何，你根本無從想像教宗說：『我會辭職。』」美國廣播公司頻道從梵蒂岡那兒取得的訊息，也表示教宗對布里茲涅夫所**說的話**，旨在懷柔。除了美國廣播公司頻道之外，

---

xliii 　譯註："20/20" 為美國廣播公司的新聞談話節目，從 1978 年開播至今。

xliv 　譯註：前蘇聯政黨首腦。

其餘的媒體，都沒有報導史德林—漢茲—卡爾伯模式裡這個重要的根據之一遭到如此驚人的駁斥，而美國廣播公司頻道播完之後，就再也無人聞問了。大眾媒體根本就不探討蘇聯贊助阿格卡得付出的成本和風險，值不值得，以及它可能獲得的利益。

也沒有任何一家媒體，停下來好好思考阿格卡威脅要在教宗之前造訪土耳其時將其殺害的那封信。媒體也從未討論史德林說蘇聯國家安全局僱用了一個土耳其人殺害教宗、以破壞土耳其跟北大西洋公約組織關係的這個謬論。美國的大眾媒體，也從未探討阿格卡寫給土耳其人與其政治信仰有關的那一封信（這關係著史德林—漢茲—卡爾伯模式的另一個前提根據）。美國大眾媒體報導羅馬開庭審理此案的新聞時，也從來沒有選擇報導阿布杜拉·卡特里在審判庭上的陳述——灰狼組織偏好取道保加利亞進入歐洲，因為有繁忙的土耳其交通作為掩護，相較之下會比較容易；這個說法直接牴觸了史德林—漢茲—卡爾伯模式的對外宣稱：由於保加利亞的祕密警察無事不曉，因此一定是保加利亞官方計畫要讓阿格卡在索菲亞市短暫停留的。

不過，在大眾媒體對史德林—漢茲—卡爾伯模式的處置方面，最引人注意的瑕疵是，它們面對該模式看似符合科學的臆測，及其**一再**違反合理推諉的基本原則時表現出異於尋常的天真。大眾媒體不但沒有奚落一點證據都沒有的史德林—漢茲—卡爾伯模式的荒謬說法——蘇聯的國家安全委員會在土耳其僱用了阿格卡日後為其辦事，而且阿格卡還假裝成右翼份子作為「身分掩護」——同時，媒體以據稱的事實報導這些說法時也並未加以評估。媒體從來沒有探討過，KGB 在土耳其收編了阿格卡而且還謹慎營造掩護身分的這種論點，跟他隨後被帶到索菲亞市待了一段時間以接受指導的說法，根本就前後矛盾。而談到阿格卡在羅馬與保加利亞人有所謂公開交易的情事時，大眾媒體乾脆拒絕討論，先前說阿格卡是專業刺客，還利用土耳其右翼人士的身分作為「掩護」的講法，早已消失得無影無蹤。

至於另一種解釋模式，還有阿格卡有無可能受人鼓動與指使，在此，大眾媒體也拒絕探討這些異議存在的可能。新發現的案情，就許多西方世界的利益來說，**解釋得通**，但對此，大眾媒體既不檢視也不探討；它們不探討拖了那麼久才招出保加利亞人；它們不檢視阿格卡在監獄的狀況及其於獄中的對外聯繫；它們不討論會面紀錄，還有誘使阿格卡招供的威逼利誘手段；

還有，大眾媒體也不追究義大利警方與情報單位已遭滲透。這一切，都使媒體隱而不報重要的文件資料。

其中的重要範例之一，就是 1984 年 7 月 12 日義大利的《國會委員會針對共濟會所第二宣傳部的報告》（Report of the Parliamentary Commission on the Masonic Lodge P-2）；該報告鉅細靡遺地描述了這種規模龐大的新法西斯（neo—Facist）陰謀，對軍事單位、祕勤組織、新聞媒體、法官與其他單位的滲透。雖然這份報告本身就有新聞價值，但是，由於該報告談到了直接牽涉捏造保加利亞人涉案同時加以起訴的義大利各個機構組織特性，因此這份報告對於保加利亞涉刺殺教宗案也有所影響。《紐約時報》、《時代周刊》、《新聞周刊》還有哥倫比亞廣播公司的晚間新聞，卻從未提及這份報告的發表。

第二個重要的例子是一年後，羅馬刑事法庭於 1985 年 7 月宣布的《法蘭契思科‧巴奇安薩等人的判決書》（*Judgment in the Matter of Francesco Pazienza et al.*）；該判決書描述了義大利祕密情報單位軍事安全情報局官員的種種腐敗行為，包含了偽造文書與文件栽贓等等。這些官員，同樣也因為涉及隱匿 1980 年執行波隆那車站屠殺案 xlv 的幹員而遭到起訴；像這樣與恐怖子有關的案子，要是有適當的壞人可以歸罪的話，大眾媒體會瘋狂關注。我們先前就提過，義大利軍事安全情報局的官員，探視過關押於監獄的阿格卡，而且，在教宗遭刺不過六天後的 1981 年 5 月 19 日，還發表了一份偽造的文件資料，暗指蘇聯與槍殺教宗案有關。《紐約時報》、《時代周刊》、《新聞周刊》還有哥倫比亞廣播公司的新聞節目，從未報導過這個偽造文書的行為，而且，這份 1985 年 7 月的判決書，連《紐約時報》的背頁新聞版面都上不了。

這些隱而沒報的消息，內容都指出義大利司法程序腐敗、而可能有人說服了阿格卡並對其下指導棋，才使他將陰謀扣在東方世界的頭上。一個利用所謂保加利亞涉教宗遭刺案的政治宣傳體系，當然會避開這些文件資料。

從 1982 年到 1983 年，美國的大眾媒體，也幾乎未曾報導過阿格卡極為寬鬆的關押狀況，以及義大利與美國的非主流新聞多次提到義大利情報人

---

xlv　　譯註：亦稱「波隆那慘案」。原文為 Bologna railwaystation massacre，是發生於 1980 年 8 月 2 日波隆那中央車站的爆炸案。

員探視阿格卡的這些說法。1983 年 6 月，《當代報》（In These Times）的外語編輯黛安娜·強史東（Diana Johnstone），在《紐約時報》和《費城詢問報》投書，內容概述了情報單位探視的證據與說法；據報阿格卡受到威脅，他要是依然不合作的話，那麼這開放又舒適的關押狀況可能告終；還有法官馬爾特拉向阿格卡提出的協議。這份投書遭到拒刊，而且，與這些說法相關的評論或新聞，都沒能獲刊於《紐約時報》和《費城詢問報》──據我們所知，任何其他報紙，也都未刊登這類消息。幾年過去，約翰·塔里亞布（John Tagliabue）在一篇 1985 年 6 月 17 日的《紐約時報》文章裡，說到與阿格卡同監獄的潘迪科詳述阿格卡於監獄中如何遭人下指導棋一事時，用「出了名的有漏洞可鑽」一詞，描述阿格卡的監獄。話說回來，在此之前《紐約時報》卻隻字未提這個眾人皆知的事實，也從不認為這跟案子有任何關聯。

　　雖然 1982 年 11 月，當阿格卡招出保加利亞人時，追查本案的義大利司法調查進度早就已經因為各種理由，可信度大打折扣了，但是美國的大眾媒體，對此一事實卻興趣缺缺。而且，美國的大眾媒體也同樣沒有興趣追究西方新聞界廣為刊登的一幀安東諾夫的照片，有何奇怪之處──在這張著名的照片裡，清楚可見安東諾夫，而且他就好像注視著 1981 年 5 月 13 日聖彼得廣場案發現場那樣。法官馬爾特拉最後表示，這張照片裡的人，其實並非安東諾夫，而是一個美國觀光客。只不過，這個那麼巧長得與安東諾夫一模一樣的觀光客，卻從來沒被找到，而且，照片的底片也不翼而飛，甚至連理由為何都未加說明。每次只要有更強而有力的反證證明保加利亞人未涉案，法官馬爾特拉就大發慈心，允許阿格卡更改記憶中 5 月 13 日當天各事件的發生時間，也讓阿格卡一改再改招出保加利亞人的供詞──這些，都沒能引起美國大眾媒體的關注。[175]1983 年 6 月 28 日，阿格卡翻供，不承認自己曾去安東諾夫的公寓並見過其家人；大眾媒體過了整整一年之後才報導這件事，而且甚至還在字裡行間向報界表示，本案也好、法官馬爾特拉的調查工作也罷，都沒什麼重大問題。[176] 阿格卡既然從來沒去過安東諾夫的公寓，那他怎麼會知道公寓的細部情況呢？誠正的報紙媒體，應該會對此窮追猛打。史德林任職記者的《紐約時報》，卻壓下此議題，隱而不報。[177] 而其他的報業同行，純粹就沒有興趣追究這些。

　　大眾媒體同樣不感興趣的還有：土耳其專家歐爾森·歐伊曼發現梵蒂

岡想盡辦法要把保加利亞人拉下水、審判過程中公布西德當局曾試圖賄賂灰狼組織成員歐拉爾・塞立克（Oral Celik），要他來西德證實阿格卡的供詞無誤。還有，對於義大利黑手黨和軍事安全情報局涉及讓阿格卡開口配合等這些來自潘迪科與巴奇安薩的內幕說法，大眾媒體只不過輕輕帶過，而且沒有一家媒體，把越來越多這類針對義大利司法調查進度的相關資料集結起來，重新評估本案。

　　有關大眾媒體故意略而不報的行徑，最明目張膽的例子大概就是跟前義大利軍事安全局成員、同時也是居中操辦人法蘭契思科・巴奇安薩相關的新聞了。因多起案子遭到通緝的巴奇安薩，逃離了義大利，於 1985 年流亡定居於紐約市。最後，他在紐約被美國移民歸化署的人逮捕拘留。巴奇安薩是「比利門事件」（Billygate affair）中麥可・里汀在義大利的關係人，同時雷根執政初期，里汀成為美國國務卿海格將軍 xlvi 在義大利的左右手之後，他依然與里汀保持這樣的關係。巴奇安薩還是義大利軍事安全局領導人朱賽佩・山托維多的親密同夥。自 1983 年開始，義大利的報界就盛傳巴奇安薩涉及讓阿格卡招供，而且，他自己最後也細述指控了義大利軍事安全局要他對阿格卡下指導棋。儘管巴奇安薩人就在紐約市的監獄裡隨時可以接受採訪，不過《紐約時報》卻刻意不予理會。根據我們假設，《紐約時報》之所以如此，乃是因為要是它們跟巴奇安薩對上話，那麼就很難不討論到他跟里汀和史德林之間的關係（這些人都是《紐約時報》的消息來源，也都受到《紐約時報》的保護）。此舉肯定會影響人們對該報消息來源品質的看法。巴奇安薩的說詞，也會凸顯《紐約時報》對義大利軍事安全局之腐敗現狀隱而不報的行為，同時引發大家對於阿格卡遭到教唆指導的疑問。這麼做的話，可是會干擾到政治宣傳路線的。

　　對西方世界的媒體來說，本案在羅馬開的審判庭，實在尷尬；因為，阿格卡一下子就跟大家宣布他就是耶穌，這還不打緊，對於自己宣稱保加利亞人涉案，他甚至還沒能提出任何支持此說法的證據。經過法院努力不懈的全面調查，它們發現阿格卡在企圖刺殺教宗前的那段時間跟灰狼組織多所來往，不過卻沒能找出任何目擊者證明他和保加利亞人在羅馬有（據傳的）多

次會面，也找不出資金、車子，最後，還沒定罪。我們先前就指出，除了早就有的證據，能證實監獄用惡劣的手段對付阿格卡、情報官員在 1981 年便與其碰頭，還有法官馬爾特拉要他開口招供的條件，陸陸續續還有許多說法與證據，說明要阿格卡拉保加利亞人下水的多方壓力。然而，即便有這樣的證據，而且在冗長的調查與審判之後，也沒能將保加利亞人定罪，但是西方世界的大眾媒體卻從未審慎認真地重新評估過本案。大眾媒體們幾乎都口徑一致地拿義大利法院因為證據不足而駁回本案、並非證實保加利亞人無辜的說法當作擋箭牌。它們從來都沒有點出，義大利法院與陪審團，有可能是因為對東方勢力還是有所偏見，而在保護那些如此賣力擁護保加利亞涉教宗遭刺案的強大西方利益集團。

大眾媒體也從來沒有回顧審視先前自己還有那些假消息提供者的說法，看看它們這一夥人，如何禁得起積累的證據考驗。《時代周刊》在 1983 年 1 月 3 日的文章當中，曾引用了一位義大利官員的話，對方表示「我們有實質的證據……（顯示）阿格卡跟保加利亞人交流甚密」，而且，《紐約時報》在 1984 年 10 月 20 日的社論中說：「在重要的細節交代上，阿格卡供稱見過保加利亞官員的說法，是可獲驗證的。」假如審判之前，就已經有「實質的證據」和「可獲驗證」的細節，那麼為什麼在法庭上，這些證據沒有被提出呢？為什麼，歷經了耗時費神的深入調查後，還是沒有足夠的證據能定罪呢？這些問題，美國的大眾媒體，連試著回答都沒有。要回答這些問題，就意味著要嚴正地質疑史德林─漢茲─卡爾伯模式站不站得住腳，而且要好好想想其他的解釋模式，這是媒體根本沒打算要做的。對美國的大眾媒體來說，一開始就合乎情理，而且到了 1986 年 3 月已經有大量證據為根據的另一種解釋模式，還是「保加利亞的看法」。我們相信，要是在莫斯科發生類似的事情，那麼，美國的大眾媒體，就會套用這個「保加利亞的看法」所提出的問題了。這意味著媒體自始至終真正採納的看法，是「美國政府的看法」──就像政治宣傳模式提出的那樣。這一點，即使在審判過後，還是千真萬確。我們在附錄三〈保加利亞涉教宗遭刺案的塔里亞布版大結局：關於偏見的案例研究〉（"Tagliabue's Finale on the Bulgarian Connection: A case Study in Bias"）中，有詳細的分析。

第5章

中南半島戰爭（一）：越南

針對美國在中南半島的戰爭，媒體的報導，引發了大量的激烈爭議、其中好幾個特定事件有人做了詳細分析，還有一些概括性的研究。人們普遍認為，就是媒體「打輸了這場戰爭」，因為媒體讓一般大眾得知戰爭有多麼可怕，而且媒體那種不持平、不稱職、偏頗態度的報導，反映出 60 年代的「敵對文化」（adversary culture）。媒體對當權派的這種敵意，從它們對越南新春攻勢的報導，最能看得明白；有人主張，這樣的敵意，會破壞民主機構，應該要由媒體本身或國家，加以制止。

有別於上述說法，政治宣傳模式所預料的並非如此。根據政治宣傳模式的假設，我們判斷，媒體對戰爭的報導和解讀，將理所當然地認為美國是出於寬厚才介入干涉，目的都是為了要保護南越（South Vietnam）對抗侵略與恐怖主義、維護民主制度與自決。至於針對媒體表現的進一步論辯，在政治宣傳模式的引導下，我們預判就算媒體全然接受美國出於善意的這種教條說法，而且就算它們在一切重要議題上都以官方路線為依歸，或甚至意識到自己的表現有這樣的特點，它們都不會遭到譴責。相反地，由於美國政府想在中南半島達成的目標並未全數完成，因此，要不要怪罪媒體就變成了討論重點——因為它們採取了過於「敵對」的立場、背離了公平與客觀的態度，進而破壞了美國政府的崇高任務。

我們會看到，這些預判的情況，都充分獲得了證實。

有所限制的論辯

　　「這真是有史以來頭一遭」，羅伯特・埃勒根特（Robert Elegant）這麼寫道，「戰爭的結果，並非在戰場上決定，而是在印刷頁面上，還有最重要的是，在電視的螢幕上論定」。認定媒體尤其是電視害美國在越南吃了敗仗，因此必須為美國失敗負責的看法處處可見。這樣的看法，還遭到右派媒體監督機構「媒體確實報導組織」透過節目「越南評論」（"Vietnam Op/Ed"）的製作，為之背書；而這個在公共電視台播放一小時的節目，製作目的是為了回應該機構自己以越戰為主題所製作的 13 集系列節目。「客氣」一點地說，根據這個看法，到了 1970 年，媒體已然成為「值得注意的公民力量新來源」，這是「民主過頭」的普遍現象之一，導致國內的「政府權威縮減」，「削弱了民主制度在國外的影響力」。當「社會與政府接收到的資訊越來越多」，要是記者不好好表現出「專業標準」，那麼為了要「恢復政府與媒體間的平衡」，「政府勢必便要加以規範，作為因應」。自由之家 xlvii 的執行長李奧納德・蘇斯曼（Leonard Sussman），評論該機構贊助出版的《重大新聞報導》——本書研究的是媒體針對越南新春攻勢的報導——一書時就說，新聞媒體和政府之間的「敵對關係」是「常態」，而毫無根據便預設這是事實的他，卻提出質疑：「難道自由的機構就因為維護支持自由，而一定要被推翻嗎？」約翰・洛許（John Roche）甚至更進一步呼籲國會，調查「私營政府這些（竄改紀錄以達到「反詹森目的」〔anti-Johnson mission〕的）操作行為」，只不過他擔心國會「太懼怕媒體」及其強大的力量，而不敢接下這個必要的任務。

　　《紐約時報》的電視評論員約翰・柯瑞則為媒體辯護，說它們並不如那些較嚴厲的評論人士說的「不愛國」，而不過是「無知」。即使它們採取了敵對的立場，但不是「反美國」；相反地，「它們反映了新聞—文學—政治文化中的一個影響強大的要素」；在這樣的文化中，「左派⋯⋯本來就會得勝」，因為「文化中很大一部分的道德與智識框架，是左派的思想所構成的」，還有「當電視允許文化影響它自身的新聞判斷，那麼，電視就成了左

---

xlvii　　譯註：自由之家成立於 1941 年，屬獨立非營利性學術研究及媒體與人權觀察機構。

派的共謀」，而根據柯瑞的觀點，電視常常就是這樣。

另一方面，媒體的發言人承認它們為了努力扮好監督者的腳色，過分激情地要求政府要有所思考，這部分媒體們也許有錯；但這些發言人同時也捍衛著它們維護媒體獨立的決心。

在公共無線電視網上，公共廣播電視公司和媒體確實報導組織（PBS-AIM）兩邊相互過招的節目內容，大致上就呈現出主流圈子裡有所限制的辯論框架。媒體確實報導組織的《越南評論》指控公共廣播電視公司犯了「故意扭曲事實」與其他的罪過，而這部紀錄片的製作人們，則力挺影片的正確性。發表看法的評論員[178] 有十多位——從對越戰批評極為強硬的評論人士到溫和的評論員，都羅列其中，包含道格拉斯・金納德將軍（General Douglas Kinnard）等。這部節目以一個攝影棚內的專題訪談作結，受邀對象是三名「知識份子公民代表」：鷹派的越戰戰略評論員，陸軍戰爭學院（Army War College）的哈利・桑默斯上校（Colonel Harry Summers）；批評越戰媒體報導最犀利的彼得・布雷斯特拉普；以及替節目主持人口中所謂「南越社群」（South Vietnamese community）——也就是流亡社群——發言的黃倩通（Huynh Sanh Thong）。

政治宣傳模式所提出的假設——這假設太難以想像，沒人討論——是這樣的：媒體在處理美國於中南半島的戰爭上，的確「無知」，但是不論在當時或現在，它們都緊緊遵循華府以及與華府關係密切之企業菁英的官方觀點，並與完全拒絕「左派」（也就是質疑侵略主義前提的非主流觀點）的一般「新聞—文學—政治文化」同聲一氣——就這種特殊而且誤導視聽的行為而言，媒體可說是相當「愛國」。這一點，根據政治宣傳模式的預測，不僅在新聞主題的挑選與報導方式上大致都成立；而且更為重要的是，這一點在媒體討論議題和呈現新聞的大致預設框架上，也正確無誤。這個情況已經到了只要主流菁英之間有辯論，媒體內就會反映出來的地步；而媒體，狹義地說，可能會採取跟那些執政的人「敵對的立場」，反映出菁英階層對於當前政策的不滿。否則我們也不會那麼常看到媒體背離菁英階層共識的情況，還有它們多樣的唱反調方式。就像在中南半島戰爭後期總算發生的那樣，即便大多數的一般民眾擺脫了教條體系的前提，但是也只能靠著最善於質疑、認真追尋真相的人，付出相當的努力，才能根據另一套發展史觀達到真正的理解。像

這種往往可以透過個人認真努力而達到的理解維持不易，還很難應用在別處——這一點，對那些不只是隨口說說、而是真正關心國內民主與「民主制度在國外的影響力」的人而言，才是重要至極的吧。

主流的媒體評論家，部分接受了這些關於媒體奉從的論斷。因此，自由之家的李奧納德‧蘇斯曼發現，「美國 1965 年的干涉行動，受到了……編輯近乎一面倒的青睞支持。」1965 年的「干涉行動」包含了美國派遣作戰部隊對北越發動經常性的轟炸以及用「不惜將越南國內炸得片甲不留而發動無止境的空戰」計畫，力道加強三倍地轟炸南越。[179] 有一件意義相當重大的事實：不論在當時，或是更早之前，從來都沒有出現過任何質疑美國在越南的行動正當與否，或是有無必要發動全面「干涉」的聲音。當然啦，在那之前，戰略和成本的問題仍莫衷一是，而主流媒體上進一步的討論則大多僅限於這類狹隘的議題。雖然 1965 年之後，媒體轉而報導有別於主流的議論和國內的爭議，但異議者和反抗者的真正觀點，媒體還是完全不報。這些個體人士，主要還是被描述成威脅秩序的人，而且儘管媒體可能討論這些人提出的策略，但卻不討論他們的觀點：丹尼爾‧霍林（Daniel Hallin）調查電視報導後（平面媒體的情況也幾乎如此）做了結論：「反戰運動在媒體的正當政治行動者階級中，屬於最底層；而且，反戰運動還是比較難獲得新聞的報導，對新聞的影響也有限。」這一切，都跟政治宣傳模式預測的如出一轍。

隨著戰爭的進行，菁英階層的觀點逐漸轉向，認為美國的干涉是「可悲的錯誤」，代價顯然過高，這因而擴大了討論的範圍，納入了一批此前不被考慮的策略性問題。即使可以在媒體上表達的觀點範圍變大，納進了這些見解，但是美國干涉行動的正當性與意圖的崇高與否，卻幾乎未受質疑。相反地，社論文章說，「（美方）[xlviii] 政治與軍事的領導者，真心認為自己就像以自由為名的解放者和盟友」，但他們「理想主義的動機……幾乎沒有機會勝過那些擅長操弄其外國保護者的當地領導人。」「我們的越南人」太過腐敗，而我們太懦弱也太天真，無法抵抗他們的操弄；而「他們的越南人」，則是太狡猾也太歹毒。美國的理想主義，怎麼有辦法應付這麼不利的條件呢？到了戰爭的尾聲，自由派的媒體還有辦法發出唱嘆，說「未能在中南半

---

xlviii　　譯註：此為譯者求翻譯之便與前後語意之通順而補上的詞。

島完成我方意圖⋯⋯彷彿對美國立國的理想主義和有志竟成的精神是一種懲罰。」然而媒體卻完全沒看到,在「有志竟成的理想主義」,還有在外國領土上矢命「完成我方意圖」之間存在著衝突矛盾——這,是更能表達「文化」氛圍的說法。

至於直接報導,一般都認為報導過於「悲觀」——這是自由之家針對越南新春攻勢的媒體報導研究所提出的主要批評,而且其他譴責媒體立場過於「敵對」的媒體,也應聲附和。雖然我們要回頭來看看事實,不過我們好好想想這種批評的邏輯就能明白,就算這種批評符合事實,依舊跟政治宣傳模式相當吻合。毫無疑問的,在史達林格勒戰役(Stalingrad)之後,一般德軍陣營內的悲觀情緒日益增長。同樣地,蘇聯的菁英階層對於「阿富汗防禦策略」("defense of Afghanistan")的明智與其投注的成本公開表達過擔憂之情,有些人對這麼做能否成功還抱著「過於悲觀」的態度。然而,我們不管解讀哪個例子,都不會認為這悲觀的反應,就是不再為國家當局定義出的國家行動效忠。自由之家的批評雖不明說,但卻清楚預設媒體不單單必須接受政府政治宣傳的架構,還一定要抱持欣然樂觀的態度,面對政府的行動終將成功的願景——而且,不需多作討論,政府的這個行動,一定是崇高而正當的。

這個基本的預設,從頭到尾都沒變,而且還為議題討論和新聞報導提供了基本架構。主流媒體和柯瑞所謂「文化」裡最嚴苛的評論人士認為,戰爭一開始,是為了做好事而錯付努力,只不過「到了 1969 年」(也就是美國企業界大都認為這場戰爭事業該了結後的一年),「世界上大多數人——還有大多數的美國人——已經清楚,干涉行為是個慘重的錯誤」,而且企圖要「以美國為範本在南越建立一個國家」,根本是「妄想」;反對戰爭的論點,主張「美國誤解了運作於中南半島的文化和政治勢力——除非付出自己都負擔不起的代價,否則美國無法強加解決方案於中南半島」(安東尼・路易斯〔Anthony Lewis〕)。史丹利・卡爾諾(Stanley Karnow)在他執筆且被視為公共廣播電視公司此系列節目姊妹作的書裡,將這場美國的戰爭稱為「任務失敗的十字軍東征」,任務目標「崇高」,但卻「不切實際」,而且「有最遠大的志向當推手」:確切地說,這個目標就是「捍衛南越的獨立。」

在「這樣的『文化』」裡,美中研究的巨擘約翰・金・菲爾班克(John King Fairbank)、哈佛大學政治系教授史丹利・霍夫曼(Stanley Hoffman),還

有《異議》（*Dissent*）雜誌編輯厄文・豪（Irving Howe）等三人評論起美國的亞洲政策，大概是最嚴苛的了。1968 年 12 月，菲爾班克在美國歷史協會（American Historical Association）發表主席致詞時，把他稱為「災難」的美國參戰行為，視為「正義過了頭、無私之仁」的結果，是建立在誤解之上的「錯誤」。豪解釋道，「我們之所以反對戰爭，是因為我們相信，一如史丹利・霍夫曼（按原文刊登）寫的那樣，『華府有辦法將南越與柬埔寨的人民從共產主義之中「拯救」出來，只要付出足以讓「拯救」成為笑話的代價即可。』」霍夫曼隨後說，我們為了「支持南越人民」付出的努力，都被這場戰爭的打法「削弱掉了」，同時，我們為了「阻止北越人民進一步滲透」所採取的手段，「永遠不夠充分」；而充分的手段，「就算美國願意採納，也會替美國造成真正的外部危險——製造出潛在的敵手，或是和盟友關係生變。」我們又再一次發現，這種似曾相識、對國家政治宣傳的虔誠堅信，完全沒有遭到質疑的跡象。

　　《外交事務》季刊（*Foreign Affairs*）在 1985 年的越戰十周年回顧卷裡，提出了鷹派與鴿派的立場。立場較親鴿派的大衛・弗朗金（David Fromkin）和詹姆士・挈斯（James Chace）直接主張，「由於美國有職責不能將目光只放在純粹的國家利益之上，因此美國干涉中南半島的決定是意料之中的」，同時，根據其「全球職責」，美國一定要「為人類而服務。」「就道德來說，我們兩害相權取其輕的決定是對的」，反對越南人在越南境內實施「共產主義侵略」也是對的，但是就「實際面」來說，這些是「錯的」，因為「我方可能會輸。」然而，我們對「人類利益」的謀求，並不必然要我們介入干涉，推翻一個屠殺他們自己同胞的政府——例如我們 1965 年時支持的中南半島政府，或是我們在 80 年代時支持的瓜地馬拉和薩爾瓦多附庸國。相對來說，親鴿派的這些人認為，我們在中南半島的盟友，成功地以武力於 1965 年破壞了國內的政治反對勢力，是值得尊敬的成就，應該起到我們重新思考越南政策的作用。他們引用了麥可喬治・邦迪（McGeorge Bundy）的話；身為林登・詹森（Lyndon Johnson）總統時期國家安全顧問的他回顧越戰時，認為 1965 年過後，「我們（在越南）的努力」，都是「過多的」；就在我們焦頭爛額之際，當時「新的反共產政府奪下印尼，殲滅了該國的共產黨（當時唯一以民眾組成的政黨）……」，連帶屠殺了以無地佃農為主的數十萬人

民，這不就與我們的「全球職責」與「謀求人類利益」目標一致，因而「保全」了印尼一樣嗎。

弗朗金和掣斯定義下的「反對戰爭的人士」——想必就是那些所持觀點值得深思的評論者——就是那些「相信只要敵人（北越）拒絕屈服或投降，就算加以『鞭笞』也不夠」的人。他們說，媒體「為美國人民帶回來的消息是，魏摩蘭將軍的所有勝利，只能換來對民眾的一丁點有效控制」，因而強化了對我們沒有能力「有效控制民眾」所感到不滿的「反戰人士」的立場。「我們不能怪媒體點出問題所在，而魏摩蘭將軍要是知道到底該怎麼解決的話，他也許早該跟大眾說分明。」

除了那些效忠於這場美國的崇高「任務」，但可能不確定可行性為何或者採取的手段是否正確的人之外，其餘的人，就是麥可喬治‧邦迪一度以「等著奪位的激進份子」（wild men in the wings）一詞描述的那些人——那些竟膽敢質疑定位美國越南政策「第一團隊」所下決定的人。

總的來說，針對戰爭的論辯，只要能在越戰期間或此後進入主流領域，那麼，這個討論一方面就會受到「鷹派」的限制——該派人士認為美國只要夠投入，便能成功「保護南越」、「控制民眾」同時因而在該地建立出「美式的民主政體」[180]——另一方面，又要受到「鴿派」的限制——該派人士懷疑，想成功完成這些崇高的目標，要付出的不只是合理的代價；後來還出現了「貓頭鷹派」——他們審慎明智地觀察事態發展，不屈從於這場爭議中任一極端的假象。對事實的報導與解讀方式，都依照這些原則進行。

「等著奪位的激進份子」

隨著 1960 年代晚期，菁英階層的共識破局，人們越來越能接受這場「崇高行動」因為沒有成功而招致的批評，同時，「等著奪位的激進份子」的定義也縮小到那些以反戰為原則而反對戰爭的人——依據同樣的反戰原則，他們也反對蘇聯入侵匈牙利（Hungary）、捷克斯洛伐克以及後來的阿富汗。我們來好好看看超級強權的干涉行為，是怎麼透過一個「侵略就是侵略」的角度，呈現出來。

蘇聯的干涉行為，就沒有什麼重大的爭議。沒錯，蘇聯在東歐有其安全顧慮——其中包含了一個世代以前，因為跟納粹合作而對蘇聯發動攻擊，並幾乎摧毀蘇聯的那些國家；時至今日，這些國家成了蘇聯與西德之間的緩衝區，而已重整軍備的西德所屬軍事聯盟，還對它頗有敵意且頗具威脅。沒錯，阿富汗跟蘇聯的邊境交界處，激進的伊斯蘭基本教義派復出就能煽動當地的民眾，而且蘇聯宿敵公開支持的反抗軍，無疑都是恐怖份子，他們投身嚴酷的壓迫和宗教狂熱主義，在蘇聯境內執行殘暴的行動，而且早在蘇聯入侵阿富汗之前六年的 1973 年開始，就不斷從巴基斯坦（Pakistan）基地對阿富汗發動攻擊。不過，這些複雜的因素，都跟蘇聯入侵捷克斯拉夫、匈牙利和阿富汗無關；跟蘇聯鐵腕控制波蘭也無關。沒錯，蘇聯人是 1979 年被邀請進阿富汗的，不過，就像倫敦《經濟學人》雜誌精確點出的那樣，「除非一個多少具備正當性的政府邀其入境，否則，入侵者就是入侵者，」而蘇聯建立來邀請它入內的政府，就是少了這樣的正當性。

這些事實，沒有一項引起了不起的爭議，它們也不應該引起爭議。蘇聯入侵阿富汗，就跟第二次世界大戰期間它在趕走納粹時，干涉紅軍（Red Army）占領的地區一樣，那種行為我們稱為侵略，而且我們也用這些字眼，報導事實。聯合國一再譴責蘇聯侵略阿富汗，還屢屢調查蘇聯犯下的罪行，予以斥責。西方世界的記者，則以反抗軍抵禦外侮、捍衛自己國家的角度報導這場戰爭；他們跟著反抗軍一起，從巴基斯坦的庇護所進入阿富汗。蘇聯的官方宣告不僅受到懷疑，更讓人不屑。

然而我們在美國對中南半島的干涉行為上，從來都看不到這樣的解讀——只有「等著奪位的激進份子」有這樣的觀點——即便這樣的解讀跟蘇聯在阿富汗的侵略行為，標準一致也有憑有據，而且顯然也很正確。此外，在這兩個例子上，記者與評論人士的報導行為，也大異其趣。在此，我們姑且不談要怎麼理解這場戰爭這個相對重要的議題，而先把重點放在比較狹隘的問題上——新聞報導行為。

跟蘇聯侵略行為相比，中南半島戰爭的報導有如天壤之別。從中南半島戰爭的開始到結束，新聞記者的標準報導方式，就是把華府的宣告當成事實，就算大家知道官方公告有誤也一樣。甚至當媒體據傳已成為「值得注意的公民力量新來源」、對政府權威造成威脅的那段時期，這樣的報導方式依

然持續不變。我們僅以 1970 年、也就是媒體確立這種報導立場（詳見 232 頁）那一年的一個典型案例來說明；1970 年 3 月，媒體根據尼克森總統在演說中宣布寮國境內的北越軍隊，突然從 50,000 人暴升到 67,000 人的訊息，報導北越入侵寮國的消息。尼克森總統把美軍駐寮國永珍（Vientiane）大使館員於例行簡報中引用較低的那個數字，馬上拿來用在他的演講內容上——雖然永珍的新聞記者團之間，根本都把這樣的消息來源當成茶餘飯後的消遣話題，我們其中就有人親自目睹過這現象——不過記者們卻把總統的編造之詞當成事實報導。就連較低的那個數字也是有誤的，只不過，這項事實從沒有人報導過。在整個中南半島戰爭期間，碰上官方聲明遭到質疑時，通常根據的都是前線的美軍消息來源，因此，報導與分析的框架，始終不離美國當局設定的界線。

只有在極為少數的情況下，美國的記者，才會勉強從「敵軍」——南越的佃農、寮國或是之後的柬埔寨——的觀點看戰爭，或是跟隨在抵抗美國攻擊的「敵軍」旁採訪。

原本可以讓我們更深入理解戰爭本質的難民證詞，也經常遭到媒體略而不報。美國政府的敵人，便是新聞界的敵人，媒體連稱呼他們的名諱都不行：他們是「越共」（Viet Cong），一個美國—西貢政府政治宣傳用的詆毀用詞，而不是民族解放陣線（National Liberation Front），而且，美國記者「一定都要在民族解放陣線一詞上加上引號」。美國記者經常提到南越人發動了「共產主義的入侵」（E・W・肯沃斯〔E.W. Kenworthy〕），還有共產黨想方設法，都是要「顛覆這個國家」（大衛・哈爾伯斯坦〔David Halberstam〕）——也就是他們當時受到美國強硬建立附庸政權統治的國家。

在極大的程度上，這場戰爭是由華府報導的。1970 年代晚期，菁英階層立場背離政府路線的態勢已然成形時，《洛杉磯時報》的華盛頓特派記者朱爾斯・維特考佛（Jules Witcover）這麼描述華府早些年的狀況：

「雖然，在那些年裡，記者團很認真地報導了政府對越南的說法，碰到前後矛盾的狀況時也會提出質疑，不過，都是等到為時已晚，反對主流越南論述的事件與強大聲量無法被忽略時，才勉強有人尋求對立的觀點與專家意見。在戰爭的報導上，記者團的工作內容，窄化為三件基本任務：報導政府說了什麼、查出內容是否屬實、評估政府闡述的政策是否有效。記者團在

第一件任務上，表現得極度專業。只不過，在第二件任務與第三件任務上，記者團便做得失當了，而且有強力的證據顯示，背後的原因在於有太多的記者從同一個基本的新聞來源尋找這三件任務的答案——那個來源，就是政府。」

當事情不對勁時，記者們搜尋「對立的觀點」的範圍，也相當狹隘，僅限於戰爭策略的範圍壽——換句話說，「政府闡述的政策是否有效」的問題，限制了搜尋對立觀點的範圍，因為，有效與否完全是從美國利益的觀點來看的，而且，還得全盤接受官方給定的前提。此外，美國的盟友公開支持這場美國的戰爭，有些國家派遣了作戰部隊（澳洲、泰國、南韓），而其他國家則透過加入摧毀中南半島的行動而致富。對日本與南韓來說，參與戰爭大大有助於它們「起飛」，躍升為經濟強權的地位，而加拿大和西歐也從對美國軍事行動的支持當中獲利。相對於蘇聯入侵阿富汗，聯合國從來都沒有譴責美國的「干涉行為」，也從來沒有調查或痛斥美國軍事行動一路下來所犯的罪行，這反映出美國的國際實力與影響力。雖然實況如此，不過，倒是很常看到媒體斥責聯合國和世界各國的「雙重標準」，一方面譴責美國為了保護南越所做的「干涉」，一方面又忽略經常被冠以「種族屠殺」一詞的蘇聯入侵阿富汗的行為——主流媒體談到中南半島的美國時，可從來都沒有用這個詞彙。

1965 年，在美國全面入侵越南、但還沒有人爭辯這場規模龐大的「干涉行動」正當性之前，美國還沒成功建立一個政府有能力或願意「邀它進來」。看來，美國只不過就**遷入**了這個國家，連做做樣子提出請求或取得理論上某治權政府的默許都沒有。然而，站在美國新聞報導中極端鴿派立場的湯姆・威克（Tom Wicker）認為，「美國沒有什麼要把民主帶進其他國家的歷史任務或上帝指派的使命」，進一步解釋時，他主張，在已經有自由的地方「維護自由」，情況不一樣：

「美國如果受邀協助遭到左派或右派之壓迫力量所攻擊或顛覆的民主政權，那麼，這樣的美方支持，也算得上合理而正當——只不過，在**越南的情況是**，我們捍衛的『自由』極小，而要付出的代價卻無窮。」

現在，讓我們回過頭看看，那些把討論蘇聯入侵的例子時用的普世原則，套用在分析美國中南半島戰爭的「等著奪位的激進份子」吧。基本的事

實不容質疑。到了 40 年代晚期，美國當局都理所當然地認為，美國支持法國在第二次世界大戰之後重新征服其中南半島的殖民地，實際上就是在抵抗胡志明（Ho Chi Minh）領導的越盟（Viet Minh）所代表的越南民族主義勢力。1947 年，美國國務院提到，胡志明把自己樹立成「民族主義的象徵，為絕大多數人民奮鬥求取自由的代表。」到了 1948 年 9 月，國務院感嘆「我們無法提出任何中南半島問題的實際解決方式」，因為「眼前讓人不舒服的事實是：胡志民這個共產份子，是中南半島最強大而且可能是最有能力的角色，所有不把他考慮在內的解決方式，都只是後果未知的權宜之計」；胡志明領導下的共產份子們已經「攫取了民族運動的控制權」，而美國的「長期目標」是「盡可能清除共產勢力在中南半島的影響力。」然而，美國還是支持法國占領越南的行動，負擔了 80％的戰爭花費，還認真考慮如果法國同意的話，美方要發動直接的攻擊。

　　1954 年法國撤兵時，美國立刻轉而破壞以 1956 年越南全國大選奠下越南統一基礎的《《日內瓦協定》》（Geneva agreements[xlix]），在南越建立起一個用十足暴力控制人民、同時仗著美國支持而拒絕日內瓦政治協定的附庸國（即「越南政府」〔Government of Vietnam, the GVN〕）。國家恐怖主義重新挑起了抵抗，到了 1959 年，南方越盟裡遭到美國策畫的國家恐怖行動大量殺害的中心成員，接獲授權得以使用暴力自衛，加速了美國強行建立的政權垮台，而這個政權當時已經殺害了數萬人民，喪失了大多數佃農和都會菁英的支持。1959 年，《倫敦時報》和《經濟學人》雜誌駐越南的特派記者大衛・哈珊（David Hotham）如此寫道：

　　美國強行建立的吳廷琰（Diem）[l]政權：「不管反不反共產，他倒是已經剷除了所有的異己。他之所以能這麼做，理由單純就只有研究越南共產主義、對『越共』往往極盡公開譴責的美國首席政府專家道格拉斯・派克（Douglas Pike）認為，越南民族解放陣線（NLF）『依然認為他們與「越南政府」和美國的角力，應該要在政治面上進行。同時，使用大規模軍力本

---

xlix　　譯註：《日內瓦協議》真正的名稱是 Geneva Accords。

l　　　譯註：全名為吳廷琰（Ngo Dinh Diem），最初是法國人扶植的越南南部政府領導人，隨後由美國人支持。

身就於法難容』」；他們是一直到美國跟附庸政權強逼之下才『為了生存而反擊。』」

　　甘迺迪政府則是使南越的戰事升溫，讓美軍部隊全面進行轟炸、落葉行動，並且於 1961 年到 1962 年間，想辦法「指導」地面作戰部隊將幾百萬民眾趕進集中營（「戰略村計畫」〔strategic hamlets〕），在鐵線圍籬與武裝衛隊背後受到「保護」，免於受到連美國都承認這些民眾願意支持的游擊隊威脅。道格拉斯・派克評估，當時，約占一半的當地民眾，支持越南民族解放陣線——連喬治・華盛頓（George Washington）當年都不敢說號召得了那麼多人——而美國則幾乎召集不到當地人的支持。他解釋道，由於越南民族解放陣線是「南越唯一一個真正由民眾組成的政黨」，而且「可能除了佛教徒之外」沒有人「認為自己有同樣的規模與勢力條件，可以冒險與民族解放陣線結盟，大家都擔心要是這麼做的話，大鯨魚（越南民族解放陣線）可能會吃掉小蝦米。」至於佛教徒，美國覺得他們「跟有共產黨證的共產份子相同」（美國大使亨利・卡柏・洛吉〔Ambassador Henry Cabot Lodge〕），後來還支持使用武力摧毀佛教徒的政治運動，確保獨立的政治勢力蕩然無存，因為美國認為，這樣的勢力都不受控。以軍事史和道德論述正當化這場美國戰爭並受到各界高度認同的坤特・路易（Guenter Lewy），描述 60 年代初期涉及「無差別殺戮」同時「奪去大量無辜男女與孩童性命」的美國空軍行動時，用一種歐威爾也會理解的方式，寫道：「位於『開放區』的村莊，有可能會遭到炮兵與飛機的隨機轟炸，如此才能把居民趕進戰略村的安全之地。」

　　各界都承認，美國強行建立的越南政府，缺乏重大的民眾支持。經驗老到的美國和解 專家、同時也是公認對於南越情況最瞭若指掌的美國官員約翰・保羅・范恩（John Paul Vann），在 1965 年時寫道：

　　「南越政府現在根本不存在民眾政治基礎……。這個政府傾向剝削鄉村農民以及都會的底層民眾。事實上，它就是法國殖民政府制度的延續，只不過由上層階級的越南人，取代了法國人罷了。……農村民眾的不滿……大致表現在他們與越南民族解放陣線結盟的行為上。[181]」

1960 年代初期，除了美國之外，相關的各方幾乎都努力地想讓南越、寮國還有柬埔寨保持中立，以避開一場一觸即發的戰爭——越南民族解放陣線，也就是美國政治宣傳下的「越共」、即越盟的南方分支，其官方立場，也是如此。不過，美國下定了決心要阻止任何的政治和解。美國政府沒辦法在南越培植任何政治基礎，便繼續擴大戰爭。美國的做法就是透過持續操控南越的政治局面，確保達成以下目標：繼續打仗，直到一個聽命於美國的反共產政權於南方成立為止。1964 年 1 月，洛吉大使觀察道：「顯然，我們有的就是將軍。」[182] 我們會一直不斷地撤換將軍，直到換到對的人選為止；「對的」意思是他願意遵照命令打仗、而不是談判。吳廷琰政府初期的一個將軍告訴新聞記者，他的美國顧問「告訴我西貢已經有一場策畫好的政變，而我就要成為總統……。」這時他才得知自己即將要成為下一個國家領導人。麥克斯威爾‧泰勒將軍（General Maxwell Taylor）曾相當誠實地談到過「建立尚能讓美方滿意的政府」有其必要；要是我們不滿意，就把它換掉，換成人民政府或換成「軍事獨裁政府」都好。

談到這個，我們必須知道，美國長期操弄這個附庸國的政府後，終於成功地完成了目標，換上了兩個通法國的賣國賊，阮高祺和阮文紹（Ky and Thieu）[li]，此二人能統治的唯一資格就是他們滿足了美國要求得願意打仗並躲掉政治和解的條件；而美國媒體繼續假裝南越的政府，是南越人的自由選擇。因此 1966 年 6 月 4 日，《紐約時報》編輯評述道，「華府雖然不能影響西貢的政治未來，但是，卻可以繼續鼓吹南越的所有政治派系，在九月份的選舉到來之前，尋求統一。」事實上，當時的統治者是美國強制安排的，選舉也是美國的點子，而且——不消說——這是「南越唯一真正由民眾組成的政黨」（這是派克講到越南民族解放陣線時用的字眼），它的黨員，也就是南越人民，根本算不上是「南越的政治派系」。至於美國尋求的「統一」，只是用來當成實行這場美國戰爭的基礎。由於這樣的目標，只能透過壓迫所有的民眾運動才能達成，因此，後來軍政府在 1966 年時，在美國同意並直接給予協助的情況下，擊潰了最大型的非共產份子組織，也就是集結起來的佛教徒，此舉替阮高祺和阮文紹的持久統治，清除了障礙。儘管發生了這一切，

---

li　　譯註：此二人全名為阮高祺 (Nguyen Cao Ky) 及阮文紹 (Nguyen Van Thieu)。

但是美國的媒體還是沒有指出有何自由選舉的基本條件遭到破壞，也沒有提及這個非民選的政府還能掌權，只是因為它的目標與美國政府的一致——換句話說，媒體並沒有提出這是典型傀儡政府的例子。[183] 相反地，軍政府繼續領導著自由而獨立的南越，從未間斷，而「傀儡」二字，是敵對國的代理人專用的。

回到擴大這場美國戰爭的議題上，當局以 1964 年 8 月 7 日東京灣事件（Tonkin Gulf Incident）過後的決議，成功地取得了國會支持；決議中授權總統「採取一切必要手段擊退所有針對美軍的武裝攻擊，防止（在越南的越南人）進一步的挑釁」，這完全成了替美國政府發動戰爭的一張空白支票。[184]

1965 年初，美國全面入侵了，同時還開始經常性轟炸北越，希望河內可以動用它的影響力，讓南越的反抗勢力消弭下來，同時合理化美方加重攻打南越的行動。聯合國大使阿德萊・史蒂文森（Ambassador Adlai Stevenson）認為我們所面臨的問題，就是越南民族解放陣線在南越發動「內部攻擊」。然而要讓加重攻擊的決定看起來正當，光靠這種說法可是完全不夠。根據柏納德・佛爾（Bernard Fall）引用的數字，到了 1965 年美國進行地面入侵時，南越已經有 15 萬人被殺，其中多數是「死在美國裝甲的輾壓、燒夷彈、轟炸機，最後還有催吐毒氣之下」，再不然，就是被美國建立的政權所實行的國家恐怖主義害死。從 1965 年 1 月開始，美國還僱用了總計約 30 萬名的韓國傭兵，在南越執行殘暴的任務。第一支例行性的北越軍事部隊，是 400 人的步兵營，在 1965 年 4 月下旬的南越邊界被偵查到；根據國防部五角大廈的消息指出，到了 1968 年 1 月越南發動新春攻勢時，北越這些主要目的在於將美國軍隊從人口密集的中心引開的各軍事部隊，和對南越發動恐怖攻擊的韓國與泰國傭兵團，規模上已經相去不遠，但這全都還是遠遠不及美國的軍隊規模。

到了 1967 年，這場戰爭的毀滅程度已經高到足以讓佛爾這樣描述：「（隨著）越南的鄉村受到史上最大軍事機器的飽和轟炸，不復存在之時……越南這個具備文化與歷史意義的地方，也面臨著滅亡的威脅。」一般認為，摧毀南越的策略是成功的。哈佛教授、同時也是政府顧問之一的山繆・杭亭頓（Samuel Huntington）總結道：「在無心插柳的情況下，美國在越南很可能誤打誤撞找到了『民族解放戰爭』的解決之道」，也就是說，透過武力，極

端地「強迫都市化與人員流動」，「造就了從鄉村到都市的人口大規模遷移」，因此「大敗」了毛澤東式（Maoist）將佃農人口組織起來的策略（這些策略遭到提出的時候，佃農人口占人口總數的 80%），同時削弱了越共，因為「作為一個萬萬不能少了支持者的強大勢力，支持者繼續存在很重要。」

　　1968 年 1 月，幾乎由全國各城鎮南越人組織的民族解放陣線，發動了新春攻勢，這讓美國菁英階層相信，這場戰爭對美國來說顯然代價太高，而且應該改採較為「資本密集」的布局，側重當地的傭兵團（傭兵一詞是技術性上的說法），並逐步撤走美軍；當時美軍已經士氣大傷，對軍方當局來說，這已是越來越嚴重的顧慮。美軍看似發動了一個後新春攻勢的「加速求和行動」，實際上卻是大規模的屠殺行動，搗毀了民族解放陣線與佃農社會的殘存糟粕，同時殺了數以萬計的人，更進一步摧毀了越南這個國家。北越大部分的地方，特別是南區，被炸成一片滿布石塊的荒蕪之地，而寮國則受到了有史以來最嚴重的轟炸，其中還包含寮國北部的佃農區，一個連美國政府都承認轟炸該地之行動與南越戰爭根本無關的地方。美國還轟炸並入侵了柬埔寨，摧毀大多數的鄉村地區，並動員怒不可遏的佃農們響應本來很邊緣的紅色高棉（Khmer Rouge）勢力。到了越戰的尾聲，中南半島的死亡人數可能超過 400 萬以上，土地和社會完全遭到摧毀。美國接下來的政策，則是拒絕賠償、援助、貿易，並且阻斷其他來源提供的協助，想辦法阻止該地從這場大災禍中復甦——只不過，美國倒也不是拒絕提供一切的援助：1980 年代美國對紅色高棉的援助，看來就高達數百萬美金。[185]

　　套用我們合情合理在蘇聯入侵阿富汗一案所採取的原則，那麼應該就可以清楚得到越戰的結論。美國攻擊南越——就算 1962 年前還有待商榷，但到了 1965 年這說法已無庸置疑——還將攻擊行動擴及到中南半島，造成致命且長期的影響。談到越戰與相關事件，任何沒有先承認這些重要事實的媒體報導或其他評論，都不過是在為恐怖主義與殘暴侵略辯解而已。說美國在「保護南越」，其實就跟說蘇聯在「保護阿富汗」一樣。

　　不過，從媒體的觀點，或者說從「文化」的觀點，歷史上並不存在美國攻打南越和中南半島這回事。我們幾乎沒辦法在主流論述當中找到這種說法，或者找到任何承認我們或許能從這樣的角度看待歷史的說法——就好像我們可以肯定《真理報》不會記載蘇聯入侵阿富汗的事件，該報只會記錄蘇

聯保護阿富汗對抗美國 CIA 資助的「暴徒」。即便在激進和平運動的顛峰時期，知識份子文化圈當中，也完全沒有以「侵略行動本來就不對」為立論基礎的反戰意見——這可是 1968 年蘇聯入侵捷克斯洛伐克時普世採取的觀點——理由很簡單：美國的侵略未受承認。在越戰期間有許多爭論，探討著北越人是否要對美軍攻打越南負責，而且一如我們所討論過的那樣，就連南越人也因為「內部攻擊」而遭到譴責（聯合國大使阿德萊・史蒂文森）；然而，**沒有任何討論**，探討美國全面攻打南越，隨後攻擊整個中南半島這件事到底有沒有罪責。這些發人深省的事實，反映出國家政治宣傳體系一網打盡的掌控，及其為思想與討論設定條件的能力，就連那些深信自己採取的是「敵對立場」的人也一樣受控。至於媒體，只要不符合教條原則都可以加以忽略；真的，打從戰爭一開始，以及整個戰爭期間，針對戰爭的大量報導和評論當中，完全看不到任何不符教條原則的說法。

資深的亞洲特派記者、同時也寫了一本大獲好評的自由主義立場之越戰史書籍的史丹利・卡爾諾，於 1987 年 8 月發表了一篇發人深省的文章〈執行越戰的教訓〉（"Lessons of Running Viets' War"），他為文主張，美國在越南犯了錯，因為美國允許越南人過於倚靠美國。相仿地，南越人民也「允許他們自己以為能安然自適地倚靠美國」，認為我們不會撤軍，但他們不理解，對美國來說，小的附庸國是可以被犧牲掉的。卡爾諾從未提到那些抵抗美國入侵的南越人，或者，在卡爾諾的愛國邏輯架構當中，即使根據美國的專家和戰場官員的說法，這些南越人占了當地人口的大多數，而且還是地方唯一像樣的政治勢力，還有，就算美國選出的政治派系不斷強調「老實說，我們現在還不夠強大，無法在純粹的政治基礎上跟共產主義者對抗」——就算有這些事實，這些抵抗美國入侵的南越人，從來都不算「南越人」。卡爾諾如果是蘇聯人，回顧起來，也一定會表達類似的憂思，認為蘇聯允許「阿富汗人」過度依賴蘇聯的強權吧。

按照我們合情合理套用於蘇聯或其他官方敵對國入侵行動的標準，那麼，針對媒體和中南半島也沒什麼需要多說的了。所有更進一步的討論，都相當於提出一個無關緊要的問題：探討《真理報》會不會精確報導「蘇聯保衛阿富汗」一事。套用自由之家三邊委員會（Freedom House-Trilateral Commission）的觀點，隨便一個共產黨幹部，或許會批評《真理報》過於悲觀，或

採取了太過敵對的立場，造成最後打了敗仗，導致阿富汗被致力於恐怖主義、恫嚇壓迫女性、鼓吹宗教狂熱、奉行「向耶路撒冷進軍」計畫等等的封建勢力接管。或者，要是這名共產黨幹部發現《真理報》的報導夠樂觀，而且沒有過於扭曲事實，那麼，他也可能會讚揚該報報導準確又客觀。只是，無論報導揭露了什麼，這些討論都是廢話而已；當我們發現，國家政治宣傳的基本原則——說蘇聯在保護阿富汗免於受到恐怖攻擊的那種原則——就是進一步報導與討論全盤採取的架構，那麼就效應而言，也不用再認真評價媒體了。這，在美國攻擊中南半島的例子上，也同理可證。

我們不太能說我們所提出的政治宣傳模式，在中南半島戰爭的例子上也獲得了驗證，因為它沒能預測出各界對國家政治宣傳體系的言聽計從，竟能如此出乎料想、影響深遠，而且毫無例外。這樣的判斷，實屬正確，顯然一點也沒錯——光是這一點，就足以教人震驚了。至於說到西方世界的知識份子文化，更發人深省的一點是，沒有知識份子能察覺出簡單的事實，而這些事實的重大意義，也遠遠超過知識份子能理解的範圍。

不過，我們還是要追問媒體針對中南半島報導的這個狹隘問題，別忘了，我們現在轉而討論的是相對沒那麼重要的事，因為我們已經關注過令人相當震驚的核心批評了：媒體徹徹底底、順服有加、不假思索地接受了一套愛國前提，已經到了頂多把進一步的評論視為第二要務的地步。

戰爭初期：仔細一點的檢視

「第一次中南半島戰爭」，是法國與其附庸國勢力參戰，同時由美國支援，並隨著 1954 年的《日內瓦協定》告終；該協定認定，以北緯 17 度為界，南北越透過兩年之內舉辦的大選，完成統一。美國當時誓言不會妨礙這些協議。

然而美國很快就破壞了《日內瓦協定》內容，因為當時各方都認定，大選的結果是越南在越盟的統治下統一。「美國情報來源一致同意，吳廷琰（美國硬是建立起來的附庸政權）會輸掉所有的國家選舉」，喬治‧卡辛（George Kahin）仔細檢視了手邊的紀錄後，做出了這樣的結論。越盟同意《日內瓦協

定》的決定，重組其軍隊，回到受他們控制的北方，前提是《日內瓦協定》「保證將爭取越南控制權一事，從軍事層面轉移到政治層面上，因為越盟的領導人曉得，比起軍事層面，他們在政治層面上比法國人與越南的法國同路人的優勢更大。……對越盟來說，這才是《日內瓦協定》內容的核心。」[186]

美國已察覺到《日內瓦協定》會釀成大禍，於是私底下計畫，要是「當地共產份子有非武裝攻擊的顛覆或反叛行動」，那麼美方就要訴諸軍事行動（包含必要的話攻打中國）——這是明目張膽地違反了《聯合國憲章》（UN Charter），因為憲章明訂，除非聯合國安理會（UN Security Council）做出回應，否則，碰上「武裝攻擊」時，使用軍力自衛，也要受限。這個在《五角大廈文件案》（Pentagon Papers）的歷史上被曲解到面目全非，而且通常沒人關心的關鍵決定，還建議要對中國採取軍事行動、「在中南半島全區（包含北越）『進行規模龐大而有效的軍事行動』、重整日本軍備、發展泰國成為『美國在東南亞隱蔽行動與心理戰中心』」……等等。美國國防部長羅伯特‧麥納瑪拉在一份呈報詹森總統的備忘錄當中提到，「南越靠的是 1954 年之後美國的存在，才沒有分崩離析……也是靠著美國，吳廷琰才能拒絕遵守 1954年協定要在 1956 年舉辦全國自由選舉的條件。」

在這個時期調查媒體表現的霍華德‧艾爾特曼（Howard Elterman）發現，《紐約時報》和三份新聞周刊，「在橫跨 1955 年和 1956 年的六個月期間，完全沒有任何新聞報導」談到美國破壞《日內瓦協定》的政策。偶爾在不起眼的新聞背頁，會有共產主義份子指控美國行為造成之結果的報導，不過被當成政治宣傳而忽視了——事實上，這正是精確無誤的政治宣傳。而當刻意迴避選舉的行為再也掩蓋不了時，還以共產份子的恐怖與統制為由，正當化美國不服《日內瓦協定》的行為。《紐約時報》（1956 年 6 月 2 日）把越南描述成一個「分裂成北方共產政權與南方民主政府」的國家——南方的民主政府，就是那個既兇殘又腐敗的吳廷琰獨裁政權。《新聞周刊》則譴責「南越遭到大肆滲透」，只為支持越盟的「仇恨目的」，而《美國新聞與世界報導》則斥責胡志明「在東南亞策畫新的赤色侵略。」

蘇珊‧威爾許（Susan Welch）根據她針對數家大型日報的調查結果指出，更普遍來說，1956 年一整年「新聞媒體都在確保閱聽大眾，會把這場戰爭看成共產主義和自由世界之間的鬥爭。」胡志明和越盟被描摹成「莫斯科和

北京的代理人，其取得支持的主要手段，便是透過恐怖與軍武（即使偶爾還是會提到他們的民族主義訴求），而法國則是「英勇的盟友……跟美國並肩作戰，保衛亞洲的自由與正義」，這是《日內瓦協定》後，美國孤身一人堅持的使命。編輯和專欄作家「完全都不挑戰」國家教條。自由派的新聞報業對美國的這個使命，特別熱中，而「新聞報導也強化了政府的預設立場」，因為「新聞報業幾乎全靠政府的消息來源提供報導資訊。」雖然有關中南半島的新聞報導，除了1954年時數量達到顛峰，而隨後又劇減之外，相關的新聞一直都很有限，但是「此時的新聞報業，正定調了其後針對美國政策的辯論。」

美國成功地阻止了和平協議後，就跟附庸政權一起轉向進行內部壓迫，殺害了數萬名百姓，關押的人更比殺掉的人多了好幾萬。根據吳廷琰的支持黨羽、同時擔任其顧問的約瑟夫‧巴廷格（Joseph Buttinger）描述，1956年的「大規模出征」，摧毀了村莊，殺害了數十萬佃農，大兵們在「共產主義份子完全不以軍武控制」的區域裡逮捕了數萬名百姓，這些，「是美國民眾被瞞在鼓裡」的事實——到現在都還是。

壓迫行動的主要對象是反法國的反抗勢力，也就是越盟，到了1950年晚期，這些人已經完全消滅殆盡。訴諸暴力的理由很簡單，也不乏文件資料的充分紀錄。越盟大獲成功，此時，尋求武力是應付他們唯一可行的法子；越盟組織農民，重組為民族解放陣線，使美國只剩一個選項：把對抗從美國居於弱勢的政治領域，轉移到美國占優勢的軍武領域。儘管面臨美國組織的恐怖行動，共產黨還是繼續宣揚他們的政治行動。1958年尾，共產黨送到南越的來年對策，大意上仍然呼籲要進行不使用軍武的政爭。根據傑佛瑞‧瑞斯（Jeffrey Race）的記載，當共產黨於1959年應允南方越盟的請求而終於授權使用武力自衛時，美國的屠殺行為開始受阻，政府也很快地垮台。然而，「……比起革命運動，政府執行了更多的恐怖行動——例如：對『共產村莊』進行炮轟與地面攻擊以肅清前越盟黨羽，還有圍捕『同情共產份子的人。』」

瑞斯接著說，革命運動的根本力量來源，是它提出的建設性計畫所具備的吸引力——舉例來說：土地改革計畫；革命運動提出的土地改革，「比政府的計畫更能做到全面土地分配，同時，又沒有西方世界讀者聯想到共產

黨土地改革時會發生的殺戮與恐怖行動。」相反地,「主要的暴力事件,並非共產黨造成的,而是想要恢復地主制的政府所為」——雖然「西方世界的讀者內心」不這麼想,但事實上,這才是常見的模式。執行土地重新分配的政策,嘉惠最多的對象就是經濟階層相對低的人民。不再集權於中央,而是把權力交到地方百姓手中——這跟美國扶植的附庸政權統治方式相反,而大部分的當地人,把這附庸政權看成是「外來的勢力」:「革命運動吸引人們的要點,就是它代表了一個新的社會,在這個社會裡,包含權力、位階,還有物質財產的各種價值,會按照個人**重新分配**。」在瑞斯深入研究靠近西貢市的隆安省時,民族解放陣線於 60 年代初期就已經成為了主要勢力,而政府機構與其武裝軍隊,則在沒有暴力衝突的情況下,被民族解放陣線的組織與政治宣傳手法瓦解掉了。到了 1964 年尾,該省部分地區被宣告為美軍的自由攻擊區 [lii];而到了 1965 年初,「革命勢力幾乎在隆安省的所有農村地區,已經取得了勝利。」

「北越侵略者」的第一支部隊,是在 1968 年發動新春攻勢時進入隆安省的。事實上,一直到 1969 年夏天後,新春攻勢的「加速求和行動」成功殲滅當地反抗勢力時,美國的消息人士卻報導說,那是 800 名北越人,在整個湄公河三角洲「對抗據估 49,000 越共士兵與黨羽部隊」的故事。

這個局面及其帶來的發展與意義,對美國大眾而言,是完全看不到的,對於取材並非重點的新聞報導,這也幾乎無關緊要。這一點,時至今日依然如此,除非你看的是專家還有與主流意見相左的文獻資料。

國防部長麥納瑪拉對美國在阻撓選舉、拒絕《日內瓦協定》所開的統一條件上扮演之角色,提出了看法;當時他的觀察,根據的脈絡是 1964 年「西貢控制區日增的反戰與中立氛圍」。這個氛圍的出現,是當時幾乎所有的越南政治派系,還有國際觀點,大致上都想在越南人之間找出一個政治解決方案;不過,由於美國承認自己在南越沒有政治基礎,所以,這個政治解決方案,就會阻擋美國決心要打的戰爭。

美國在 1963 年推翻了吳廷琰政權,因為這個政權不會打仗,而且美國

---

lii   譯註:原文為 free-strike zone,意指每個人都對美軍有敵意、美軍得以視為攻擊目標的地區。

擔心它遲早會跟民族解放陣線和解。幾乎沒有人會誤以為民眾支持美國努力延續並擴大軍事戰爭。至於 1964 年 1 月時美國大使洛吉口中「我們有的就是將軍」的那些將軍，美國的政策制定者，對其所知甚少。當時即將接任遠東事務部（Far Eastern affairs）副國務卿的威廉・邦迪（William Bundy）後來是這麼評論的：「事實上，我方沒有任何一個人曉得那些新來的人心裡到底在想什麼。……我們的要求真的非常簡單——我們要的是能繼續打仗的政府。」不過，那些將軍們並不想繼續打仗。相反地，他們連同美國為了掩護軍事政權而安插的平民首相，都「想要盡快把南方的權力鬥爭從軍事層面移轉到政治層面上」，讓「越南的政黨，能在沒有美國干涉的情況下，自己協商出協議。」他們視民族解放陣線為「成員以非共產黨員為主的」機構，很大程度上不受河內的控制，而且他們認為，在南越人之間找到政治和解是可行的，跟民族解放陣線的官方計畫，本質上一致。

然而這一切美國都不能接受。詹森總統對洛吉大使解釋，他的任務就是「只要中立化的想法一出來，就加以痛擊」，因為就像麥克斯威爾・泰勒大使（Abassador Maxwell Taylor）觀察到的那樣，中立主義「顯然就意味著內部大開的政治局面，邀請共產份子入內參與」的民主程序；這是美國向來不能容忍的——除非先建立恰當的軍力分布，決定出對的結果。泰勒大使擔心最糟的結果是，美方扶植了一個會「繼續尋求廣泛共識」的政府，該政府還因此「願意跟民族解放陣線互容。」越戰結束之後，五角大廈資深法律顧問保羅・沃恩克（Paul Warnke）批判地回顧道，「對美國來說，『妥協』並准予越南的當地勢力用自己的方式解決問題，就好像眼睜睜看著我們在西貢扶植了 20 年的反共產政權滅亡一樣。」

1964 年秋天，聯合國祕書長宇譚（General U Thant）在莫斯科與河內的支持下，同時順應越南人與其他各方的共識發起了協商，不過華府卻斷然拒絕。至於媒體，「直到事情再無轉圜餘地，也就是美國於 1965 年 3 月 9 日發動了對北越的空戰，同時第一支地面部隊在越南登陸之後，《紐約時報》才報導了宇譚在 1964 年所做的努力。」

美國從頭到尾的立場都是「『在我們確立了明確的施壓模式之後——**必須是在那之後**』（1964 年 8 月 11 日威廉・邦迪所言；粗體強調部分照原文刊登），才可能考慮和平手段」。先是武力，之後（但不保證一定會）再訴諸國際法和

美國憲法要求的和平手段。1961年官方國務院白皮書，將《日內瓦協定》提出的選舉條件，描述成美國巧妙避開的一個「精心策畫的圈套」，而且，1964年時，決策者在武力的使用已確保其目標會達成之前，也無意落入這個「圈套」之中。漸漸地，美國的決策者轉而支持將戰爭擴展到北越的政策，希望這麼一來，他們的政治弱勢，將有所彌補。

這些發展中的事件，見解與意義為何，主流媒體未對閱聽大眾報導過，它們只遵照官方路線，認為美國能用的手段有限，但都是為了「強化南越，對抗共產份子的攻擊」，支持南越「抵抗共產份子入侵」。

在《紐約時報》的版本裡，美國領導著「這場自由世界的戰爭，要遏止共產主義入侵」（羅伯特・川布爾〔Robert Trumbull〕），保護南越「對抗蘇聯大軍的代理人——也就是南北越的游擊隊」（韓森・鮑德溫〔Hanson Baldwin〕），就跟法國打那場「七年半之久的戰爭」對抗「境外鼓舞與援助的共產份子」那樣。1965年初，美國詹森總統決定要「提升對南越越共滲透的抵禦」（湯姆・威克）；越共在他們自己的國家進行「滲透」，而我們「抵抗」這樣的入侵。既然南越的游擊隊「試圖顛覆這個國家」（大衛・哈爾伯斯坦），那麼《紐約時報》理所當然就要支持戰略村計畫，哪怕用的是威逼與殘暴的手段；戰略村計畫「執行方式極盡人道」，以提供佃農們「保護，免受共產份子侵害」（哈爾伯斯坦，荷馬・畢格特〔Homer Bigart〕）媒體略而不提佃農對這些南越「入侵者」的支持以及背後的理由。霍林指出，從《紐約時報》1961年開始到1963年9月為止的報導當中，他才找到兩篇報導「極為簡短」地提到了土地租佃的內容。[187]

雖然平面媒體的確偶爾會反映美國戰地軍官的感受與觀點，因而激起大家對平面媒體反美與「負面報導」的憤怒譴責，不過電視媒體就比較聽話。這也是為什麼「五角大廈國防部公關辦公室的負責人，有辦法跟甘迺迪保證，他們已經說服了（NBC）無線電視網，若播送『南越士兵凌虐越共俘虜，而美國陸軍上尉也現身其中』的影片，會『有害美國利益』。國家廣播公司的新聞主任，承諾會拒絕這段影片在杭特利與布林克利的雙主播新聞節目中播放，至於在其他的節目上，他也會暫緩播出。」

霍林分析《紐約時報》的報導後還發現，在1965年戰爭擴大、引起部分關注之前，越南民族解放陣線和越南民主共和國（Democratic Republic of Vietnam，簡稱 DRV）「幾乎完全被（《紐約時報》）報導成國際共產主義的分支。」「**內戰**一詞是 1965 年媒體開始使用的」，而媒體「開始偶爾會在**攻擊**一詞上加註引號」——當然，指涉的是越南人攻擊越南一事。而不論是當時或後來，美國人攻擊越南的概念都是無法想像的。不過，美國人對越南人「攻擊」一事的擔憂，從未消退，一如詹姆斯・雷斯頓討論「癥結點」的時候說的：「那麼，我們該怎麼阻止靠著顛覆行動所進行的攻擊？」——他指的，就是越南對抗美國入侵者及其附庸國所進行的攻擊。同樣地，在比平面媒體還要更言聽計從的電視上，播放五角大廈所拍攝美國空軍攻擊影片的彼得・詹寧斯（Peter Jennings）如此評論：「共產主義入侵越南，以後的下場就是這樣」，另一方面，國家廣播公司的傑克・柏金斯（Jack Perkins）在某次報導空軍發動攻擊，消滅了「一座絲毫不客氣地用標語和旗幟宣稱自己是越共村」的村落時，還辯稱這場攻擊是必要的：「整座村莊對美國人滿是敵意，因此遭到了摧毀。」大家理所當然地認為，美國人絕對有權在越南任何一個「多年來每一樣東西都是越共的」區域裡恣意掠奪。一則以阿特爾柏勒行動（Operation Attleboro）為主題的電視報導，描述那次的對戰是「又一次為保全民主」而發出怒吼。

總結起來，從 40 年代晚期開始，美國就：支持法國征服越南的戰爭、推翻了 1954 於日內瓦安排好的政治協定、在一個被外國勢力（也就是美國）分裂的國家裡，建立一個南部的恐怖主義附庸政權，到了 1962 年，繼續公開攻擊南越，同時想盡辦法阻撓越南各方人士追求的政治和解，然後到了1965 年乾脆入侵越南，發動摧毀了中南半島的空戰與地面戰。在這整個期間，媒體完全以政治宣傳模式預測架構，報導美國的干涉行為。

當然，還有那些要求以更高標準對國家效忠的人，對這些人來說，戰地美國軍官的批判感受時不時就引起大眾注意，這根本就是令人無法忍受的「敵對立場」，反映了「文化圈」的左派傾向。姑且先把這個有趣的觀點放一邊，就這個時期而言，就算我們可以不認同所謂媒體「讓戰爭輸掉了」的見解，但我們可以挺精確地斷定，媒體鼓勵了美國加入並採取攻擊戰的手段，之後又認為這是「悲劇一場」或「大錯特錯」，可是，媒體同時也未曾承認，他們在集結大眾支持這些最終他們深感遺憾的政策上，也要負起基本的責任。由於媒體在這段關鍵時期的聽命與順從，當美國發動扎實且無可回

頭的攻擊時，無怪乎受到那麼少的大眾關注，也難怪反對的聲音那麼容易就被忽略，簡直到了毫無分量的地步。只有最熱切研究的人員，才有可能對中南半島發生的事，培養出某種程度的理解。

因此，1965年2月，當美軍聲稱為了「報復」「越共」攻擊美軍基地而轟炸北越時，輿論的態度，就一點也不讓人意外了。53％的民眾被問到「你認為越共攻擊的幕後黑手是誰？」的這個問題時，都把矛頭指向中國共產份子；而26％的人則說是北越，還有7％的人說「這是內戰。」美國輿論界根本不能問那種在蘇聯入侵阿富汗的例子上答案不言可喻的問題：「你認為南越的反抗勢力為什麼要攻擊美國在南越的基地呢？」事實上，就算在推動和平運動的顛峰時期──或者，多年後、我們應該能比較客觀地觀察單純事實的現在──在主流媒體和大多數的「文化圈」裡面，要提出這個顯而易見的問題、甚至做出回答，都還是不太可能的事。

我們在這個悲絕的史料中，非常清楚地看得出來，要是在坐擁龐大軍武資源的國家哩，媒體盲目的順服，招致的是什麼後果。

戰爭的報導

隨著美國入侵行動的規模與力道提升，中南半島湧入了許多戰爭特派記者，他們有很多都誠實果敢地報導出自己的所見所聞。不過，也有極為少數的例外：記者用戰地美軍的視角或是記者簡報會上提供的資料，報導新聞。至於在美國國內的媒體辦公室裡，華府的版本是壓制性的視角，直到國內的菁英意見分歧，擴大了戰略辯論的範疇，情況才有改善。

雖然記者顯然不會把美軍犯下的暴行視為暴行，而且，他們也當然不會描述出倘若換成美國或附庸國受到他國殘害，這些暴行可能會顯現什麼樣的憤怒與恐懼，不過，記者倒也不常隱瞞美軍的暴行就是了。麥爾坎・布朗（Malcolm Browne）引用了一位美國官員的話，說用B-52轟炸機攻擊大南方的行動是「越戰期間所有空襲斬獲最大的一次」：

「每一個轟炸出來的彈坑，周邊都滿是屍體、炸毀的器械，還有反應

不過來還在流血的人民。其中一個彈坑，周邊躺了 40 或 50 個全都穿著北越綠軍服、沒帶武器的人，看上去顯然都受到大驚嚇。我們又派了戰鬥直升機，很快地對他們掃射、結束了他們的痛苦。」

日內瓦公約要求「放下武器的軍隊成員，還有那些因傷、因病、遭關押，或其他理由而**喪失戰鬥力的**士兵，無論如何都應該受到人道的對待」；同時，就算到今天，談到共產份子如何對待那些在夷平了大部分北越的空襲行動中遭擄的美國飛行員，字裡行間透露出的恐怖依然無上限。只不過，《紐約時報》描述的受害者，是在越南執行攻擊美國人行動的越南人，所以，當然就沒有適當的道德顧忌，也就不必表達些什麼了。

同樣地，1965 年，媒體報導 B-52 轟炸機在「人口稠密的（湄公河）三角洲」執行空襲時，也沒引起什麼反應；行動中百姓的死亡人數不詳，大批大批的難民「因為再也承受不了不斷的炸彈攻擊」，逃到了政府控制的地區。希尼・虎克（Sidney Hook）在譴責柏爾特蘭德・羅素（Bertrand Russell）「誇大」說這些值得讚揚的行動是「故意而為的美國暴行」時，是這樣說的：這些受害人算是「美軍部隊努力協助南越人民擊退北越及其黨羽入侵時，所引發的不幸意外死傷」。無庸置疑地，我們今時今日也可以在《真理報》評論阿富汗戰爭的文章裡看到政協委員發表類似的說法；這些政委，因為在蘇聯的日報上很有勇氣地譴責了美國及其盟友國的罪行，也都被尊崇為重要的人道主義者。

不只是這些暴行和隨後的屠殺行為沒有引發任何反應，甚至沒有人願意把暴行事件脈絡化，交代前因為何——換句話說，沒有人願意讓這些事件明白易懂。的確如此，我們對背景所知幾希，因為媒體對美國政府的目標和認知深信不疑，所以從來也不想辦法理解事實。隨著戰事演進，美國政府的訊息來源，提供了充分的證據資料，解釋美國為何被迫要在「人口稠密的三角洲」還有其他地方訴諸武力——關於這點，前一節我們也討論過了。這些資料跟美國希望營造自己保護南越，抵抗共產份子恐怖與攻擊行動的形象不符；但這些資料對新聞報導或評論卻幾乎沒有任何影響，除了偶爾用來說明美國追求神聖使命時所面臨的困難。

到了 1965 年美國全面入侵越南時，美國訴諸武力的理由就極為清楚

了，而且，就算全面進攻之前想辦法要自圓其說，這個理由也依然明白。我們先前提過，美國受到南方越盟（民族解放陣線，「越共」）在政治上與社會上的成功所逼，要將這場爭戰，從美方不利的政治層面上，移轉到美方占優勢的軍武層面上——這是面對經典兩難局面的典型回應之道。

在這樣的脈絡下我們才能理解，美國在「人口稠密的三角洲」和其他地方，為了摧毀當地平民組成的敵營基地，採取了 B-52 轟炸機空襲手段，擴大徒勞無功的戰略村計畫和先前執行的恐怖行動。美國的媒體持續報導美軍接下來的殘暴行為，只不過，這些報導都從侵略者的視角出發。我們得找外國的報紙媒體，才能看到來自南越軍隊占領地區的報導——例如像本多勝一（Katsuichi Honda）這樣的親西方世界特派記者的報導。1967 年秋天時，他為日本報紙媒體帶來湄公河三角洲的新聞報導，寫到湄公河上的炮艦攻擊手無寸鐵的村民，戰鬥直升機「對著農舍隨意掃射」，「把農人當成標靶，好像在打獵般」：「他們在獵殺亞洲人。……這種荒唐的掃射，可以解釋為什麼湄公河三角洲地區，各城鎮中每家醫院的每一間手術房，都擠滿了傷患。」他的報導，只有讀反戰文資的讀者才看得到；「客觀的」媒體——也就是對遭到美國與其餘當地建置軍隊攻擊的越南人受害者，會怎麼看待這場戰爭的媒體——根本沒興趣報導這些，完全不刊載本多勝一的報導。

媒體繼續淡然地觀察與討論美軍的暴行，完全不認為這些行為有爭議、可能引發任何道德議題——事實上，媒體完全不認為這些是暴行，但提到官方敵軍的殘暴行為，我們就看不到媒體在報導上有所保留。備受敬仰的專欄作家約瑟夫·哈爾許（Joseph Harsch）描述一名美國飛行員，「對著樹葉茂密的叢林」投擲一顆炸彈，卻「沒看到什麼效果」，毫無「那種知道自己完成了什麼重大任務的滿足感」，滿腹挫折：

> 「轟炸大型的水力發電水壩，就是另外一回事了。從上往下，各個角度都看得到一場巨大的爆炸。看得出來水壩要垮了。可以看到水從水壩破裂處湧出，淹沒了大片的農地、村莊還有流經的地方。炸毀一座水力發電水壩的飛行員，會帶著一股成就感歸隊。人們為這樣的英勇行為寫小說、拍電影。……炸毀水壩的轟炸行動，會淹沒村莊、淹死人民、摧毀農作物，還會造成部分停電的狀況。……轟炸水壩，是可以傷人的。」

雖然出於戰術理由，不准執行更有滿足感的轟炸任務顯然跟道德障礙無關，但是他總結道：還是轟炸卡車比較好。

　　在南部，轟炸堰堤還有無限制的破壞行為，並非爭議性的戰術；例如巴堂干半島（Batangan Peninsula）——1969 年 1 月，美軍在地面掃蕩行動中，強逼 12,000 名佃農（當中好像還包含了美萊村大屠殺〔My Lai massacre〕的倖存者）離開家園，將他們運到廣義省（Quang Ngai）一處沒水的集中營；營地掛了一面旗幟，上面寫著：「謝謝你們將我們從共產的恐怖中解放出來。」《紐約時報》報導，難民們在「山洞和防空洞裡住了好幾個月」，因為「美國的陸海空轟炸和炮擊」，摧毀了他們的家園，還有一座「美國噴射機為了斷絕北越人（按照原文刊登）食物補給而炸掉」的堰堤。炸毀的堰堤沒有被修復，因此兩年之後，「南中國海的鹹海水持續淹沒著一度種植水稻的農地。」根據美國官員透露，這麼做的理由是，那兒的人民被「當成共產份子清除掉了」，基於同樣的理由，該地區維持斷垣殘壁即可：「那些一度有零星房舍建在其上，俯視著被淹沒水稻田的山坡地，現在……滿是炸彈碎片、地雷，還有未爆彈」，而且「B-52 轟炸機炸出來的 20 呎深彈坑，讓山坡地到處坑坑巴巴。」

　　偶爾出現在報導中針對北部堰堤的轟炸行為，**倒是**備受爭議，而轟炸北越的行動，一般說來也是如此。受人爭議的原因是，美國此舉可能造成中國或蘇聯的反擊而付出很高的代價，後果既嚴重又危險；又或者，美國此舉對國際觀感造成的影響，也可能讓美國付出嚴重代價。不過這些問題，在美國對南越人發動的恐怖攻擊中，都沒有人提，也因此這些攻擊行動未受到明確的關注，或者說，好像這是計畫好的一樣。在《五角大廈文件案》裡，我們發現，針對加強轟炸北部的行動有廣泛的探討與辯論內容，而在我們「解救」南越人民免於「侵略」之中的南越地區，那些摧毀力道更猛的轟炸行動、落葉行動、用武裝推土機破壞大片區域的行動等等，文件裡卻完全沒有任何討論。就南越而言，我方規畫記錄討論的僅限於美軍軍隊部署的問題，當然啦，這又提高了美國要負擔的成本代價。

　　這種面對施加於南越人的暴行卻能輕易包容的態度，有一個顯著的例外：就是 1968 年 3 月發生的美萊村大屠殺。美萊村大屠殺事件發生之時，

越南民族解放陣線跟處理其他時至今日仍不被承認或討論的屠殺事件一樣，立刻就加以報導。1968 年 6 月，屠殺案的細節於巴黎遭到揭露，雖然經過戰鬥直升機炮手羅納德‧里登豪爾（Ronald Ridenhour）多方努力要讓事件見報，事後還多虧了西摩爾‧赫許（Seymour Hersh）的堅持不懈，才總算讓一般大眾事件知曉此事，不過，還是拖到了 1969 年 11 月，原本對美萊村大屠殺略而不提的媒體才報導開來；此時華盛頓特區出現大型的示威遊行，而媒體關注的焦點是反戰的抗議活動。這場大屠殺，為後新春攻勢一連串升溫的求和行動下了一個註腳，就脈絡上來說，還不算大型的屠殺。更發人深省的例子，是美萊村附近的美溪村（My Khe）屠殺事件，據報，有 90 名百姓死亡，是美萊村大屠殺的軍方調查工作小組（Peers Panel）發現的；起訴該事件背後負責官員的訴訟案，後來遭到駁回，理由是這不過只是造成村毀人亡或村民被迫遷離的尋常軍事行動——這項駁回訴訟的決定告訴我們，美國在南越的這場戰爭就是那樣，然而這樣的決定，卻無人有意見。

雖然舉國上下對於威廉‧凱利（William Calley）中尉因美萊村大屠殺案遭到判刑一事深感痛苦，不過同一時間，同一地區，一場新的地面掃蕩行動迫使 16,000 名佃農撤離家園，一年之後，被這場行動迫遷的美萊村遺眷所居住的集中營，遭到空軍與陸軍的炮火轟炸，而越共成了這些摧毀行動的究責對象。這些事件同樣也幾乎沒有人報導，甚至連調查小組都不需要——想當然，原因是這也都只是尋常例行的行動罷了。

美萊村附近由加拿大營運的醫院醫護人員表示，美萊村大屠殺事發當時，他們立刻就知道了，不過大家幾乎都不在意，因為在美軍軍事行動摧毀殆盡的這個省（廣義省）裡面，像美萊村大屠殺這樣的事件，司空見慣。因為這場大屠殺而遭到軍事法庭起訴的最高階軍官歐朗‧韓德森上校（Colonel Oran Henderson）表示，「每一個旅級單位，都偷偷幹過像美萊村大屠殺案這樣的事」，只不過「並非每個單位，都有個像里登豪爾」那樣的人揭露發生了什麼。正因如此，和平運動中的知識份子成員，同樣也不特別關注美萊村大屠殺案。

《新聞周刊》的西貢分部主任凱文‧巴克利（Kevin Buckley），談起造成10,000 名敵人死亡——包含官方統計資料中的美萊村大屠殺受害者在內——的威勒瓦洛瓦行動（Operation Wheeler Wallowa），對於美萊村大屠殺為何成為

眾所矚目的爭議事件，這麼解釋道：

「檢驗整個行動就會揭露，美萊村的屠殺事件，是一個更大型政策的執行結果：這個政策，在不同的地方、在不同的時間點，都會造成類似的事件，而美萊村的例子特別讓人不舒服。我們不能把責任都一古腦怪罪在一個無能的中尉上。凱利是我們不樂見的偶例，但『威勒瓦洛瓦行動』可不是。」

巴克利在發給《新聞周刊》美國辦公室的電報中表示，攸關這場行動的真正議題，並非大家口中常指控的「軍事火力的無差別攻擊」。相反地，「真正的議題是有差別的使用軍事火力——出於政策，在人口稠密的地區使用軍火」，不管我們談的是這個行動或其他許多行動都好——快速列車行動（Operation Speedy Express）就是其中一例，用 B-52 轟炸機特別針對村莊進行空襲，造成數千名百姓死亡，還有很多人被迫進了難民營和戰俘集中營。

巴克利引用了一位資深美國官員的話，比較美萊村大屠殺與美國陸軍第九步兵師（U.S. Ninth Infantry Division）於類似行動中成就的英勇行為：

「陸軍第九步兵師造成一般百姓傷亡的各種行動，其實還更糟糕。第九步兵師造成人員死亡的總數是極大的。總計起來，他們帶來的恐懼，比美萊村大屠殺還要更嚴重。不過，以第九步兵師來說，他們所造成的百姓死亡人數統計，是長時間下來涓滴拼湊而成的。這些百姓大多死於夜間空襲。而且，上頭命令他們的任務一定要達成高額的死亡人數。……既然單位的命令政策如此，那麼高額的死亡人數統計結果，也就無可避免了。」

簡而言之，美萊村大屠殺發生之時，媒體略而不報，而媒體之後的大肆報導，其實是一種更微妙的掩蓋暴行方式。真心要究責的話——在媒體上或是「文化圈」當中，大致上都感受不到這個氛圍——要受到起訴的官員，層級應該遠遠高過於凱利中尉。不過，把關注焦點擺在一個處在每一位越南百姓都可能是致命敵人的攻擊情況下，因此而半發瘋的美國大兵，這樣一來就好處理多了。總體說來，美萊村大屠殺案並沒有驅策媒體——有些個別的

例外——更進一步檢視戰爭的本質，或者激發起媒體報導附近地區類似事件的興趣，以顯示這場屠殺案不是特例。這個獨特的大屠殺案之所以特殊，是因為媒體獨斷的不予報導，並拒絕踏出狹隘的限制範圍進行調查。媒體對於美萊村大屠殺案有限卻誇大的報導，甚至被拿來當成例子，展現美國在面對敵人挑釁時的良心。所以才會有 1973 年《紐約時報》來自美萊村的一篇報導，把這個居民「大致上都是越共支持者」、「滿目瘡痍」、「現在又被美國的轟炸和地面行動摧毀的巴堂干半島」說成這樣：「這塊美國、南韓以及南越軍隊想辦法要**確保其安全**的半島，八年來，一次又一次遭受大型槍炮射擊。」這篇報導，還引述了村民的話；他們控訴美國人在當地殺了很多人，而記者深思默想地補充道：「他們沒有資格體會美萊這個名字**對美國人的意義為何**。」

說媒體「讓戰爭輸掉了」的這種標準批評，認為電視是主要的罪魁禍首。電視分析家愛德華・杰・愛潑斯坦（Edward Jay Epstein）把這種標準看法編述如下：

「過去十年間，美國人幾乎每天晚上都在電視上目睹越南的戰爭。歷史上從來沒有一個國家，會讓它的人民在客廳觀看未刪減的戰鬥場景、摧毀行動，還有殘忍暴行——而且還是全彩畫面播送。由於電視已經成為大多數美國人最主要也最信以為真的新聞來源，所以一般都認為，在電視上不斷對民眾播送這場戰爭，是一種形塑輿論的手段。電視透過播放戰爭的可怕現實，造成美國大眾對這場戰爭感到幻滅——這樣的說法，幾乎已經成為自明之理，也是電視台高層的標準論調。……這也是戰爭這些年國家統治者們的主流觀點。……因此，美國大眾對戰爭感到幻滅，這樣的評價取決於來自鷹派或鴿派人士：要麼就都是電視害的，要麼就多虧了電視。」

關於這方面，有多項研究指出了相當不一樣的看法。我們在討論新春攻勢的報導時，會回過頭來談這些議題。不過我們應該先細查，這種標準的說詞，有一些相當嚴重的問題。要是情況變成某些蘇聯的調查員，要調查阿富汗戰爭的新聞報導，看看《真理報》是否害了或有助於蘇聯民眾對戰爭感到幻滅呢？如果我們沒有先將這個風險行動要付出的代價還有背後的正義同

時列入考慮，那麼這樣的調查，有意義嗎？

愛潑斯坦點出了這種標準看法顯然存在的「邏輯問題」：從 1962 年開始一直到 1967 年的最初六年電視報導中，根據民調結果顯示，「美國大眾**的確**支持越南的戰爭」。況且，根據 1967 年《新聞周刊》委託哈里斯民調調查的結果，「全國採樣中，64%的人表示電視的報導讓他們**更加**支持美國對戰爭的付出，只有 26% 的人說，電視報導強化了他們的反對立場」，這使得該周刊認定，「電視鼓動了絕大多數的觀眾支持戰爭。」

愛潑斯坦審核了自己和其他研究針對這段期間電視新聞報導與評論的調查結果，認為這個現象應該屬實。原因如下：「一直到 1965 年」，他寫道，「無線電視網的主播似乎都同聲一氣地支持美國在越南的意圖」，而且一直到最後，大部分的主播都自詡為「鷹派」；另一方面，「鴿派」立場最明顯的主播華特・克隆凱特，1965 年時大加讚揚「（美國）ⁱⁱⁱ定將阻止共產主義在亞洲擴張的勇敢決定」，隨後他還替美國「一有共產入侵便要加以阻止」的初衷背書。事實上，自戰爭開打開始，或整段戰爭期間，媒體從來都沒有任何明顯背離全盤接受美國政府政治宣傳架構的狀況；至於在平面媒體上，就算有爭議，也僅限於戰略還有戰爭成本的問題，而且談的幾乎都是美國要付出的成本代價。

無線電視網的主播們，不僅僅接受了國家當局編制的解讀架構，對於美國在這場對抗越南人入侵越南的戰爭得勝，也都樂觀以待。愛潑斯坦引用了喬治・貝利（George Baily）總結的話：「這份研究結果，說明了作戰報告和政府聲明，大致上都讓人覺得，美國人在進攻與主導上掌控了大局，最起碼一直到 1968 年的新春攻勢之前都是如此」，而無線電視網的主播們也都接受了這樣的概念。電視「專注報導（美國地面部隊的）挺進情況」，用「五角大廈所提供的影片」支持這樣的概念；那些影片「顯示了美軍對北部的轟炸行動」，同時還「意指美國也同時在重建南越」——而事實上，我們可以從沒有脈絡或解讀可供參考的零星證據中推導得知，美國正有計畫地在摧毀南越。國家廣播公司的「杭特利與布林克利的新聞報導」把「越南的美國部隊，描述為『建設者』，而不是『破壞者』」，認為這是「需要強調」的

---

liii　　　譯註：括弧內文字為譯者所加。

「核心事實」。

讓人覺得這一切特別假、特別虛偽的原因是，一如我們先前提過的，美國在**南部**使用了最先進也最殘暴的破壞與殺戮方式——例如恣意使用燒夷彈、落葉劑還有武裝推土機——反正南部的人民，相較於北部是無聲的一群；礙於北部有國際能見度而且政治因素複雜，因此最起碼北越主要都會中心附近的可見地區，得以逃過一劫。

至於新聞報導「關於如何播放美國傷兵或受苦的越南百姓的逼真影片，三家無線電視網，都有明確的政策」，愛潑斯坦如是觀察道。「NBC 和 ABC 夜間新聞節目的製作人說，他們下令要求新聞編輯刪去讓人看了會過於不舒服或太過細節的畫面」，而 CBS 也有類似的政策，據前新聞部總監佛萊德・W・佛蘭德里（Fred W. Friendly）表示：「（這樣的政策）有助於保護觀眾看到戰爭真正的恐怖之處。」「電視上描述戰爭相對較不血腥的部分，有助於解釋為什麼《新聞周刊》的哈里斯民調會說，電視助長了他們對戰爭的不滿」；愛潑斯坦補充道，這樣的報導導致民眾以為「這是一場純淨、有效的科技型戰爭」，但這樣的印象，「在 1968 年越南的新春攻勢時，狠狠遭到動搖。」我們先前就提過，NBC 在甘迺迪政府的要求之下，撤掉了越共戰俘遭到惡劣對待的影片。

而且，這段期間從頭到尾「電視的報導幾乎都放在美國身上。」越南政府或平民領導人的訪談少得可憐，「而美國電視新聞報導當中，幾乎看不到越共和北越人。」

一片戰爭的消毒式報導中，有一個很有名的例外，那就是 1965 年 8 月 5 日 CBS 摩爾利・賽佛（Morley Safer）的報導；報導中，他播放了美國海軍陸戰隊員用香菸打火機燒毀甘奈村（Cam Ne）屋舍的畫面，致使五角大廈發起「半官方性質的一連串活動」，說那是「不實報導，並且以『不愛國』醜化特派記者。」不過，根據愛潑斯坦和威斯康辛大學教授勞倫斯・利克帝（Lawrence Lichty）針對電視新聞報導的調查結果顯示，「像甘奈村這種例子，能展現出美國人對南越人暴行的影片『一隻手就數得出來』（利克帝）」，「即便實際上這段期間有數百座村莊遭到摧毀。」「甘奈村的新聞之所以有名，是因為它有別於常態。」

歸國大兵們口述的狀況，跟主流媒體呈現的不一樣，而且就算不是透

過電視媒體，大家也越來越清楚，這場戰爭既血腥又暴力，從而導致人民的想像「幻滅」——同時導致一大群社會群眾出現更強烈、更合理的反應，越來越「失控」。

然而，愛潑斯坦接著說，1968 年 1 月到 2 月間，「共產黨的（新春）攻勢，突然間粉碎了電視上播放這場戰爭逐漸有斬獲的那些畫面。」軍方喪失了「對平面媒體行動的掌控」，這些媒體人可以走出他們住的飯店，「自己看看自己別無選擇地處在這場浴血戰之中。」有這麼短暫的一刻，「平常刻意編輯，說這場戰爭控制有方」的報導，被特派記者們送出的戰爭現場報導取代，而且「別讓美國觀眾看到受傷大兵、屍袋以及死亡這些駭人的特寫鏡頭」的政策暫時瓦解，只不過，根據 NBC 製作人羅伯特・諾司薛爾德（Robert Northshield）的說法，美國國內的電視公司還是繼續編輯電視新聞報導，認為「效果會太震撼」。這樣的新聞披露，讓主播華特・克隆凱特在一則充滿爭議的報導中，表達自己相信這場戰爭已變成一場「天殺的膠著僵局」；我們之後會再回過頭來談這件事情。

越南的新春攻勢讓美國的菁英階層相信，這場戰爭對美國來說，代價太高，而美國政府也態度一變，政策轉向：推行「越南化運動」（Vietnamization）、執行摧毀當地反抗勢力及百姓基地的大規模屠殺行動、擴大戰爭規模到寮國與柬埔寨，以及開啟與北越的談判。「對此，有線電視網再次改變了他們報導的重點，這一回，報導的關注焦點從越南的戰場上，移到了巴黎的談判桌上。……『新聞內容』現在都跟談判有關，而不是打仗」，諾司薛爾德邊解釋邊補充道，「戰鬥的新聞內容感覺起來好像自打嘴巴，而且會造成觀眾混淆。其他的有線電視台也做了類似的決策」，愛潑斯坦接著說明，因為所有的有線電視台「在 1969 年後期，都把他們的新聞報導內容，從兩軍交戰，改成越戰的『越南化』運動」，還有巴黎的談判。後新春攻擊加速了美軍在越戰期間最重要也最殘暴的一連串和平行動，但這些消息，幾乎都未獲報導。

愛潑斯坦認為「越戰成形時期（1962 年到 1967 年）的新聞報導，以及後期（反戰運動達到顛峰的時期）的新聞報導之間，存在著顯著的差異。」「一直到 1968 年之前，電視的新聞報導，大多都受到美國軍方的掌控，大致上這些報導都反映了調節得宜的美方計畫：要贏得鄉村的支持，殲滅越共。新

聞幾乎不探討越南百姓所遭受的苦難這類相關問題。」在越南發動新春攻勢期間，新聞報導的重點變成「讓大家看到處於防禦態勢、遭逢險境、無奈挫敗」的美國人，接下來重點又變成隨著「1968 年年末所開啟的談判」，「美國從而撤軍的新聞」。然而，這些報導的前後差異，是誤導視聽的。除了新春攻勢期間的現場報導之外，其他的新聞幾乎都不背離由華府的官方教條所決定出來的報導觀點——這個觀點，在新春攻勢之後，因為菁英階層對戰略議題出現了意見分歧的情況，得以有所拓展。

丹尼爾・霍林調查 1965 年到 1973 年 1 月簽署和平協定期間的有線電視新聞報導，也得到了類似的結論。在越南新春攻勢之前，電視媒體的報導，「一面倒地利於美國在越南的政策」，就連「最聽話」的平面媒體也做不到那樣的地步。跟愛潑斯坦一樣，他也注意到了越南新春攻勢後新聞報導的「誇張」改變，他認為「這只是一小部分的改變而已；更大的改變，既來自於在許多層面上——從五角大廈的大廳、到美國的大街、到越南廣治省（Quang Tri）的重火力基地——針對這場戰爭發酵的不滿情緒，也同時又助長了這些不滿情緒」——而且更重要的是，到了 1968 年，這些不滿情緒在企業菁英之間已經相當巨大，促成美國政府因而改變政策（我們先前也有討論到）。「新春攻勢之前，電視記者的編輯評論當中，支持與反對政府政策的比率為 4：1；新春攻勢之後，則變成 2：1」，這反映出「當權派本身」的分歧。他引用了《紐約時報》編輯麥克思・法蘭柯受訪時說的話：「我們是當權派機構，一旦你的閱聽眾改變，那麼你自然就得跟著改變。」電視媒體也是如此。不僅不讓人訝異而且還跟政治宣傳模式預測相符的，是電視對政府的熱切忠心，碰到「當權派混蛋撒手不管的時候」，也就跟著變節了——林登・詹森總統在新春攻勢發生之時，「智囊團」（"Wise Men"）於 1986 年3 月建議他放棄軍事勝利的希望並逐步縮小作戰規模後，就曾忿恨地這麼說。[188]

電視一般而言都用「一種道德交戰」的方式報導事件，「……美國（1966 年）的和平進攻，代表著善，還有河內所代表的惡，兩者間呈現誇張對比。」報導方式則相對沒有血腥味，重點擺在「『好人』的成功之上：行動中的美國男兒們」，這些人往往都被描述成「英勇的男人」、「世界上最棒的男人」、「英雄」；在他們展現能力、發揮人性並展露高昂士氣的同

時，他們還在這場「捍衛民主的戰役」中對抗「共產份子入侵」，並且照料那些村莊「遭到燒毀和炸毀」的傷病百姓，「贏得人心」——炸毀村莊是合乎情理的，因為美軍在裡面發現了彈藥，「足以證明那就是越共的彈藥」（1967年10月27日國家廣播公司電視新聞葛瑞格·哈里斯〔Greg Harris〕所言）。霍林補充道，種族歧視的議題，「顯然太敏感，碰不得」，他說他沒有發現任何「針對多數美國大兵對所有越南人都有敵意的評論……但這卻是越戰退伍軍人戰爭回憶裡的重要主題。」

新聞報導的重點是美國人：英勇對抗越南的大兵、照護傷者的醫護兵、重建共產份子恐怖行動造成災損的綏靖官員。新聞報導完全略而不報「我們的南越人民」，也幾乎不報導政治、經濟，或社會事務，而「新聞裡出現的佃農，大多是衝突行動的受害者、也是衝突行動的終極目標。」新聞以極大的敵意，描摹越南的政治反對勢力，「就像美國國內的反戰運動一樣。」他們是「示威遊行中的……無政府勢力」（1966年3月31日哥倫比亞廣播公司電視新聞華特·克隆凱特〔Walter Cronkite〕所言）。完全是騙局的選舉，被新聞報導描寫成是睥睨「越共恐怖份子」的破壞攻擊而完成的一場民主勝利。

百姓的死亡人數遭到低調處理，再不然，就是被當成「一份不做不行的任務」必然會帶來的副作用，因而不存在任何道德問題。NBC的傑克·柏金斯看到一個縱隊的美國士兵遭到攻擊後，美軍隨之對「毫不避諱」支持越共的一整村人發動空襲，他這麼評論道：「我們對村莊裡的每一家態度都一樣，沒有差別。我們不能有差別，也不需要有所差別。整座村落都惹怒了美國人，所以我們要摧毀整座村落」，因為這是唯一的公理正義。丹·拉德在追蹤甘奈村事件的後續報導中，做出了一個被霍林當成「扒糞式報導口吻」範例的評論（這是對拉德最嚴厲的評論了），他說：

「海軍陸戰隊靠武力挾持了甘奈村，而不是透過求和計畫……求和行動在甘奈村還沒有產生效應。等到求和行動真的影響了這兒和南越許多其他的地方時，大家對這場惡質的戰爭，都沒有好感了。」

簡而言之，只要還有反對美國暴行的勢力，我們就不能放心地繼續執行那些我們所謂的必要任務；想必就是像這類的評論，說明了拉德在「鴿

派」間是反戰人士、在「鷹派」間又是危險左派人士的名聲。華特・克隆凱特報導了「越共（向國際紅十字會〔International Red Cross〕）提出支援醫療與手術物品的請求」，「顯示出我們的空襲轟炸和步兵掃蕩行動，對所有的**赤色設施（Red equipment）**，造成了嚴重的傷亡。」

　　針對百姓死亡人數的報導，從 1966 年起逐步攀升，到 1968 年初時到達了顛峰，然後又隨著美國轉而傾力進行一連串殘暴的求和行動，急遽減少；霍林並未討論這一點，想來是因為電視大多略而不報這些，而是轉向報導巴黎談判桌上的事務，以符合華府的新聞優先偏好。1972 年時，北越的攻擊行動和美國因此做出的「回應」造成百姓死亡，這時針對平民死亡人數的報導，又再次變多。查爾斯・柯林伍德（Charles Collingwood）在 1971 年 CBS 一部名為《演變中的中南半島戰爭》（*The Changing War in Indochina*）的紀錄片裡，報導了湄公河三角洲現為檳椥省（Kien Hoa Province）[liv] 地區的求和行動進展──「這裡曾經是越南民族解放陣線的要塞」，霍林觀察道。該省在 1969 年的快速列車行動中曾經是攻擊目標。所有北越未插手、單靠民族解放陣線控制下組織起來的地區裡，這裡死傷最為慘重，最後是靠第九步兵師的「絕佳火力」才拿下來。這些火力包含了使用燒夷彈、高度爆炸彈藥，還有反人員炸彈、B-52 轟炸機轟炸，還有以「不可能估算彈藥數量」程度的「24 小時不間斷」炮火攻擊、加上武裝直升機「從空中日夜清除所有地景的一草一物」，可說造成「許多敵人死亡──也許多數都因此死亡」等種種的兵火行動。根據美國指令部資料，這場行動造成約 11,000 人死亡、擄獲 748 件武器；我們可以從這段敘述明確的知道被殺死的是誰。雖然柯林伍德看到求和行動有所進展，很是高興，不過還是有「尚未征服」之地。與他同行的美國政府顧問這麼答道：「這幾乎就像聖路易斯（St. Louis）向前線挺進那樣。」──殊不知，這個譬喻，可能比他以為的還要精準。

　　對比美國大兵保衛民主的英雄與人道形象，越南民族解放陣線以及北越人則被描寫成「幾乎完全是單一面的形象……他們殘暴、無情又盲從狂熱。」霍林在整個戰爭時期的報導中，從頭到尾共發現 12 則記者的正面評

---

liv　　譯註：經查 Kien Hoa Province 有諸多中譯，但沒有統一的譯名，主要原因是該省早已更名為 Ben Tre Province，中譯為檳椥省。

論，他說，「其中10則跟敵軍的攻擊有效相關」：在後新春攻勢媒體焦點轉移的過程中，「電視上敵軍的這方面形象，是唯一大幅改變的」，反映出當權派對於美國軍武的成功願景滿是擔憂。「沒有改變的是，邪惡的負面描述。」要是美國軍隊燒毀村莊，便是必要之舉，因為村莊提供越共掩護與支持。B-52 轟炸機的地毯式轟炸就是個「戰爭悲劇」。不過，當1970年10月北越的火炮擊中安和（An Hoa）的一家孤兒院時，ABC的喬治・華生（George Watson）卻驚恐地這麼說：「這場大屠殺來得出乎大家意料之外，這是北越人對安和發動的一次無理屠殺。」即使百姓的死亡幾乎是美軍火力造成的，但是電視報導卻有70％的比率究責敵軍；這是敵軍「縝密計畫的恐怖行動**政策**」，而換成美國的話，就是美軍行動中不幸但理由正當的副作用。就連敵人的軍事行動，也都是「恐怖主義」。ABC的彼得・詹寧斯在報導越共埋伏突襲美國巡邏隊的時候，是這樣敘述的：「這又是一次小型（此時他還停了一下，製造戲劇張力效果）但令人難受的越共屠殺行為」（1965年10月）。北越人民和越共，被說成是「野蠻的」、「殘暴的」、「兇惡的」、「盲信狂熱的」、「有自殺傾向的」、「半瘋癲的」，他們就是那些「遭到共產份子入侵」或「遭到越共入侵」地區的敗類，因此，要由美國的解放者加以清除。

這樣的風格和手法，在所有種類的國家政治宣傳上，都不陌生。

總的來說，霍林從研究調查中獲得的結論是，電視媒體從未偏離這場戰爭是「保衛民主對抗入侵的一場奮戰」這種官方解讀。在戰爭一開始那幾年，大家理所當然地認為：

「我們當然會獲勝，不僅僅因為我們更強大，還因為正義顯然站在我們這方。電視媒體堅決這麼認為，態度之堅定，或許更勝一般社會大眾。結果事與願達，最終電視媒體帶來了壞消息。不過，它們卻未曾解釋過**原因為何**：它們從未重新檢視它們在起初那幾年協助宣揚的假設——那個關於戰爭本質的假設。因此，對社會大眾來說，這些壞消息，肯定跟早先『美國（在亞洲）吞敗：「輸掉」中國』那樣，幾乎讓人想都想不透。」

因此，美國大眾認為「叛國行為」或「缺乏美國抱負」就是美國失敗

的原因，而這些都是因為媒體沒能熱切支持我們的正義使命，這樣的究責倒是「一點也不讓人意外了」。

這或許能解釋為什麼社會大眾顯然願意接受這種捏造媒體背叛的故事。然而在受過良好教育的菁英人士之間，理由可能不在此：理由在於一種極權主義的心理傾向，認為媒體對國家順從到這樣的程度，還是不夠，而且，「示威遊行的……無政府勢力」，會對社會秩序與特權階級造成威脅。

越戰的幾起關鍵事件

東京灣事件

到了 1964 年中，越南人越來越有共識，傾向協商出政治和解。另一方面，美國卻越發迫切，花招盡出的要避開內部文件稱為「為時過早的協商」。理由我們明白解釋過了，正是因為美國在政治上是孤立無援的，跟越南民族解放陣線、非共產份子的反對勢力、甚至跟軍政府當中那些將軍們，都立場相反。因此必須往北擴大戰爭，以「取得（越南民主共和國的）合作，一起終結這場越共的暴動」，同時還要「說服或強迫越南民主共和國停止對越共的協助，並且運用其指揮影響力，要越共停止叛亂」（麥克斯威爾·泰勒大使）。同時，情報資料也認定，「南越共產力量的基本組成，還是以當地人為主。」

由美國籌畫之攻打北越的軍事行動，開始於 1964 年 1 月 1 日（行動計畫 -34A〔OPLAN-34A〕，利用的是南越人和「第三國」的傭兵──據卡辛所言，其中「多為中國國民黨士兵」[iv]。這些就是公然「用以達到嚴重摧毀、經濟損失與折磨騷擾目的」的行動。在 7 月 30 日與 7 月 31 日，西貢海軍艦艇攻擊了北越的島嶼，引起越南民主共和國於 7 月 31 日向國際監察委員會（International Control Commission）提交正式抗議。在該地區執行電子間諜行動的美國**美達克斯號**驅逐艦（destroyer Mad-

---

iv　譯註：原文為 Nationalist Chinese，此處的 Nationalist 係指與中華民國國民黨相關的，有別於後文當中提到的中國（China），係指當時的共產黨中國。

dox），在 8 月 2 日，駛進了北越認為屬其領海的 12 英里區。**美達克斯號**遭到北越的巡邏艇威脅，因此射擊了「警告性的炮火」，還在接下來的對戰中遭到一顆子彈擊中；在這場對戰中，巡邏艇遭到驅逐艦和美國的軍機破壞，或被摧毀。8 月 3 日，國務卿狄恩・陸司柯（Dean Rusk）拍了一封（祕密）電報給泰勒大使，聲稱「我們相信，現階段的行動計畫 -34A，開始撼動河內，而美達克斯號事件跟他們要抵抗這些行動所下的工夫有直接關聯。」8 月 3 日，**美達克斯號**跟**透納・喬伊號**驅逐艦奉命一起駛回該地區，而西貢海軍艦艇在 8 月 3 日和 8 月 4 日轟炸了北越的海防設施——卡辛認為，「很有可能是驅逐艦上的電子監控，啟動並定位」了這次的攻擊。雖然有些跡象顯示美國的驅逐艦在 8 月 4 日時可能遭到北越的巡邏艇攻擊，但是，**美達克斯號**艦長約翰・賀立克（captain John Herrick）卻表示不確定，並以無線電通報，因此受到攻擊的報導「顯然相當可疑」，同時，「**美達克斯號**並未看到攻擊」，於是建議「採取進一步行動之前，要先完整評估。」隨後的證據顯示，幾乎可以肯定，根本沒有攻擊事件發生。

8 月 5 日，詹森總統公開痛斥北越這個「在公海上對美立堅合眾國的公然攻擊」，而越南民主共和國和中國則聲稱「8 月 4 日這件所謂的第二次東京灣事件根本沒發生過」（中國政府的聲明）。8 月 5 日，美國飛機轟炸北越軍事機構並摧毀了北越的巡邏艇。美國國防部長羅伯特・麥納瑪拉提證、偽稱**美達克斯號**「在國際海域執行任務，進行的是我們一直在世界各地執行的例行巡邏」之後，國會通過了一項決議，授權總統「採取一切必要手段，擊退任何針對美國軍隊的武裝攻擊行動，防止進一步的入侵」（在眾議院中以 416 贊成、0 票反對通過，而參議院裡只有韋恩・摩斯〔Wayne Morse〕和厄尼斯特・古魯寧〔Ernest Gruening〕投反對票）。這份 8 月 7 日的決議，隨後便遭到利用，成為美國針對越南提升攻擊等級的政策基礎。

霍林認為，「東京灣事件，是冷戰時期新聞操控的經典案例。……幾乎在所有的重點上，兩次東京灣事件的報導內容……不是誤導視聽，就是根本造假」——而且都符合關鍵時刻下美國決策者的需求。《紐約時報》早在 7 月 23 日就報導了針對北部的破壞任務，而且，還報導了 8 月 2 日河內抗議寮國空軍飛機攻擊北越村莊的新聞，不過，《紐約時報》也好，《華盛頓郵報》也罷，「除了幾個提到河內『指控內容』（內容屬實，但無人理睬）的

不起眼補充報導文章，還有詹姆斯・雷斯頓在專欄裡曾順便提起之外」，這兩家報紙，都不是在「事發當下或接下來的幾個星期中」提及此事。報導內容很「客觀」，因為正確報導了美國政府的聲明、未提出針對這些聲明的疑問、沒有提供任何相關背景資料，而且只稍微引述了共產份子對此事的否認，同時繼續以華府偏好的視角報導這些事件。

接下來幾周，《紐約時報》刊登了一些文章，簡短提及北越報導當中，北越「指控」或「斷言」之內容為何（整體而言這些指控與主張都屬實精準），但是，記者對這些說法都不予採信或理會；同時，頭版新聞與頭條，繼續把華府的版本當成事實報導，強烈質疑河內派遣幾艘巡邏艇攻擊強大的美國第七艦隊（U.S. Seventh Fleet）動機為何。新聞報導繼續略而不提相關的背景資料，不然就是稍微在不起眼的背頁提一下。參議員摩斯提出的批評，幾乎沒有出現在新聞報導裡，就這麼被打發掉了。報導也沒有暗示政府懷疑 8 月 4日的事件甚至連發生都沒發生。

周刊雜誌對政府的政治宣傳路線跟得甚至更緊，還提供生動又誇張的文字，描述顯然根本沒有發生過的 8 月 4 日事件。而參議員古魯寧與摩斯的精確批評，只是遭到幾行帶過，還被說成是「脾氣易怒」的摩斯「本來就會有」的反應，不予理會。媒體對他們說《東京灣決議》是事先就擬訂好的這個說法，毫無興趣，而《紐約時報》同樣也連查都不查，不當一回事。北越和中國的反應，被當成「因仇恨與敵視美國而暴怒」的共產份子發出的「徒然叫囂」（《新聞周刊》），還被當成「政治宣傳轟炸」（《美國新聞與世界報導》）。沒有一家周刊雜誌認真思考，也許是美國挑起了 8 月 2 號的事件，或者也許華府對 8 月 4 日攻擊事件有所懷疑；不過，倒是有些相關事實曾被簡短提到過（例如 7 月 31 日的《時代周刊》提到傘兵破壞小隊在北越執行的任務）。媒體就是把美國政府的版本，當成無須置疑的事實，進一步的討論或調查，都不需要。

當時有充分的理由懷疑美國政府的版本有無問題。外國的平面媒體，就有辦法看到美國政府版本引人疑竇的嚴重問題。《世界報》報導了各方的公開說詞，還分析這些公開紀錄的意指為何。「《紐約時報》和《華盛頓郵報》都沒有針對這些紀錄做任何分析」，只不過把華府的錯誤版本當成正確的加以報導，而僅僅提一下共產份子內容真確的「指控」，便不當一回事。

倫敦的《新政治家》（New Statesman）周刊，報導了美國和中國的版本，當中包含中國（真確的）說法，提及東京灣事件前美國—西貢的行動，控訴第一次東京灣事件乃華府挑釁的結果、而第二次東京灣事件根本未曾發生；報導中還總結，「越南發生的事件，可不像一開始新聞頭條所指的那麼簡單」（這還是極為客氣的說法了）。在美國，刊載了五大篇文章的左派周報《國家衛報》（National Guardian）以及《史東周刊》（I.F. Stone's Weekly），提供了事件最全面、謹慎，而且真確的陳述。相對於主流新聞周刊激動高昂的敘述，《國家衛報》只是描寫了手邊可得的事實，質疑 8 月 2 號的「擦槍走火」是否因挑釁而起，而「據報」的 8 月 4 日事件究竟有無發生。同時，這份周報還正確報導了相關的背景資訊以及共產份子的版本，並提出適當的質疑。韋恩·摩斯的評論，也獲得充分報導，同時，南越阮高祺將軍針對北越破壞任務的陳述內容，也多所著墨。《史東周刊》也精確報導了事實，同時補充了主流媒體略而不提的相關背景資訊。

　　總的來說，即便連外國或「非主流」媒體的讀者，都可能心生懷疑，或者連那些視媒體為遮掩真實的假訊息體系、認為盡心盡力便能查明真相的精煉讀者，都可能起了疑竇——但國家媒體受控於過分的愛國主義激情，連針對這個關鍵事件最基本的正確報導都提供不了。《五角大廈文件》的分析專家將這些事件描述成「重要的防火線」，說《東京灣決議》幾乎讓往後的任何行動，都獲得了美國大眾的支持。」

　　媒體自願擔任政府政治宣傳載具，促使美國邁向後來的結果，也就是人稱越南的「悲劇」。國會和社會大眾的反應，為 1965 年初的全面入侵奠定了基礎，並提供了主策者們所需的支持。這些主策者們，私底下擔心越南民族解放陣線繼續透過「中立主義」和「聯合政府」的手段，「尋求對共產份子有利之政治和解」（1964 年 8 月 10 日麥克斯威爾·泰勒所言），還警告大家「西貢和永珍與共產黨（the Reds）背地交好」（1964 年 10 月約翰·麥克諾頓〔John McNaughton〕所言）——也就是說，他們在朝政治和解的目標邁進——他們的擔憂，跟情資講述的越南民族解放陣線計畫相符：「透過『中立的聯合，而不是軍武的力量，尋求勝利』」。美國於 1965 年初擴大戰爭，試圖挽救自己在南越的地位時，媒體繼續符合「1945 年以來美國外交政策的指導原則」，提供政府完全的支持。著名的《紐約時報》自由派評論員詹姆

斯‧雷斯頓，是這麼概述此指導原則的：

「任何國家，都不得使用軍事武力或以軍武為要脅，達到其政治目的。這個原則的附帶條件是：只要有其必要而且行之有效的話，美國會利用其影響力與武力，對抗任何違背此原則的國家。

而這個原則『在越南正面臨到威脅』，所以『美國現在攻擊的，就是共產黨透過軍事顛覆的卑鄙手段想取得控制的布局。』」

在歐威爾式的美國新聞界當中，利用和平手段尋求政治和解的意圖，就等同於使用「軍武」，而美國使用軍武阻止政治和解，就是捍衛「指導原則」的崇高行動──因為指導原則說，使用軍武是於理無據的。

於是美國為了完成它在越南的目標，繼續打了一場又長又血腥的仗；過程中，中南半島大部分都遭到毀壞，留下一個也許永遠都回復不了的爛攤子。終於在 1973 年 1 月，美國正式接受了和平協定；這個和平協定，跟美國 1964 年以武力推翻的越南各界共識內容，可說完全一樣，唯一的不同是，當地人民組成的越南民族解放陣線已經被有效瓦解，只剩下一些人，在中南半島的北越以外，奠定了後來北越人統治中南半島的基礎──這跟老早之前「等著奪位的激進份子」的預測，完全一致。媒體要為這些悲劇事件負起相當大的責任：東京灣事件的報導和國會替進一步入侵行動所開出的空白支票，就是很好的說明。

新春攻勢

媒體針對越南新春攻勢的報導內容，一直是指責媒體「打輸這場戰爭」的評論當中最重要的一部分。評論者認為，就是媒體不稱職的報導，以及反映出它們忠於對抗權威的反政府偏見，才讓美國輸掉這場戰爭。此一論點的權威性「證據」，來自於彼得‧布雷斯特拉普為自由之家所做的兩大卷研究。這份研究橫跨六年，有來自各界的知名人士與顧問參與其中，而且還有 20 多個企業與工會贊助；新春攻勢十周年時，唐‧歐博多爾佛（Don Oberdorfer）在《華盛頓郵報》雜誌的封面故事〈新春攻勢：轉捩點：電視上的「大

事件」如何改變我們的想法〉（"Tet: The Turning Point: How a 'Big Event' on Television Can Change Our Minds"）裡，更讚譽這是一份「偉大」研究。塔夫斯大學弗萊徹法律外交學院（Fletcher School of Law and Diplomacy of Tufts University）教授、同時也是詹森政府「駐府智囊」的約翰·P·洛許（John P. Roche）則說，這份自由之家的研究，是「過去 25 年以來，最重要的研究報告和第一流的學術界成就之一」，它是「一份針對媒體無能——姑且不說是有害——的詳細個案研究。」愛德華·戴蒙（Edward Diamond）在《紐約時報》周日版書評裡相對具批判性的討論當中，如此讚譽道：「這份極其透澈的研究，讓我們看到頂尖的越戰形象打造者，如何將越戰呈現在美國大眾眼前」，此研究是一份「冠冕堂皇的認識論探索任務」，作者是一個「孜孜不倦的……記者兼分析家」，提出了「我們如何獲得所知」這樣的深奧問題，揭露出「標準的新聞預設立場和組織運作所帶來的偏見」到頭來破壞了一般大眾和國會心中美國在越南的地位。同樣地，查爾斯·莫爾（Charles Mohr）在新春攻勢十周年時，於北卡羅萊納大學（University of North Carolina）舉辦的「年邁的鷹派與鴿派」會議上如此報告：「新聞業受到滿強烈的批評，但幫它們講話的卻都靜了音。」所謂的批評，來自於「在新書《重大新聞報導》裡溫和闡述其主旨的」彼得·布雷斯特拉普，以及在場的鷹派人士，「而現場的部分記者則微微地表達了不置可否。」這份研究，經常被歷史學家當成探討媒體針對新春攻勢報導的標準著作，照單全收地引用；新春攻勢「在某種程度上而言跟戰爭一樣重要」，而在這份研究中，「有深入的分析」（R·B·史密斯〔R. B. Smith〕）。

歐博多爾佛也接受該份研究證實的結論：這是一件改變我們對戰爭想法的「電視上的『大事件』」。他所引用的唯一評論——即便引用得並不直截了當——接受這樣的觀點（洛許以及其他沒指名道姓出來的人）。可以這麼說，在主流圈當中，大家幾乎都沒什麼疑問地認為，這份了不起的學術貢獻已經證明了它自己提出的觀點無誤；只不過大家可能莫衷一是的是，它到底有沒有讓我們看見「標準的新聞預設立場和組織運作」有何害處，抑或帶出何種更一步的問題——這些，也許反映的是媒體相對於當權派勢力的「敵對立場」。

布雷斯特拉普宣稱他解釋了為何媒體針對新春攻勢的報導，是媒體表

現「讓人不滿意」的「極端案例」：「回顧起來，當代的危機新聞報導，幾乎沒有一個跟事實差距如此之大」，這些危機新聞報導，「描繪了盟軍戰敗」——「盟軍」是經常用來指美國入侵者、美方在當地組織的軍隊，還有美方引進支持中南半島軍事行動的傭兵。刻意選用這個詞，是出於該詞受第二次世界大戰之賜帶來的有利聯想，也就是「同盟國」（the allies）對抗「軸心國」（the Axis）。「把其中一方（他們）面臨的挫敗，寫成另外一方（我們）要戰敗，不能算是美國新聞界的勝利」，新聞界「叫嚷著病人就要死了，結果幾個星期之後卻又小小聲地說病人不知怎麼著好像逐漸康復中——顯然這種小聲說的話，在國內對起初內容一片叫嚷譁然的反應聲中，是不會被聽見的」，而電視是媒體當中最糟糕的叫嚷者。他直言，那些小聲的耳語「大概是二月的尾聲」開始出現的。布雷斯特拉普總結道，這些新聞報導上的不稱職，反映出「不穩定的新聞風格——管理階層的號召或順從還使得這種情況加劇——也就是 60 年代晚期以來便深受大家喜歡的新聞風格」，這樣的報導風格「往往伴隨著媒體盲目地找尋衝突、深信政府或公權力最糟糕的那一面，同時，由此基礎將所有議題的行動者都區分成非『善』即『惡』的。」「惡的行動者」包含了在越南的美軍、「軍事工業集團」還有 CIA 等等；而媒體眼中「善的行動者」，想當然就是共產份子——布雷斯特拉普從頭到尾都譏嘲共產份子一直受到過分褒揚與保護。他還預測，將來可能「還會繼續存在現階段這種朝令夕改的新聞風格，而且，千萬別忘了很慘的可能狀況是：倘若媒體的管理者自己都不採取對策，那麼，外面的人——法院、聯邦通訊委員會或是國會——就會想辦法拿出他們自己的解決之道來用」。洛許呼籲國會開啟調查，還有接下來三邊委員會（Trilateral Commission）的警告，就是這樣來的。

　　布雷斯特拉普—自由之家的這份研究主旨，有兩大組成要素：（1）新春攻勢的報導，顯示出媒體的無能和它們的「敵對立場」；（2）媒體把一場美國勝利描寫成吞敗，光是這點，它們就要為美國喪失信念與隨後在越南戰敗負起責任。就是研究主旨的第二個組成要素帶來了重大的衝擊；也是第

二個組成要素,定調了後來針對第四權[lvi]的討論——諸如第四權握有的新權力,還有「60 年代」那種對權威「盲目」憎恨的風格,會威脅自由機構與民主的生存。

研究主旨的第一個組成要素,受到大家廣泛接受,就連那些不贊同第二個組成要素的人也同意。因此,雖然喬治・赫林(George Herring)不贊成「在背後捅刀的論點」,但他還是認為:「媒體對這場戰爭還有詹森總統的敵意,還挺明顯的,而且它們針對新春攻勢的報導,大多都是混淆視聽」;赫林接著補充道,「媒體的報導曲解」有可能造成「越來越多人對戰爭的不滿」以及「公眾焦慮」,不過,這些都不是詹森總統決定在新春攻勢之後縮小作戰規模並尋求協商時納入考量的因素。

分析事實與爭論,我們就會明白,自由之家這份研究主旨的兩個組成要素,都站不住腳。我們之後會看到,自由之家在這份研究裡很不情願地承認,第二個組成要素跟輿論相關的部分是有誤的,而且他們的論點,顯然禁不起考驗。至於第一個組成要素討論的狹隘問題,是媒體在艱難而無所適從的狀況下報導手邊可得事實的專業能力,就這點來說,媒體的表現,就算不傑出,也還可接受,跟可以取得的美國軍事當局和美國情報單位的內部報導相比,媒體的表現好多了。只不過,如果我們回到比較廣義上的問題,也就是先前章節討論過的那些問題,也就是說,假使我們用合理評估媒體報導蘇聯入侵阿富汗的標準,來評估越戰的媒體報導,那麼我們就會明白,媒體的表現,就政治宣傳模式預判的那些方面,是有缺陷的。自由之家和其他政治光譜上極端愛國主義的右派評論人士,在指控媒體時,為了提供最有利根據所挑選出的例子,實際上顯示出的正好就與其指控內容恰恰相反——換句話說,他們挑的例子,只不過又是另一個媒體對國家政治宣傳體系言聽計從的範例。

自由之家這份研究,本身提供了充分的文件資料讓我們做出這些結論,而且,讓我們得以一條一條駁斥研究本身的指控內容。由於這份研究及其研究主旨,對於晚近意識形態的影響號稱意義重大,所以我們一方面要看看這

---

lvi 譯註:「第四權」是指在行政權、立法權、司法權之外的第四種制衡的力量,但事實上「第四權」的原文「the fourth estate」真正的意涵是指封建時代社會三階級(貴族、僧侶、平民)以外的「第四階級」。 第四階級所指的是媒體、公眾視聽。

份研究的解讀與重點概述之間的落差，而另一方面，要看看它的解讀跟研究（部分）提供的紀錄片資料，有何差異。研究中的評論和重點概述，往往誤讀了其所述之資料內容，不然就是全然編造。研究中的分析部分，從頭到尾都夾帶著挖苦諷刺意味，而且，拿來跟實際的文件資料一比，權威性蕩然無存。更正了這些數不清的錯誤和粗心又不正確的評論後，自由之家的指控，就一點兒也不剩了。那些用來指涉媒體所謂不當行為的冷嘲熱諷，如「稻草人謬誤式的新聞報導」[lvii]、「CBS 的獨家新聞」等，我們發現，一件件其實都是「自由之家的獨家觀點」。

在我們接著討論細節之前，應該要先謹慎地看看自由之家的研究調查，依循的背景假設為何。先前我們便提過，對布雷斯特拉普和自由之家而言，「盟軍」是美國、南越的附庸政府，以及美國動員的南韓、泰國、澳洲、中國國民黨以及其他的軍隊（大多數為傭兵）。「南越人民」包含了我們的附庸政府與美國組織、援助、訓練、指揮的武裝軍隊，不過不包含當地的越南民族解放陣線與其支持者；話說回來，美國政府從來也不懷疑，而且美國的專家也不諱言，美國建立的附庸政權幾乎不受到越南人民的支持，而在南越反美國的那些人，所形成的**政治勢力**，其影響力之大，使和平協議連想像的空間都沒有。在布雷斯特拉普—自由之家的版本當中，有幾個準則是理所當然的：美國有權利在南越執行拔除越南民族解放陣線、摧毀所在地佃農社會的軍事行動；美國的目的，是建立越南的民主與自決；美國的軍隊「保護」南越的佃農，同時為他們帶來「安全」。沒有人曾經質疑過甚至注意到，這個版本裡的愛國主義假設陳腔濫調；這些教條，就是如此柢固根深。因此也沒有人注意到，該研究調查的媒體報導，就是在這些愛國主義前提的框架下接受討論的。自由之家的研究調查，沒辦法察覺到這些有利於國家的偏見，因為它照單全收了這些國家教義的前提。布雷斯特拉普認為有「欠缺思考」的現象，只不過，這並非他所察覺的事：相反地，是我們發現到布雷斯特拉普比他譴責的那些媒體，還更「欠缺思考」地接納了我們在第三章裡所稱的愛國宣傳內容。還有，如同我們在第一章描述過的那樣，像自由之家這種「新

---

lvii　譯註：稻草人謬誤，原文為 straw man fallacy，是邏輯裡的一個概念。意思是一個人論述、批評的事情，以及其提出的論點，根本不是真的，而是別人捏造出來的謬誤論述、事情、以及論點。

聞批評機器」的功能，就是要確保新聞媒體乖乖待在這種愛國宣傳內容所設定的界線之內。

　　1968 年 1 月的新春攻勢的肇端，是 1 月 21 日北越軍圍攻北緯 17 度線附近的美國溪生（Khe Sanh）軍事基地。他們很快顯露此行動目的在於將美國軍隊引開人口稠密的地區，而隨著魏摩蘭將軍趕派攻擊部隊到北邊區域，北越軍的目的於焉達成。1 月 31 日，所有的大城市以及 44 座省會其中的 36 座，還有其他數不清的城鎮，都受到南方民族解放陣線反抗軍（所謂的「越共」）和部分北越軍單位的同步攻擊。華勒斯・泰斯（Wallace Thies）在他針對美國「威逼河內」策略的學術研究當中，就簡要地概論了此行動產生的影響：

　　「……雖然美軍指揮官之後聲稱，美方已經預期了這場攻擊行動，而且發起攻擊的那一方遭受嚴重的傷亡，這是盟軍的一大勝利。然而對美方而言，這個軍事攻擊行動事實上是挫敗。為了因應北部各省受到的威脅，並預先阻止我方在溪生發生像奠邊府（Dien Bien Phu）那樣的慘敗事件，美國把南越一半的機動營，都派去了（北部的）第一軍團；其餘的則跟大批越南共和國軍（ARVN，也就是南越政府）隨時可以上場的軍隊單位一起，保衛各個城市，抵禦可能受到的第二波攻擊。結果，農村都投入了他們首選的民族解放陣線懷抱、綏靖計畫蕩然無存、一開始越南民主共和國／越共（北越人／越共）軍隊的確遭受的人員損失，但都被接下來幾周鄉村地區裡不受阻礙的招募活動補回來了。」

　　對鄉村地區態勢有相當認識的國際志願服務（International Voluntary Services），以「安全條件」為由，在 1968 年年初，撤出了他們大部分的田野工作者。2 月份，有一名志工如此回報「最近幾個月，我們能安全派遣志工的地點，已經大幅減少」；另一名志工則補充道：「我們都曉得，鄉村的安全情況越來越糟糕」──這跟新春攻勢發生前那段期間，媒體輕信而報導的美國指揮高層與華府的樂觀評估，恰恰相反。一名南越的參議員預估，新春攻勢過後，政府只控制了「全國 1/3 的地方而已」，而剩下的 2/3，則落入了民族解放陣線的手中──這與美國情資報告相符。[189]

　　空 軍 副 部 長（Undersecretary of Air Force）湯 森・何 布 思（Townsend Hoopes）表示，新春攻勢陷華府於「不安的困惑與猶疑」之中，同時，新春

攻勢在五角大廈產生了一個有意思的效果：它「極其快速地讓懷疑人士與異議人士彼此露出馬腳」。即使美國對農村社群發動致命攻擊，但民族解放陣線在南方依然屹立不搖，這已推翻了官方的樂觀評估，不過在魏摩蘭將軍還是繼續堅持信之的同時，華府圈的官員態度可就不同了。喬治‧赫林概述此事對華府的衝擊時，說私底下：

「詹森總統跟他的顧問，都被這場新春攻勢的突然和規模嚇壞了……而且，情資的預估，這比魏摩蘭將軍預估的還要悲觀許多。……白宮的討論會議上籠罩著一片『陰鬱氛圍』，泰勒（麥克斯威爾‧泰勒將軍）事後這麼說道。還有惠勒將軍（參謀首長聯席會議主席厄爾‧惠勒將軍〔Chairman of the Joint Chiefs of Staff, General Earle Wheeler〕）覺得這跟第一次布爾朗戰役（Battle of Bull Run）後的氛圍很像。[190]」

惠勒將軍報告道，「在很大程度上，越共現在控制了鄉村」，尤其在湄公河三角洲地區情況特別嚴峻，而五角大廈的系統分析小組則認定：「我們當前對鄉村的控制和都會地區的防衛能力，基本上回到了 1965 年 8 月以前的水準」；根據魏摩蘭將軍的說法，當時這場美國的戰爭，就要輸掉了。一份於 1968 年 4 月完成、討論湄公河三角洲新春攻勢的美國官方軍事歷史簡報，如此結論道：「第四軍團 lviii 面臨的新春攻勢，對革命發展（綏靖）計畫（Revolutionary Development Program），造成了毀滅性的影響。」我們會看到，按照自由之家的標準，比起因過分悲觀而該受到譴責的媒體，這些內部的評估報告還要更「悲觀」。

我們或許不經意地注意到，根據美國國防部部長麥納瑪拉表示，第四軍團（包含湄公河三角洲）「沒有北越的軍事單位」存在；自由之家的研究也宣稱「湄公河三角洲的最南端，有越南共和國軍對上越共（事實上，是美國對上越共）的游擊戰」，更全面地來說，整個南越，都還沒看到河內「在持續而通力的攻擊上投入大規模（數個師）的軍隊」（研究第一卷，24 頁）。就是這些評估內容，鼓舞了美國在後新春攻勢加速的一系列綏靖行動中──先前討

---

lviii　　譯註：1955 年到 1975 年，南方越南共和國軍的其中一支兵團，護衛湄公河三角洲地區。

論過了——針對湄公河三角洲與其他地方的農村地區，發動了多次的大規模屠殺。

國防部長麥納瑪拉甚至在新春攻勢之前，就曾私下認定軍事勝利是不合理的目標，而且，美國應該要改變戰爭的走向。新春攻勢後取代麥納瑪拉接任國防部部長的克拉克‧克里佛（Clark Clifford）也一直有這樣的疑慮，同時，他手邊可得的證據和詹森總統召來評估情勢的「智囊團」的論點，也進一步證實了這些疑慮。帶領企業與政治菁英組成鷹派評論團體的狄恩‧亞齊森（Dean Acheson），贊同克里佛的悲觀態度，而且「勸告詹森總統縮小地面行動的規模、減少轟炸；同時尋求一切不需放棄南越而得以終止敵對行動的手段。」「智囊團」成員們「聽完外交和軍事官員的完整簡報之後，認可了亞齊森的看法……其中一名成員總結，大家的共識就是『這次的戰爭，沒有軍事上的結局——或者，也沒有任何軍事上的目的』」，因此，「詹森總統應該逐步縮小戰爭。」

我們要注意，這個時候，關於自由之家研究主旨的第二個組成要素，出現了相當嚴重的問題：媒體的不當行為致使社會大眾反對戰爭，破壞了政府的信念，還導致美國沒能達成目標（當然，是善的目標）。為了要讓自由之家研究主旨中那個「在背後捅刀」的組成要素成立，就必須得讓大家看到：媒體的報導使輿論動搖，傾向反對戰爭，還有，媒體和輿論是政府政策改變的重要因素。但是這兩種說詞，其實都不成立。

關於輿論的走向，自由之家的研究果斷地反駁了自己的研究主旨。該份研究有一章討論的是柏恩斯‧洛波（Burns Roper）所做的輿論民調，該章表明「沒有證據足以證明，1968 年初期主流媒體的報導主題，和美國大眾攸關越戰本身的輿論改變在兩者之間有直接相關」，不過，在新春攻勢期間，第一波支持總統與「氣惱敵人」的聲浪出現之後，倒是有持續不斷「緩慢往鴿派游移」的現象。仔細檢視他們自己提供的資料，會發現自由之家的研究主旨瓦解得更徹底。面對新春攻勢，一開始的反應，也就是在媒體所謂不專業現象與無根據的悲觀態度最猖狂的那段時期，其實「激起了美國大眾更大的好戰心」；美國大眾的立即反應，是傾向加強抵抗（言下之意指的是加強美國在南越面對南越人民攻擊時的抵抗，同時強化美國的投注。）遭到新春攻勢激起的主要社會氛圍，是「把那些人炸得天翻地覆吧。」接著在二月與三月，

也就是自由之家的版本認為媒體開始「小聲說著」美國勝利的真實情況時，「大眾對於總統處理戰爭的方式以及戰爭本身，已經醞釀出否定的反應，而且有別於先前，大眾還培養出反對的態度，不贊成更具侵略性的美國軍方行動。」1968 年 2 月初，所謂媒體「曲解事實」而且「態度悲觀」的狀況影響最為嚴重時，輿論是偏移到「鷹派」的。到了 2 月末，也就是據稱媒體修正他們先前報導錯誤的時候，輿論則回到了新春攻勢前的狀態。到了 4 月，新春攻勢已結束，「報導錯誤」也遭到糾正之後（雖然是靠「小聲說著」已修正先前的報導錯誤），輿論急遽地轉向「鴿派」。4、5、6 月以前，輿論傾向便已經回歸新春攻勢之前的狀況了。「以這樣較長的時間範圍看來，新春攻勢似乎只是對我們面對美方參戰時持續改變的態度，產生了小小影響」，輿論在媒體營造「悲觀」的時期，一開始先向鷹派偏移，之後又偏回鴿派的立場。新春攻勢不過只是「提醒大眾戰爭態勢不佳」，──面對華府自信滿滿的預測，我們得半信半疑──的「又一樁事件」，「有助於將已經偏反戰立場三年的輿論，導向反戰的路子上……。」

自己研究主旨的其中一個組成要素居然徹底不成立，而且這麼一來就算其餘部分站得住腳，研究主旨也完全喪失了意義，所以自由之家的分析人士們，退一步提出了一個說法：就算媒體的反常行為並未影響到社會大眾，也還是有影響到「國家的『領導階層』」（柏恩斯〔Burns〕）──這是比較安全的說法，因為他們也承認，沒有可取得的資料作為佐證。這份自由之家研究的負責人李奧納德・蘇斯曼總結道，「媒體描繪下的新春攻勢，對華府政治圈和政府當局本身所造成的影響，似乎遠大於它對美國人民如何看待戰爭的影響」。簡而言之，媒體的報導失職，要不是沒有影響到社會大眾，不然就是讓社會大眾更加支持這場戰爭。與此同時，卻誤導了政府──連帶還誤導了總統顧問克拉克・克里佛、企業界的「智囊團」，還有包含前高層軍事指揮官在內的政治軍事菁英，以及像狄恩・亞齊森、亨利・卡柏・洛吉、麥可喬治・邦迪、道格拉斯・狄倫，與羅伯特・莫非（Robert Murphy）等等這種對媒體成癮的評論人士。這份研究要我們相信的是，政府在視為僵局的狀況下傾向抽手的決定，並非根據軍事簡報內容、情資報告以及呈給華府官方的最高層級資料而來，而是靠著觀看華特・克隆凱特播報的晚間新聞內容而來。

簡短地說，我們可以不假思索地把自由之家研究主旨的第二個組成要素——說媒體造成了戲劇性衝擊、對後越戰時期菁英階層間之「右傾」現象有著持續影響，還說什麼它定調了爾後針對媒體「敵對立場」與後續不堪後果的討論——丟到一邊。因此我們能做的結論只有這一個：要麼就是媒體與討論內容無關，要麼就是媒體會在核定的意識形態體系一般範疇內，繼續運作——這麼一來，研究主旨的第一個組成要素，也被推翻了。自由之家的整套說法，唯一可能成立的，就是媒體無能（甚至有害）但起不了作用。我們要注意到，自由之家的研究主旨，此時面臨了之前我們談到攸關電視媒體的指控時點出的那個「邏輯問題」：如果電視一如其研究聲稱的那樣具有影響力，那麼證據會顯示，整個 1967 年間，電視「鼓動了絕大多數的觀眾支持這場戰爭。」

想評估自由之家這份研究主旨所剩無幾的其他內容，我們得先繼續檢視新春攻勢的檔案紀錄，現在該問的問題是：媒體在一頭熱地想辦法——只不過，努力完全無效——削弱權威的同時，實際上有沒有扭曲新春攻勢的事實呢。

美國的軍隊濫用大量軍火，成功重獲各城鎮的控制權。根據空軍部副部長湯森‧何布思所言，順化市（Hue）就有 80％遭到空襲與炮彈摧毀，造成 2,000 位百姓被埋在「斷垣殘壁」之下。美國好幾個月前，才因為迫切想要阻止該地越來越多要求民主與政治和解協商的民眾運動，所以協助其附庸政權越南政府部隊，占領了這座原本由該地人民管轄的城市。海軍陸戰隊記錄的「共產份子死亡人數」超過了 5,000 人；不過，何布思卻聲稱，原本靠武力奪取了順化市的共產份子千人軍隊當中，有「很大一部分的人」，都逃走了，此聲明決定了誰算在「共產份子死亡人數」之內。5 月份時，美國國際援助聯盟（U.S. AID）預估，順化市的斷垣殘壁中約莫死了 4,000 人，其中大部分是美國火力下的受害者。

在湄公河三角洲，「火炮和空襲攻擊，夷平了大半個有 80,000 居民的美拖市（My Tho），同時有 140,000 居民的檳椥省（Ben Tre）省會（在後新春攻勢的一連串行動裡，該省被徹底摧毀；詳見第 266 頁），就因為某美國上校這句最廣為引用的越戰理由——『為了拯救這座城，我們必須要摧毀它』——而遭到毀滅。」美國的指揮部承認，「敵人」絕大多數都是民族解放陣線的人，

並不是北越人；我方殺死與俘虜的人數，是奪下的武器數量 5 倍之多，這顯示出誰才是真正的「敵人」。國防部長麥納瑪拉估算，1967 年年末時，北越軍有 50,000 到 55,000 人，大多分布在北部區域，大約有 10,000 個小隊派駐於越共戰鬥單位；這個總數，大概跟遭到美國動員參加入侵南越行動的第三國軍隊兵力——成員多為韓國傭兵——相當，跟超過 50 萬的美軍總數相比，10% 都不到——這還不包括那些部署在泰國到菲律賓和關島的美國庇護所以及從海路攻擊越南與寮國的龐大軍隊，他們使用的毀滅性武器，睥睨中南半島上其他軍隊。

　　一如先前所提，新春攻勢不僅讓華府陷入陰鬱的絕望之中，也說服美國菁英階層相信，以美國可以接受的代價，是不可能有機會在越南拿下軍事勝利的。同時，新春攻勢還改變了媒體報導與評論的特性，反映出菁英階層觀點的改變。美國的特派記者們設身處地於第一線見證這場戰爭，媒體從中建立的觀點，與那些在美國軍事指揮的控制之下，淨化又編輯後才提出的版本，大相逕庭。而美國國內的媒體評論，則反映出菁英階層的觀點，承認那些一直以來幾乎未加質疑就播放的華府樂觀預測根本不準確，而且眼前還有一段漫長艱辛的道路。

　　話說回來，戰地現場的報導和國內的評論，卻未曾偏離國家政治宣傳體系的架構。舉例來說，在報導湄公河三角洲的美拖市與檳椥省戰役時，新聞媒體觀察到，趁著美國轟炸機、武裝直升機、海軍巡邏艇以及陸軍火炮為了剷除越共而狂轟各個城鎮的時候，美國步兵加入了戰局。這裡的越共，根據柏納德・溫勞布（Bernard Weinraub）引述一位美國官員的說法，「可能跟人民住在一起」。然而，這些新聞報導提及用噴射機和武裝直升機「轟炸城市」——尤其是城市中較窮困且人口最稠密的地區——的必要性，卻說這是「為了拯救城市裡的其他地區，以及數千條人命……」（李・雷斯凱茲〔Lee Lescaze〕）；威脅到這些人生命的，並非跟他們生活在一起的南部民族解放陣線游擊隊、而是「保護」他們抵禦民族解放陣線的美國軍隊啊。溫勞布解釋道，因為新春攻勢的緣故，「檳椥省的保護受限」，有必要透過直升機將美國第九步兵師的部隊送進來，並且執行為了「保護」檳椥省而「空襲轟炸、武裝直升機和火炮開火」的攻擊行動；檳椥省「素來是越共的要塞」，同時「有時候還被視為越共的遊憩區（rest and recreation）」。而四周「我們認

為由越共控制的」聚落，「已經在聯合轟炸行動與火炮及武裝直升機的攻擊下，完全摧毀了。」在檳椥省裡，「市場已成斷瓦殘壁，在日正當中的酷熱底下，以布巾圍體的婦女坐在僅剩外牆的房子旁，大聲哀號」，另一方面，「美拖市的空氣中依然瀰漫著死亡的味道」，半數的房子遭毀——這些都多虧了當地人民從捍衛他們的美國人那兒獲得有效「保護」。

從頭到尾，報導都理所當然地認為，湄公河三角洲裡受到唯一的外國勢力武裝、訓練，以及援助的軍隊，就是「南越人」，而不是跟當地人民一起生活在「越共要塞」的南越游擊隊；而美國在做的，就是透過猛烈轟炸民眾地區，以「保護」當地人民，抵抗越共。

還記得嗎，我們現在正評估自由之家研究主旨剩下的那個組成要素：媒體想盡辦法要反當權派，所以對美國的勝利隱而不報。事實上狹義來說，媒體的報導消息算是十分精確，只不過，還是完全在政府政治宣傳體系的框架之內——從未加以質疑，十足展現媒體的奴性，十分可恥。我們或許可以想像，要是納粹或蘇聯的新聞媒體有如此的表現，那麼我們的反應會是如何。雖然布雷斯特拉普最後的評論夠正確，他認為「自由的社會值得更好」的媒體表現，不過，可不是自由之家這份研究希望有的那種媒體表現。

這場戰爭的過程中，媒體的立場繼續反映出美國軍方的看法與態度；舉例來說，有位美國官員這麼提到：「越共所為，就是占領那些我們為了讓盟軍進來轟炸然後平定的聚落。正因為越共的存在，這些聚落遭到摧毀。」同一篇來自平定省（Binh Dinh Province）——綏靖行動的「示範」省——的《紐約時報》報導指出，在新春攻勢之前，這些沒有被報導出來的行動就已經在進行當中了：「敵人 12 月的時候進到了平定省——許多軍事人員稱這是為了新春攻勢所做的『航空火力準備』——結果造成盟軍對村莊展開一波空襲轟炸。數百間房屋就這麼毀了。」

美國其他地方的軍事「抵抗」——借用自由之家的語彙——也採取了同樣的形式。羅伯特・夏普蘭（Robert Shaplen）來自戰爭現場的報導說，在西貢：

「十幾塊互不相連的地區，總共大約 60 或 70 個街區，完全被燒毀。這些幾乎全是住宅區……。這些災損大多是美國武裝直升機或其他飛機的飛

彈攻擊造成的，但有些則是火炮或地面戰造成的。……一座價值 1,000 萬的紡織廠，連同其中 40,000 個錠子，都被炸彈摧毀了，只因美國懷疑越共窩藏其中。」

《世界報》的特派記者尚克勞德・波蒙提（Jean-Claude Pomonti）注意到：「在得人心的郊區，民族解放陣線已經向大家證明了，想除去它的控制，唯一的辦法就是透過系統性的毀滅。為了驅逐民族解放陣線，空軍必須夷平許多住宅區。為了逃避空襲轟炸，幾萬名難民湧入市中心。」

被自由之家點名、聲稱其提供的「越南當地報導，也許是品質始終最好的」記者查爾斯・莫爾這樣報導：「盟軍軍隊包圍了順化、永隆（Vinhlong）、檳椥還有美拖這些地方後決定，要摧毀攻擊他們的越共軍隊，就得摧毀越共占領的地方，這些城市便面目全非了。」他引述一名在西貢的美國官員：「『政府』ˡⁱˣ 贏得了最近的戰役，不過，重要的是得思考他們是怎麼贏的。一開始越共得勝，而且把持了部分城市當中除了美國軍事基地和一座南越陣地以外的所有一切。」他用了「政府」一詞，目的是要讀者理解，那是多虧了美國軍火與部隊才可以「得勝」的越南政府。

跟在這個例子裡看到的一樣，媒體廣為報導美國政府認為新春攻勢對共產份子而言是一場軍事失敗的說法，即便美國政府官方對越共一開始得勝的看法，遠遠超乎了媒體向來遭到指控的「悲觀主義」。丹尼爾・霍林在回顧了新聞和電視媒體的報導內容後說：「記者大多接受官方的說法，認為新春攻勢對北越人和民族解放陣線，是一場軍事失敗」；例如，華特・克隆凱特在 CBS 節目（2 月 14 日）上不假思索地說：「首先用最簡單的方式來表達，就是越共苦嘗了軍事失敗。」清楚又直接。

這些事實，跟自由之家研究主旨的其餘部分並不相符：也就是指控媒體在 2 月底前，都以「大聲嚷嚷」的方式將敵人的失敗描寫成「盟軍的失敗」，而 2 月底之後，才僅僅用「小聲耳語」的方式坦承報導並不屬實，而且電視是媒體當中最糟糕的叫嚷者。其中，華特・克隆凱特是頭號禍首。就

---

lix　　譯註：原文沒有引號，而是在 Government 一字裡用了大寫的 G 當首字母，目的是後句提到靠著美國軍火與部隊協助而打勝的附庸國越南政府；因故加上雙引號。

是這種令人不快的失職無能或有害行為，最戲劇化地展現了媒體「盲目準備好……相信所有政府或官方最糟糕的表現。」不過在現實的世界裡，事實卻頗為相反。也因此，這些自由之家研究主旨的其餘部分，也不復存在——只有「就專業上而言，媒體報導失職」這一點除外，我們留在附錄裡討論。

有些人或許會主張，在評價新春攻勢的意義時，「他們是怎麼贏的」這個議題（先前引述過的美國官員就對此議題很在意），跟「誰贏了」的議題一樣重要。不過，布雷斯特拉普和他在自由之家的同事們，從來沒想過這個問題，不論是當時，或是在他們的研究著作裡。我們來看看越南事務專家，同時也是越南政府顧問的政治學家米爾頓‧賽克斯（Milton Sacks）的例子。他為自由之家這份研究「提供了歷史的簡解」有功。1968 年 2 月，他未多加評論地寫道：

> 「按照常理，共產份子在他們的新春攻勢上慘遭軍事失敗一事，現在似乎很清楚了。他們付出了數千名士兵的性命，卻沒能保住任何一座重要的城池或省份。」

相對地，美國官員對民族解放陣線和北越軍的表現，卻很刮目相看——他們先前竟能占領美方以為「控制住」的龐大地區、大肆破壞美方的綏靖計畫、同時非得靠著美方進一步更猛烈地攻擊南越平民社群才能將他們趕走。美方擔心，要說服民眾相信美國軍隊犯下的屠殺與破壞行動都是共產份子的錯，其實不是容易的事。如同 4 月時《世界報》的馬克‧希布（Marc Riboud）在順化市報導的那樣。問題在於，比較越南共和國軍和北越軍與民族解放陣線，民眾顯然偏好後者。同時，民眾把最深的苦痛憎恨都導向了美國人，因為美方「盲目且系統性地空襲轟炸」，將順化市變成了「一座遭到暗殺的城市」；這樣的反應，一部分還有可能來自於幾個月前美軍支持越南共和國軍占領順化市時，民眾未消化完的深沉苦痛與憎恨。《新聞周刊》引述了一名國際志願服務（IVS）的工作人員說：「也許這很難教人相信，不過，我在西貢或是湄公河三角洲所認識的每一個越南人，沒有人把過去兩個星期發生的事怪在越共頭上」，而且《新聞周刊》在新春攻勢期間的最後一期刊物中，對於這個無法解釋的反應，也表現出同樣的驚訝之情，當期來自順化

市的報導說：

「還有，奇妙的是，極少數〔民眾〕把矛頭指向北越人。其中一名學生說，『北越軍在這兒的時候，既有禮貌又有紀律，完全跟政府的部隊、美國人，或甚至是越共，都不一樣。』」

2月12日，在美國海軍陸戰隊重新占領順化市期間，於該地報導的唐‧韋伯斯特（Don Webster）說：「希望達到的目的，是越南人民不管提到什麼損失，都會怪罪共產份子，而不是美國人。」兩天前，《美聯社》的約翰‧蘭格（John Lengel）這麼寫道：

「至今仍然不可能估算出遭到破壞的範圍。……不過，老練的觀察人士，極少認為順化市的毀壞對共產份子有反效果。他們覺得，利用小心規畫的心理戰，把罪過算在共產份子頭上，強調我方要提出規模龐大而立即的修復計畫，這才是最大的勝算。」

布雷斯特拉普用斜體字標示了「毀壞」一詞，用意在顯示媒體的處理不公與反美偏見；情況之甚，毋須多做評論。

雖然美國的媒體幾乎不脫離國家政治宣傳體系的框架，但其他國家的媒體不怎麼受這些限制：舉例來說，前面引用過的那些《世界報》的特派記者；或者英國的攝影記者菲利浦‧瓊斯‧葛瑞菲斯（Philip Jones Griffiths）。他根據自己在戰爭第一線的觀察，表示數千名在美方重新占領順化市行動中遇害的受害人，是被「史上最瘋狂的美軍火力濫用所殺害的」，之後還被命名為「共產份子大屠殺下的受害者。」

為了完全理解自由之家指控內容的本質，我們或許可以想想，約翰‧洛許呼籲要做的調查，可能會怎麼進行。誰牽連在那些自由之家認為糟糕的不當行為之中？這份名單上，肯定有魏摩蘭將軍和美國在西貢的指揮部，因為他們預估了前期越共行動會成功（更多例子請參照附錄三），還有，遠東事務處的助理國務卿威廉‧邦迪，因為表達過度悲觀的態度，肯定也在名單之上。他曾認為，新春攻勢「對南方來說是極受打擊的，尤其是那些綏靖計畫

下的地區」，他還認為當時「南越人已經完蛋了」、「根本無法恢復」——一如以往，這個說法當中的「南越人」不包含捍衛自己國家抵禦美國入侵的南越人。這些跟自由之家嘲諷媒體內容一致的論點，並非根據新聞媒體而來，而是根據「那些越南戰地記者的報導」。因此，他們想必也牽連其中。同樣地，林登·詹森也有錯，因為，根據布雷斯特拉普的說法，他好像「在某種程度上，由於溪生面臨危險以及越南各城市受到毀滅攻擊，『心理上已經戰敗』」。還有，強森的民間顧問，說到「陰鬱氛圍」瀰漫在他們眾人之間，還提到氣氛像「布爾朗戰役」一樣，那他們同樣也都有錯，同時，我們先前引述的美國官方軍事歷史總結報告的作者，也都有罪；狄恩·亞齊森以及其他的「智囊團」成員，因為立場上跟遭到自由之家譴責的媒體一樣「過度悲觀」，所以呼籲要改變戰爭路線，這麼一來，他們也都應該列名其中。還有艾爾斯渥茲·邦克大使（Ambassador Ellsworth Bunker），因為他回報新春攻勢「暫時已經破壞了我們為綏靖付出的努力」，所以他也有罪；另外，綏靖計畫的顧問也要列名，因為他回報自己負責的「示範」區：「綏靖根本行不通」。

《五角大廈文件》裡頭還有其他需要被調查的人——好比惠勒將軍。就像華特·克隆凱特懷疑戰事「陷入僵局」因而惹惱自由之家一樣，惠勒將軍在 2 月 27 日向總統簡報戰情時，竟用了以下這些說法：

「敵人在鄉村執行行動時相對自由，他們八成在大量地招人，而且無疑滲透進了北越的單位與人員中。敵軍很可能很快就恢復兵力；他們補給充足；而且，他們想辦法在維持冬春之際新春攻勢的氣勢。……在各城鎮四周的越南共和國軍，現在處於守勢，我們擔心，在持續的壓力下，他們還能不能好好樂觀以對。敵人一開始的攻擊行動，在十幾個地點都差點成功，他們在這些地方吞敗，只是因為美國軍隊做出了即時反應。簡言之，敵人真的是差一步就辦到了。我們深信，鄉村發展計畫（RD Program）〔綏靖計畫〕苦吞了一場嚴重的挫敗。……就很大程度而言，越共現在控制了鄉村。…軍事援助指揮部（MACV）預估，越南境內，有多處的越南軍需要美軍的協助與鼓舞，才能離開城鎮，重新進入鄉村。在湄公河三角洲地區尤其如此。」

布雷斯特拉普嘲弄的媒體報導，內容幾乎都沒有像參謀首長聯席會議主席這份概述那麼「悲觀」；《五角大廈文件》的分析家說，這份聯席會議

主席對軍情的簡述致使總統下令：「針對美國在南越之全盤策略與任務，開啟完整與追根究柢的重新評估。」

CIA也應該接受調查，因為該組織的悲觀態度，造成了「自由機構」的式微。中情局一份3月1日的報告——想來華特·克隆凱特應該不會影響到這份報告——表達了對越南政府和越南共和國軍的強烈質疑，同時還預測他們「在這個國家部分地區」可能會中止「有效運作」，以至於「這場戰爭的全部重擔，會落在美軍肩上。」跟幾天前克隆凱特的預測一樣，他們也預測接下來的十個月「頂多就是僵局一場」。五角大廈體系的分析則論定，新春攻勢「看來已經徹底扼殺了〔綏靖〕計畫」，認為布雷斯特拉普誤將責任歸咎在媒體身上（詳見附錄三），同時估計「我們對鄉村的控制以及對都會區的保護，現在都退回到1965年8月之前的水準了。」就是因為情況如此嚴峻——而不是像布雷斯特拉普影射的那樣，說美國就要贏了——他們才提出後來人稱「越南化」的政策建議。

五角大廈的民間分析家，不僅要為過分悲觀的立場受到指控，還要因為一些新聞媒體的其他罪行接受指控。舉例來說，他們提到「為了拯救南越，所以我們要摧毀南越」這個有名的說詞；這種說法的引用，是布雷斯特拉普相當不屑的。我們還一定要把赫柏·山德勒上校（Colonel Herbert Schandler）算進來不可，他就是布雷斯特拉普說惠勒將軍與魏摩蘭將軍要求增兵的消息來源。根據布雷斯特拉普所言，山德勒上校是《五角大廈文件》中與增兵相關的那個部分的匿名作者，而山德勒上校曾說過尼爾·施罕（Neil Sheehan）與赫德立克·史密斯寫的一篇《紐約時報》文章，是「精確度令人咋舌的報導」。不過布雷斯特拉普卻說，那是「歪曲事實且不完整的」報導的最佳範例。《五角大廈文件》中「結尾」部分的作者們，也得列入這份指控的名單裡，因為他們悲觀地評估，新春攻勢過後「軍事勝利的代價」還有所聲稱的進展，本質上都「不切實際」。

根據自由之家的標準，**不會**威脅到「自由機構」的那一類人，的確非常少；這項事實，也許對有些人來說會有所啟發。

自由之家的研究裡，對媒體的主要批評，便是它們太過「悲觀」——這一點，是相當顯著的。比較的標準明明就存在，但研究中卻根本沒提：戰場的內部報告、情報機構和華府官方的分析——這些，真要比的話甚至還更

悲觀。自由之家抨擊媒體的邏輯，相當發人深省。在他們的觀點裡，一個自由社會的媒體，不僅一定要毫不質疑地接受國家教條體系的原則，像媒體在新春攻勢從頭到尾的表現那樣（這項事實，自由之家從未提出來討論，顯然他們也察覺不出來），還要帶著某種程度的熱忱和樂觀態度，接受這些原則──媒體要比美國情資單位、軍事指揮部、詹森總統的「智囊團」，還有其他軍事、政治以及企業界那些從政府所有消息來源那兒取得資料的領導人物，都還要更熱忱、更樂觀。這真是個對「自由社會」的有趣見解。

我們或許要問：自由之家這個對自由社會下自由新聞媒體的見解，會被蘇聯的政委怎麼拿來運用呢。就拿大量發行的《星火》（Ogonyok）周刊來說吧；該周刊登載了一系列的長篇文章，呈現阿富汗戰爭的「悽慘景象」，為文「不加矯飾」地談及阿富汗部隊裡「低迷的士氣與棄甲潛逃的情況」，還有「蘇聯的菁英部隊與阿富汗游擊隊激烈對戰」，還暗指「游擊隊控制了阿富汗的大量區域。」那些文章還「大加暗示，毒品的使用在阿富汗的蘇聯部隊間，是很常見的」，文章還部分引用了一位直升機駕駛的日誌，描述「同僚焦黑屍體的景象與味道」，並指出這些游擊隊的恐怖份子，透過製造毒品銷到國際市場，取得所需資金（順帶一提，西方世界的觀察家也證實這些指控），收購西方世界的精良武器後，導致「（蘇聯的）直升機耗損率很高」。然而，蘇聯要是一點交代都沒有就撤兵，會很不人道，因為「蘇聯的撤兵，會造成全國性內戰」──文中引用的阿富汗人如是預測。這篇文章，不只是像這些引用內容顯示的那樣，單純模仿標準的美國媒體。它接著還描寫了一場阿富汗游擊隊對蘇聯村莊的攻擊；我們可以想像，要是越共攻擊了德州的村莊，美國反應會如何。不過按照自由之家的標準，顯然編輯們基於種種理由──其「敵對的立場」、「悲觀的態度」還有「朝令夕改的報導風格」、「永遠都要唱衰，說要是媒體的管理者自己都不採取對策，那麼，外面的人（政府內部的人）就會想辦法拿出他們自己的解決之道來用」──都該受到嚴格的審核。而事實上，在 1988 年 1 月，蘇聯的國防部長迪米崔・Ｔ・亞柯夫將軍（General Dimitri T. Yakov）就把自由之家和布雷斯特拉普的標準套用到「持敵對立場」的蘇聯新聞媒體上，嚴正批評了《星火》周刊和《文學公報》（Literatunaya Gazeta），說它們報導阿富汗戰爭的方式，破壞了社會大眾對蘇聯軍隊的信賴，殊不知已正中西方世界下懷。

根據自由之家研究中所提出的證據及略而不提的事實，我們似乎可以得到以下合理的結論。在新春攻勢發生與結束後的一連串事件期間，媒體的表現是值得信賴的；狹義而言，其表現有時還非常值得信賴。但更廣義地說，這樣的報導，由於框架在國家政治宣傳體系那些不被質疑、丕變難識、又嚴重扭曲事實的教條當中，非常蒙騙眾人。媒體的報導跟華府最高層官方從內部消息來源取得的資訊，在準確性上相當吻合，只不過，媒體的報導往往比較不危言聳聽，這或許是因為媒體傾向信賴官方的聲明，卻不知曉官方內部的評估為何。來自戰爭現場的報導，讓媒體評論人士做的結論，跟詹森總統高層顧問團提出的結論大致相同。媒體報導事件的方式，除了也許會強化輿論、同時將政治宣傳體系那些基本而未經檢驗的教條進一步灌輸給大眾之外，其實對輿論的影響極小。

我們在附錄三裡就會看到，這些結論透過進一步檢視自由之家的這份研究，就能更加確立，同時，這麼做還能進一步解釋這份在接下來的時期地位猶執牛耳的研究，根本完全不夠格——這還是最客氣的說法了。

到目前為止，我們已經處理了媒體批評人士，基於他們自己選擇的理由針對所謂「（媒體的）敵對立場」所提出的論點。他們所選擇的，是支持他們論點最有利的理由。我們再一次地證實了政治宣傳模式，因此滿足了最嚴格的驗證。自由之家滿足了它身為新聞批評機器的功能，這一點也驗證了政治宣傳模式。做為新聞批評機器的自由之家，搬演出這場誠實新聞報導（更別提誠實學術著作了）的鬧劇，企圖威逼媒體，令其更徹徹底底服從國家政策的政治宣傳要求——而當然啦，這一切都是為了「自由」啊。

巴黎和平協議

新春攻勢讓大多數的菁英階層相信，美國投入這場戰爭所要付出的代價太高。林登・詹森總統下台。透過一道政府稱為「轟炸中止」——報導也這麼說——的命令，原本以北越人民為目標的轟炸機，改以寮國為目標，導致寮國北部零落村莊裡那些毫無防衛力的農村社群遭到殲滅；接下來的轟炸對象是柬埔寨，那裡的情況相同，但美軍的攻擊規模更嚇人。美軍在南方採取了一系列後新春攻勢的綏靖平定行動，規模更大更猛烈，而且，秉承綏靖

指揮官羅伯特・科莫（Robert Komer）在 1967 年 4 月提出的建議，美方強化了轟炸行動，「**以藉機進行難民計畫，目的是不讓越共有招募的機會。**」並且成立鳳凰計畫（Phoenix program），透過恐怖行動破壞越南民族解放陣線的「基礎建設」。地面戰的重擔則轉移到美國支援與指導的越南軍隊肩上，另一方面，美國撤銷強行徵兵政策這種比較符合典型殖民戰爭形式的方式，基本上就是把先前法國要重新征服中南半島的那一套搬過來。還有，美國終於同意要尋求出協商的解決方案，只不過卻依然不放棄阻止越南統一並重新將越南——北越除外——收編進美國全球體系的目標。

這並不是美國追求的最大目標；例如在 50 年代晚期，美國政府還是希望越南在反共產主義的領導之下，完成統一，而美國的附庸政權能永遠視自己為越南的政府（「越南政府」的名稱就是如此。Government of Vietnam，即 GVN），該政府憲法當中的第一條，便明文宣告了這不可修改的內容。不過，最晚到了 60 年代晚期，美國已經認為能達到的最大目標，就是控制北越之外的中南半島了。而就像我們已經討論過的，其實老早就有機會能覓得和平的外交解決方案，只不過因為美方認為這與美國的基本目標不符，因此從來沒有尋求過這些方案：美國的基本目標，就是保留「獨立」的南越，做為美國的附庸國。

到了 1972 年 10 月，巴黎的協商專家已經談成了協議的基本條件：九點計畫（9-Point Plan）。然而，尼克森總統拒絕這項協議的條件，而西貢的阮文紹政府則完全反對。尼克森總統的目的是拖延協商，等到 11 月的總統選舉過後再說，屆時，他就會有更多的談判籌碼。拖延還能讓美方有時間將龐大的軍武運給越南政府，而協議內容肯定會禁止美方這麼做。

為了向尼克森總統施壓，要美方簽署協議，北越的越南民主共和國（DRV）在 10 月 26 日的廣播節目上，公開了這些協議條件。季辛吉在華府的記者會上表示，河內廣播公司的播放內容，「整體而言是非常公平的說法」，但接下來他卻用這樣的話再解釋了一次：「就像河內廣播公司指出的那樣」，在南部，「現存的理內掌外政治掌權者，依然會執政。」所以季辛吉想根據正確的河內廣播電台播出內容，影射「越南政府」（也就是「現存的掌權者」）會以南方政府之姿「繼續執政」，然後想辦法對付另一個「黨」，一個地位依然不明的黨。不過，「河內廣播公司指出的內容」——就像季辛

吉認可的那樣，這的確是它們指出的沒錯──其實講的是挺不一樣的事，它指的是「續留當前在南越的兩個政府，他們分治的各自內政外交」，兩個政府分別是「越南政府」和越南社會主義共和國（PRG，是以民族解放陣線〔NLF〕為基礎建立而成的）。由於當時這兩方已經達成共識，要以無外力（意指美國）干擾的情況下「透過和平手段一步步邁向」統一為目的。

這兩個說法的差別是極為重要的。打從越戰之初，這場戰爭，爭的就是「南越人民是否有權自己決定南越的政治未來」，一如10月達成的九點計畫明定的那樣，這就是南越人民的權利；還是說，美國要不要強行建立其附庸政權，也就是「越南政府」做為南越唯一具備合法性的政府──這才符合季辛吉的版本，是他理論上同意的那個條件，但顯然與協議文內容相去甚遠。

季辛吉的「和平近在咫尺」之說，是盤算著即將到來的美國總統大選而設計出來的宣告，這也是一個無恥大謊。如同他扭曲協議內容基本條件所清楚顯露的目的一樣，美國當時要退出協商，而且還拒絕執行協議內容。尼克森總統後來解釋道，「我們必須利用（季辛吉的記者會）以破壞北韓的政治宣傳操弄（指的就是它們將協議內容公諸於世一事），同時確保我方版本的協議內容，才是對公眾有重大影響的。」此舉獲得很大的成功；媒體一如以往地接受了季辛吉的版本，沒有看出此版本與九點計畫中的條件嚴重相悖，只不過，事實就擺在任何一位願意多看一下公開資料的人面前。

美國接下來一方面繼續將大量的軍武運給越南政府，一方面又要求大幅修改10月的那份協議內容。相反地，河內則公開堅持雙方一定要簽署10月的協議。媒體報導各事件採納的是季辛吉固定釋出的版本，把他描寫成在不理性的對立兩方──也就是河內與西貢──之間進退維谷。接著，美方在聖誕節時發動了對河內市與海防市的空襲轟炸，造成兩處的重大傷害，但自己也損失了幾十架 B-52s 轟炸機（雖然損失的確切機數沒有定論，但是五角大廈顯然對此震驚不已），同時，此轟炸事件也引發世界各國很大程度的負面反應，只不過，媒體還是繼續播送這些事件的華府說法。所以，史丹利‧卡爾諾才會寫下：「顯然」，「尼克森總統轟炸河內」的主要目的，就是「迫使北越人回到協商桌上」──對已知事實來說，這真是一個莫名其妙的說法。聖誕節的轟炸行動在軍事與政治層面上都遭到失敗之後，美國政府接著簽署了 1

月和平協定，當中的條件跟先前10月份的協定內容，根本完全一樣。而且，更具意義的是，這些內容跟60年初期民族解放陣線所提的協議案，本質上幾乎也沒什麼不同；當初正是因為這個協議提案，讓華府如此喪氣，迫使美國政府提升戰爭規模，以防止政治解決方案，因而幾乎毀掉中南半島，導致數百萬人死亡，還摧毀三個國家——這項事實，西方世界卻不曾多想。

10月份發生的那場啞巴猜謎，竟在1月重新上演。由於協議於1月24日宣布，白宮發表了一篇官方聲明，而季辛吉舉辦了一場冗長的記者招待會，席間他清楚地說明，美國計畫要拒絕這份府方被迫簽署的協議中所有的基本條件，同時他還提出了一個明擺著違反協議關鍵重點的美方版本。結果，媒體又一次展現驚人的服從性，毫無疑問地接受了季辛吉暨白宮的版本，還肯定地說，要是越南敵人堅持這協議內容，顯然也是違反了協議。

別忘了，這一切都發生在據稱媒體反對國家權威的激烈立場達到顛峰的期間。我們現在來快速地檢視一下這份值得注意的紀錄。

《巴黎協議》規定「美國與其他所有國家，要按照1954年《日內瓦協定》中與越南相關的條款，尊重越南的獨立性、主權、統一以及領土的完整性」（第1條）。將來越南重新統一，「要透過和平的手段，循序漸進……不受外國干擾」，北緯17度的「軍事分界線」應視為「臨時的界線，而非政治或領土之分界」（第15條）。在南方，有兩個並存且平等的「南越政黨」，也就是「越南政府（GVN）」以及「越南社會主義共和國（PRG）」。這一點是協議內容中最重要的元素，由此才詳細明定這兩個「南越政黨」的責任和義務。這些責任義務，就是要透過和平的手段，在完整民主自由的情況下，達成全國性的和解，而「外國不得於南越人民身上強加任何政治傾向或性格」，同時，「美國不再繼續軍事介入或干涉南越的內政」（第4條第9款c項）。「兩個南越政黨致力尊重停火協議同時維持南越的和平，透過協商解決所有的紛爭事務，並避免一切的武裝衝突」（第10條）。還有，「兩個越南政黨」將接著「達成全國性的和解與修睦，終結仇恨與敵對，禁絕一切針對與其中一方合作過之團體與個人報復與歧視的行為」，同時整體上，「要確保所有人民的民主自由」——這些自由，連同「兩個南越政黨」致力達成的和解程序，都有條列出來（第11條與第12條）。協議內容規定「兩個南越政黨」不得「接受引進南越的部隊、軍事顧問、軍事人員——包含技術

軍事人員、軍備武器、彈藥以及戰爭物資」，而且，這份協議還呼籲 60 天之內，以上所述之所有人員要「全數撤離」，與此同時「兩個南越政黨」要解決「南越的越南武裝部隊的問題⋯⋯在不受外國干擾的情況下」（第 5 條、第 7 條以及第 13 條）。

季辛吉在 1 月 24 日的記者會上，明確表示，美國保留「為特定軍事支部提供平民技術人員」的權利，由於簽署協議之後，美軍必須撤出，所以美國要繼續維持或輸入 7,200 名「平民約聘人員」——其中許多是「退伍軍人」——在美軍少將的監督之下，負責「處理先前由美軍執行的維護、後勤還有訓練工作」。這樣一來，關於技術人員的條款立刻如同虛設，跟美國不干涉「南越內政」的承諾一樣。

尼克森總統在 1 月 23 日的演說中宣布，承認 GVN 為「南越唯一具合法性的政府」，這麼一來，第 4 條第 9 款 c 項跟協議的基本原則——也就是兩個並存且平等的「南越政黨」，要在沒有美國干涉或者美方不在南越人民身上強加任何「政治傾向」的情況下，繼續尋求解決方案——都失效了。白宮在 1 月 24 日美方版本的〈越南協議基本內容概要〉中，宣布「美國承認（南）越南共和國（Republic of〔South〕Vietnam）政府繼續存在，其憲政架構和統治權維持不變」——此說法之所以要加上引號，原因是這個「憲政架構」視 GVN 為全越南的政府。此「憲政架構」還同時宣告，兩個並存平等政黨之中的另一個，連同「親共產的中立主義」，以及一切「旨在傳播共產主義政策、標語，以及指示的表達形式」都是違法的；還有，GVN 緊接著也宣布，他們將以武力鎮壓這些「非法」行動，另一方面，總理阮文紹卻聲稱「這完全是一份停火的協議，如此而已。」透過這些內容，《巴黎協議》的中心原則，就這麼被美國和它的附庸政權宣告失效，直截了當地拒絕了以下的條款內容：「兩個南越政黨」，在沒有強逼或壓迫的情況下，透過和平的手段，達成「全國性的和解與修睦」。

簡而言之，美國馬上清楚且毫不含糊地立刻宣布，美方不打算承認自己被迫在巴黎簽署的這張廢紙上所有的主要條款。

季辛吉企圖在 1 月 24 日的記者會上混淆視聽，而《紐約時報》也全文照登。他不實地聲稱，按照 10 月的九點計畫，「我方已經做了實質的改變」，暗示聖誕節的轟炸行動合情合理。他說，「一直以來這場內戰爭執的

重點」，就是「誰才是南越的合法統治者」，還有「在統一之前，南越真的存在嗎」；他聲稱，在這兩個問題上，美國憑藉著「明確點出南越的主權」以及「南越人民有自決權」的訴求，實現了想達到的目的；他還聲稱，美國也完成了確立軍事分界線的目標。

季辛吉以上所言，全是明目張膽的謊話。季辛吉提的各方面協議的內容表述，就已反映越南民主共和國（DRV）與越南社會主義共和國（PRG）的地位，而季辛吉迂迴暗示協議允許美國承認 GVN 是「南越的合法統治者」的說法，明擺著和他剛簽署的那份協議內容互相矛盾；他要製造這場戰爭是「北越與南越之間內戰」的企圖，也與協議內容違背。《巴黎協議》的核心條款確立了 GVN 與 PRG 實為「兩個南越政黨」，彼此並存且平等，朝著和北部統一、廢除暫時畫定而不具政治地位軍事分界線的目標邁進。季辛吉想做的，是用「南越內的主權」這個說法，混淆視聽，模糊「南越的主權」；「南越內的主權」是這場戰爭打從一開始「爭的重點」，而《巴黎協議》只是重申了「敵人」的立場，認為這是要由兩個南越政黨在沒有外在干擾下，協調解決的事——跟 10 月的九點計畫內容一樣。

跟 10 月的時候一樣，季辛吉混淆視聽的目的，套句尼克森總統的話，就是「要確保我方版本的協議內容，才是對公眾有重大影響的。」這招又再次奏效了。媒體——就我們所知，無一例外——接受了季辛吉與白宮的版本才報導了協議內容，致使它們在解讀越南民主共和國（DRV）與越南社會主義共和國（PRG）對《巴黎協議》真正的條件如此堅持時，會說那麼做反倒破壞了協議的條件。因此，探討這些議題時持鴿派立場的自由派評論人士約瑟夫‧克拉夫特（Joseph Kraft）便寫道，停火協議後來瓦解，「共產份子要負大部分的責任」，因為「河內從未放棄統一整個越南的目標」；也就是說，河內從未放棄要恪遵 1954 年《日內瓦協定》規定，而現在 1973 年 1 月《巴黎協議》又挑明重申的條文。做為一名鴿派人士，他還補上一句，「就好像阮文紹總統也要負很大的責任一樣」——不過，當然啦，華府一點兒責任也沒有。他引述道，南方共產份子的軍事行動以及武器派遣，是停火協議瓦解的重要原因，但卻沒有提出證據；我們之後將看到，事實顯示出的是一個很不同的理由。

持美國極端自由派觀點的湯姆‧威克便寫道：

「從未接受《日內瓦協定》的美國政策，到頭來卻堅持南越是合法組成卻面臨另一強權顛覆與入侵的國家；此一觀點，甚至在終於催生出停火協議的文件裡，也若有似無地看得出來。」

威克採納的是季辛吉的版本，跟實際文件內容明顯矛盾；這些只不過是重申了民族解放陣線和河內長期以來關於南越地位的立場罷了。

史丹利・卡爾諾在《新共和國》（*New Republic*）一書中寫下，「越共認為『越南社會主義共和國（PRG）』是一個並存的政府」，卻沒有發現不只是「越共」而已，連**美國政府剛剛簽署的《巴黎協議》**，也賦予了越南社會主義共和國一個完全跟 GVN 相當的地位。史都華・阿爾索普（Stewart Alsop）則在《新聞周刊》裡公然表示，要是尼克森總統與季辛吉這個「鉅細靡遺地不得了」的協議內容版本，「大致上能完整實施的話，我們就會打贏戰爭了」──這個說法，在尼克森總統和季辛吉的解讀之下，可能會成立，只不過，在《巴黎協議》的條件顯然與此根本對不上的情況下，美國已經放棄了戰爭的目的，接受越南敵人的基本提議。《新聞周刊》在同一期裡接著解釋道，河內現在已經接受北部與南部被神聖不可侵犯的軍事分界線區隔開來的事實，也因此默認了西貢政權的合法性。……對尼克森政府來說，同樣至關重要的事，就是一定要特別提到西貢政府的「主權」，而美國在這一點上也有自己的做法。套用季辛吉的話來說，河內總算承認「有一個叫南越的政治實體存在。」就某種重要的意義上，此一問題的爭論，才是越南戰爭的爭執點。

雖然拿之前引述的文字內容一比，立刻就能曉得這顯然完全是不實的說法，但是不實歸不實，這說法符合了季辛吉釋義下那份不實的協議版本，而且還被忠心耿耿的媒體視為不可存疑的聖旨。

一個誠實又獨立的新聞媒體，應該要這樣下標宣布 1 月份的協議：〈美國宣布有意違反已經簽署的《巴黎協議》〉（"U.S. Announces Intention to Violate the Agreements Signed in Paris"）了解情況的新聞媒體，應該會更進一步發現，《巴黎協議》包含了美國 20 年前在日內瓦拒絕的那些原則，也包含了 60 年代初期民族解放陣線所提計畫的基本原則，而這些原則，跟越南人民大致上

主張的內容，都相去不遠，同時還是造就美國不得不提高戰爭規模，以阻止越南人民協商出政治解決方案的重要原因。但實際上的新聞媒體，完全採用了華府版本的協議內容，從未提到這個版本方方面面都與那些原則衝突，還堅信戰爭會繼續打下去——事實上戰爭也真的持續了下去。媒體又再次做了貢獻：接納華府對事件的說法，從而幫助美方執行進一步的暴力與責難——這次還是在事實明明擺在眼前，華府的版本顯然跟手邊資料完全背馳的情況下發生。媒體毫不避諱順從國家權力的例子，莫甚如是。

後續的發展也能預期得到——「非主流新聞媒體」做出了預測，結果和先前碰到相同條件因素下的情況類似。就像 1954 年《日內瓦協定》後，取得（紙上）政治勝利的共產份子，企圖尋求「政治鬥爭」一樣，美國及其附庸國越南政府則是立刻求助軍事武力，推翻《巴黎協議》的條件。報導這些事實的，是比較認真的駐越南記者，尤以丹尼爾・薩德蘭（Daniel Souther-land）最令人注意。他從大量的調查中發現，「發動最多攻擊行動，入侵另一方領土的最大禍首，就是西貢政府」，而且，西貢政府還認為「雖然有停火協定，但它們有權奪回 1972 年失去的領土」。薩德蘭還舉了很多例子，其他記者也如此。美國政府興高采烈地通知國會「越南政府在停火協議後的策略應用上表現良好」，在簽署協議後仍受其掌控的村莊以外，「又新增了770 個受掌控的村莊」——但卻沒有注意到，這根本違反了協議。越南政府於是在這些受控制的地區，增派了 100 萬人，同時耗費了敵人 16 倍之多的彈藥，還使用美國蓄意提供的新軍備，進行大規模的軍事行動，其中包含大規模轟炸越南社會主義共和國的區域，以阻止難民按協議內容重回越南社會主義共和國。媒體不是責怪共產份子，就是偶爾也責怪越南政府，但就是不責怪美國；可是，美國一開始就立刻宣布有意破壞協議，而且現在還對成功破壞協議的軍事行動，公然表達滿意之情啊。

等到北越人民總算對美國和越南政府的武力有所回應時，越南政府很快地瓦解，使美國政府與媒體對共產份子的邪惡之舉，一片憤慨——現在依然如此。對他們來說，此舉證明共產份子一直以來就想要摧毀自由且獨立的南越政府，將人民帶到共產暴政底下，因而更進一步確立了「共產份子相信不得」的原則。

這個有用的教訓，扎扎實實地被政府連同媒體共謀的清楚騙局確立；

不意外地，隨後美國政府要以暴力手段達到目的時，也會祭出同樣的教訓。1987 年 8 月，媒體上就出現了一個誇張的例子。當時，中美洲的領袖沒有遵照華府的策略而出其不意地採取了一個政治解決方案，破壞了美國以武力補強其政治弱勢的一貫盤算。《華爾街日報》報導美國為了破壞這個協議，手段之一就是國務院立刻將拉丁美洲的大使召回華府，給他們「一份旨在終止美國參與越戰而協商出來的 1973 年巴黎和平協議」，還說「這份協議，北越後來卻不認帳。」《華爾街日報》解釋道，這份不幸的「越南經驗」——證明了跟共產份子協商，連印出協商內容的那張紙都不值得——就是美國政府對中美洲協議「有所質疑」的因素之一。尼爾·路易斯（Neil Lewis）在《紐約時報》的頭條新聞中報導道，美方發給大使們 1973 年的巴黎協議，做為「個案研究，了解條件含糊的協議，可能會遭到共產政府利用、甚至不認帳」；他接著說：「違反了 1973 年協定的北越，踩躪了南越，接著在 1975 年時，於其麾下統一了南越與北越。」在此，我們相當清楚看明白了一點：仔細編造的歷史紀錄，被忠心耿耿的媒體用來替國家權力效勞。

調查這些事件之後，我們基本上做出了跟之前一樣的結論，只不過媒體的表現——而且還是在他們聲稱媒體「獨立性」與「敵對立場」最高漲的時期——又再次超越了政治宣傳模式的預期，比預期中順服國家權威的常態還要誇張，到了在極權國家才看得到的地步。一如以往，媒體的順從貢獻重大，除了確保了中南半島的屠殺行為會繼續下去，而且還讓美國政府有辦法將這個媒體過濾過的「越南經驗」，利用在以後國際恐怖主義的行動上。還有，媒體了不起的表現，也替戰後如何解讀「這場戰爭到底爭的是什麼」，以及美國為什麼沒能達成目的等問題，訂定了基礎。在下一節裡，我們會回過頭討論這個問題。

回顧越戰

1975 年 4 月，越戰告終。這場 30 年的衝突，進入了新的階段。中南半島這塊在一世紀的殖民壓迫過後又被外國軍隊轟成斷垣殘壁的土地，面臨著

幾乎解決不了的重建問題。在美國，菁英族群也面臨著重建的問題，只是重建工作不相同。美國的問題，是意識形態的重建，安撫那些對美國決策菁英的崇高意圖和良善失去信心的國內民眾。美國有必要克服諾曼・帕德何瑞茲（Norman Podhoretz）（呼應戈柏斯〔Goebbels〕所言）稱為「針對軍武使用的病態壓抑」，也就是可怕的「越南症候群」；帕德・何瑞茲希望，美國軍武在格瑞那達（Grenada）傳來的勝利捷報，終將治癒這樣的症候群。這只是大問題的一部分；真正的大問題，是西方世界菁英階層察覺到，當平常被動的普羅大眾，被迫參與政治體系，挑戰既定的特權與權力時，會出現「民主危機」。更進一步的任務，則是不讓美國攻擊下嚴重受創的社會復原，如此一來，美國摧毀它們所得到的部分勝利便得以延續。

　　一如我們所見，整個 60 年代中期，媒體都忠心地發揮了他們效力於國家暴力的功能，而民眾也沒有顯著反對美國攻擊中南半島。一點也沒錯，1964 年時，民眾以贊成對上反對 2 比 1 的票數，選出了「和平候選人」；他向選民保證，我們不要擴大戰爭，但同時卻在為選後要快速提升戰爭規模的計畫，打好基礎——這個值得注意的例子，說明了在一個缺乏真正反對政黨以及具批判性之獨立新聞媒體的社會中，選舉政治的本質是什麼。然而，意識型態機構要美國致力快速提升戰爭規模以「保衛南越」、抵禦「外部侵略」的急切熱情，倒有助於讓美國大眾，在美國的入侵軍隊擴增成 50 萬陸上大軍，而且顯然「光靠規模陣仗就能折磨垮敵人」而取得部分勝利的時候，乖乖聽話——套用後來成為人權行政組織（Human Rights Administration）高階官員、綽號「噴槍」（"Blowtorch"）的綏靖行動指揮官羅伯特・科莫的話，增兵擴武以大贏小，就算「代價嚇人」，也在所不惜。

　　到了 1967 年，輿情改變了，社會大眾開始拒絕接受菁英階層的鷹派與鴿派共識，這些菁英只談策略和權宜手段這些政府相當在意的議題。國防部長麥納瑪拉在 1967 年 5 月時暗中對總統示警，提醒他擴大這場美國的戰爭，有可能「造成輿論的兩極對立，嚴重到控制不了美國『鴿派』——人民可能大規模的拒絕服役，或拒絕打仗，或拒絕合作，或出現更糟糕的情況？」新春攻勢發生的時候，參謀首長聯席會議顧慮的是「接下來幾個月公民失序情況可能擴大，我們有無因應能力」；在考慮進一步增派部隊時，他們還花費心力確保「國內還有足夠可用的軍力，控制公民失序的情況」，這

些包含了「州政府或聯邦政府派的國民兵軍隊，以及美國陸軍部隊。五角大廈進一步警告，增兵的要求，有可能導致「拒絕徵兵的情況增加，還有城市日漸動盪」，會「引起前所未有的大型國內危機」。先前，五角大廈擔心將陸戰規模擴及到南越以外地區，有可能造成大規模的公民失序，尤其是因為年輕人、弱勢、女性以及部分知識份子之間的反戰立場使然。《五角大廈文件》的分析師認為，1967年10月間，「大型的反戰示威行動」以及「針對五角大廈的大型遊行」中，「數千名和平示威者和全副武裝的部隊相對峙的場面」，特別讓人不舒服。雖然逐步撤掉越來越沒有士氣的美國軍隊，讓可見的抗議到了70年代初開始減少，不過，「越南症候群」卻從來沒被治癒。連到了1982年，72％的民眾認為越戰「不只是個錯誤；基本上，越戰不對也不道德（但持相同意見的「輿論製造者」相對少很多，還有，根據之前我們引用過的證據判斷，幾乎沒有「美國知識份子菁英」這麼以為）——這個社會大眾與其「領導人」之間的意見歧異，一直持續到1986年。

後越戰時期，意識形態機構面臨的主要挑戰，就是讓這些迷途的民眾相信，「與其說（這場戰爭）是道德罪，不如說把50萬地面部隊大軍丟進一場贏不了的戰爭裡是個愚蠢的軍事錯誤」——備受尊崇的《紐約時報》戰爭特派記者荷馬・畢格特便這麼解釋道，順便修理了葛羅莉亞・艾莫森（Gloria Emerson）一頓，因為她不願意採納如此溫和的觀點。我們一定要把「越戰的目的」看成「阻止北越征服南越」（約翰・密吉利〔John Midgley〕），其中「真正的敵人，當然就是接受蘇聯和中國援助與支持的北越」（德魯・密朵頓〔Drew Middleton〕）——這所有的說法，都與顯見的事實不符。主要的問題，是美國在這份崇高的行動上要付出的代價；所以，羅伯特・尼斯貝特（Robert Nisbet）才會說，從撰寫「一份真正傑出的歷史著作」中，他得到一種「知識份子的快感」——這份著作裡，有一整章討論的就是60年代，「討論重點放在越戰及其對美國人造成的毀滅影響」，顯然，美國人才是唯一值得關注的受害者。這些觀點，因為從頭到尾都是主導觀點，而且特權與媒體使用權，顯然都歸於那些接受這種思路的人，因此改變菁英階層的觀點，從來不是個問題。不過社會大眾卻依然受此詆騙。

意識形態機構在後越戰時期面臨的附加挑戰，就是不要讓民眾看到美國留給中南半島後世人民的那些摧毀與災損。的確，美國媒體只會零星提到

這件不完全是瑣碎小事的事實——想想這一切摧毀行動的規模及施為者，而媒體竟只是偶然提到，這真是了不得的成就。光是只算越南，死亡人數就可能超過 300 萬人。查爾斯・莫爾在一篇名為〈研究顯示空襲越南的行動失敗〉（"Studies Show Vietnam Raids Failed"）的文章裡，說美國 CIA 估計 1967 年以前，轟炸北越的行動一年造成 30,000 人死亡，「其中絕大部分是一般老百姓。」從 1961 年開始的作物破壞計畫造成了毀滅性的影響，當中包含了空投化學藥劑的毀滅行動、毀壞果園與堰堤的地面行動，還有用「能全面破壞農地」的巨型拖曳機（羅馬犁〔Roman Plow〕）執行的清除行動，對象「往往包含規模龐大的稻田灌溉堰堤系統，以及整個鄉村住宅區域和農作村落」。亞瑟・威斯汀（Arthur Westing）引述了一份官方報告的文字說，（美軍的破壞行動）徒留「貧瘠、灰滯、了無生氣」的土壤，但他卻認為（美軍的破壞行動），「成效還比不上」布匿戰爭（Punic Wars）裡毀滅迦太基（Carthage）的行動。「戰爭期間落葉計畫對生態、經濟，還有社會所造成的後果，影響深遠，需要好幾代的時間才能回復」；在南越「光禿禿的地貌上」，就算有復原工作，也會延遲很久才開始，而且根本不可能估計化學毒藥戴奧辛對人類的影響，因為這些戴奧辛的劑量，比起「北美洲接觸該毒劑的人身上取得的平均值，還要高出 3 到 4 倍。」

在南部 15,000 座村落當中，有 9,000 座遭到破壞或摧毀，還有約莫 2,500 萬英畝的農地以及 1,200 萬英畝的森林也是。150 萬頭牲畜遭到殺害，這場戰爭還讓 100 萬婦女成了寡婦，大約 80 萬名孩子成了孤兒。在北方，六座工業都市全部都遭到毀壞（有三個城市被夷為平地），30 座省級城市中有 28 座被毀（其中 12 個完全遭滅），116 座區級城市中有 96 座被毀，大約 5,800 個公社裡，有 4,000 個遭滅。40 萬頭牲畜遭到殺害，超過 100 萬英畝的農地被破壞。這些土地大多是貧瘠地，住民已經瀕臨饑荒邊緣，米的配給量比孟加拉的人民還少。檢視了環境的影響之後，瑞典的和平研究機構斯德哥爾摩國際和平研究所（SIPRI）斷言，「這種攻擊所造成的生態衰竭，可能會持續很長一段時間。」以瑞士為據點、廣受尊崇的環境組織國際自然保育聯盟（International Union for Conservation of Nature and Natural Resources，簡稱 IUCN）則認為，生態不只拒絕復原，甚至還越來越糟，除非耗費數十億美金「重建」被摧毀的這塊土地，否則隨之而來的會是一場「大災難」。然而，這項「龐

大」的任務，唯有美國願意提供重大的修復協助才可能有辦法處理，只是，美國在無知、狂熱愛國主義，還有自以為是地追求利己目標的文化氛圍底下，才不會考慮這麼做。破壞森林增加了水患與旱災的頻率，颱風來時受到的衝擊也變大，還有，戰爭對堰堤（美國的空襲轟炸把南方部分堰堤完全毀掉了）和其他農業系統造成的損害，都還尚待維修。這份報告提到，「人道與保育團體，特別是美國的團體，向自己的政府提出授權要求派人協助越南時，都碰過官方的阻撓與拖遲」——這是當然的，因為美國還是致力要確保它所摧毀的那些國家的復原工作，不會破壞它在當地的成就啊。

在美國的主流媒體報導當中，幾乎讀不到這些新聞，或者，也幾乎看不到寮國和柬埔寨遭受的迦太基式毀滅行動。相反地，面對遭受自然災害以及接下來的戰爭——美國還盡可能地給予支持——所阻礙的重建問題，美國都口徑一致而且自以為是地完全歸咎為共產份子的殘暴與無能。在美國的媒體上，越戰過後我方對越南僅剩的興趣，便是尋回執行任務時被殺害的美國人員殘骸，而越南人卻把其他的事視為當務之急，這點，正是進一步證明他們道德冷漠的又一證據。

卡特總統在某次宣揚人權問題的時候說，我們不欠越南什麼，也沒有責任要提供任何協助，因為「破壞是相互的」。這個說法就我們所知，除了我們有意見外，完全沒有引起任何評論——這個事實點出的壓倒性文化氛圍，足以勝過千言萬語。有的人覺得，也許我們曾欠越南什麼，不過我們已經充分返還他們了。柏納德・葛沃茲曼在〈欠中南半島人民的債，就要耗盡我們的財政了〉（"The Debt to the Indochinese Is Becoming a Fiscal Drain"）一文中引用了國務院官員的話，對方表示，「他相信，為了加入中南半島輪的那方而欠下的道德債，美國已經清償完畢了。」這個同樣也沒遭受評議的說法，讓我們恍然大悟：這場戰爭造成大規模屠殺又害得三個國家只剩廢墟，但我們不欠他們什麼；造成數百萬人殘廢和變成孤兒，但我們不欠他們什麼；害佃農們到現在都還被當時美方攻擊留下的未爆彈炸死，但我們也不欠他們什麼。相反地，我們欠了道德債，只是因為我們沒打勝仗。按照這個邏輯，要是蘇聯人在阿富汗打了勝仗，他們根本就沒欠任何道德債了。我們要再進一步地問，那麼，我們是怎麼償還因為沒能打勝而欠下的道德債呢？美國難民委員會（U.S. Committee for Refugees）主席羅傑・溫特（Roger Winter）說，我

們安置了要逃離我們蹂躪的那塊土地的越南難民，這可是「史上最大規模、最激動人心的人道行動。」只不過，「雖然我們感到驕傲」，葛沃茲曼接著說道，「雷根政府和國會裡還是有些懷疑的聲音，想知道這場戰爭欠下的債，現在到底還清了沒……。」

「相互破壞」的這種說法，把犯了現時當代最嚴重的戰爭罪所該負的一切責任，刻意全然抹除了——但媒體還是不滿足。犯了戰爭罪的人，還得被視為受傷的那一方不可。我們會看到像這樣的標題：〈越南想釋出善意，但還差得遠。〉（"Vietnam, Trying to Be Nicer, Still Has a Long Way to Go"）「國際人權提倡人組織」（Human Rights Advocates International）的查爾斯‧普林茲（Charles Printz）說「該是越南展現善意的時候了」，他指的是要協商美亞混血孩童的問題——這些人占了受美國侵略中南半島被害人當中的一小部分。芭芭拉‧克羅賽特還補充道，越南人在美國大兵遺骸的事情上，也尚未有足夠的意願提供協助，不過，他們的行為也許在進步當中：「關於失蹤的美國人的問題，進度雖然很慢，但有進展了。」他們加諸在我們身上的，就是戰爭懸而未決的問題。既然我們只不過是在越南抵禦「外部侵略」，那麼，視我們為越南人手下的受害者，當然也很合理了。

芭芭拉‧克羅賽特嘲弄般地提到，越南人對美國沒能改善與他們之間的關係，深表「感嘆」，她在一篇標題為〈對越南人來說，現實感大短缺〉（"For Vietnamese, Realism Is in Short Supply"）的報導裡寫道：他們「持續不斷地誇大越南對美國有多重要」。她語帶一股帝國主義特有的輕蔑，這麼說明：越南人不理解他們根本「無關緊要」。接著她說，河內入侵柬埔寨（想推翻我們當前的盟友波布）一事，讓美國大表光火，還有，越南對「戰爭結束之後失蹤美國軍人的問題」，沒能有效提供協助——美國對越南感興趣的，就只是如此而已。她引述了五角大廈的一份聲明，當中提到越南「已經答應要歸還 20 多個軍人的遺骸」，聲明裡還表達了美方希望共產份子接著會「解決這件長久以來的人道問題。」她也引述了一名「亞洲官員」，對方說「我們都知道他們有找到屍骨。……如果河內的領導人真的想建設他們的國家，那麼越南人就得好好和美國打交道。」當越南的官員建議美國提供食物援助給飢餓的村民，因為他們被叫來耗力費時尋找那些在摧毀他們國家的任務中死亡的美國飛行員殘骸時，我們的國務院發言人菲麗絲‧歐克立（Phyllis Oakley）卻氣憤反應：「我們對於任何把食物援助跟返還遺體連結在一起的建議，都難以接受。」她激動說道。美國對於人道堅持和道德價值的追求，是那麼地投入，所以絕不能允許有人把這些崇高的理想跟如此雞毛蒜皮的顧慮與不入流的要求連結在一起，而玷汙了理想。處在連這種話也可以說得出來，而且還不會引起什麼反應的文化氛圍裡，我們很難曉得要怎麼回應。

根據標準的國家與媒體教條，南越（也就是我們建立的那個附庸政權）輸給了北越——也就是官方的敵人，因為不可以承認美國有攻擊南方。約翰・柯瑞在報導 NBS（國家廣播公司）的越戰白皮書要傳達的基本訊息時說，「一直以來，敵人都是北越，而不是越共」——這在主流文化裡是很典型的立場。對於有人竟然質疑這件不變事實，柯瑞感到氣惱憤慨。他引了 1965 年 11 月的德浪河谷戰役（battle of Ia Drang Valley）為證，說明這種「自由派神話」的荒謬：

「顯然北越有參戰。然而，自由派神話卻堅持，發起這場戰爭的只有越共，當中大多還都是正義的農民。」

柯瑞沒有提出任何自由派人士將越共形容為「正義的農民」的佐證，因為根本沒有人這樣講；他也沒有提出佐證證明有人否認北越的部隊到在 1965 年 11 月前就已經進入南方，再說一次，因為根本沒有人否認。再者，當時和戰後多年下來的反戰人士當中，幾乎沒幾個主流自由派的代表。然而，柯瑞主張北越人入侵的論點，卻跟其他的論點一樣教人印象深刻。

國家廣播公司的《越戰白皮書》，是越戰結束十周年時一大堆回顧節目的其中之一，旨在報導「這場搞砸的戰爭，還有它帶給我們的教訓」（"The War that Went Wrong, The Lessons It Taught"）。這些回顧評價，可以讓我們深入了解主流的知識份子文化。這些評價最讓人覺得不可思議的特點，就是它們沒有談到的東西：美國在中南半島的戰爭。這是談哈姆雷特（Hamlet）卻不提丹麥王子（Prince of Denmark）[ix] 的典型範例。在這些長篇大論的節目裡，除了零星的句子之外，難得提到戰爭的部分，在戰後的評論中，這是很常見的狀況——包含在電影、文學以及媒體上都是——目的都是為了要描述美國入侵

---

ix　　譯註：莎士比亞的四大悲劇之一《哈姆雷特》（Hamlet）；當中主角哈姆雷特的身分，就
　　　是丹麥王子。

者的苦難。例如《華爾街日報》就說過「化學公司補償 1 億 8 千萬美金給橙劑的受害者」——受害者指的是美國大兵，而不是那些不僅在當時，連到現在都還嚴重很多的南越人民。這些駭人事實的重大意義，不管怎麼強調都不為過。

偶爾還是有一瞥真實的機會。《時代周刊》以回顧美國大兵創傷的方式提出了疑問。這些大兵面對著：

「白天就混進村莊，佯裝成其他越南人的敵人。他們的身分成謎，讓美國人發狂——在不知何處的樹叢裡開槍或是在小徑上鋪管線設地雷的人、洗衣服的婦人、身上藏著手榴彈的孩童。」

我們肯定也能在納粹的新聞裡，讀到他們對巴爾幹半島（the Balkans）有類似的抱怨。

幾乎從來都沒有人察覺到這些事實背後的意義。《時代周刊》竟然還牽扯到莫斯科，稱其「精心策畫」了這樣的「顛覆行動」，如此一來，美國便得派遣部隊來「防禦」南越；這個說法，呼應了學術著作裡捏造出來的想像故事——舉例來說，華特·洛斯拖（Walt Rostow）就堅稱，史達林想辦法「要達到歐亞的權力平衡」，轉而「向東方求助，支持毛澤東，並煽動北韓與中南半島的共產份子。」

從頭到尾在越戰期間，菁英階層對於這份美國的志業，都力表忠誠，除了對轟炸北越的行動有所疑懼之外；他們認為轟炸北越是有問題的，因為此舉可能引進中國和蘇維埃社會主義共和國聯盟，造成衝突範圍擴大，美國可能無法不受影響。根據我們先前引述國防部長麥納瑪拉的備忘錄內容，這才是「最難處理的」問題，也是那些「可敬的」戰爭評論人士眼中唯一嚴重的問題。只有在那種情緒化或不負責任的戰爭評論人士眼中，或者是「各大學學院裡那些不服老、覺得搞『革命』可以回春的孩子」眼裡，大規模屠殺無辜的人，才會是問題。[191] 正正當當過生活的人，則繼續維持緘默、保持順從，一心一意只在意個人私利，只擔心我們最後也可能碰上無法接受的威脅——這樣的立場可是有前車之鑑的。相對於抗議戰爭人士，有兩位評論家解釋道，「正當、愛國的美國人要求——顯然，羅納德·雷根總統已經做到了——要恢復國家驕傲與愛國精神，重申越南造成的反文化（counterculture）所踐踏的價值觀和美德」。其中最重要的美德，就是上街遊行，在領導人執

行必要任務時──例如在中南半島和薩爾瓦多（El Salvador）的必要任務──唱誦對他們的讚嘆。

在越戰十周年的回顧作品裡，戰爭本身不僅遭到忽略，作品還提供了越戰的解讀，完全展露出屈從聽令的程度多大。《紐約時報》嘲諷地寫道美國人民的「無知」，說只有60%的民眾曉得美國「跟南越同一陣線」──一如納粹德國和法國同一陣線，還有蘇維埃社會主義共和國聯盟如今跟阿富汗同進退一樣。由於我們的參與使命是在南越「捍衛自由」（查爾斯‧克勞贊莫〔Charles Kauthammer〕所言），那麼，批評這個就算不完美但是意義崇高之志業的人，一定就是站在河內那一邊。而標準的教義，真的就如此主張；反對美國入侵南越或甚至和北越打仗的立場，卻沒有引起這樣的強力支持──就像反對蘇聯入侵，也不會引發民眾支持阿富汗反抗勢力的封建軍隊，或巴基斯坦，或者美國一樣──這麼基本的事，深受教義灌輸的知識份子必定沒想到。《紐約時報》的回顧報導指控，「部分美國菁英份子」把北越「描述成道德操守的典藏庫」。但是，該報卻沒有提供佐證，或支持這些指控的證據，而是刻意謹慎地略而不談真正的紀錄資料。媒體引述批評和平運動的人，報導他們如何仔細解釋該運動這「可怕提議背後的道德淪喪」，同時，還大篇幅引述了好幾個「前和平運動者」，稱其「跨越了這個意識形態鴻溝」，現在跟雷根幕僚「保守派基督教徒的立場一致」。不過，媒體卻不給這些遭到指控犯了「可怕」罪行的和平運動者機會，讓他們解釋他們本著什麼理念反對美國的侵略與大屠殺行為。媒體也不允許他們評議別人的歷史定位：包含譴責他們反對美國侵略乃「道德淪喪」的人，或者是每當我們要付出的代價太高、便偶爾發聲抗議還對此自吹自捧的人。我們會讀到反戰者「揮舞著道德原則，卻把事情錯綜複雜的特性丟一邊」，只不過，我們卻讀不到這些人要說的是什麼──整個戰爭期間都這樣。當前有種毫無事實根據的說法是：越戰期間，這些有道德原則的戰爭評論人士，都能利用主流媒體。但事實上，這些人幾乎被媒體摒除在外，反而是現在媒體卻一直告訴我們這些人犯了什麼罪過，而從來沒讓我們聽聽這些人真正說了什麼──我們完全可以想見，在一套運作良好，而且目的是保護特權與權威人士不受批判分析的教化體系中，情況就是如此。

《紐約時報》告訴我們，越南「現在活脫就像東南亞的普魯士」，因

為從 1975 年開始，越南就「針對鄰國發動了一系列無情的攻擊行動」；這指的是越南（被柬埔寨騷擾邊境長達兩年之後）入侵柬埔寨，推翻波布政權一事——也就是我們實際上支持但卻要假裝沒有的那個政權。雖然《紐約時報》對於這個行徑有如普魯士、推翻了我們當前紅色高棉盟友的入侵行動，感到震怒，對於越南堅持絕不與波布進行政治協商也感到惱火，不過，《紐約時報》的讀者卻幾乎看不到這些事情的事實報導。順道一提，這些年來，也有國家「針對鄰國發動了一系列無情攻擊行動」——例如以色列在 1978 年和 1982 年入侵了黎巴嫩——不過身為美國附庸國的以色列，自然也承襲了入侵的權利，所以它不會遭到越南因為推翻波布而理當遭受的嚴厲批評；而且不管發生什麼事，以色列入侵黎巴嫩就是「解放」黎巴嫩——當時《紐約時報》就是這樣解釋的，至於黎巴嫩對此的看法顯然無關緊要，該報一定刻意不提。

《紐約時報》承認，美國在中南半島戰爭當中，的確遭受了「恥辱」：「敗仗的恥辱。」我們會以為，要是勝仗的話，就不可恥，而《紐約時報》大概都贊同的入侵與暴行紀錄，並不會引起恥辱感。相反地美國認為，它「干涉中南半島事務」其實是在「抵抗」共產份子；至於我們怎麼「抵抗」那些捍衛自己家園免於我方攻擊的當地人民，這一點，《紐約時報》沒有說明。

美國輸掉了中南半島的戰爭，是「逃避不了的事實」（《華爾街日報》），大致上，在美國也好，在回顧作品當中也罷，這都是一再複誦的不爭事實。事實是更為複雜的，不過，想知道為什麼事實更為複雜，我們就必須跳脫政治宣傳體系的限制，同時得調查豐富的紀錄片資料，因為它們清楚解釋了 30 多年來，美國怎麼規畫中南半島的戰爭，動機又是什麼。這些資料顯示，結論相當不同是很合理的，這是我們要了解的重要事實。

雖然美國並沒有達成他在中南半島的最高目標，不過，卻的確取得了部分的勝利。即使艾森豪（Eisenhower）跟其他人曾提到過越南的原物料，但美國主要在意的，並非中南半島，而是「骨牌效應」——發展獨立運動帶來的示範作用，可能造成「這樣的毒瘤擴散」到泰國以外之處，最後可能還把日本拉進一個把美國排除於外的「新秩序」中。這個威脅隨著美國接下來給大家上了一課，認知到「『解放的戰爭』……耗費巨大、危險而且注定會失

敗」（甘迺迪總統的顧問麥克斯威爾‧泰勒將軍在國會聽證會時所說）[192]，也就得以避開。中南半島的國家運氣好得以生存下來；它們不會在一個不准西方世界擁有剝削自由的架構中取得社會與經濟成功，破壞全球秩序，像美國先前長久擔心的那樣，影響還擴及中南半島以外的地區。在此我們可能要附帶注意的是，即使有實質的證據，支持用這種方式解讀美國的侵略行為，不過這種解讀，在大眾史學或是回顧作品當中卻不存在，因為這樣的概念，並不符合美方人善遭欺的必要形象。我們又再次見識到歐威爾式原則的作用——無知，就是力量。

著手根除中南半島成功發展獨立運動的這個「毒瘤」時，美國接著強行築起並鞏固第二防線。1965 年，美國支持了印尼的軍事政變（除了日本之外，印尼是最重要的「骨牌」），而美國的自由派人士與自由之家都對印尼的「戲劇化改變」，大表讚揚——其中最戲劇化的改變，就是大規模屠殺了數十萬佃農、滅掉了唯一一個群眾組成的政黨——認為這些改變就是證據，說明我們毀滅南越以保護南越的做法是正確的，因而鼓動中南半島的將軍們，防堵任何毒瘤擴散。1972 年，美國支持推翻菲律賓的民主制度，並且用美方偏愛的拉丁美洲模式，建立了以恐怖主義與酷刑為手段的國家，因而避開了菲律賓國家資本主義的威脅。1973 年泰國轉向建立民主制度，引發了一些關切，促使美國減少對泰國的經援、卻增加軍援，替 1976 年於美方支持下發生的軍事政變做準備。從 1954 年開始，泰國在美國的區域系統當中就占了特別重要的分量；當時國家安全會議為了因應《日內瓦協定》，制定了一套東南亞計畫進行顛覆，最後打算入侵整個地區，而泰國就是「樞紐」，當然也就是美國攻擊越南和寮國的主要基地。《五角大廈文件》總編輯雷斯里‧蓋爾伯在他撰寫的《紐約時報》越戰回顧專文中，引述了政府與學界「政策分析師」的說法，認為戰爭結束十年後，儘管「南越戰敗」，但「美國在亞洲的地位」是第一次世界大戰以來「最為強大的」；他們認為，「泰國與中南半島……有辦法在政治上、經濟上還有軍事上團結起來，擊倒共產份子的叛亂行為」，就像同菲律賓和南韓，也是在 1972 年受惠於美國支持的軍事政變那樣。企業傳媒在幾年前，也就是越戰晚期時，也提出過同樣的看法。

簡而言之，美國贏得了地區性的勝利，甚至還在一片百廢待舉的中南

半島，贏得了實質的地方勝利。因為佃農組成的革命軍隊被瓦解，農業社會完全被摧毀，美國在南越的勝利別具意義。保羅・昆佳吉說，「位於西貢外革命態度死硬的古芝區（Cu Chi），派了 16,000 名男女替民族解放陣線打仗。大約 9,900 人再也沒回來。」這種故事，在南方比比皆是。「人員的死亡，造成新政權的政治斷層」，他補充道。「在南方，受過訓練、有紀律，應該想為國家奉獻的年輕核心人員，都被消滅了，當前政府沒有人才。在南方的許多地區，這樣的人幾乎是一個也不剩。……而且人員傷亡，還進一步對國家有限的財政和組織能力造成負擔。」美國在南越清一色農村社會——向來被視為主要敵人——取得的勝利，替後來北越的接管，奠定了基礎（多年前被嘲諷不堪的和平運動文章中早就如此預判過了），這一點，被美國支持越戰的偽君子們拿來「證明」，這個預期結果顯示出越戰是一場對抗北方侵略者的正義「南越保衛戰」。至於在各城市裡，數百萬難民湧入，運氣好的跟為了錢什麼都幹的人，靠著美國的救濟金過活；救濟金的多寡，跟越南已經被破壞殆盡的生產力不成比率，徒留下一個可以輕鬆怪罪到共產份子頭上，幾乎沒有解決方式的問題。美國全面入侵時，革命軍隊在許多農村地區已經取得了勝利，他們主要靠的是吸引農民的訴求——關於這一點，以美國政府內部人士或親近人士作為消息來源的學術著作，便有如此記載（《越戰初期》〔 *"The Early Stages"*〕，186 頁）。不過，《紐約時報》亞洲特派記者福克斯・巴特菲爾德（Fox Butterfield）說，「許多（該份著作的）說法，都被新春攻勢之後的各個事件推翻了」；巴特菲爾德這麼說，不過是不想正面提到美國在新春攻勢之後的大規模屠殺行動中，以其狂暴行徑，反轉了越南革命軍隊的政治勝利。

美國在中南半島慘遭「戰敗」，是那些野心無窮的人肯定會有的看法；他們認為「戰敗」一詞係指我方只有達成主要目標、而某些小目標卻仍達成不了。一部分藉由這樣的說法，一部分透過官方政治宣傳建構而成、意識形態機構又加以傳達的「捍衛自由」的目標，我們就可以理解，為什麼媒體的回顧和類似的評論，都認為美國算不上「戰敗」。

戰後美國政策的制定，就是要讓中南半島遭逢極致的苦難與壓迫，以確保美國的勝利能維持下去，這又引發了美國國內更幸災樂禍的心態。既然「破壞是相互的」，在紐約、波士頓、永隆、廣義省，還有石缸平原走一遭

我們就看得出來，那麼，我們就有權拒絕提供修復、援助與貿易行為，同時阻止他們獲得發展基金。美方虐待越南的程度，還有大眾對此施虐行為的（無）反應，都很值得注意。1977 年時，印度想運送 100 隻水牛給越南，添補遭到美國暴行摧毀的牛群，美國以取消「糧食換取和平」援助（"food-for-peace" aid）為要脅予以抵制，而新聞媒體則刊登了柬埔寨農民拉犁的照片，證明共產份子的野蠻；此案例中的照片，可能是泰國情報單位偽造而成的，不過無疑地，整個中南半島都流通著真正的照片。卡特政府甚至拒絕提供稻米，給農耕系統遭到美國恐怖轟炸摧毀的寮國（雖然表面上還自私自利地裝出很願意提供稻米）。 1983 年樂施會美國分會想要運送 10 座太陽能幫浦到柬埔寨作為灌溉之用，不得而行；1981 年，美國政府還想辦法阻止了基督教門諾會（Menonite Church）運往柬埔寨的學校耗材以及教材教具。[193]

《基督教科學箴言報》有一則篇幅極小的報導提到，根據外交消息人士透露，越戰後，美國阻止國際糧食運送到遭逢饑荒的越南，利用食物當成武器，「懲罰越南占領柬埔寨」。兩天過後，《紐約時報》特派記者亨利・卡姆寫了一篇長文，總結他擔任亞洲外交事務主任通訊員之行的見聞，文中他「難過地」評論了中南半島「大幅降低的生活品質」；他提到在越南，基於某些沒人說明的原因，「連勞務用的動物都幾乎看不到」，這跟中南半島其他地區「雖然在許多方面還不平均，不過持續攀升中的生活水準」，可是天差地別。他有辦法在這篇 35 段的文章當中，完全不提這場美國戰爭的影響，或者戰後美國「榨乾越南」（bleeding Vietnam）——《遠東經濟評論》（Far Eastern Economic Review）精確地這麼稱之——的政策。

電視上主要的越戰回顧作品，就是 1983 年 PBS（公共電視公司）的得獎節目《電視談歷史》（Television History）了；這是跟英國與法國電視台聯合製作的系列紀錄片，共分成 13 集。1985 年時，又加播了一集紀錄片〈越南評論〉，將「媒體確實報導組織」的評論納進來，同時也納入針對這兩部紀錄片的偏鷹派立場討論。這個節目引起的爭議論辯，有非常清楚的討論範圍。其中一個極端立場，主張公共電視這系列紀錄片既公平又準確；另一個極端立場，則聲稱紀錄片呈現出的「這一場戰爭，一邊是胡志明領導，善良的民族主義者，另一邊是想辦法要壓制南越人民的合理抱負，邪惡的帝國主義美國人」（媒體確實報導組織總裁里得・爾灣所言）。節目主持人，也就是「中間

立場派」，在總結的時候強調，「當國家整體來說、總算允許自身仔細審視有史以來輸過的唯一一場戰爭時，呈現彼此相互衝突的越戰觀點」，是一件很重要的事。我們不會檢視美國線上的評論內容，也不談重申許多我們已經討論的那些指控的「辯論」（例如爾灣徹頭徹尾就是在說「敵人是如何利用我們自由且不被控制的媒體，達到他們自己的目的」，也就是說通過媒體，把新春攻勢描述成「我方而言的一場敗仗，但實際上，這明明是我方非常傑出的軍事勝利」）。在此更切中要點的，是 PBS 這系列紀錄片的內容，及其姊妹作書籍如何定調越戰的批判分析：稱越戰之目標就是「捍衛南越獨立」，是一場雖然目標「崇高」，但卻「不切實際」，而且「任務失敗的十字軍東征」。[194]

關於這場美國的戰爭，PBS 的系列紀錄片，倒很有意地要維持中立報導，提出各方說法，不選邊站。但有別於此，此紀錄片處理法國人的方式卻嚴厲地多，視其為殘暴的殖民主義者，連裝模作樣表示中立都沒有。彼得・畢斯金（Peter Biskind）這麼評論道：

「雖然旁白提到胡志明與其黨羽時，只要他們對抗的是法國人，便以『反抗軍』、『民族主義者』，或是『越南反抗勢力』稱之，但美國人一來之後，這些人都一律都成了『共產份子』，不然就是只稱『敵人』。用『法國人選的花花公子帝王』描述保大皇（Bao Dai），不過，稱呼阮高祺及阮文紹時，就只用『政府』。說剛剛從日軍戰俘營放出來的法國部隊，『發狂似地逮捕、攻擊越南人』，但面對美國部隊涉及水布（Thuy Bo）事件，卻不能確定這算不算大屠殺。」

這系列紀錄片第四集裡的結論旁白，就是 PBS 致力維持平衡報導的絕佳例子。該集報導的是 1964 到 1965 年間詹森總統擴大戰爭規模以及 1965 年中期南方首次有北越軍隊出沒的事。播放完林登・詹森總統與其他美國政府發言人的資料畫面後，節目旁白這麼說道：

「詹森稱這為入侵。河內則管這叫解放。1965 年秋天，三個北越軍軍團在中央高地集結。距離詹森宣布美國繼續致力保衛南越，已經過了快兩年。距離胡志明宣布要繼續解放南方，已經過了快兩年。現在，兩邊的軍隊準備打仗。……美國在這場德浪河谷戰役，首次遭遇到北越人正面迎擊。B-52s 轟炸機頭一次支援地面部隊。對美國來說，越南頭一遭便成了一場新的大戰。」

在此，我們看到了「平衡報導」，只不過這是很特別的平衡報導。我們或許相信，就詹森的說法，北越正入侵南方，或者就胡志明的看法，北越打著一場要解放南方的仗。但我們或許不會相信美國正在入侵南方——兩集之後，我們會看到，從 1961 年開始，南方就遭到我方不斷轟炸。相反地，我們肯定會預設的是：美國致力「保衛南越」，而這是個不需要辯論的既定事實。

我們可以觀察一下前一年（1965 年）夏天五角大廈的說法，來評估這種「平衡」操作。1965 年夏天，也就是美國開始固定轟炸北越後的五個月，五角大廈預估，當時派過去的 60,000 美國士兵，面對的是 48,500 人的攻擊軍力，其中 97% 是南越的游擊隊（也就是所謂的「越共」）。德浪河谷戰役發生後幾個月，於 1966 年 3 月時，五角大廈說，南方的北越軍有 13,100 人、連同 225,000 名越共，而與其對抗的美國部隊有 216,400 人，還有 23,000 人的第三國部隊（其中多為南韓軍隊），這還不算 690,000 人的越南共和國軍。考慮到這些事實以及先前的歷史，那麼，好像就有可能想像出一種與這裡建立起來的思考框架相悖的觀點，一個更清楚精準的觀點：美國在加強對南越的攻擊。不過，這個觀點，超過了從頭到尾運作方式都大同小異的「平衡」報導，因此整系列紀錄片，在探討最關鍵而基本的重點時，又被打進熟悉的國家政治宣傳體系之中。因為無從想像，所以根本不會有批評這就是外國侵略行為的立場（意指美國侵略行為顯然是越戰核心元素），即使我們或許會勉強承認，「美國在南方的存在，對河內的共產份子來說，就是另一種外國侵略的行為」（紀錄片第四集）。紀錄片沒有讓南方的民族解放陣線表達對此之意見，而當集紀錄片則以詹森總統的強烈宣言，畫下句點。

倒不是紀錄片完全都不呈現這些事實。第五集（《美國接手》〔"America Takes Charge"〕）的開場白，就用了美國大兵的一段話，描述在這個顯然是「他們自己的國家」的戰場上，「越南共和國軍和越共，明明是同樣的民族、同樣人種、同樣文化，可是一邊像懦夫，另一邊卻好像面臨極大劣勢也要奮戰」。一位美國少校論及平定省的問題時說道，這個省自 1946 年以來「從來都沒有真的被統治者善待過」，而是都在「越共的控制之下」，這迫使美國不得不訴諸「強大火力」，把濃密的叢林炸成「荒蕪之地」。不過，紀錄片卻不能表達、也無法看出這種事實意味的簡單真相。

在 1967 年 1 月水布村發生的屠殺事件上,我們也可以看到呈現「雙方說詞」時維持的平衡報導。該影集的英國製作人馬丁·史密斯(Martin Smith),曾被帶去看過這個現場;村民們聲稱,這是許多美萊村式大屠殺案的其中一件,總共有 100 名婦女和孩童慘遭殺害。有別於 PBS 實際呈現出的這個「平衡報導」畫面,福克斯·巴特菲爾德則報導,參與本系列紀錄片製作的英國人,認為「海軍陸戰隊(對水布村)的攻擊,應該算是戰爭罪。」在此沒能維持「平衡報導」,是為了符合參與製作工作的其中一名製片所表達的立場。據其表示,這個「更道德主義式的立場, 亟欲強調戰爭不道德的面相,而不願從新的角度看待戰爭」。新的角度,顯然會剔除掉更道德主義式的立場。在這一集中,海軍陸戰隊訴說著他們攻擊越共守衛的村莊的故事,接著村民(村民的話占了逐字稿中的 35 句話,對比海軍陸戰隊的 90 句話)則訴說與此牴觸的另一個故事版本,當中海軍陸戰隊屠殺了受傷的百姓以及被逮的平民。這一段影片,以海軍陸戰隊士兵描述的「尋常程序」作結:我們「放火燒了他們的爛茅屋、(用手榴彈和步槍)解決掉越南老百姓的不幸,然後再把動物、豬隻以及雞群弄得四處逃竄——就像我們平常會做的那樣」,尤其是我們在戰場已經忍受惡劣環境三天了。」

紀錄片的記事繼續按照一樣的路線。我們會聽到「美國戰機投擲在南越的炸彈數量,是轟炸北越的六倍」,還有「大部分的敵軍部隊,都是南越當地人」(第八集)。只不過,紀錄片中並沒有提出結論,唯一說的是美國轟炸越南的目的——轟炸行動執行得莫名其妙,而且「炸彈量還是第二次世界大戰投在德國與日本的兩倍」——就是想要「阻止北越將士兵與補給運到南方。」然而,根據美國政府表示(第七集),1967 年一整年,還是有 140,000 北越人成功進入南方,此數量大約是南韓傭兵的一半,跟摧毀南越的美國兵相比,更是九牛一毛。

鳳凰計畫的負責人威廉·柯比(William Colby)在紀錄片中長篇大論地為這個政治暗殺計畫辯解,否認這是一樁暗殺計畫。而且為了維持平衡報導,片中還加進了軍方評論人士與平民援助人員談到顯然有隨機殺人與虐待情事的說法。這些後新春攻勢的軍事行動,都沒有人提過。1968 年尼克森選完總統後,美國開始全力展開大規模屠殺行動,「越戰繼續打」,而我們得到的訊息是:「(殺人的)武器是越共的火炮,受害者是(遭到越共害北越人民殺

害的）峴港百姓」。

　　1972 年 10 月談判破裂之後，我們得到的訊息是「北方又再次拒絕協調」——換句話說，在要求簽署協定時，有一件事實遭到忽略了；而「南越也一樣不接受這個協議」，美國又祭出逃避責任時常用的手法（詳見本書〈巴黎和平協議〉第 290 頁）。紀錄片中提到了 1973 年 1 月的協議條件，不過卻沒有指出，美國政府立刻宣布不打算承認協議內容，而且也真的這麼做了。相反地，我們聽到的是「對北越人民和越共來說，他們的掙扎還沒結束」，因為，「越南依然是分裂的。」但一如我們討論過的，事實並非如此。兩集之後（第十二集），紀錄片更精準地陳述了事實，但只是簡短帶過，而且，還低調處理美國的角色，僅意有所指地帶到：「美國還是不會放下南越」，旁白如是說。可片中沒有提及的是，美國不放下越南政府——美國政府和 PBS 認為越南政府即南越——就是明擺著違反在巴黎簽署的那份協議啊。

　　「不管他們對戰爭的看法為何」，旁白補充道，「大部分的美國人現在都相信，越戰付出的代價，實在太高了」，尤其是美國人性命的損失；「他們相信，不該再有美國人為越南而死了。」其他剩下的美國人只有一種，那就是覺得「應該有更多美國人為越南而死」才對的人。說美國人為越南而犧牲，概念上就好像是說俄國的男孩們為了阿富汗而犧牲一樣，不過，察覺出這個事實的人，還有不僅僅因為戰爭代價過高、同時還因為入侵本就不對所以反戰的那些人，都不算是美國人。

　　如同各個媒體的回顧作品一樣，在這部紀錄片裡，反戰行動沒受到什麼關注。雖然片中引述了一些行動派人士的話，不過他們也只能討論戰術策略的問題而已。就連顯然是受到這部紀錄片青睞的反戰人物尤金・麥卡錫（Eugene McCarthy），在紀錄片裡都只說「我想，我們參與這場戰爭有什麼問題，這一點相當清楚」——這樣的處理也算還可以了，反正媒體最鍾愛的這號鴿派人物，評論戰爭從來都不是很認真，而且沒能取得政治權力後，他就消失在螢光幕前了，這也再次證明，他要的，不過是政治權力而已。這部紀錄片，讓詹姆士・費羅（James Fallow）描述了當時的「時代風氣」：「一個不痛的解決辦法，就是以體位不符為由，不要去當兵。」在真實的世界裡，這個立場幾乎不能定義「時代風氣」，不過費羅的立場，是「時代風氣」的一部分。比起由數千名年輕人組成、有原則又勇敢的抵制勢力來說，這個

「風氣」，更受到主流觀點接受，而抵制勢力那種令人無法忍受的現象，也就被紀錄片抹除了。就像彼得‧畢斯金點出的那樣，儘管花了那麼多功夫要「平衡報導」，「儘管（這部公共電視系列紀錄片）立場偏鴿派而非鷹派，但紀錄片的政治宣傳內容，是右派定調的，而非左派」，與菁英觀點一致。

畢斯金回顧了這部公共電視系列紀錄片後總結道：「事實是，這場戰爭是犯罪行為，不是悲劇。這部紀錄片缺乏直說的信念，才是悲劇。」大致上，我們也可用同樣的話，回應關於越戰的回顧評論。雖然這場戰爭是「悲慘的錯誤」，不過並非「根本上有錯而且不道德的」（一如絕大多數美國人繼續相信的那樣），而且這場戰爭，當然不是有罪的侵略行為——如果要負起責任的主事者不是美國、也不是美國的盟友或附庸國的話，類似的證據，早就可以判斷這場戰就是有罪的侵略行為了。

我們的重點，並非這些回顧作品沒能做出——我們認為而大部分民眾也認為的——顯而易見的結論；更具意義與啟發性的一點是，對這個「根本上有錯而且**不道德**」的戰爭，或者，對這個完全是有罪——戰爭罪——的侵略行為的戰爭，我們**無法表達**出有原則的反對立場。這種反對立場，不在討論的範圍之內。這種有原則的批判從何而來，媒體上無法探究，也不能做出結論；連提出來讓反對的人駁斥的機會都沒有。相反地，這個觀點，連想像都想像不來。

這一切，又再次讓我們清清楚楚、明明白白地看到，對遭到動員的媒體來說，要當一個提供訊息與討論、不受國家權威和菁英利益左右的自由體系，是多麼陌生的一個概念。

第 6 章

中南半島戰爭（二）：
寮國和柬埔寨

1954年的《日內瓦協定》提供了一套在寮國與柬埔寨可用的政治解決方案。不過，這兩個國家都被捲進美國對中南半島的攻擊行動中，後果損失慘重。就這兩國為例，媒體是導致這個結果的重大推手。

寮國

　　跟在越南一樣，美國在寮國也致力於阻止政治解決方案—這是葛蘭姆・帕森斯大使（Ambassador Graham Parsons）於國會聽證會上的誠實描述；他說，「我花了 16 個月的時間想方設法要阻止聯盟。」美國違反《日內瓦協定》的，在寮國建立了一個偽裝成民間團體的軍事代表團，由一位化身平民的將軍帶領，同時美國為了培植其控制實力，還不斷提供援助。其規模之大與目的之明確，由一項事實便可分曉——寮國「是世界上唯一由美國贊助 100％軍事預算的國家。」

　　然而在 1958 年，寮國歷經一場史上唯一一次稱得上是選舉的選舉過後，便成立了聯合政府。儘管美國多方努力，還是由左派輕鬆地贏得了選舉。巴特寮（Pathet Lao）游擊隊的 13 位候選人當中，有 9 位贏得了國民大會的席次，另外 4 個席次則是偏左中立派人士的候選人（葛蘭姆・帕森斯大使稱

這些人為「伴隨者」）。這麼一來，「共產份子或伴隨者們」，搶下了 21 席中的 13 席。其中得票數最高的是巴特寮的領袖，蘇發努‧馮親王（Prince Souphanouvong），他也當選為國民大會主席。

很快地，美國施加的壓力——包含最關鍵的撤銷援助——造成一場推翻政府的政變，領軍的是一位「親西方世界的中立派份子」，他誓言效忠「自由世界」，並宣布他打算解散巴特寮的政黨（寮國愛國戰線〔Neo Lao Hak Sat, 或簡稱 NLHS〕）、不再遵照成功建立了聯盟的協議。此人接著遭到美國 CIA 最愛的布米‧諾薩萬（Phoumi Nosavan）這位極端右翼將軍推翻。美國的附庸政權贏得 1960 年的選舉之後——這場選舉舞弊手法之粗糙，連最親美的觀察人士都不敢置信——內戰就爆發開來了：一邊是受蘇聯和中國支持、幾乎涵蓋極右派之外的整個政治光譜的聯軍，另外一邊則是美國支持的極右派。美國政府的評估認為，「到了 1961 年春天，寮國愛國戰線顯然已經站穩接管整個國家的地位」，主要原因是它控制了鄉村，在鄉村地區「認真打造出大概控制了國內一萬個村莊的組織」——堅決反共的澳洲記者丹尼斯‧華納（Denis Warner）如是沮喪地說。這個問題並不陌生：美國及其附庸政權，雖然軍事上很強，但是政治上卻很弱。

美國認知到自己的政策亂七八糟，所以同意要參加一場在日內瓦舉行的新會議，1962 年，會議提出了一份新的解決方案。這份協議也很快就失敗了，而寮國的內戰隨即恢復，只是陣容有變，而且，在當時越戰規模擴大的時空背景下，美國及其盟友還有北越，對寮國內戰的干涉都因此加劇。美國於 1961 年開始展開祕密軍事行動，於 1964 年初開始進行例行轟炸行動：美國在開始例行性轟炸北越的前幾個月，就已經於 1964 年 12 月針對寮國北部啟動了桶滾行動（Operation Barrel Roll）。1966 年，美國加強了針對寮國北部的轟炸；自 1968 年起，因為美國對北越的「轟炸中止」，所以，美國大力轟炸寮國北部，強度教人不可思議——事實上，這就是重新部署轟炸的行為，轉派戰鬥機摧毀寮國。

媒體在這一段相對初期的時間，報導寮國的新聞有時候是很大量的——《五角大廈文件》的分析師提出，1961 年《紐約時報》中的寮國報導量，是越南報導量的三倍以上。只不過報導的內容卻往往很荒唐。舉例來說，切斷援助這個讓美國於 1958 年推翻寮國民選政府的主要因素，「從來沒有出

現在這份全國性報紙當中」，該報幾乎不提這些事件，而是刊載那些反映出華府謊言的誤導視聽評論。伯納德・佛爾還語帶譏諷而且鉅細靡遺地披露一些比較荒謬的事件，以激起憤怒的虛構故事製造重大危機，好讓美國進一步介入泰國和中南半島事務。針對大致是編造出來的共產份子軍事行動，約瑟夫・艾爾索普（Joseph Alsop）的激昂報導，特別值得注意。

隨著越戰升溫，狄恩・陸司柯這麼說道，寮國變成了「越南這隻豪豬身上唯一的一顆疣」，而華特・漢尼（Walter Haney）則用了「串場表演型的戰爭」（"sideshow war"）稱之，而下一個就輪到柬埔寨了。隨著這場「串場表演型的戰爭」態勢加劇，媒體的報導卻變少。事實上，有三場明確的美國戰爭：攻擊寮國南方胡志明小徑（Ho Chi Minh trail）的轟炸行動；攻擊寮國北部農村社群的轟炸行動——美國政府承認這跟南越的戰爭並無關聯；還有「祕密戰爭」——一邊是受美國 CIA 指揮、由寮國山區部族組成的傭兵部隊，一邊則是以類似美國引進泰國與其他傭兵的規模，由北越出兵支持的巴特寮。媒體有報導寮國南部遭到轟炸的新聞；祕密戰爭以及寮國北部的轟炸行動，則未獲報導；媒體只報了北越入侵的傳聞，而且往往都是胡謅，也未加批判分析。[195]

1968 年 7 月，《世界報》的東南亞特派記者賈克・德柯諾瓦（Jacques Decornoy）發表了一篇親眼所見的長篇報導，說寮國北部遭到轟炸，已經變成「……沒有聲音的世界，因為周遭的村落都不復存在了，住民則躲到山裡住……無論白天或夜晚，探出身來都相當危險」，因為無止境的轟炸，就是要「用科學的方式毀滅敵人占領的地區。」他描述了美國空軍在 1965 年 2 月首次轟炸的桑怒區（Sam Neua），說該區首府剩下「靜止的殘壁斷垣和人去樓空的房子」。這個「人口中心」，大部分都被炸成了「一片平地」，而他抵達的時候，看到濃煙從最近才遭到榴彈空襲的破屋斷瓦中散出，還有城市裡到處都是「巨大彈坑」、「遭到炸毀」的教堂與屋舍，還有用來最大化百姓傷亡的殺傷彈所遺留的支離碎片。以這座城市起算，30 公里之內「村莊與小聚落的房屋，無一倖免。橋梁被毀，一路延伸到河流的田地上，都是彈坑。」德柯諾瓦報導過後，我們可以肯定，空軍美國就是下令殘暴攻擊寮國北部的百姓社群。這些駭人摧毀行動的新聞報導，媒體都知道，但是他們略而不報，或者更確切地說，他們都把這些新聞壓了下來。這個後來被描述

成「領導階層戰」底下的「祕密轟炸」行動，的確是「祕密的」，原因不只是外界指控的那樣，美國政府說一套做一套，同時還因為新聞媒體與之共謀。

媒體不僅僅沒有刊載資訊報導美國攻擊毫無防備的平民社群，或者想辦法進一步自己進行調查，而且就算難得提到轟炸行動，它們還是繼續提供明知不正確的脫罪說詞。1969 年，媒體開始報導轟炸寮國的行動時，它們的說法是，轟炸行動針對的是北越人滲透到南越的必經路線（「胡志明小徑」），接著，它們說美國的飛機是替寮國政府軍隊提供戰技支援，對抗北越的侵略者——這跟德柯諾瓦親眼所見與報導的內容大有不同，用了一個更能讓人忍受的方式，訴說教人無法接受的事實。[196]

就只拿《紐約時報》來說吧，1968 年一整年間，除了幾則很小的新聞報導了巴特寮的怨怒之言（1968 年 12 月 22 日跟 12 月 31 日），完全沒有提過轟炸寮國北部的事。1969 年 5 月 18 日，《紐約時報》報導了美國在寮國的轟炸行動，聲稱那是「針對北越人派遣人力與補給物資滲透進南越的路徑，包含所謂的胡志明小徑在內。」一份 6 月 12 日的報導則聲稱，「美國的飛機轟炸寮國境內所有的目標，特別是沿著胡志明小徑轟炸，目的是要擾亂寮國境內共產份子領軍的反抗運動，也就是巴特寮黨羽，同時阻斷敵軍往南越的補給物資運送線。」查爾斯．莫爾於 7 月 16 日報導，提到美軍的轟炸行動「是針對北越取道寮國進入南方的滲透路線。」一份 7 月 28 日的新聞提到「美國一天派 200 架次的飛機轟炸寮國東北部」，目標是北越軍隊；8 月 2 日，赫德立克．史密斯來自華府的報導還補充說，美國「一直在轟炸（寮國境內的）北越人聚集處」。8 月 25 日，T．D．奧曼（T. D. Allman）的報導則說，轟炸突擊是「戰術支援」，協助對抗北越人的政府軍隊，同時「對整個寮國東北部的共產份子陣地，進行擾亂攻擊」；擾亂寮國東北部共產份子陣地的說法，是我們頭一遭聽到官方說法以外的報導。9 月 7 日出現了進一步的報導，提到美國空軍進行戰術支援「要切斷北越人的物資補給路線」，接下來奧曼報導，政府以「泰國士兵加入陣營而強化」的軍力，同時靠著「寮國史上最強大的美軍空襲轟炸行動」，發動成功的攻勢（9 月 18 日）。接著，來自華府和永珍的報導（9 月 19、20、23、24、30 日），證實美國空軍提供戰術支援，協助政府的攻擊任務，同時還轟炸北越人的滲透路線；其中包含了

9 月 23 日法新社（Agence-France-Presse）報導「美國飛機轟炸巴特寮地區」的新聞稿，由此內容可推知，轟炸目標遠不只滲透路線與攻擊行動而已——這一點，在巴黎與永珍都是眾所皆知的事了，但《紐約時報》卻還沒報導。

　　簡而言之，雖然我們知曉寮國北部的恐怖空襲轟炸，不過此事仍不在宣達內容之內，而且至少可以說，針對此事的報導大致上都輕忽處理，而且嚴重誤導視聽。艾爾特曼認為，直到 1969 年為止，寮國與柬埔寨的戰爭，在媒體上簡直「看不到」，只有左派報紙《國家衛報》例外，它們在事發之時就大篇幅報導了。

　　《紐約時報》終於在 1969 年 10 月 1 日，引述了戰爭期間主要在海外提供珍貴報導的 T・D・奧曼的說法，提出「美國現在主要的攻擊目標」是「反叛軍的經濟與社會結構」，而且美國的轟炸，已經把人民趕進了山洞和隧道，他們白天就躲在裡面，如此一來，巴特寮只剩越來越少的人，那麼要「打這場『人民的戰爭』」就很困難。他寫道，既然「美國有辦法幾乎是隨意地摧毀任何城鎮、橋梁、道路、以及敵軍士兵或地方百姓的集中地」，那麼領土控制現在就沒那麼重要了。[197]

　　這項消息在不大的和平運動圈子裡早就眾所周知，但主流新聞媒體卻刻意隱瞞，如今雖然已經證實，但卻沒有獲得特別關注。接下來幾個月，CIA 的祕密軍隊橫掃了石缸平原，清空了永珍附近地區所有剩下的平民百姓；那些地方的人還有他們悲慘的故事，大多不見於擁有龐大受眾的媒體，不過，別處倒是看得到。

　　會說寮國話的美國人華特・漢尼蒐羅彙編了詳細的難民訪談，被美國駐寮國大使威廉・蘇利文（William Sullivan）評為「認真用心之作」。他引用了一名在寮國的聯合國官員評論，認為那是「陳述轟炸最簡潔的講法」：

　　「到了 1968 年，轟炸行動的強度，已經到全面大亂村莊生活的地步。隨著 1969 年轟炸行動到達頂峰，每天都有噴射機空襲，摧毀一切固定的建物，村莊聚落先是遷移到周邊外圍地區，然後一步步往叢林深處退。所有的建物都倒了。村民住在壕溝、地洞，或是山洞裡。他們只能在晚上耕作。（每一位）線民，都害得他們那一村徹底遭毀，無一例外。到了最後階段，轟炸行動的目標，就是全面摧毀平民社會的（物質）基礎。」

甘迺迪政府小組委員會所做的一份幕僚研究認為，美國轟炸行動的主要目的，是「摧毀（巴特寮占領地區）的實體與社會基礎結構」，而事實記載顯然也支持此一說法。

　　西方世界的記者也做了寮國北部遭毀的第一手目擊報導，不過都刊載於海外媒體。T・D・奧曼於 1971 年年底親自飛到了石缸平原報導，他說「那裡什麼都沒有了」，而「用來消滅標的區域裡所有人類生命」的燒夷彈和 B-52 轟炸機的飽和式轟炸攻擊，把「那裡蹂躪殆盡」；「地上所有的植被，都遭到摧毀，還有，彈坑的數量，真的數也數不盡」，而且彈坑在一塊又一塊看不到盡頭、被反覆轟炸的土地間，往往連辨識都很難。同一時間，《華盛頓郵報》刊載了空軍部長羅伯特・希曼斯（Robert Seamans）來自寮國北部的聲明，他說，「我沒有看到任何無差別式轟炸的證據」；「凶狠的」是北越人，寮國人民沒有「反美——這與事實相反」。1970 年，會說寮國話的澳洲記者約翰・埃佛林罕（John Everingham），行經「一個又一個垂死的（苗族）村莊」，裡面的部落族人「天真到相信 CIA」，被 CIA 說服加入祕密軍隊，在「一半以上的土地都被炸成焦黑廢土，人人看見天空就怕」的寮國廢墟裡，搭上「『開向死亡的』單趟直升機之旅」；「一切建物都倒了，什麼都死了，共產份子若接手什麼也得不到。」除了極小型的和平主義新聞媒體之外，沒有任何一家美國日報有興趣刊載埃佛林罕的報導，不過，之後媒體會對悲慘的苗族遺族面臨的苦難，表示悲嘆，把苗族當成「共產主義受害者」的示範例子。1970 年，《曼谷世界報》（Bangkok World）刊登了一篇《美聯社》針對美國「消滅」城鎮轟炸行動的報導；到了 1972 年，這樣的報導偶爾才出現在美國的報紙新聞中。[198] 之後，納彥・禪達（Nayan Chanda）造訪了石缸平原，在國外報導的他說，從空中看，平原「就像月球的地表，滿布彈坑像長了麻子，赤裸裸的見證了戰爭的那些年」，在美國飛機「『祕密』轟炸的六年」期間，這塊「有住民也有建築的地區，就這麼遭到剝蝕」；「從地面看，死亡與毀滅的景象更是無所不在」，包含被媒體忽略的那些難民先前描述「已完全被夷為平地」的省會。接續戰爭期間美國志工的工作，長期在寮國擔任援助工作的工作人員，企圖把有關戰後寮國情況的資訊，傳達給媒體——這麼做幾乎沒用——他們私底下告訴我們，《紐約時

報》的記者，「只取持平陳述中的負面說詞，不然就是用刪略的方式」，並且以其他類似手段嚴重扭曲他們的說詞。

美國政府在官方立場上都否認這一切，就連事實遭到披露，而且在意此事的閱聽大眾也多少了解細節之後，還是繼續欺騙。很多人認為美國在寮國戰爭是「一場勝仗」（參議員賈各‧賈維茲〔Senator Jacob Javits〕和史都華‧賽明頓〔Stuart Symington〕），或甚至是「一場了不起的勝仗」（前 CIA 駐寮國官員湯瑪士‧麥考伊〔Thomas McCoy〕）。

一些在寮國的美國志工針對難民報告所做的大量分析，無論在規模和謹慎度上，都跟隨後針對柬埔寨難民的研究不分軒輊。柬埔寨的難民在紅色高棉接管過後，受到西方世界媒體的大量關注；他們的故事既讓人不寒而慄，而且還跟美國持續進行中的軍事行動高度相關。不過志工們的難民報告分析資料，幾乎沒有人關注，大多刊在非主流媒體，幾乎被漠視，很快就被淡忘；這項恐怖行動的施為者，對教條體系的需求而言，是不恰當的。媒體在 1968 年沒能趁著資料唾手可得時報導這些事實。還有，媒體在 1969 年後期之前，沒能趁著這些事實想否認也否認不了時，進一步調查真相——這些因素，導致欺騙大眾的手法成功，而摧毀行動得以繼續進行。

戰爭結束之時，美國廣播公司新聞頻道評論員哈利‧里森納（Harry Reasoner）說，希望寮國及其「溫和的人民」，歷經了「美國的胡鬧和北越人的殘暴入侵」之後，能重回和平。「美國的胡鬧」包含了摧毀寮國北部「反叛軍的經濟與社會結構」，在也許沒有復原可能的地區殺死不知其數的人民，還有殲滅被美國 CIA 收編、然後一旦無利用價值用就被滅族的苗族人民。「北越人的殘暴入侵」卻一點也比不上這些行為——話說回來，北越人的入侵的確有暴行：1968 年 3 月，在北越邊境處，一座用來指揮北越轟炸行動以及美國領導之傭兵軍事行動的雷達基地，有「12」名美國空軍成員，「慘遭殺害」。

寮國的戰爭結束之時，《紐約時報》做了回顧，總結共有 350,000 人、相當於超過 1/10 的寮國總人口死於戰爭，另外還有 1/10 的人口，在這場「交戰的外人讓寮國同胞相殘加劇的衝突」當中，流離失所。要不是這些「外人」，也許聯合政府在 1958 年就已經了結這場「同胞相殘的衝突」了。美國從頭到尾都扮演著決定性的角色，但美國的角色，除了出現在一些

混淆視聽的評論裡，所謂的歷史分析卻完全忽略之。即時事情過了那麼久，
《紐約時報》還是繼續假裝美國的轟炸目標是北越的補給路線——除了這
點，其他什麼也沒提。關鍵的真實歷史事件，也不見蹤影，不然就是遭到嚴
重曲解。後續的報導也往往泯除了美國角色，聲稱寮國戰爭造成的毀滅與共
產份子得負起全責的戰後「問題」，都跟美國無關；根據毫無爭議的史實，
此舉可謂忝不之恥的逃避。

政治宣傳模式又再次地透澈解析了不光彩的新聞紀錄。

柬埔寨

「種族屠殺的十年」

幾乎沒有幾個國家比 1970 年代的柬埔寨遭遇更慘。企圖評析發生了什
麼的芬蘭調查委員會用「種族屠殺的十年」稱呼這段期間。這十年分成三個
階段，而且還延伸到被那段可怕的時間影響甚鉅的現在：

第一階段：從 1969 年倒 1975 年 4 月，美國的轟炸已經到了史無前例
的程度，同時，靠美國支撐的內戰，把這個國家搞得完全像個廢墟。雖然美
國國會在 1973 年 8 月時立法終結了轟炸行動，但是，美國政府在 1975 年 4
月紅色高棉贏得勝利之前，都未曾中斷參與持續的屠殺行動。

第二階段：從 1975 年 4 月到 1978 年，柬埔寨受到紅色高棉（民主柬埔
寨）的殘暴統治；紅色高棉於 1978 年，被入侵柬埔寨的越南人推翻。

第三階段：越南在柬埔寨成立了韓桑林（Heng Samrin）政權，不過，以
紅色高棉黨羽為主要成員的民主柬埔寨聯盟，在國際上還是受到除了蘇聯集
團之外的承認。在中國與美國的協助下，紅色高棉游擊隊，也就是民主柬埔
寨唯一有實效的軍隊，重建於泰國與柬埔寨的邊界以及泰國的基地，繼續在
被稱為「恐怖份子國家」的柬埔寨裡執行任務，而目標卻是一個和睦的政
府。

我們現在要來看看，在悲慘的這些年裡，柬埔寨的艱苦，以及媒體怎
麼加以描述；我們會分成一個階段一個階段，先提出初步的觀察，之後再進

一步詳述。

規模與責任的問題

「種族屠殺的十年」所分成的三個階段，在媒體以及一般文化上，呈現方式相當不同，而且，這相當符合政治宣傳模式的預期。美軍要負主要責任的第一階段，不管在當時或是事後，都鮮少有人調查，也從來沒有人拿用在第二階段的譴責用語，形容這個階段。套用我們本書第二章的概念，在這個階段裡，被大量屠殺、傷害、重創的柬埔寨人，都是「無價值」受害者。

第二階段，也就是波布時期，則到處被拿來跟希特勒和史達林最讓人髮指的惡行相提並論，幾乎從一開始，媒體就廣泛報導，大家對這些「有價值」受害者的苦難也憤恨難平。

第三階段，在越南統治下受苦的柬埔寨人民，其身為有價值受害者的地位繼續受到矚目。身為美國官方敵人的越南人，很快成為製造麻煩的壞蛋，要為毫無理由的入侵與柬埔寨境內那些難以描述的慘況負責。與此同時，美國支持其盟友中國，於 1979 年 2 月對越南進行報復性侵略行動，重建了本來戰敗的波布軍隊。

在第三階段初期時，盛傳「越南人現在要在柬埔寨進行『種族屠殺』」，此一指控還有 CIA 的人口研究背書，據該研究估計「韓桑林統治的第一年」，柬埔寨人口就少了 70 萬人。這個新的「大屠殺」（"holocaust"），建立在對已知證據的嚴重曲解之上；從麥可‧維克里（Michael Vickery）針對威廉‧蕭克羅斯（William Shawcross）提出的「柬埔寨末日」警告所做的回應，就能看得分明——只不過柬埔寨末日一說，後來影響了大眾觀點，而且許多曲解還有自相矛盾的說法，也一直沒斷過。蕭克羅斯在他的著作《仁慈的本質》（Quality of Mercy）一書中，同意維克里的說法，承認並沒有像媒體起初報導的那種大規模饑荒，可是，他之後又寫道，韓桑林政權「要為後來造就許多（柬埔寨）饑荒的狀況負責」。研究柬埔寨的澳洲學者班‧基爾南（Ben Kiernan），發現了蕭克羅斯這樣前後矛盾的說詞，提出以下這樣的部分解釋：「**的確**有發生饑荒的危險，韓桑林政權在 1979 年中期時就這麼說過。不過，是年 12 月到隔年 1 月間那份雖然不大但卻相當關鍵的

農作收成（蕭克羅斯幾乎沒提到這個），**還有**大規模的國際援助計畫（蕭克羅斯對此計畫嗤之以鼻），解除了這個危機。」

用美國（沒錯，就是西方世界集團的總指揮）對越南的敵意，就能輕易解釋媒體為什麼會巴不得要揭發越南想「終結柬埔寨」的惡行、為什麼會輕信眾所皆知並不可靠的消息來源，[199] 還有為什麼當它們的指控根本不存在時，便以迴避應對。也就是美國對越南的敵意，導致美方後來不動聲色地和波布結盟，把所謂對柬埔寨人的關注，轉化成對越南占領行動下受害者的關注。

第三階段還有一個美國國內的面向，與我們探討的東西高度相關。在此，我們看到一個耐人尋味的操作，而且是有體制撐腰的政治宣傳活動的特點：有人公開指責，第二階段的恐怖事實當時就這麼「靜悄悄」地被晾在一邊，無人聞問。威廉·蕭克羅斯，在其深具影響的著作《仁慈的本質》中，細細闡述了這個未經證實的事，引發了針對「大屠殺與現代良知」以及文明人沒能有效回應暴行的諸多探討（大屠殺與現代良心正是《仁慈的本質》一書之副標題）。在隨後「美國國內的第三階段」（第 351 頁）一節中，我們會討論這樣的指控，就第二階段而論有何好處。至於這個沉默以對的指控，雖然無疑地可適用於「種族屠殺的十年」的第一階段，但是，不管是當時或是現在，都沒有人提出。而且，在主流文獻裡，第一階段也沒被定義成「大屠殺」或「種族屠殺」的時期。第一階段，沒有引起要進行國際干預或是人道罪審判的呼籲，而且大多還遭到文獻紀錄抹除。回過頭來看，主流圈裡最嚴厲的評論人士，也不過是把第一階段裡「柬埔寨社會的毀壞」，歸咎於「連年戰爭」和「大意的白宮政策」，如此而已。[200] 在水門案聽證會上，沒有人提出美國轟炸柬埔寨的議題，他們主要在意的是沒有通報國會這一點。

麥可·維克里認為，媒體要是真心關心該地區的問題，就應該提出「調查記者或許會做的有趣比較」——也就是比較第三階段期間的柬埔寨和泰國。泰國「沒有戰爭、沒有外國入侵、沒有地毯式轟炸、也沒有革命。而且，有龐大的外國投資同時還享有最進步的西方強權垂愛」，不過泰國的佃農社會狀況相當糟糕，「從 1980 年開始，泰國邊境地區就有大量的外國『難民』援助，對象是『受到影響的泰國村民』；讓外國援助人員震驚的是，這些人的健康狀況與生活水平，跟柬埔寨的難民，沒有太大差別。」不但沒有人好好比較看看這個地區的兩個國家，甚至也沒有人關注這個地區的

其他事情：無論是披露了數萬名大多十歲不到的兒童，在猶如集中營的泰國工廠裡「完全像個奴隸般」幹活的報導，還是談到該地農民的尋常生活狀況，現在都攤在大批訪客眼前，他們來到泰緬邊境營地，見識共產份子恐怖統治的結果、表達對受害者的同情。

在「種族屠殺的十年」期間，兩個真實的大型殺戮階段（第一階段和第二階段）當中，屠殺和破壞的真正規模，就算調查得再好也很難估計，而且，那些實在太過明顯、旨在歪曲事實的各種政治目的，根本肆無忌憚，又加重了問題。根據芬蘭調查委員會預估，在第一階段期間，總數超過 700 萬的人口中，有 60 萬人喪命，200 萬人成了難民。[201] 至於第二階段，他們說遭到直接處決的人，「切實估計」有 75,000 人到 15 萬人；還有大約 100 萬人死於殺戮、飢餓、疾病，還有過勞。維克里的分析，是到目前為止企圖整理這些混亂事實的分析當中最為細心謹慎的。他認為，從 CIA 的估計資料來看，合理推算第一階段有超過 50 萬人「死於戰爭」，不過這個數字低於中情局的結論（詳見章節附註 201），而第二階段，「有鑑於民主柬埔寨的特殊狀況，死亡人數超乎常態」，大約 75 萬，其中大概有 20 萬到 30 萬人遭到處決，還有，這段期間的人口大概減少了 40 萬人。[202]

這些就目前所知是發表資料裡最仔細謹慎的估計數字，意指「種族屠殺」第二階段中的死亡人數總數，比起第一階段的還要多一些，即使就屠殺規模來說，兩個階段並無很大的差別。不過，在我們表面上接受這些數據之前，我們千萬不能忘記，第二階段中的死亡人數總數，一定得歸咎於這場美國戰爭搞出來的狀況。戰爭結束後，光是金邊（Phnom Penh），一年餓死的人就大概有 10 萬個，而且保越南人活命的美國物資空運，立刻就終止了。親美國政府的消息人士預測，要是美國停止援助，那麼柬埔寨會有 100 萬人死亡。1974 年到 1975 年間曾在金邊工作的一名西方醫師就說：

「這一代的人會是失落的一代孩童。營養不良會影響他們的人數以及他們的心智容量。所以，戰爭不僅滅除了一整代的年輕男人，同時還滅除了一整代的孩童。」

當時美國大使館估計，金邊手邊的米，最多能撐幾個星期。最後一份美國國際開發總署（United States Agency for International Development，簡稱 USAID）的報告提出，柬埔寨在 1975 年時面臨饑荒，75％ 的役用動物死於戰爭，而

八個月後的下期稻種，得靠「嚴重營養不良的人辛苦勞力」耕種。這份報告預估會有「大範圍的饑荒」，來年「全國有一半的人民要面臨奴役以及饑荒配給」，還有，「柬埔寨能重新自給自足稻米之前，接下來的兩至三年間……貧乏與受苦會是常態。」

另外，所有嚴謹的分析人士也都提出，還有一個因素要考慮：美國對紅色高棉以及柬埔寨社會基礎佃農社群所進行的轟炸行動。研究柬埔寨的專家米爾頓・奧斯朋（Milton Osborne）主張，美國空軍「針對共產份子據地進行恐怖轟炸，（此舉）顯然才導致了共產份子的恐怖行動。另一位研究柬埔寨的學者大衛・錢德勒（David Chandler）則評論道，美國的轟炸，「讓數千名柬埔寨年輕人轉而加入這場反美的討伐戰」，因為，轟炸行動「大量摧毀了柬埔寨社會戰前的結構，讓柬埔寨共產黨（Communist Party of Kampuchea，簡稱 CPK，即紅色高棉）多了心戰喊話的籌碼，進行一場殘忍暴力、至死方休、復仇式的社會革命」，這是一場「階級戰爭，一邊是被炸的『基層人』（base people），另外一邊是躲掉了轟炸因此（柬埔寨共產黨認為）跟美國人站在一起的『新人』（new people）」。菲利浦・溫莎（Philip Windsor）提出，「之前法國的執拗，把民族主義人士變成了共產份子，而如今，美國的無情則將共產份子變成極權狂熱份子。」紅色高棉的政策讓「基層人」的佃農社群受苦，同時迫使佃農，強逼那些他們認為跟美國合作、嚴重傷害他們的（新生）人，忍受貧苦佃農的生活、甚至過更糟的生活。論定紅色高棉的這種政策時，或許有人不同意美國轟炸行動有如此重大的影響；然而不容懷疑地，美國的轟炸行動，的確是因素之一。

評估了這些各式面向後，我們大概可以持平地說，對於「種族屠殺的十年」期間的暴行，美國和波布要負起的責任，大概差不多。

我們對於「種族屠殺」的第一階段所知甚少。無論是當時或是到現在，各方幾乎都沒有興趣確認事實真相。芬蘭調查委員會報告中，花了三頁打發此一主題，因為所知資訊實在太稀少。第二階段的研究就深入多了，我們到現在已經得知許多事發的證據。大衛・錢德勒和班・基爾南提出，由於各方對第二階段有濃重的興趣，「比起此前表面上開放的高棉共和國政權（1970年到 1975年），或是施亞努（Sihanouk）時期（1954年到 1970年），我們更加清楚民主柬埔寨統治下日常生活的樣貌。」即使我們對第一階段與第二階段的

所知已經如此不對等，但是，紐約市的柬埔寨文獻中心（Cambodia Documenta-tion Center）還是以種族屠殺的第二階段為重。我們可以輕易地用政治宣傳模式，解釋這兩個階段的已知資訊何以有如此誇張的落差，還有持續不斷的研究工作何以僅取其一為重點。

除了邊緣的毛澤東陣營外，打從一開始，各方就幾乎毫無疑問地認定，在波布這位新崛起的領導人所統治下的紅色高棉政權，要為殘酷的暴行負責。不過針對這些暴行的規模與性質，各方看法卻有所不同。

美國國務院的柬埔寨事務專家們，針對 1977 年時已經受到廣泛報導的各種指控，還是持懷疑態度——而後續的調查顯示，他們有充分的理由持懷疑態度。《遠東經濟評論》在 1979 年 1 月時提出，波布時期柬埔寨人口實際上有增加——這是根據美國 CIA 資料來源所得到的結論；還有該期刊見識廣博的特派員納彥·禪達，在討論越南入侵的背景時如此報導道，「有些觀察人士深信，人口增加讓柬埔寨政權多獲得一年的喘息，使得該國的內部與國際形象有所提升，就算不是讓越南完全無機可乘，也足以讓越南更難動什麼壞心眼。」

即使 1979 年泰國不斷地有柬埔寨難民湧入，而且有大量的人親訪了柬埔寨——雖然這些事實提供了豐富的證據，也首度披露了 1977 年到 1978 年的重大資訊。不過，各方針對波布政權之暴行看法不同的現象，依舊持續。其中一端，有人持續描述波布已塑造了新的種族屠殺模式，這跟希特勒和史達林的最惡質暴行不相上下。另一端，卻有道格拉斯·派克所做的戰後評估。身為美國府方專家、現為加州大學中南半島檔案室主任（University of California Indochina Archives），被自由之家盛讚為「思想獨立」的學者，還被《紐約時報》視為新一代非意識形態學界代表人物而景仰的派克，在 1979年 11 月時，說波布是「深具領袖魅力」的領導人，帶領了「受到殘存民眾大量支持的農民革命」；這場革命，「雖然血腥，但很成功」，而且「就統計學看來，大多數的人（農民……並沒有經歷太多暴行。）美國 CIA1980 年的人口學研究，將波布時期的處決行動，算到 1977 年 1 月為止，至於 1977 年到1978 年間，該研究只說「這兩年的生活處境極可能與 1976 年間的情況，相去不大」。不過 CIA 在做這份報告的時候，我們已經知道，晚期那幾年，柬埔寨內部有清算整肅，而且時值美國開始「往（中國和波布）那邊倒」，柬

埔寨和越南的衝突日益升溫，處決情況才是最為慘烈的。CIA 總結道，在整個民主柬埔寨統治期間，「舊人」——也就是「新紅色高棉革命社會的組成基礎」——當中，人口數有些微的成長。另一個被消音得更嚴重的是鄧小平的評估。他是 1978 年 12 月在崛起的「政黨強人」，也是當時美國的盟友，還一直是波布的主要支持者；崛起後的他，很快地執行了他的「懲罰越南」計畫。1984 年時，鄧小平嚴正反對所有要紅色高棉退出民主柬埔寨聯盟領導階層的企圖，震怒地說，「我不懂為什麼有些人想要換掉波布。沒錯，他過去的確犯了些錯，不過現在他正領導著對抗越南侵略者的戰爭啊。」鄧小平的立場，還受到雷根政府的支持（詳見第 349 頁的「中南半島的第三階段」）。

對波布時期較不嚴苛的解讀，除了這些真實的例子之外，還有一些神話般的例子，我們回過頭再來討論。

「不怎麼溫和」的國家：部分相關的歷史

1970 年代以來，部分關於柬埔寨的誤導說法是這是一個「溫和的國家」，有著「面帶微笑的人民」；在這個國家被捲進中南半島戰爭又受到波布「自我屠殺」（"autogenocide"）之前，人民幾乎不知苦難為何物。現實情況跟這說法是有出入的。據施亞努親王的法國顧問查爾斯・麥爾（Charles Meyer）觀察，在眾人皆知的「微笑高棉」背後，藏的是滿腹的苦難與重重的暴力。維克里提出，早先的歷史記事，「滿滿都是公開處決、埋伏突襲、屈打折磨、燒毀村莊，還有強迫遷移」的記載，還有摧毀村莊和地貌、用刑、當然少不了屠殺。而這些恐怖行為，幾乎沒有制度上的約束。對西方學界或都市人民而言相當陌生的柬埔寨內地農民，顯然經歷過極端暴行而且仇視外來壓迫者的狀況。

在 1940 年代晚期法國第二次征服柬埔寨戰爭期間，「約有（多達）100 萬名村眾……被迫『重組』」。「種族屠殺的十年」第一階段裡大量湧入金邊的難民，並不是柬埔寨近代史中第一次規模龐大的遷移；維克里繼續說道，而且認為柬埔寨人民為了逃避美國炸彈還有暴力攻擊而遷移一事，「跟 1975 年時紅色高棉的農民軍占領金邊後強迫撤離人民的返回行動（reverse movment）相比，好歹沒那麼可惡，或比較『正常』」——這是「奇怪的史

觀」。第二次世界大戰結束之後，反法國抵抗軍領袖說在「高棉習俗」中，樂在其中地執行駭人暴行，是一種「常態」。同期政府軍的領袖、隨後統理70年代初期美國支持附庸政府的龍諾（Lon Nol），在法國撤軍後進行了大規模的村莊大屠殺：包含「抓著嬰兒的腳將他們扯成兩半」這樣的「個人力量測試」行徑——這種事情，「倖存下來而後成了紅色高棉軍的當地人，大概不會忘懷」；後來這批紅色高棉軍，在這個「溫和的國家」裡犯下了令西方世界震怒的暴行。「所以，對柬埔寨人民裡80～90％的農村人口而言」，維克里總結道，「早在70年代的戰爭和革命以前，他們在生活中就見慣了專斷的正義、猛暴死亡、政治壓迫、不當利用宗教和反宗教的（激切或沉靜）情緒。」這些狀況沒有引起西方世界一丁點興趣。維克里接著說，「波布主義（Pol Pot-ism）便在這些方方面面中初步醞釀」，等戰爭結束後，「就先影響了都會地區的民眾。」——因為這場很大程度上可謂「城市與鄉村之間的戰爭，城市越打越分明，就是要保有其特權，而鄉村地區則在受苦受難。」

我們要是以為，美國派了充分的軍武，就是要保護都會區的特權，那真是想太多了。話說回來，這些行動，事實上都只是次要而已。對美國而言，主要的目標，就是要維護南越附庸國的統治權，而摧毀柬埔寨鄉村地區，只是附帶行動而已。

有別於寮國和越南的處理方式，《日內瓦協定》並未承認飽受苦難的柬埔寨反法國反抗軍。柬埔寨由施亞努親王統治到1970年3月，直到他在美國支持的一場政變當中遭到推翻。在這段時期，施亞努親王想辦法要完成安內攘外的艱難任務。對內，他鎮壓左派與農民的起義行動，同時想辦法不被右派擊倒，只是權力大多把持在各地的右派都會菁英份子手中。對外，適逢中南半島戰爭戰事擴大，他試著在這個他以為共產份子會贏的態勢下，維持中立。

施亞努維持中立的努力並未受到美國與其盟友的認可。1957年開始，吳廷琰的軍隊便開始攻打柬埔寨邊境區域，同時泰國也在一旁挑釁。1959年，一場柬埔寨人普遍認為八成有美國CIA在背後支持的政變遭到挫敗；我們看待這場失敗的正片，要考慮當時的背景——美國在《日內瓦協定》過後，常常在這個地區進行顛覆行動，包含了CIA支持的政變和1958年旨在推翻印尼蘇卡諾政權的入侵行動、同年針對寮國民選政府的顛覆行動、針對

南越境內之反法國反抗軍的摧毀行動，還有鞏固吳廷琰獨裁政權並破壞日內瓦政治協定的各種行動。到了 1963 年，CIA 支持的自由高棉（Khmer Serei）軍，經常從南越和泰國的基地，攻擊柬埔寨；當時美國正加強攻擊寮國的祕密行動，同時施展越來越激烈的手段，要阻止南越尋求政治解決方案。到了 1966 年，自由高棉「向柬埔寨宣戰，宣稱越過邊界的侵擾行動，正是他們所為。」

從 1960 年代初期開始，美國和西貢的陸軍，就加強了針對柬埔寨邊界哨站和村莊的攻擊，一年造成數百人死亡。後來，尤其是 1967 年初美國針對南越執行了殘暴的軍事行動過後，越南的佃農與游擊隊逃到了柬埔寨的邊境地區避難──此一現象引發華府做出利己指控，說共產份子已入侵了中立的柬埔寨，而媒體也附和了這個說法。等到 1970 年推翻了施亞努的那場政變時，大多數的消息來源指出，邊界地區的越南人散布之廣，最遠已經深入柬埔寨境內 25 公里。1967 年下半年首次證實，在柬埔寨境內未畫定的越柬邊界處，有越南人搭建的臨時營地。對於這個「北越的入侵行為」，雖然美國國內當時多所憤慨，但華府內部的看法，卻呈現明顯的細微差異。我們從《五角大廈文件》中得知，五角大廈的高層官員，一直到 1967 年 5 月──當時造成邊界逃難的美國軍事行動早就結束了──都還認為，柬埔寨「做為補給基地的地位越來越重要──目前談的是食物與醫藥的補給，也許之後還能當彈藥的補給基地。」一年前，美國的一個研究團隊到了事發現場，調查了美國政府所提出的特定指控，結果發現，這些指控沒有根據，不過他們的確無意中發現了最近遭到美國武裝直升機攻擊的柬埔寨村莊（根據當地人表示，該村莊只是遭到攻擊的多處村莊之一）；美國政府一開始否認有這個攻擊行動，接著又因為美國的目擊者（包含了哥倫比亞廣播公司電視部人員）就在現場，又改口承認──模式一貫如此。

柬埔寨的政府報導了許多像這樣的事件。所以 1967 年 2 月 24 日，柬埔寨向聯合國提出申訴，指陳「大量由美國人、南越人還有南韓人組成的武裝軍隊，進入了柬埔寨領土，對高棉的查拉克庫朗村（Chrak Kranh）重炮攻擊……接著，美國與南越的軍隊入侵而且還燒毀（該村）」，並占領到 3 月 3 日。到了 1969 年 3 月，橡膠莊園已經遭到落葉劑空襲。1970 年 1 月，一份柬埔寨政府的官方白皮書裡，報告了數千筆像這樣造成許多傷亡的事件，

還提供照片、日期以及其他細節，同時還提到，在美國跟西貢的聯合轟炸行動或地面攻擊過後，他們從來沒有發現過任何一具越共的屍體。

即使這些資訊，在官方文件、值得信賴的外國消息來源，還有容易被忽略的和平運動文宣資料中都找得到，可是美國國內卻完全沒有報導這一切——連這份官方白皮書的消息都沒報導。再一次，我們又搞錯了暴行的施為者。

從媒體對這些越界入侵事件的偶爾反應，我們也可以看出許多端倪。1964 年 3 月 25 日，《紐約時報》當時的特派記者—現在已經是執行編輯——麥克思·法蘭柯報導了一則西貢軍隊（即越南共和國軍）以武裝車和轟炸機攻擊柬埔寨尚特雷村（Chantrea）、造成許多村民傷亡的消息。越南共和國軍身邊有美國顧問，其中還包含一位從「行動中遭射下」的偵察機「殘骸裡拉出來」的美國陸軍飛行員。在場的外交人員證實，「最起碼有一架搭載士兵的直升機，降落在尚特雷村，機上還有三名美國人。」法蘭柯大表震怒——柬埔寨竟然有膽要求賠款，這讓華府「不安又難過」。報導的標題是：〈柬埔寨惹毛美國：測試美國的耐性，典型的小國行為〉（"Stomping on U.S. Toes: Cambodia Typical of Many Small Nations Putting Strain on a Policy of Patience"）。柬埔寨要對這個美國的暴行求償，是「跟菲德爾·卡斯楚 [lxi] 有樣學樣」，法蘭柯氣急敗壞地說：「又到了弱小國家可以惹毛強國的時節了……最近這種小國引強權上鉤的勾當，帶頭的是一個小國中的小國——東南亞的柬埔寨王國」，它們那個「聰明、執拗、捉摸不定的領導人」，華府認為根本「缺少做領導人的才幹與氣質」，不過「政府一直以來的直覺反應，就是不管國家如何、有時甚至不管其領導人如何，我們要護住一個任性妄為的年輕國家獨立自主。」法蘭柯接著說，「柬埔寨目前想方設法要強迫美國參加一個會讓美國盟邦泰國和越南難堪的大型會議」，這一點教美國不安，而且我們會「抵制」它們的處心積慮——此處的會議，指的是要解決邊界問題、確保柬埔寨中立的協調會議，但當時美國迫切想破壞的，就是國際各方為了阻止大型戰爭，而讓南越、寮國，還有柬埔寨成為中立所做的努

---

lxi 譯註：卡斯楚為古巴（Cuba）前領導人。卡斯楚建立了西半球第一個共產國家古巴，而且是全球在位時間第三長的統治者，被全球左派奉為指標性的英雄人物。

力，這有違美國因其於中南半島的政治影響力薄弱而努力要擴大戰爭的意圖。

這種典型的殖民主義式的父權主義——還有媒體拒絕報導美國與越南共和國軍攻擊柬埔寨的這種小事——都滿精準地反映出當時的氛圍。這些事件，除了有非主流的文獻記載外，美國的歷史資料中大多看不到。

第一階段：美國摧毀柬埔寨

1969 年 3 月 18 日，惡名昭彰的「祕密轟炸行動」開始進行。一個星期後的 3 月 26 日，柬埔寨政府公開譴責「美國飛機幾乎每天針對住在邊境區域的柬埔寨人民轟炸和掃射」，造成死亡人數攀升、破壞程度加劇，並指控這些攻擊針對的都是「和平的柬埔寨農民」，要求「立刻明確停止這種有罪的攻擊行為……。」3 月 28 日，施亞努親王召開了記者會，會中他斷然否認美國流傳的報導，說他「不會反對美國在我方邊境轟炸共產份子。」「美國炸彈下的受害者，一直以來都是手無寸鐵而且無辜的人民」，其中包含「最近一次轟炸行動的受害者：他們是高棉的農民，而且還是婦孺。」接著他對國際新聞媒體喊話：「我呼籲你們在國外報導柬埔寨這個清楚的立場——換句話說，無論如何，不管有什麼前因，我都會反對柬埔寨領土內的一切轟炸行動。」

不意外地，他的呼籲沒有獲得響應。而且除了在非主流的文獻紀錄裡，這些資料一直到現在都被隱而不報。主流圈的標準立場、同時也是為轟炸護航的人和評論家的立場，就是「施亞努並沒有抗議」（威廉·蕭克勞斯）。1973 年這些「祕密轟炸行動」被公開之後有人宣稱，施亞努私下授權了針對邊境地區越南人營地的轟炸行動。無論這個說法是真是假，都跟施亞努激昂的呼籲被隱而不提的事實無關，他在呼籲中指的是針對**高棉農民**的轟炸。而且我們在先前的討論中也已經看到，「雖然評論人士和媒體分析家可以從手邊相互矛盾的證據中，得出任意結論，不過這並不表示他們有權壓下不管怎麼看都至關重要的證據，隱而不報；在這個例子上的關鍵證據，就是施亞努要激起國際抗議美國轟炸平民社群的作為。」

佛朗索瓦·龐蕭德（Francois Ponchaud）在他的著作《柬埔寨：紅色高棉

元年》（Cambodia Year Zero）一書中回顧了這段期間。他說，美國針對「越共基地」的轟炸行動，被施亞努「在金邊廣播電台（Radio Phnom Penh）上以醜聞與罪行稱之，不過可沒人上當。」然而，龐蕭德和他的讀者們，卻都被騙了：施亞努公開斥責針對**高棉農民**的轟炸行為與其他攻擊，不只在金邊廣播電台上說，還在相當公開的文件資料上提出，而且他還對國際的新聞媒體提出呼籲。蕭克勞斯在他的《串場表演》（Sideshow）一書中，說柬埔寨只「持續斥責」美國 1969 年整年間的空襲與火炮攻擊，但「他的公開抗議裡，卻沒有明確提及 B-52 轟炸機攻擊行動」（第 94 頁）——這點的確沒錯，可是，基於我們上一段已經討論過的理由，這根本無關緊要。

　　1969 年 5 月，引述美國消息來源的威廉・畢徹（Willaim Beecher）報導了 B-52 轟炸機的空襲行動，對象是「越共和北越人在柬埔寨的補給站與基地營」。畢徹說，「柬埔寨沒有提出任何抗議」，完全不顧施亞努所提的呼籲與抗議，是針對「高棉農民，而且還是婦孺」的謀殺而來，並非越南人的軍事基地。畢徹還評論道，「以前美國與南越的軍隊，偶爾也會朝邊界開火，甚至派來戰鬥機或武裝直升機，回擊該區敵方軍事單位的火力」；他忽略了一項略微更加重要的事實——這個「友善的」柬埔寨政府說，美國的飛機和美國與越南共和國軍與南韓的聯軍，一直都在攻擊柬埔寨的村莊。畢徹的報導標題，還與事實不符：〈美國空襲柬埔寨：無人抗議〉（"Raids in Cambodia by U.S. Unprotested"）。畢徹的文章讓華府一片混亂譁然，引爆了日後水門案醜聞的第一階段。我們在別的文章裡面就曾這麼評論：「不可思議的是，畢徹這種見解奇葩但專業不足的說詞，如今卻被奉為證據，證明雖然李察・尼克森有罪，但新聞媒體在這段期間，卻始終都無愧於自己的報導職責。」

　　我們又再次看到，1969 年美國擴大對柬埔寨的戰爭，與在寮國與越南的行徑不謀而合。對此，大致上的反應都差不多，到現在也還是如此。新春攻勢後加劇的綏靖行動——徹底摧毀了民族解放陣線平民基地——被視為沒有新聞賣點，以至於通俗的回顧作品完全未加以著墨。至於寮國和柬埔寨的戰爭，檢視完主要媒體報導內容的艾爾特曼認為，1969 年，當美國空軍自從「轟炸中止」（"bombing halt"）協議後，就將轟炸行動從北越轉移到寮國與柬埔寨，而且強度提升到一個新的層級，但這些事件，除了在「非主流新聞媒體」之外，當年在新聞媒體上完全「看不到」。

1970 年 3 月，柬埔寨被硬捲進橫掃中南半島的大屠殺。3 月 18 日，施亞努在「一場『非革命』的上層階級政變」當中遭到推翻；這場政變，是「國內和政治的權宜之計」，而至少有「美國的間接支持」。兩天之後，越南共和國軍開始在柴楨省（Svay Rieng Province）還有越南邊界發動地面和空中軍事行動，一直持續到整個 4 月，這也造成 4 月 29 日美國與越南共和國軍，以極為殘暴的手段入侵了柬埔寨——對越南共和國軍的行為感到特別驚懼的媒體，對此事件偶有生動報導。不過龐大的平民死亡人數，大部分都要歸咎於空襲火力，包含嚴重損毀城鎮與村莊，或將之夷為平地的美國轟炸襲擊。這個入侵行動的其中一個結果，是迫使越南的軍隊離開邊境，更往柬埔寨內部移動，開始支持日益強大的農民反抗軍對抗政變領導人。而遭到柬埔寨反抗軍俘虜因而第一手目睹這些事件的美國特派記者李察‧達德曼（Richard Dudman），提出了第二個結果，就是「這些轟炸和掃射行動，激化了柬埔寨農村的人民，把鄉村變成了規模龐大、矢志一同、效力顯著的革命據地。」此時柬埔寨陷入了內戰，雙邊的暴行越演越烈。

美國的軍隊撤出柬埔寨之後卻還是繼續高強度的轟炸。到 1971 年下半年為止，美國審計總署的調查團隊總結，美國與西貢軍隊的轟炸，是「造成民眾變成難民還有百姓死亡的重大成因」，他們估計 700 萬的人口裡，幾乎 1/3 的人可能成為難民。美國的情報單位報告道，「村民最害怕的，就是可能碰到無差別的火炮掃射與空襲」，而難民報告與其他的消息來源則證實，這些是造成百姓死亡還有難民逃難的主要原因。

關於 70 年代初期柬埔寨的農民社會發生了什麼事，我們雖然資料有限，但並非完全找不到資料。首先，即使媒體對難民沒有興趣，不過他們有許多人都有故事可以分享。還有瑟爾熱‧提昂（Serge Thion）親眼目睹的陳述；他是法國的東南亞專家，曾在柬埔寨游擊隊掌控的地區待了兩個星期。有人曾經將他的報告提供給《華盛頓郵報》，但卻被該報拒絕。這些資料與寮國人民在炮彈下的生活，或是戰爭期間和越戰回顧作品中與越南相關的類似問題，都不存在報導價值。

和寮國的情況一樣，在媒體上這場加劇中的戰爭，大致上依然是「看不到的」。1972 年初，艾爾特曼針對全國性新聞報業調查了 5 個月，發現「就戰爭的死亡人數統計而言，《紐約時報》跟《時代週刊》把報導重點都

放在軍隊相關的死亡人數，而且幾乎都只報導發生在越南的死傷，而且也不報導越南的平民死亡人數跟難民。……1972年冬天和春天期間，媒體略而不報柬埔寨跟寮國戰爭的情況比起以往更加嚴重，大部分中南半島的新聞報導，都跟北越向南越進攻，還有美國轟炸河內與海防有關。……事實上，1972年上半年期間，《時代周刊》裡關於北愛爾蘭平民死亡人數的報導，還多於對中南半島戰爭的著墨。」

與此同時，柬埔寨正面臨著系統性的毀滅，而之前一直是小角色的紅色高棉，因為有了遭美國恐怖攻擊傷亡越來越嚴重的柬埔寨內陸農民龐大支持，逐漸成為重要勢力。麥可·維克里指出，至於美國支持的龍諾政權，因其「附庸國的心態」與此心態造成的「依賴，使得他們被動接受或甚至鼓勵現代戰爭裡最具毀滅性的殘暴攻擊行動，摧毀他們自己的國家，而由於農民軍已經破除了宗主國與附庸國的關係，同時有意識地組織起來並宣揚個人、群體，還有國家自立的意義，所以龍諾政權的人，在勝利的農民軍眼中就成了叛徒。」

1973年初，美國轟炸行動的規模，可能真的符合芬蘭調查委員會所說的「種族屠殺」等級。巴黎和平協定簽訂後的接下來五個月期間，轟炸行動的強度已經與此前三年相當，而且，直到8月時美國國會強行中止轟炸之前，都一直持續以這種規模轟炸柬埔寨——不過直到戰爭結束，美國支持的政權，還是在美國的指導和補給之下，持續用軍隊大規模地轟炸、掃射鄉村。鄉村慘遭摧毀殆盡之時，數量超過100萬的難民，逃到了變成極刑展示室的金邊。其中，有B-52轟炸攻擊行動，針對的是「柬埔寨人口最稠密的地區」，這些「人口密集、土壤肥沃、廣達數千平方英里的地區，在美國空軍的地圖上，就因為被排山倒海的攻擊，塗成了一片黑」——這就是威廉·蕭克勞斯所批評的「白宮有欠深思的政策」。就在這個時候，可得的研究資料顯示，紅色高棉的措施與手段變得相當嚴苛。這些研究當中，包含了國家安全委員會的肯尼士·昆（Kenneth Quinn）所做的難民研究；話說回來，他從來不認為紅色高棉的手段變嚴苛一事與地毯式轟炸行動增加之間，可能有什麼因果關係。美國政府主要的柬埔寨事務專家三巨頭中（昆、卡爾尼，還有查爾斯·吞寧〔Charles Twining〕），排二當家的堤莫希·卡爾尼（Timothy Carney）也說，不知怎麼著，「顯然1973年某天，紅色高棉黨決定要加速施行其改

造計畫，改變高棉的社會」。

媒體呈現的第一階段

在這段期間，媒體大肆報導了柬埔寨的消息，而且根本不乏證據證實遭美國空軍暴行攻擊的區域，發生了什麼事。雖然媒體不需要大老遠跑到泰國和柬埔寨的邊界，去查訪那些難民，聽聽他們自己所知的實情，不過，除非這些難民有什麼柬埔寨革命叛亂份子的恐怖行動這類故事可說（此時越南人早就沒人感興趣了），不然這些逃到金邊或其他城鎮與村莊、擠在貧民窟的難民，也就是所謂「種族屠殺的十年」第一階段的受害者，和寮國永珍市郊難民營裡的那些人，對媒體而言都差不多。沒有像與農民同住而且為其苦難深表同情的龐蕭德神父，在該披露紅色高棉暴行的時候寫文章或出書，告訴我們這些事。後來有許多人，也跟龐蕭德神父的情況一樣，對紅色高棉恐怖統治下的柬埔寨人所遭受的苦難表達憂心，不過他們都沒有想辦法調查、公布「種族屠殺的十年」第一階段裡，農村人民受到的苦難困境；如果當初他們有這麼做的話，對於摧毀柬埔寨的政策，可能會造成關鍵的影響——這或許值得我們想一想。

美國媒體對第一階段的標準描述，是像這樣的：「一直到 1973 年事態轉變之前，……表面上，柬埔寨人都面帶微笑、友善客氣」，不過，之後「柬埔寨人」的性情變得「毫無情感」又「逆來順受」，因為「赤貧的農人、難民以及士兵」（這些士兵有很多都是從貧窮的難民圈裡強抓入伍的）覺得，他們的「領導人似乎沒有能力保護他們免於人為與自然的苦難。」當政府「踩在自己企圖要（以推翻了施亞努的政變）」創建的民主共和國殘骸上，步履不穩地前行」時……有一種「一切都完了的感覺」。雖然沒有成效，不過美國人試圖要「幫柬埔寨人對他們的領導階層建立一點信心」，只是「柬埔寨的士氣，已經持續下滑好長一段時間了。」然而，「我們（在金邊）感受不到絲毫的當務之急，感受到的，卻是柬埔寨深受印度影響的佛教教義中，那種仰之彌高的宿命論」，不過「敵人」卻不知為何似乎不受這種氛圍的影響；這些敵人，面對衝著他們而來的強大火力時，展現的「決心」教美國人丈二金剛摸不著頭緒。話說回來，還是有「一種感覺，就是美國人在最後一

刻，會拯救柬埔寨人，因為他們救不了他們自己。」「現在隨便跟一個柬埔寨人聊天，內容幾乎都是一樣的」，那就是他們擔心一旦美國的轟炸行動於8月15日終止，那麼「沒有士氣的軍隊將會潰散」。對「柬埔寨人」來說，即將到來的終止轟炸行動，是「令人痛苦的」，因為「敵軍最近（克服萬難）獲得了持續的勝利」。希尼·尚博格在他最後一則來自金邊的總結報導中，提出了「沒人解答的關鍵問題：這些革命反抗軍——沒有自己的飛機、沒有政府軍所擁有的龐大火炮支援、只有小型的軍火與攜帶型的武器——怎麼會有辦法不僅力抗規模大上兩倍多的政府軍隊，還能將其擊退而且承受長達六個月，期間沒有大規模暫停的攻勢呢？」「既然這些革命反抗軍不是超人，那麼他們的成功，一定有其他解釋。」也許他們因為「和我們這一邊的高棉人比起來，比較不相信宿命」，「相信他們可以改變自己的環境」，所以他們能如此「有決心，有能力」（美國大使館官員所說）。就這一點看來，「敵人」跟「柬埔寨的村民」相當不一樣，村民們「通常沒有政治」，「對於選邊站也沒有興趣，只想各過各地務農、捕魚、養家，然後偶爾慶祝一下佛教的節日。」

那麼，這場內戰，「柬埔寨人」對上的「敵人」，是在 1973 年之前的美國轟炸行動中，肯定既不友善也不客氣的柬埔寨農民。相信宿命而且認命的這些「柬埔寨人」，要不就是想各過各的（所謂的「柬埔寨村民」），不然就是希望美國拯救他們、拯救他們的環境，爭取民主制度（一般指的是「柬埔寨人」）。敵人繼續奮戰，成功克服萬難，美國人都被搞糊塗了——這就跟要建立「民主制度」的美國人，搞不懂發生在南越、中美洲，還有很多其他地方的相同問題是一樣的情況。既然這些是「隨便跟任何一個柬埔寨人聊天」就可以得到的結論，那一定很實在——最起碼只要我們曉得，所謂的「柬埔寨人」，不是客觀的新聞媒體報導中的「敵人」，那麼這樣的結論就很實在，這就像「南越人」指的是跟美國侵略者協力合作的南越人民一樣。

這裡所套用的，還是我們已經熟悉的思考框架；不過如果站在大屠殺第一階段期間，不被認為是「柬埔寨人」的柬埔寨人的立場，這種思考框架，可能還更差勁。

至於不被認為是「柬埔寨人」的柬埔寨人想法，我們在媒體上幾乎無從聽聞。美國記者會去的金邊以及其他地區湧入的難民，媒體根本略而不

報。為了讓大家明白這個不可思議的現象有多嚴重，讓我們來檢視一下《紐約時報》在這幾個月裡的新聞報導；這些新聞大多是該報的特派記者希尼‧尚博格的報導——他是獲得普立茲獎[lxii]肯定、被視為在柬埔寨議題上最能代表媒體良心的美國記者。

尚博格在 1973 年 5 月抵達金邊，時值美國加強轟炸行動的顛峰期，直到是年 8 月中轟炸才中止。在這段期間裡，《紐約時報》總共刊載了他來自柬埔寨的 27 篇新聞報導，其中多數為大篇幅且內容詳細的報導，同時他還有一個專欄，在專欄裡，他曾對那些在待在金邊飯店「訪問彼此」的「所謂國際新聞採訪團」，深表不齒。

打從一開始，尚博格就報導「難民們湧入金邊市」的新聞，不過卻沒有任何訪談難民、了解他們在炮彈之下生活狀況的內容。我們聽到某個「生活富裕的柬埔寨婦女」告訴我們「轟炸實在是太可怕了」；她「不是畏懼」轟炸，只不過是覺得轟炸「讓人很煩——因為轟炸行動每天晚上深夜會吵醒我的寶寶，我就得起床」（5 月 3 日）。不過，除了偶爾提個一兩句之外，那些想各過各生活的村民，根本沒機會讓大家知道他們更在意的是什麼。而且完全沒有隻字片語看得出來，難民們對於那些「展現決心」、「相信自己可以改變自己環境」的戰士們，除了害怕之外，還可能抱持什麼想法，但我們卻清楚知道，這些原本在農村社群有穩固基礎的難民，他們的家園被地毯式轟炸，撕裂成殘片斷瓦。就像早先幾年在寮國那樣，難民們要講的偏偏就不是媒體要聽的故事，而那些只要有人願意進一步探究，隨時都聽不完的故事，在報導中卻都看不到。

我們逐一檢視專欄文章找尋相關資料，發現編號 5 的專欄文章（5 月 11 日）引述了一名西方世界的歐洲外交人員，對方說「坐在美國飛機裡的美國人，對這個地方進行超級大轟炸」，同時還提到，指揮美國噴射戰鬥轟炸機的，是「柬埔寨的司令」，但有關轟炸目標地區的平民相關資料，美方戰機「所得到的答案，不一定都是正確的」。那麼，轟炸肯定要造成的平民死傷，就得怪在柬埔寨人頭上了，只不過「找不到可靠的數據」可供佐證，而

---

lxii　譯註：普立茲獎（Pulitzer Prize）亦稱普立茲新聞獎，是美國新聞界的一項最高榮譽獎，現在，更被視為全球性的一個獎項。

且也沒人請難民們就其所知提供補充資料。接下還的兩篇專欄文章（5月24日和5月27日），是與轟炸鄉村造成結果直接相關的文章。第一篇專欄文章，報導了摧毀掉沿著主要公路「一整排村莊」的轟炸行動，所造成的「大規模」破壞——結果往往是數英里內僅剩某間房舍的殘壁仍屹立著，而「一些人絕望地在瓦礫堆中漫無目的地遊蕩著，怔怔不敢置信眼前發生的一切，他們繞著彈坑，在碎片中撿拾東西。」從鄰接越南的柴楨省來的一群村民說，有七座村莊遭毀，許多人喪命。「這些被空襲轟炸趕離家園、驚恐害怕的村民們，有很多話要說」，尚博格如是評論道。可是我們在報導中都沒讀到。相反地他解釋道，「毫無疑問地，第七空軍（Seventh Air Force）顯然很努力要避免造成平民傷亡——最起碼在柬埔寨東部 1/3 以外、這些敵人穩固控制的內陸地是這樣的」；而且，要是有平民傷亡，那就是下令進行空襲的柬埔寨軍方官員的錯，他們「幾乎完全不在意百姓的生命與財產。」第二篇專欄文章告訴我們，根據西方世界的某位外交人員報告，「難民常常都會提到轟炸」，說轟炸摧毀了村莊，「把所有剩下的村民們都嚇個半死」。不過，文章卻引了兩句難民的說詞：其一是「禮貌到很詭異」的請求——「如果政府不再派遣飛機來轟炸的話，我會非常開心」；其二是某位僧侶的懇求——他拜託美國和其他政府：「不要毀掉柬埔寨的一切。」

　　一直到編號 15 的專欄文章（7月26日），我們才又再次讀到難民的消息：這次逼真生動地描述了「對平民人口的恐怖攻擊」——攻擊他們的是掃射金邊外圍地區的共產份子軍隊。一個留著兩行淚的女孩描述她弟弟的手怎麼被砍斷，沾滿鮮血的馬路和門口就是共產份子殘暴獸性的鐵證，這跟美國謹慎下令的軍事行動大大不同。編號 19 的專欄文章（8月5日）報導了「在敵人攻擊底下脫逃」的數千名新難民，而編號 21 的專欄文章（8月7日）描述的是柬埔寨的士兵洗劫一座重新占領的村莊，那村莊「看上去彷彿被火風暴摧殘過一樣」，許多房舍「被子彈打得七零八落」，不過，文中沒有逃走的受害者片語隻字。接下來的三篇專欄文章（8月7日、9日以及12日）鉅細靡遺地描寫了乃良村（Neak Luong）的轟炸事件——這是一次誤炸——許多政府兵及其家人因此喪命。這是電影《殺戮戰場》（The Killing Fields）裡唯一出現的美國轟炸場面，也是電影唯一描寫到種族屠殺第一階段的畫面——因為這明擺著是誤炸，所以這份回憶可以拍出來。

我們找出《紐約時報》3 月 25 日到 8 月 18 日其他標明來自柬埔寨的新聞報導。[203] 其中一篇引述了一名村民的說詞，「轟炸機也許殺了一些共產份子，但是它們也殺了其他所有人」（布朗，4 月 11 日），但我們沒有再發現受害人反應的其他例舉，不過倒是有一張照片，上頭的柬埔寨士兵因為妻子與十名子女死於乃良村誤炸事件，垂淚啜泣（8 月 10 日）。

那麼在 45 篇專欄文章裡，有 3 篇文章給了遭美國轟炸攻擊的受害者幾句話的空間，描述柬埔寨發生的事。沒有任何一篇專欄文章試著要探討難民們的反應——不管他們是金邊飯店附近的，或是馬德望省（Battambang）的，或是在鄰近鄉村狀況更淒慘的難民營裡的；而且也沒有任何一篇專欄文章企圖追根究柢，搞清楚這幾個月瘋狂轟炸之下，肯定造成了什麼結果。還記得吧：光是從鄉村逃到金邊的難民，就有 150 萬人左右，他們之中肯定有人可陳述些許大屠殺第一階段時最嚴峻的情況如何。雖然讀者無疑地可以確定，當下發生在柬埔寨鄉村的情況一定很可怕，只是大家對詳情還是一知半解，而且除了乃良村的誤炸事件之外，美國人清楚明白地把責任撇得一乾二淨。

大屠殺第一階段持續進行著，而故事說法也差不多都一樣。媒體——主要是外國媒體——偶爾會生動地描寫發生於金邊的恐怖事件，不過，美國政府的敵人——因此也就是美國新聞媒體的敵人——所占領的地區到底發生了什麼事，美國媒體幾乎不著墨；這整個所謂「柬埔寨人」的國家，可說只侷限在難民大量湧入的都會中心，而這些難民，就跟越南西貢貧民窟裡隨處可見的難民，或是寮國永珍難民營裡的難民們一樣，沒人報導，沒人看到。

紅色高棉贏得勝利之後，從金邊撤離的西方世界特派記者，得以一窺鄉村到底發生了什麼事情。英國的特派記者強・思維恩（Jon Swain）如此總結他的印象：

「不僅就人命而言，還有從大規模破壞事物的角度來說，美國這兒要交代的可多了；現在統治這個國家——或者說這個國家殘存的部分——的黑衣人有多嚴苛、多惡劣，也是美國的大規模轟炸的結果造成的，這就跟馬克思（Marx）和毛澤東一樣，使人心變狠、變硬。……（大規模撤離都市人口）並不是深思熟慮下的恐怖行動，而是讓我們看到糟糕的組織力、缺乏遠見，還有人怎麼被這場長期且殘酷的戰爭變得殘暴。……戰爭對（鄉村）這裡的破壞，跟我們所見的其他地方一樣，都是徹底全面的。橋梁沒有一座倖免，更

何況房舍。我聽說大部分的村民，戰爭這些年，都半長期地住在地底的防空洞，以避空襲。……整個鄉間，滿布美國 B-52 轟炸機轟出來的彈坑，土地被翻攪得亂七八糟，全部的城鎮與村莊都遭毀。我到現在都還沒看到一座毫髮無傷的佛塔。」

這樣的情況，跟 1970 年時寮國石缸平原的難民描述的景象很像；在這兩個例子上，難民們的陳述，主流媒體幾乎都完全不報導。

大屠殺的第一階段就這麼結束了。晚些年後，當初那些將這個恐怖傳說的斷簡殘編傳出去的人，表達了他們的不平之鳴，說柬埔寨被眾人「遺忘了」。希尼・尚博格在紅色高棉接管柬埔寨十周年時，在《紐約時報》發表了兩篇專欄文章，標題為〈被遺忘的柬埔寨〉（"Cambodia Forgotten"）。第一篇文章的亮點是這句話：「現在的柬埔寨對超級強權而言，跟 1970 年時一樣猶如敝屣」；第二篇文章則是輕縱了 1985 年李察・尼克森總統的聲明——他宣稱沒有「無差別恐怖轟炸行動」，只有「針對敵人軍事目標」的「高度精準」攻擊。尚博格評述道，「只要去柬埔寨的難民營看過、跟躲過轟炸空襲的百姓聊過，很快就會曉得傷亡之慘重。」他回憶道，「1970 年，當戰爭延伸到柬埔寨時，紅色高棉是無關痛癢的勢力。……為了能成長茁壯，他們需要靠戰爭提供養分。而超級強權們——包含這個國家在內，例如 1970 年尼克森下令的邊境侵擾行動和隨後的大規模轟炸行動——就提供了他們需要的戰爭還有滋養他們的東西。只不過，尚博格並沒有告訴我們，除了「這個國家」以外，有哪些超級強權入侵了柬埔寨，讓其遭受大規模炸彈轟擊。用各打五十大板這種相同手法，我們也可以譴責包含了蘇維埃社會主義共和國聯邦在內的超級強權，造成了阿富汗的毀滅，或痛斥包含納粹德國在內的強權面對死亡集中營受害者的態度——尚博格在該月隨後另一篇名為〈從記憶中就找得到答案〉（"Memory is the Answer"）的專欄文章，就提到納粹的受害者。還有他也沒有說說看，當初讀者從他在轟炸行動顛峰時期的報導中，對柬埔寨鄉村的生活，可能會有什麼樣的了解。

其他人也強調「從回憶中就找得到答案」。山謬爾・佛利曼（Samuel Freeman）評論獲獎電影《殺戮戰場》時寫道，「納粹大屠殺的生還者，讓納粹惡行的記憶得以永存；而柬埔寨的大屠殺，卻已經遭人忘卻」——他指的是大屠殺的第二階段；第一階段早就沒人記得、無人關切了。《紐約時報》

要我們別忘了，由於柬埔寨夾在波布和河內的軍隊之間，「該國可能依然是中南半島戰爭裡最教人同情的受害者」──河內先是把波布攻擊越南村莊一事，拿來當成「求之不得的藉口，入侵柬埔寨」，現在則是利用「波布的紅色高棉在柬埔寨境內有三萬人的軍隊（事實上，他們大多在泰國境內）」，作為「繼續留在柬埔寨的藉口」。即使「強權國家們的犬儒主義惡化了」苦難與災禍，但是「饑荒和瘟疫後，我們無法想像的屠殺、入侵與殘暴的占領行動」，都要怪共產份子；而且強權國家有哪些，《紐約時報》也沒有進一步區分。至於美國，「當越共游擊隊把中立的柬埔寨當成庇護所時，他們遭到美國的炸彈轟炸，然後被捲進一場他們想避免的戰爭之中」，不過《紐約時報》言盡於此。該報編輯們在後來的評論中才又承認，「殘忍的空襲轟炸以及隨後殘暴的革命、饑荒以及內戰」，將柬埔寨帶向了敗亡，不過在這一切之中，「我們不能抹除掉的，是紅色高棉的屠殺」，還有河內「欺壓並耗竭」柬埔寨的行動：也就是「種族屠殺的十年」中第二階段與第三階段。

「從記憶中就能找到答案」──但只有對象合適，而且離美國很遠時才適用。

波布時代

「種族屠殺的十年」的第二階段，從 1975 年 4 月紅色高棉接管柬埔寨開始。短短幾個星期，美國全國性的新聞媒體就已經開始控訴紅色高棉的「野蠻殘暴」還有「毀種滅族的政策」，稱其程度不亞於「蘇聯滅絕富農（Kulaks）或是像《古拉格群島》[lxiii] 描述的那樣」。當時的死亡人數大約是數千人；但大屠殺第一階段被殺的 50 萬人──或者更多──卻從未有幸得到這樣的評述，而且這些針對第二階段初期的評述（或是之後大致上的所有評述），都沒有連帶反省美國戰爭會帶來的後果──這些後果，美國官員和當地現場救助人員早就預判，對此我們先前也都回顧過；還有，只要我們認同第二階段的可怕行徑，和美國在第一階段針對農村社會開戰一事兩者可能有

---

lxiii　譯註：《古拉格群島》（The Gulag Archipelago）是亞歷山大・索忍尼辛（Alexander Solzhenitsyn）的作品，揭穿蘇聯集中營生活的恐怖和邪惡。

所關聯，那麼我們也會預判出這些後果。

在此，我們不會一一記述下打從一開始各方針對紅色高棉排山倒海而來的憤恨與震怒，我們也不會提供這些情緒因何而起的事證，因為我們已經在其他作品當中詳述過這些資訊了。而那些作品當中的資訊，有幾個我們要特別要強調的事實：（1）震怒，而且來得又快又強烈，1977 年初時達到最高點，還有，一直到波布遭到推翻之前，這樣的憤怒之情根據的幾乎完全都還是 1977 年之前的事證，尤以 1975 年到 1976 年間發生的事件為主；（2）除了一些見廣識多的記者、美國國務院的柬埔寨事務專家，也許還有研究柬埔寨的小小學者圈中的多數人之外——也就是說，大部分有憑有據資可提出評斷的人——其他所有人，都採信而且公開提出了最極端的指控，還毫不客氣展現出對共產份子惡行有多麼義憤填膺；至於這種表現有多廉明正直，比較他們面對大屠殺第一階段和美國該負之責任的反應，就可以知道；（3）事後證實，針對此一時期那些態度有所保留而媒體幾乎完全隱而不報的評估資料，相當精準；（4）此一時期提出的證據，被當成是譴責共產份子大屠殺的關鍵理由，但要是我們對於大屠殺第一階段和美國的惡行提出相同證據，會遭到訕笑，無人理會：這些證據，包含了嫁禍於紅色高棉官員的造假訪談、照片以及虛構的聲明，就連後來已經有人承認這些全是欺騙手段，大家還是經常一提再提；根據引用了錯誤研究的資料編造出來的死亡人數估計值，即使後來遭到公開撤除，依然還被奉為圭臬；還有嚴格篩選過的難民報告——這些報告忽略了許多難民的證詞，還有柬埔寨學者的詳盡研究，就只是因為這些資料無法用在隨後以叫人咋舌之欺誑程度所進行的政治宣傳活動之上。

如同我們在前一卷的研究裡回顧這些資料時就曾在第一段寫的那樣，而在此，我還要再說一次，強調幾個重點——「一一記錄下主要從難民報告裡取得的重大暴行與壓迫資訊，一點都不困難」；無庸置疑，「柬埔寨內部的暴行的紀錄，資料非常豐足，往往教人毛骨悚然」，而且這些從紀錄可以看出「令人害怕的死亡人數總量」；「等到真相出現時，那些比較極端的痛斥譴責，事實上可能是對的」，不過即便如此，「這也絕對不會改變我們針對核心問題早已做出的結論：我們手邊的事實是如何遭到篩選過濾、修改、有時候甚或被創造出來，以打造出呈現給一般大眾的某種形象。這個核心問

題的答案似乎很清楚，不管未來我們又挖出什麼跟柬埔寨有關的事證，答案也不受影響。」就像我們不斷強調地那樣，在我們針對美國政策與意識形態的兩大卷研究中，本章主要關注的重點，依舊還是放在美國身上，並不是中南半島；我們的目的並非要根據手邊的資訊，「建立出有關戰後中南半島的真相與事實」，我們的任務非常不一樣——我們要做的，是檢視根據這些事證所發展出的解讀方式，分析這些事證，「透過西方世界意識形態的各種角度，如何被人解讀。」我們在先前研究當中提出的結論，依然成立。就我們所知，尚未有人找到任何謬誤、甚至是誤導視聽的陳述或有任何脫漏之嫌。

我們這樣檢視一個令人佩服的政治宣傳操作，引起了廣大的憤慨——這一點都不教人意外：蘇聯的異議份子，在揭露了該國攸關美國、以色列還有其他官方敵人的政治宣傳虛構謊言時，他們國內的反應也是一樣，而背後的理由也雷同。義憤填膺的評論人士——在一份痛斥紅色高棉暴行的研究裡（媒體向來對這些暴行都是隱而不報）——把我們說成是「替紅色高棉罪行找藉口的人」，接著繼續讓我們看到西方世界政治宣傳那了不起的典型特徵，也就是我們包含本章在內的兩大卷的研究中從頭到尾探討的主題。同時，還出現了新一波的否證 lxiv，可是由於登載期刊並不允許撰文回應，所以我們往往反駁不了。我們雖然在此不會再評述這些進一步的政治宣傳操作，但是有一點我們要提出——耐人尋味的是，這些否證所表現的，是一種在其他脈絡底下，人稱極權主義的心態：譴責官方敵人，是從不止息的；而且有必要以高度的警覺心，捍衛為了服膺當權派而撒謊的權利。因為我們質疑了這個神聖的權利才引起的反應，又再次巧妙地符合了政治宣傳模式的判斷；一如政治宣傳模式，巧妙預期了自由之家針對媒體沒能以足夠的熱情與樂觀態度為國家政策效力一事，所做的抨擊。

到了 1977 年，針對紅色高棉在「溫和的國家裡」造成了前所未見的「屠殺」以及「同胞相殘」的暴行，各種痛斥譴責的聲浪，已經從（擁有數千萬讀者的）《讀者文摘》和（發行量為 1,900 萬的）《電視指南》這類發行量

---

lxiv　譯註：原文為 falsification，中譯「否證」，根據教育部大詞書解釋，否證一詞字面上的意義有兩類：一是指假的、偽造、竄改及歪曲原有事物的舉動；一指證明某物為錯誤或是無根據的行動。此處作者想表達的是有諸多評論，要證明他們的研究有誤、沒有根據，或者提出偽造資料，歪曲並否定他們研究的結論。

龐大的刊物，拓展到《紐約時報書評》還有整個媒體之上。此外，還有約翰‧拜倫與安東尼‧保羅（Anthony Paul）的暢銷書——該書的撰寫依據，是他們兩人刊載於《讀者文摘》的文章，還有先前我們提到佛朗索瓦‧龐蕭德那資料錯誤又遭人誤引的研究。類似的資料繼續在報紙和新聞周刊上大量流傳，例如《紐約時報雜誌》和其他的刊物。越南人驅逐了紅色高棉政權過後，大屠殺的第二階段告終，此時，與 1977 年到 1978 年期間相關的事證開始流出，引發一股新的憤慨，對象是所謂「亞洲普魯士人」所造成的「大屠殺」。

打從 1975 年民主柬埔寨成立初期，四方起落應和的譴責所造就出來的情況，被麥可‧維克里嘲比為「標準全面觀」（"the standard total view"，簡稱 STV）。根據這個標準全面觀，紅色高棉於 1975 年 4 月取得勝利之前，柬埔寨一直是個「溫和的國家」（拜倫與保羅），其「人民就算情緒化但秉性溫和」、「只想在他們青蔥蒼翠的國度裡過著無爭生活」（傑克‧安德森〔Jack Anderson〕），這是一個「幾乎不知」飢餓為何物的國家（亨利‧卡姆）。然而，1975 年，「原本自在快樂、隨興不拘的柬埔寨人」被紅色高棉的「嚴苛政權」強力收編統治；而紅色高棉下令，在其贏得勝利之前，不屬其統治之人民，因為「沒有人需要他們」所以可以「清除掉」，就算這樣會只剩 100 萬名高棉人也沒關係（多次引用後來被證實為捏造的紅色高棉聲明的唐諾‧懷思〔Donald Wise〕所言）。

根據這個標準全面觀，1977 年以前，也就是此觀點做出結論時根據的這段期間，除了在巴黎訓練出來的共產份子組成之「最高九人小組」所管理的勞改營之外，面對一切有組織的社會與文化生活，紅色高棉領導階層採取的政策，就是系統性地清剿與破壞。而那些勞改營的管理方式並無因地而變，同時其設置目的，就只是滿足管理者教人不解的施虐取樂行為，並宣說與馬克思－列寧主義式（Marxist-Leninist）的教條而已。據傳，到了 1977 年年初，他們「自誇」已經屠殺了約 200 萬人（尚‧拉庫圖赫〔Jean Lacouture〕，《紐約時報書評》）。即使幾個星期之後，拉庫圖赫撤除了這個數據，但是這個數據，依舊被當成標準；拉庫圖赫承認，自己誤讀了撰文時的參考資料來源（龐蕭德），而且真正的數字應該是幾千人，不過他補充道，幾千人被殺跟「誇稱」殺了 200 萬人之間的差距，就他看來幾乎不具什麼意義。他的立

場，還算清楚地表達了在這段期間與往後歲月裡，評論人士普遍面對事實的態度；這點從他進一步的發言，也可以看出——他說，搞清楚「到底是哪個人說出了不人道的話」，根本不重要——這裡所指的那些話，是他原本指責出於紅色高棉官員口中的話，結果後來證實，要不是來自他資料來源（龐蕭德）捏造的錯誤譯文，不然是龐蕭德從泰國報紙上誤譯而得的話，與原文意思完全相反，根本不是他堅稱柬埔寨報紙上刊登出來的文字。200萬這個數字，後來還被加到300萬以上，引述的往往都是戰爭期間越南政治宣傳資料。這都是相當典型的例子。

倒也不是所有人都同聲應和，加入譴責。其中最教人驚訝的例外，就是最有辦法從柬埔寨那裡取得資訊的人，特別是國務院的柬埔寨事務專家。根據當時他們手邊可得的資料（主要來自柬埔寨西北部），他們的看法是不計原因，死亡人數統計「就算不到數十萬人，大概也是數萬人之譜」，其中大多數是因為疾病、營養不良，還有「慘烈而快速的變化」，而不是因為「種族大屠殺」。媒體幾乎完全都略而不提這些探究式的結論——我們在回顧資料當中找到了一個重要的例外——因為對當時的目的而言，這種結論毫無用處，如同與標準全面觀不相符的難民證詞，媒體也不予理會。還有，對中南半島事務有專知卓見的記者，也提出頗具細微差別的說法，其中值得注意的一個是納彥·禪達。

維克里在他分區且詳盡的研究當中，說明了標準全面觀是一個幾乎沒有好處的觀點，而保持懷疑態度的極少數人，他們對現在討論的這個期間的看法，基本上反倒很精準，只不過，1977年到1978年間，考量到當時黨派之間的殘暴清算以及擴大與越南的戰爭規模，某種類近標準全面觀的看法，結果是正確的。他也提出一個顯然合理的論點：1979年越南成功占領後才流出的資料，這些「1977到1978期間的事證，並不能用來回溯證明標準全面觀的正當性」，因為標準全面觀是根據1975年到1976年間的事證而成為主導觀點的；「而且，就算越南人把西方世界政治宣傳的那些故事，用來支持他們1979年入侵柬埔寨的行動，這也不能證明那些故事的真偽。」近來的研究指出，最殘忍的大屠殺事件——包含記者們於越南征服柬埔寨後、進入柬國發現成堆頭顱與亂葬墓塚才溯源追出的那些大屠殺在內——都是1978年下半年間、在越柬邊界東部區域發生的。

西方世界在種族屠殺第二階段期間，對柬埔寨深表沉痛的這個社會文化現象，對比於它們如何面對同時間遭逢相仿暴行的帝汶，就能進一步顯現此沉痛之情的本質。就像在柬埔寨種族屠殺第一階段的時候一樣，美國也要為帝汶負起主要的責任，而且，美國可以有所作為，減少或終結掉那些暴行。對比之下，民主柬埔寨統治下的柬埔寨，既然有可以歸咎的官方敵人，那麼美國便不能有什麼作為——這一點在 1978 年 8 月喬治·麥戈文（George McGovern）呼籲要進行國際干涉時，美國政府的專家們便跳出來強調，媒體還因此大大嘲弄了麥戈文一番。在種族屠殺的第一階段期間，麥戈文或其他人，都沒有力薦這樣國際對美方採取干涉手段；或者在美國（還有其他施力少很多的強權國家）提供物資和外交支持的情況下，導致帝汶遭到暴行摧殘期間，也都沒有人呼籲國際對印尼與美國進行干涉——這就好比 1980 年代初期，薩爾瓦多和瓜地馬拉的軍隊在美方股切協助下屠殺自己的國民的時候，也沒有人呼籲國際要加以干涉一樣。

帝汶和柬埔寨種族屠殺第二階段的類似之處特別顯著，而且暴行事件結束過後，偶爾還會有人提及。媒體現在為了當時拒絕報導帝汶消息，或者拒絕抗議那些暴行或加以阻止所創造出來的藉口，就當前的脈絡來看都很發人深省。就這樣，威廉·蕭克勞斯不接受將帝汶和柬埔寨引起之反應一比之下就有的清楚解讀，而偏好「結構更加嚴謹的解釋」：他認為這是出於「資訊來源的相對缺乏」，還有與難民聯繫不易。從里斯本飛到倫敦只要兩個小時，就算到澳洲也不見得比泰柬邊境難，不過即使如此，媒體還是不去報導里斯本和澳洲的許多帝汶難民，卻偏好美國國務院和印尼將軍提供的「事實」。同樣地，媒體也忽略了可靠消息來源隨時能提供的難民研究資料；這些資料的可信度，不亞於面對紅色高棉時有意識形態用處的憤慨情結所根據的事證。還有高度可信的證人，帶著教會和其他資訊來源提供的額外證據，來到了紐約和華盛頓，而媒體也不予理會。事實上，當帝汶的大屠殺在美國支援日增的情況下越演越烈時，帝汶的新聞報導突然大幅減少。想了解是什麼真實且「結構嚴謹」的原因造成新聞報導在數量與性質上的這種差異，並不困難（詳見第一章）——雖然西方世界的觀點會覺得相當尷尬；同時，在我們探討了各種例子卻看到同樣的結論時，這箇中原因，還會更加清楚明白。

中南半島的第三階段：柬埔寨和「榨乾越南」政策

在我們撰寫本書的 1987 年當下，西方世界的道德主義者還是默不作聲，而他們的政府此時正提供印尼所需，繼續進行在帝汶的恐怖和壓迫活動。另一方面，美國支持以紅色高棉為主要組成份子的民主柬埔寨聯盟，因為——套用 1982 年國務院對國會報告所言—這樣和波布政權才有所「連續性」。國務院還解釋，美國對於在帝汶抵抗印尼入侵的東帝汶獨立革命陣線游擊隊（Fretilin guerrillas）[lxv]、以及從泰國基地攻擊柬埔寨的紅色高棉游擊隊，之所以有基於狀況有別的不同反應，是因為：「毫無疑問地」，以紅色高棉為主體的聯盟，比起東帝汶獨立革命陣線，更能代表該國的人民。因此無須費勁思考，為何 1970 年代晚期，美國面對波布以及印尼將軍領導們的態度不一：前者是受到憎惡痛恨的對象，因為種族屠殺第二階段期間，他統治柬埔寨時，進行了大規模屠殺；而後者，是我們欣然提供補給與支持，好讓對方於同一時間在帝汶進行同樣大規模屠殺的朋友。就連 1980 年代初期《華爾街日報》的編輯也曾一度搞不懂的這個態度矛盾，如今大快人心地有解了：紅色高棉和印尼的將軍，我們**都**支持。

美國當前對紅色高棉的支持，幾乎引不起媒體的報導興趣，一如它們也幾乎不提越南的立場一樣：越南要排除掉紅色高棉領導人波布還有與其關係密切之黨羽的英薩利（Ieng Sary），在柬埔寨人民之間，尋求出一個政治解決方案。我們先前也提過，根據國會消息來源，美國對紅色高棉的援助，相當龐大。而且雷根政府「與其跟東南亞合作，寧願選中國合作」，拒絕支持東南亞盟友的行動，因為他們想「透過倚重共產份子游擊隊和政治結盟的策略，進而削弱中國的盟友、也就是遭罷黜的波布政權的力量」。1984 年，納彥‧禪達報導道，美國以其一貫的做法，主要是透過資金挪用，讓盟友把原本做為人道救援的錢，拿來購置軍武，因此「反抗軍收受自美國的金援，增加了一倍以上」。雖然據稱這些資金都只能給非共產份子的反抗勢力（此規定大致上沒有作用），不過這只是虛晃一招。「在金邊」，非共產份子反抗軍的兩股勢力，也就是「施亞努與宋雙的柬埔寨民族解放陣線，卻「完全被

---

lxv　　譯註：Fretilin 之全名為 Frente Revolucionaira de Timor Leste Independente Timor。

排除在資助對象之外」──《遠東經濟評論》裡詹姆斯・普林戈（James Pringle）來自金邊的報導如是說。「根據一名蘇聯陣營消息靈通的外交人員表示：『他們就只要在邊界坐著喝可口可樂就好了。』」。芭芭拉・克羅賽特來自泰國邊境的報導說，「卡車從波布領導的紅色高棉所掌控的聚落開出，一次載著 150 或 200 位成年與未成年男丁，顛簸搖晃地往柬埔寨內地開去」，在內地，「有大量運送進來給紅色高棉貯存用的補給物資」，以期日後美國一要求越南人撤退，他們便能以軍力和恐怖行動搶得勝利。在曼谷的施亞努國民軍發言人表示，「我們目前的主要問題，就是如何在不讓紅色高棉回來的情況下、叫越南人撤出」，而美國政策很有可能讓紅色高棉回鍋。前助理國務卿李察・霍爾布魯克（Richard Holbrooke）說，美國的援助「最後會落入波布及其人民的手中」，此一事實，也有好幾位記者報導。狄潘（Dith Pran），這位希尼・尚博格的柬埔寨同事，在民主柬埔寨恐怖統治下遭遇了種種苦難；廣為宣揚的電影《殺戮戰場》，還有許多媒體的評論就是根據他的故事而來。但他認為，不知為何，要向大眾傳達以下觀點卻比較困難：「給（高棉反抗軍）美國的武器，就好像火上加油一樣」，而這是柬埔寨最不需要的。大衛・霍克（David Hawk）指稱，「雷根政府的政治官員還有美國駐曼谷大使館的駐防官，都曾造訪過紅色高棉的據地，這是眾所周知的事情。」

美國之所以支持以泰國為據地的民主柬埔寨聯盟，理由不僅僅是他們與紅色高棉政權的「連續性」。1979 年，美國的盟友鄧小平就概述了一個更基本的理由：「強逼越南人待在柬埔寨是明智之舉。這麼一來，他們要受更多折磨，也沒法兒向泰國、馬來西亞，還有新加坡示好。」這個「榨乾越南」、確保其不會從西方世界的迫害中恢復元氣的動機，還有其他好處。透過深化中南半島之苦難與壓迫的如此作為，我們回過頭證明了我們早些年「這場高尚的十字軍東征」有多麼「意圖良善」。

我們之前就討論過，在種族屠殺的第二階段，柬埔寨人受到紅色高棉恐怖統治時，成了「有價值受害者」，而等到越南人入侵、終止了第二階段時，柬埔寨人又再次變成有價值受害者，只不過這次的角色有變──美國加入了中國的行列，支持紅色高棉。媒體一開始先是指控越南犯了「種族屠殺」罪，隨後對這個官方敵人的譴責，轉而針對這些「亞洲的普魯士人」的

可怕行為；根據《紐約時報》編輯們的觀點，這些人推翻了波布之後「強力統治而且還貧化」了柬埔寨。還記得那些包含了第一階段之暴行在內，過去這些年來所有的恐怖事件，所謂「無法抹除掉」的「紅色高棉的屠殺」吧——既然波布的軍隊在雷根的教條之下，算得上是反抗軍軍隊，那麼，華府顯然不覺得當初的暴行有那麼重要了。

我們很難找到有人認真觀察當前柬埔寨現況後，還認為越南人把柬埔寨搞得比民主柬埔寨時期更糟。這種說法意味民主柬埔寨時期才慘。相反地，出於關心柬埔寨人民、而非在意其可為政治宣傳操作之用的人，幾乎都同意「人民現在的生活，過得顯然比民主柬埔寨統治時期更好」，而有些柬埔寨事務專家還認為，當前的政權比柬埔寨之前所有的統治者都要好。即使1977 到 1978 年間波布政權的暴行快速加劇，而且其掌政其間，柬埔寨軍隊還奉命殘暴地突襲越南，不過，對入侵行為一貫維持反對立場的人，的確會有道德依據，譴責越南的入侵。[204] 只不過如果主張入侵行為不道德的人，還譴責過西方世界沒有採取更大力的行動將柬埔寨人從波布手中「拯救」出來，那麼要嚴肅看待這樣的道德主張，就有點困難——一如歷史已清楚證明，這種「拯救」，跟越南入侵柬埔寨一樣，都是出於自利的。要是提出這種道德主張的人，容忍、讚許符合自身目的的殘暴入侵行動，那麼我們就不需要固著在這樣的主張之上：印尼入侵帝汶、1982 年以色列軍隊「解放」黎巴嫩（《紐約時報》的編輯就這麼稱之），或是「保衛南越」等等，就是幾個清楚的例子。

美國國內的第三階段：大規模靜默與左派潛在的影響力

回過頭來看看大後方。種族屠殺的第三階段，又用了另一種方式讓我們清楚看到政治宣傳模式的預期判斷。媒體和「文化圈」大致上對波布暴行的回應，以及在美國同樣要負起主要責任的案例間存在的明顯對比——沉思這些現象背後的真相，並不是什麼快樂的事。由於這些事實沉重到教人反駁不了，乾脆把它們打發到記憶深處埋起來，是比較好的策略。明明我們以一貫的急切快快完成了這個任務，想不到現在竟發現「1979 年秋，西方世界才了解到柬埔寨的苦難」（威廉·蕭克勞斯），接著還反覆思考西方世界為什

麼沒能察覺敵人犯下的暴行，而且還陷入一種自責而無以自拔。就這樣，在柬埔寨悲慘故事的最後一個階段，事情便如此繼續發生。

「1970 年代中，紅色高棉進行大規模殺戮期間，沒人出聲」（佛洛伊德・亞伯拉姆斯〔Floyd Abrams〕），而「1975 年後，從柬埔寨傳出的暴行故事，根本就沒有人相信」（大衛・霍克）——當時上自《紐約時報》和《華盛頓郵報》，下至《讀者文摘》與《電視指南》，甚至到《紐約時報書評》，還有大眾媒體上，處處迴響著柬埔寨猶如希特勒與史達林般屠殺種族的控訴聲浪。「直到越南入侵之後，西方世界才了解柬埔寨遭遇的可怕」（《經濟學人》雜誌），而且「外面的人，不論左派或右派，幾乎都沒有在事件真正發生的時候注意到（波布政權的恐怖）（1975 年到 1978 年）」（康諾・克魯斯・歐布萊恩〔Conor Cruise O'Brien〕）——也就在這段期間，吉米・卡特將波布定位為「世界上最糟糕的人權侵犯者」，還有某份英國外交部報告，譴責該政權要為「數十萬人」的死亡負責。或許你會以為像這樣不尋常的聲討，不可能完全沒有引起一丁點好奇與疑惑，不過要是這麼想，那你就低估了意識形態機構團結起來支持有利目標的能力：在這個例子上，這個目標，就是隱抑西方世界面對「種族屠殺的十年」和其他暴行回應的背後真相。

因波布時期的種族屠殺所引起的悲戚憤怒到達顛峰時，也有人堅稱波布政權之暴行遭到「靜默」以對。1978 年 7 月 31 日，《時代周刊》雜誌刊登了一大篇大衛・艾克曼（David Aikmon）的文章，聲稱大家忽略了紅色高棉「種族屠殺的實驗」，還轉個彎丟出了一個新的說法，讓後來大家在重建歷史時，都一頭熱地信以為真：「西方世界有知識份子，堅決信奉我們這個時代的一對神主牌——『解放』和『革命』——還真的為柬埔寨的遭遇辯護」；「還有些政治理論家也加入行列，就像 30 年代期間，喬治・博納蕭（George Bernard Shaw）和其他的西方世界知識份子替蘇聯嚴格的社會工程（social engineering）辯護那樣。」可是，文章卻沒有提到是哪個知識份子。理由很簡單：根本就沒有人符合這樣的描述——就算《時代周刊》真的企圖要反戰激進派人士替波布政權說些正面的話，以支持這項有用的論點也一樣，後來都沒有成功。

西方世界的「靜默」、西方知識份子對波布政權的辯護等等……這些論調有大量的證據，足以明白確實地予以駁斥；而對於這些證據，遭到動員

的知識份子文化圈早就眾人皆知，只是不予理會。不過，為了高尚的目標，光是這種程度的假資訊還不夠。威廉・蕭克勞斯利用一個猶如樣板戲的精彩著作，成功地將這兩個論調結合了起來，把這齣鬧劇帶到了更荒唐的地步。這份新的貢獻引發了各方熱烈迴響；方才引用的好幾個評論，都是出自他這本書的書評，要不顯然也受到該書所啟發。

蕭克勞斯在其著作《柬埔寨、大屠殺以及現代良知》（Cambodia, Holocaust, and Modern Conscience）中，細細思忖了西方世界面對紅色高棉暴行的相對「靜默」。雖然跟事實有著極大的出入，不過西方世界的良知覺得比較好的說法是：西方世界糾結著自己所犯的暴行，而忽略了同時間共產份子的暴行。蕭克勞斯接著採取艾克曼的第二個論點，巧妙說明西方世界不願意面對共產份子暴行背後的心理機制為何；這可是西方世界生活相當值得注意的一個特點。他主張，種族屠殺第二階段時期的靜默以待，是導因於「西方世界左派對民主柬埔寨流出之故事所持的懷疑論立場（這是客氣的說法了）。最常表現那樣懷疑論立場，而且態度最強烈的，就是諾姆・杭士基了……，他主張 1975 年紅色高棉一贏得勝利之後，西方世界的媒體便跟西方世界與亞洲反共產政府——特別是泰國——共謀，創造一套『規模龐大、前所未見』的政治宣傳活動對付紅色高棉。」

為了支持這樣的主張，蕭克勞斯還提供了一段貌似引述的話——只不過出於兩個充分的理由，他沒有點出可供辨識的出處。第一個理由，那句引述根本不存在，[205] 不過，就連他引述的這個版本，也提到柬埔寨於紅色高棉統治下的「嚴酷現況」，這根本破壞了他的基本主張。第二個理由，他那份編造出來的引述，出自一份 1979 年 11 月發表的作品，當時波布政權都已經垮台將近一年了。要是他註明出日期，那麼就會引發質疑：這種「經常又強烈」表現出的懷疑論立場，在 1975 年到 1978 年間，應該有辦法讓各國政府與媒體有所顧忌才是。況且我們已經清楚表示，暴行的記錄「令人驚駭」，就連用最荒誕的捏造之詞描述其程度可能都還算恰當。

我們要注意的是，蕭克勞斯大可以引用表達出「懷疑論」立場的真實案例——例如國務院的分析師在大家對柬埔寨之遭遇盛怒達頂時所持的懷疑論立場，或者先前我們引述自道格拉斯・派克與其他人的回顧評論（第 328 頁到第 329 頁），或者種族屠殺第二階段期間只願意總結部分說法的記者們所

下的評論：難民的說法「指出，紅色高棉發現除非透過威逼的手段，否則要統治這個國家很難」，難民「甚至還認為，恐怖手段被拿來當成政府體系的一環」；這些記者還說，難民們「看上去狀況並非那麼糟」，而且就算紅色高棉持續執行所謂的「暴行」，那「這個暴行也不是（1957 年）4 月才開始的——這情況都已經進入第六年了」（威廉・蕭克勞斯）。只不過這般事實真相，擺明就是不符合這種操作手法的目的。

　　搞不好還有其他的例子，展現了這種「經常又強烈」表現出的懷疑論立場，讓西方世界「靜默」。蕭克勞斯很聰明，知道要避免舉例，因為他也很清楚，他的主要消息來源龐蕭德還曾特地讚美喬姆斯基，誇其在為文討論柬埔寨時，展現出「負責的態度而且思想精確」——龐蕭德所指的，是1977 年我們針對其著作所寫的書評（我們先前已引述過那本書），還有那些雖未付梓發表但他都讀過的書信內容。那些書信內容，可說鉅細靡遺地羅列包含了所有民主柬埔寨時期出現的相關資料。那麼蕭克勞斯要我們相信，光憑一篇 1977 年《國家雜誌》（The Nation）的文章，就讓西方世界「靜默」——更別說，在那篇文章裡我們還稱讚了他主要消息來源龐蕭德所寫的書，稱該作「嚴謹且值得一讀」，內含「難民們向其報告的故事，內容關於難民在紅色高棉手中所受到的殘暴對待，教人驚駭」，而且我們還在文章裡提出，我們沒有立場對暴行的實際程度妄下定論，這與當時國務院專家還有其他情報靈通的消息來源態度一致。

　　這裡要澄清，我們的確在一篇龐蕭德有影射到的文章裡表達過些許的「懷疑論」立場，我們針對的不只是已經被證實為編造之言而撤除的那些說法，同時還有其他尚待評估的評論。因而我們在評估檢視龐蕭德時，關於其針對美國轟炸造成的死亡人數預估，持懷疑態度，對我們來說，他的預估數字超過實際太多，可能是因為他誤讀了引用的數字資料；同時，我們還質疑那些歸罪於紅色高棉的部分引述：這些引述是他（與後來其他人）的重要立論根據，可是他卻在不同的場合，用非常不同的形式，提出這些引述內容——而後來他也承認，這些說法完全沒任何根據。值得注意的一點是，針對指控美國的內容，我們所抱持的懷疑論態度，即便只是出於臆測，也沒有引起任何評論；針對指控紅色高棉的內容，我們所抱持的懷疑論態度，不但有文本證據支持，後來還證實我們的懷疑甚至過於客氣，然而這卻在維克里口中那

些「有失專業、甚至不誠實」，而且「往往還粗鄙拙劣」的評論中引發狂憤盛怒。這種區別的反應很容易就解釋得通。我們都理所當然地認為，要細述美國的行動，一定得謹慎注意、小心細微，因此，我們對懷疑立場的堅持符合眾人期待，也就不值一評。（這點我們同意。）相對地，官方敵人的行為，不值得如此謹慎的態度，而質疑服膺於當權派的政治宣傳操作，則是一件不可饒恕的罪行。

我們要注意：就算蕭克勞斯暗指的那種「西方世界左派」的「懷疑論」真的存在，而且有某種影響力，蕭克勞斯認為這可能導致其描述之後果——而且是由一群被媒體和主流論述有系統排除在外的人造成——此一解釋說法，猖狂到教人不得不佩服。蕭克勞斯還進一步主張，這種所謂的「左派懷疑論」，不僅僅讓西方世界的媒體和政府靜默，還讓西方世界不能針對紅色高棉的暴行做出任何有意義的回應。這個論點可笑到不值一評，而我們可以回過頭看看他自己當時提了什麼因應作為，評估蕭克勞斯有多麼認真地想推廣此一論點；別忘了，從頭到尾他都能輕易地利用主流媒體。可是我們找不到他說過隻字片語，建議可能的因應手段 206 ——原因很簡單，因為他也好或其他人也罷，都想不出任何有用的作為。當然，蕭克勞斯的指控，要是在不同的情況下，的確就可能成立：種族屠殺第一階段，或是第二階段期間與之後的帝汶，還有其他不勝枚舉的例子。我們透過觀察這套操作及其引發的反應，學到了很多關於「大屠殺和現代良知」的事呢。

這個「左派的懷疑論」，因為西方世界機構受到左派影響，造成了重大的後果，而蕭克勞斯認為，越南的政治宣傳要負起部分責任。他寫道，越南的「發言人沒有全盤交代難民描述下的紅色高棉犯行，因而讓大家更不相信這些故事，西方世界的左派尤其受此影響」，而左派本來就聽命於河內，緊緊依循其認可的教條行事——不過有趣的是蕭克勞斯還暗示，河內能影響的不只是它的跟班而已。這麼說，有何不可呢？我們要是連西方世界讓媒體與政府保持靜默的話都說得出來了，何不乾脆繼續主張，就連在這些危險的圈子以外，越南的政治宣傳都是型塑輿論的強大力量？想當然耳，蕭克勞斯連裝都不裝一下，根本不提任何佐證，因為他完全明白，這些從頭到尾都只是純粹不過的幻想。

我們或許可以將這個針對西方世界「靜默」的荒誕解釋，跟其他類似

的說法擺在一起看：例如，國務院的共產份子失掉了中國這個盟友、媒體的「敵對立場」對民主制度的基礎造成了威脅……等等之說法。話說回來，這樣的反應並非揶揄，而是一種極大的狂熱。隨便舉一個典型例子就好：大衛‧霍克認為，蕭克勞斯「把世界的漠然態度」，歸咎於「反戰學術人士與行動派人士對美國左派的影響，這些左派人士把紅色高棉的行為弄得不清不楚的、貶低 1975 年後難民報告的重要性，還詆毀取得難民故事的記者。」他認為這種論點成立，不過他卻沒有引用任何證據，證明這遭到全世界視為種族屠殺的暴行，受到「漠然以對」的反應，或者證明其控訴的美國左派行為；而且他也沒有解釋，這種行為要是真的存在的話會透過什麼樣的運作機制，控制主流媒體，或甚至造成邊際影響。自說自話編造出的神話，既不需要證據，也不用符合邏輯。還有，這些編造之詞也無須顧慮到當時霍克作為國際特赦組織官員，同時也是東南亞事務專家的表現如何。國際特赦組織 1977 年的年度報告提到，當年柬埔寨境內傳聞中的處決案數，「比前一年還要少」；雖然報告也概述了一些處決案和失蹤事件的報告，不過這份年度報告的陳述是含蓄的。至於 1978 年的年度報告，雖然指控暴行的措詞較為強硬，不過這份不得不大大仰賴難民報告才得以完成的年度報告也指出，難民報告「往往不精準，要不然就是相互矛盾」；這麼一來，國際特赦組織和霍克，都成了蕭克勞斯與霍克自己口中那些「貶低 1975 年後難民報告的重要性」的人。事後才說三道四評價對錯，是多麼輕鬆的事啊。

　　蕭克勞斯還以很有意思的方式，進一步發展了他這個論點。為了要讓大家明白西方世界的評論人士拒絕承認「紅色高棉是馬克思－列寧主義式的政府」，他表示，英國的記者約翰‧皮爾傑（John Pilger），「經常拿（紅色高棉）跟（納粹）相比」，卻隱而不提皮爾傑在回應其中一篇重述蕭克勞斯創造之論點的評論時，明明比較的是紅色高棉的行動和「史達林的恐怖行動」。蕭克勞斯進一步聲稱，當前的作家「接下來幾年都會認為」，「難民不可信，還有，CIA 就是在編造大屠殺，跟大家說：『事情就是這樣。』」關於這點，他還引用了我們寫的其中一篇文章（1977 年《國家雜誌》所刊載）作為佐證，但那篇文章也好，或我們寫的其他文章也罷，完全沒有表達出一點這樣的味道。在那篇文章裡，我們說得清楚又明白——後來的文章皆如此——難民報告讓我們完全相信，紅色高棉暴行的紀錄資料「非常豐足，往

往教人毛骨悚然」，而且，「一一記錄下主要從難民報告裡取得的重大暴行與壓迫資訊，一點都不困難。」蕭克勞斯為了支持他的論點，還引述了我們談到分析難民報告時有必要謹慎小心的這個評論，指控我們否認難民的可信度，但他卻刻意隱而不談我們是以龐蕭德——也就是他主要的消息來源——為例才這麼說，而且他也沒提，我們的那個評論根本是眾人皆知的自明之理。他說 CIA 在編造大屠殺的說法，根本純粹是幻想之詞，不過，我們也許要補充說明：雖然他是在我們的書出版後才撰寫這些，但當時麥可・維克里的確提出過證據，證明拜倫與保羅在《讀者文摘》裡的陳述，其實一部分是 CIA 刻意混淆視聽的結果。蕭克勞斯還進一步表述了他的看法，他說，「和喬姆斯基與赫曼說的相反」，美國政府在反紅色高棉的政治宣傳方面，「出奇地不積極」。我們並未提出美國政府參與了這場我們記述載錄之下由威廉・蕭克勞斯與其他人打造的騙局，而且事實上，我們還替國務院的報告背書，認為那是當時可得的報告裡最合情合理的。從頭到尾，都是像這樣的指控。

然而，當我們質疑為了幫忙自己支持的國家而撒謊的權利時，像蕭克勞斯與其他對此深感不悅的人其實非常明白，指控異議觀點根本就不需要提什麼證據。而且他們也深知，無論這些意識形態上有用的指控可能多麼荒誕，只要不斷地重複再重複，它們就會成立——就連美國的左派在波布政權期間讓整個西方世界靜默消音這種指控，都會成立。

蕭克勞斯針對其他敵人提出的指控，也都遵照一樣的模式——我們認為這也是他的說法吸引人的另一個因素。所以，在蕭克勞斯要符合潮流、尋方設法讓越南——不是因為「大意的」政策害柬埔寨經歷了種族屠殺第一階段，而且現在還支持波布的那些人——為柬埔寨接下來的悲劇負起最大責任時，他便把當前對波布的支持，合理化成一個回應越南行動的必然方法。他解釋道，有鑑於河內政府入侵了柬埔寨及其隨後的行為，中國和東南亞地區的東南亞國協（ASEAN，全名為 Association of Southeast Asian Nations）會員國（更別說它們的「西方世界夥伴」了）一定會「想辦法對河內施加各種壓力」，要其放棄意圖，而「越南人可能早就預料到，這樣的壓力之一就是轉而支持紅色高棉。」所以，要是中國和美國，連同像印尼與泰國這種致力擁護人權與堅持倚靠和平手段的國家都支持波布的話，那都是越南人的錯。然而這樣的分

析，不適用於越南人身上：他們老是在中國或美國未施加威脅的世界裡執行冷血的政策，要是有這些威脅的話，也許我們還能「預料」到它們以冷血政策應對（言下之意就是我們免責）。根據蕭克勞斯，「打從越南入侵柬埔寨後，它的行為幾乎看不出有意願要讓步；但東南亞國協及其西方世界夥伴堅持的目標，就是越南妥協，只要廢除柬埔寨境內紅色高棉勢力，不再讓它有機會成功就好。」「雖然我們不可能預測，當初（河內）要是表示任何讓步意願，中國或是東南亞國協國家是否會接受，但重點是他們從沒任何表示」，蕭克勞斯未經確認便如此斷言。河內曾一再提出，只要將紅色高棉高層領導人士排除在外，那麼他們願意支持當地政權而撤軍。這些提議是否當真，我們不得而知，因為鄧小平和雷根聯盟都無視於這些，而態度比較搖擺不定的東南亞國協國家，也不將這些提議當一回事。媒體也沒有報導這些有利於波布持續獲得支持的否定之舉，但任何一個理性的觀察家，對此都不會意外。不過最起碼，這些事實都沒有支持蕭克勞斯的分析。

　　蕭克勞斯進一步想辦法要把罪責歸咎於公認的敵人頭上。他堅稱「比起受害人，（越南人）對凌虐者更為信任，實際上這些人當中，有很多都被越南的新政權提拔成管理受害人的新權力人士。」對此，他唯一的證據是一個在書中引述過兩次的故事；故事的主角是他在柬埔寨碰到的老婦人。老婦「激動地敘述，殺了她兒子的紅色高棉兇手，在附近的村庄過著逍遙法外的生活。」他在《紐約時報書評》重提了這則故事，此舉引起班・基爾南寫了一封信回應。基爾南在這件傳聞中的事情發生時，也在旁邊（而且還是他的口譯員）。基爾南引用了該名婦人的口述錄音帶，內容顯示她只不過說，那名兇手「逃到」了鄰近「地區」；基爾南指出，其言下之意是兇手害怕遭受懲罰，而不是兇手被「提拔」為「新的權力人士」。拿這樣的證據與他對質時，蕭克勞斯一方面堅持他的立場，一方面退一步地說有些他見過的官員「看上去讓人相當不舒服」，那麼根據他的邏輯，這大概就足以證明他的論點了。這些例子，我們都司空見慣了。

總結

總結媒體對柬埔寨的報導處理，在「種族屠殺的十年」之前，就跟政治宣傳模式預測的一樣；而在這個種族屠殺恐怖十年的前兩個階段期間，媒體的操作，也一樣符合政治宣傳模式的預測。在第一階段期間，難民的證詞被視為無法引起新聞性的。直到今天，我們除了曉得當時顯然有大規模的殺戮和破壞行動之外，其他的幾乎一概不知；此一階段並不以「大屠殺」或是「種族屠殺」之名遭人記載，而且消息來源都遭到淡忘。在第二階段期間，「溫和國家」的神話接著延續到 1975 年過後，而在當時發生的事件中，美國扮演的角色與需要肩負的責任，除了部分例外也相當普遍地遭到抹除。雖然媒體迫切尋求難民的證詞，不過，它們只找那些內容能支持標準全面觀的證詞，而相較之下，看待當時全貌、觀點有些微出入（如今回顧起來，基本上這些觀點是精確的）的國務院專家和其他見識廣博之評論人士，則因為缺乏實用價值，未被媒體當一回事。大規模的眾怒情緒，在 1977 年初到達了顛峰，不過當時的死亡人數還遠低於第一階段；媒體當時瞞騙操作的紀錄，讓我們看清楚了許多事。[207] 隨著 1977 年到 1978 年間標準全面觀發展成形，柬埔寨的恐怖遭遇都被官方政府圈低調處理，而美國隨後支持波布一事，更是幾乎無人報導。

　　第三階段則是分成兩條線發展。在態度始終死硬的一種空想歷史重建中，「左派的懷疑論」遭指主宰西方世界的觀點與各國政府，以至於它們在民主柬埔寨期間，從頭到尾都保持「靜默」；這個論點，即便提供的證據品質有問題而且立論荒謬，但可說是又一範例，讓我們看到最不合情理的主張只要合用，就可以輕易變成信條。在中南半島，西方世界擔憂柬埔寨逢難受害的一個新時期於焉開展，這回，各方的盛怒憤恨不再針對波布，而是針對推翻了波布政權的新壓迫者。這個新的顧慮由美國帶頭，精心策畫而成，同時把中美雙方在「榨乾越南」政策上的利益，跟復興西方世界良知的展現方式兩相結合。此西方世界良知的展現方式，界定恰當，不包括種族屠殺第一階段及其長期影響，同時，還透過大方坦承其立場的中國盟友給予波布支持，規避了美國居中的角色。如此細心導引的良善，成功讓波布的軍隊能繼續發揮作用，也讓越南受創，而且，同時還使我們深深顧慮的對象——也就是柬埔寨人——繼續受罪。1979 年到 1980 年間的援助工作，的確成功幫助了困苦的柬埔寨人，不過這同時也維繫了波布的軍隊，因此阻礙了柬埔寨的

復原，或許還妨礙了它的獨立，只不過關於這點，我們也只能臆測了。

　　許多人接觸到媒體過濾器精心篩選後呈現的暴行事證後有所反應，不過撇開這些無疑是真摯之情的反應不談，從這些讓我們看清好多事的紀錄中，唯一可得的合理結論是，西方世界之所以如此在意種族屠殺第二階段期間紅色高棉暴行的恐怖，並不是因為對柬埔寨人民的苦難命運突然感受強烈──第一階段和其他時期的紀錄，已經清楚證明了這一點──而是因為紅色高棉有個有用的角色要扮演：它讓法國與美國之前在中南半島犯下的罪行，回顧時有了理由，而且在越南創傷過後，它啟動了西方世界意識形態的重建工作，如此便能戰勝可怕的「越南症候群」。同時還替「再起的美國」鋪路，重申其奉行捍衛自由與公理的歷史職志。而這些實情真相，無論是當時也好，或是今日也罷，出於相同的理由，媒體都幾乎沒有興趣。

第 7 章

結論

《**紐**約時報》的安東尼‧路易斯面對媒體作為公善（public good）已太過獨立而且影響力太強大的指控時，如此辯護道：

「新聞業不是為了自己才受到（憲法第一修正案）保護，而是為了讓一套自由的政治體系能運作。到頭來，要顧慮的不是記者或編輯，而是評論政府的公民。」

我們談到新聞自由時，真正的問題「是代表政體履行功能的自由」。[208]路易斯引用了大法官鮑威爾的話，他認為：「個人要明智地履行自身政治責任時，所需的資訊並非能自己取得的。……藉著讓公眾能有意義地掌控其政治參與過程，新聞業履行了一項關鍵的功能：完成憲法第一修正案社會功能上的目的。」因此，葛法因法官（Judge Gurfein）在政府沒能提出任何隱私受到威脅的證明、而僅稱此舉可能讓政府難堪時，裁定《紐約時報》有公布《五角大廈文件》的權利：「執掌權威者，必須耐受好辯、固執、無所不在的新聞業，以維護表達自由和民眾知的權利這些更重要的價值。」

我們並不接受非得用工具的概念，憑其造就更高層次公善為由，維護表達自由；相反地，表達自由本身就是一種價值。不過話說回來，這些強而有力的話，表達出合理的抱負，此外，它們當然也表現出美國媒體的自我形象。我們在本書裡要關注的，就是分析此一形象跟現實之間的關係。有別於我們對媒體的標準概念，認為它們在追求真相以及不仰賴權威的獨立性時，是好辯、固執、而無所不在的，我們清楚提出了政治宣傳模式並加以套用；然而，我們提的政治宣傳模式，雖然的確認為媒體有完成某種「社會功能上之目的」，不過這個目的，並非提供大眾在明智地履行自身政治責任時所需

的資訊，讓大家能有意義地掌控自身的政治參與過程。相反地，政治宣傳模式認為，媒體「社會功能上之目的」，就是替主導國內社會與國家的特權團體，向大眾灌輸其經濟、社會以及政治的宣傳內容，並加以捍衛。媒體以多種方式滿足這個目的：主題的挑選、關注重點的分配、議題探討框架的建立、資訊的過濾、重點強調和措辭語氣，同時，還在可接受的前提範圍內辯論議題。我們已經努力讓大家看到，這個政治宣傳模式的預期內容都實現為真，而且在各種重要的案例上，媒體的實際操作往往比預期的還要誇張得多。我們相當贊同另一個路易斯也有引用的首席大法官休斯（Chief Judge Hughes）的說法，他認為，要讓民主程序以有意義的方式進行，那麼「機警且有勇氣的新聞業，是（我們）最需要的」。不過，從我們檢視討論過的證據看來，在實務上，我們還沒滿足這個需要，或者說還差得很遠很遠。

經常有人主張，跟現今的媒體相比，以往的媒體不夠獨立、機警、挑釁權威；相反地，人們認為，上個世代人的經驗，教會了媒體要行使「它們的權力，在我們的國民生活中搜尋並揭露它們認為該揭露的事」，無需顧慮外在的壓力或是權威的命令（路易斯）。那麼就是這個時期，成了政治宣傳模式要處理的難題，也因此，我們把上世代的時期當成探討分析的焦點。我們討論的案例，很多都發生於過去十年間，也就是傳聞中自由媒體與它們應該會強力反對的「保守」政府對抗之時。為了確保我們並非挑選特殊性的案例，我們取樣範圍很廣。我們選來仔細檢視的案例，是對我們的政治宣傳模型而言挑戰最大的；也就是批評人士談到媒體欣然追求的獨立以及對權威的挑戰已太過，若不加以限制民主制度恐難續存時，所用的那些例子：比方說，1970 年代和 1980 年代時，說明所謂媒體太過分的主要範例──也就是新春攻勢的新聞報導。就連這些例子都讓我們看到，媒體對於國家政治宣傳體系之要求，言聽計從。在所謂媒體獨立的批評聲浪達到最高峰時，也就是越戰進入尾聲、且媒體威脅著尼克森的總統大位時，媒體聽命於國家政治宣傳體系要求的狀況，也從未有所改變──從巴黎和平協議的媒體報導，就能清楚看出這一點：媒體歪曲相關事實，不假批判地重申了官方聲明、並謹遵國家政治宣傳內容的行為，莫甚如是。

我們也許能再用另一個例子，也就是水門事件來說明這一點；辯稱媒體既獨立又挑戰權威這種標準說法的人，認為水門事件是最有說服力的例

子。對許多媒體的評論人士而言，水門事件顯示出媒體不負責任的過分行為；對於那些得意洋洋為媒體說話的人而言，此事件顯示出媒體獨立於威權高層，而且專注於新聞專業的價值。那麼，水門事件到底讓我們學到了什麼？

在主流新聞媒體上，這宗重大的水門醜聞，內容描繪的是尼克森政府出於至今未明的原因，派了一幫小混混闖入民主黨總部。民主黨代表的是企業界根基深厚、影響力強大的國內利益團體。因此，尼克森的行動成了醜聞一樁。身為合法政黨的社會主義工人黨（Socialist Workers party），並不代表任何有權有勢的利益團體。因此，正當大家對水門案的熱切關注達頂時，同樣遭到披露的另一個事件，也就是 FBI 十年來以非法闖入和其他手段干擾破壞該黨活動的行為，卻不算是醜聞——這可是更多面地違反了民主原則，而且比水門案聽證會上的任何指控都要更嚴重的事情啊。何況國家政治警察的這些行動，不過是橫跨歷屆政府之政府計畫裡小小一部分而已：意在嚇阻獨立政治行動、挑起貧民區的暴力事端、破壞人民運動，不讓一般受到邊緣化的各方民眾因而得以參與決策活動。在水門事件期間，這些祕密且非法的計畫，以法庭案件和其他方式遭到披露，可是它們從未成為國會訴訟內容，獲得的媒體關注也相當有限。就連 FBI 與警方合謀暗殺了一位芝加哥的黑豹黨（Black Panther）組織人員，都不算醜聞事件；這與尼克森的「敵人清單」，呈現出顯著的對比。尼克森的敵人清單點出了有權勢的對象，但這些人只有私下被抨擊，卻沒遭受到懲罰。我們也曾提過，在水門案的訴訟中，只有稍稍提到了美國在啟動並執行柬埔寨「種族屠殺十年」的第一階段方面，扮演什麼樣的角色：之所以稍微提到這個，並不是因為這項重大戰爭罪屠殺了數十萬名柬埔寨人，而是因為國會並未獲得知會、因故國會之特權受損，而且就連未知會國會一事，都因為違法事態過輕，最終不獲起訴。我們在國會身上看到的，在媒體及其調查報導上，也同樣可以看到。媒體的調查報導，用一個大家認為顯示出媒體獨立或媒體自大——看你怎麼解釋——的最佳案例，就是「強迫總統辭職」（路易斯）。

歷史待我們不薄，提供了條件讓我們可以進行一個「對照實驗」，判定水門事件期間、也就是媒體與權威對立的立場最為鮮明之時，真正關鍵的是什麼。清楚精確的回答就是：不意外地，具備權勢影響力的團體，有辦法

替自己辯護；而根據媒體的標準，當這些團體的地位與權益受到威脅時，才算醜聞。相反地，只要不法行為與違反民主本質之情事，僅發生在邊緣團體、美國軍事攻擊下的遠方受害者身上，或讓一般大眾要負擔分散代價的話，那麼媒體的反對立場，就語塞靜聲，或者全然不在了。[209] 這就是為什麼尼克森可以大膽到這種程度，誤以為很安全不會有事，原因恰恰就是媒體這個看門狗，只有在尼克森開始威脅到特權人士的時候，才會叫啊。

伊朗軍售醜聞案（Iran-contra affairs）還有媒體對此案的反應，也教了我們一模一樣的道理。[210] 伊朗軍售案成為一樁醜聞案的條件，是雷根政府於該軍售案期間，遭人舉發侵犯了國會特權，而不是因其態度輕蔑，理都不理聯合國國際法院（International Court of Justice）的裁決美國攻擊尼加拉瓜，屬「非法使用軍武」並違反協議的行為——也就是違反了憲法與國際習慣法。國會質詢或媒體關注的主題，並不是美國過去十年來出資支持中美洲約莫犧牲掉20 萬人性命的國家恐怖行動。這些行動，都是符合了菁英階層的共識才執行的，也都一直有媒體的支持——關於這些，我們在探討有價值與無價值受害者之命運，還有媒體針對附庸國與行為不端國家之選舉的報導處理時，都已經看過了。

一如我們在第五章裡分析的那樣，在越戰的例子上，就連那些譴責媒體、指控其敵對立場的人也承認，媒體幾乎全面支持美國政策的態度，一直到大量的美國軍隊參與在南越的「干涉」行動造成了大量人員傷亡、耗費了大筆資金、菁英階層因其利益遭受威脅而開始抗議**之後**，才有所改變。只有在那個時候，各類媒體才重新恰當地評估「成本效益」的權衡。話說回來，在這段投入越來越多、最後脫身都難的參戰期間，媒體這個看門狗，實際上還鼓勵闖人家空門的人在那個遙遠的國度不要客氣，盡情恣意地轟炸破壞。

簡而言之，正是這些讚揚媒體獨立或是批評媒體過分熱中的例子讓我們看到，實情恰恰相反。跟我們對媒體的一般形象——「持反對立場的新聞媒體」大膽地攻擊某個可憐的領導階層巨人——相反，實際上媒體缺乏興趣、沒有調查熱忱、缺少針對領導階層部門中日積月累不法行為的基本報導，這些都不斷地縱容、甚至**鼓勵**越來越大宗的違法情事發生；而當菁英利益受到威脅時，媒體最終披露這些情事，只是讓我們見識到媒體「代表政體」的功能。這些觀察，強化了我們在本書中從頭到尾一一記錄下的結論。

評論人士往往認為，面對國家權威，當前媒體的順從程度還不足以讓人滿意。我們討論過好幾個例子。所以，認為保護國家權威不受大眾侵擾一事很重要的自由之家和其他人，才會譴責媒體，稱其對官方的出征行動缺乏足夠的熱情支持，還有，就連越戰和水門案期間，媒體對當權派的有限挑戰，都引起了媒體權力過大的關切。相當常見的情況是，人們認為，偶爾讓主流以外的異議之聲得以稍稍出現，都太過危險，不該允許。這樣的感受，有時甚至會變成一種疑神疑鬼的看法，覺得左翼的勢力，會掃除有礙發展的一切：例如，克萊兒・史德林和其他掌控了保加利亞涉教宗遭刺案媒體報導的人，就會辯說，在聲浪巨大的一片蘇聯政治宣傳中，幾乎沒有人能聽到他們的聲音。另一個比這還更教人印象深刻的例子，是艾克曼－蕭克勞斯那關於國際媒體與各國政府於波布時期遭到左派「禁聲」的幻想，而且，它們的說法還受到其他許多人的呼應。實際上，紅色高棉暴行遭到各方應和的龐大抗議聲浪，這些不平之鳴當中的編造內容和欺騙誤導，程度出人意表。這些事實連同推說左派強加「靜默」的藉口，有其重大意義；只要我們對比同時間發生在帝汶、程度相當的暴行所受到的靜默以待，再看看「種族屠殺十年」第一階段內閃避實情且隱而不報的現象，那麼，此重大意義，便凸顯而出了。在帝汶與柬埔寨這兩個例子中，美國都是有所責任的施為者，要是有抗議不平的聲音，本應有效減少或終止大規模暴行才是。

對這種相當典型的二分式報導處理，政治宣傳模式提供了現成的解釋。紅色高棉的暴行，可以歸咎到共產份子敵人的頭上，儘管沒做什麼能幫上柬埔寨受害者的事、甚至連提出這樣的建議都沒有，不過還是可以在政治宣傳上加到難得的分數。共產份子惡魔的形象，對美國接下來參與恐怖與暴力行動，也派得上用場：例如不久之後美國在中美洲的一系列行動。在薩爾瓦多，美國支持殘暴的軍政府奮力對抗被描述成「波布派左翼」的游擊隊，同時，琴・科克派翠克也語帶警告隱晦地提及，薩爾瓦多的威脅來自「那些武裝精良的游擊隊，而（他們的）狂熱態度與殘忍暴行，會讓某些觀察人士想起波布」──而就在此前不久，薩爾瓦多的大主教，才譴責過科克派翠克的軍政府友人，「向手無寸鐵的平民百姓」，發動了「一場種族屠殺與滅絕的戰爭。」有的人態度比較謹慎周到──威廉・巴克里便是一例；他認為，雖然「桑定民族解放陣線已為人民帶來了種族屠殺」，而且顯然走的是波布的

路子，只不過，程度還未及波布。對波布的暴行展現出盛怒憤恨，是有其用處的。這樣的用處，從有價值受害者的命運如何立刻遭到利用、以合理化美國籌組之暴行這一點來看就清楚明白了。但事實上，美國與波布的暴行不相上下。

然而，東帝汶發生的暴行，就沒有這樣的用處了；還恰恰相反。由於執行這些暴行的是我們的附庸國印尼，所以，美國本來可以採取行動，減少或甚至終止這些行為。只不過，處理印尼入侵東帝汶一事，可能會讓忠誠的盟友國難堪，而且一下子就會暴露出美國在這場侵略與屠殺行動中提供軍事援助與外交手腕協助的關鍵角色。顯然，跟東帝汶相關的新聞報導，大概沒有用處，而且事實上還可能會讓國內的重要權勢團體惶惶不安。因此，大眾媒體——還有大致而言的知識份子圈——把他們的仁善衝動，都用到別的地方去了：用在柬埔寨身上，而不是帝汶。

我們在整本書裡一再強調，美國媒體的運作方式，跟極權國家政治宣傳體系的操作方式不同。相反地，美國的媒體允許甚至鼓勵激辯、批評，還有異議，只要這些意見討論都忠實地在一套組構了菁英共識的前提與原則範圍之內就可以；這套前提與原則的影響力，強大到我們在不知不覺的情況下便將其內化了。沒有人指示媒體要關注柬埔寨而忽視東帝汶。媒體自然而然地就受到紅色高棉的吸引，展開自由的討論[211]——一如媒體自然而然地隱而不報印尼在東帝汶的暴行，以及美國對此侵略與大屠殺行動要負起的責任。在這樣的過程當中，媒體既沒提供事實、也沒提供分析，而這些事實與分析，原本是可以讓大眾理解這些議題，或了解政府以何為據決定了面對柬埔寨與帝汶之政策；媒體因而同時確保大眾無法發揮任何有意義的影響力，左右這些決定。這就是媒體在對當權勢力而言意義重大的事務上，相當典型的**實際**「社會功能目的」；不「讓公眾能有意義地掌控其政治參與過程」，而是要避免這樣的危險。在這些例子上，還有其他眾多的例子中，社會大眾，是受到上層藉由媒體高度篩選與迴避不提之訊息所管控並動員的。媒體分析家 W・蘭斯・班奈特（W Lance Bennet）就曾如此說過：

「大眾接收的，是來自上層影響強大又具備說服力的訊息；面對這些訊息，他們無法透過媒體，用有意義的方式溝通，有所回應。……領導人透過利用媒體在大眾之間激起支持、培育順從，不然就是製造純然之混淆的方

式，篡奪了極其大量的政治權力，同時降低了民眾對政治體系的控制。」

　　就我們於書中特別要探討的內容來說，意義更重大的是：媒體通常甚至會在沒有「被利用」的情況下，自主提供貢獻——其操作手法與背後原因，我們都討論過了。另一位媒體分析家班・貝迪金則認為，私營大眾媒體的機構偏見「不僅僅會保護企業體系。同時，還剝奪了大眾理解現實世界的機會。」

　　就導引式的自由市場假設——只要內容不太有爭議性的話——來看，政治宣傳模式大概是具備可信度的。本質上來說，私營媒體是向其他企業（廣告商）販賣商品（讀者與閱聽受眾）的大型企業集團。基本上，全國性的媒體關注與服務的是菁英族群的觀點；這些族群，一方面提供了最適合的「側寫」，以供廣告所需，另一方面，他們在私人與公共領域裡，扮演了決策的角色。全國性的媒體，要是沒有用還算真實的方式報導世界，那就是沒能符合其菁英受眾的需求。話說回來，全國性媒體「社會功能上的目的」，也同時要求其解讀世界的方式，必須反映出買家、賣家以及由菁英團體宰制的政府與私營機構關注在意且利益交關的事。

　　政治宣傳模式同時有助於我們了解，媒體的從業人員，如何主動或被動地因應全面的需求。考量到企業組織有其必達的目標，還有各式過濾器的運作方式，那麼想要成功，最重要的就是遵從特權部門的需求與利益。在媒體業，或是其他大型的機構中，沒有展現出必要的價值觀與觀點視角的人，就會被認為「不負責任」、「有意識形態包袱」，再不然就是離經叛道，而且往往都堅持不下去。雖然還是可能有些許例外情況，不過，這是眾所預期、普遍存在的模式。至於那些能因應這個模式——而且，也許是真誠接納這種模式——的人，就有辦法自由表達自己的意見，幾乎不受什麼管理階層的控制，同時，他們也能肯定無誤地堅稱，自己未受到任何要其遵從奉行什麼的壓力。沒錯，媒體是自由的——對那些採用了必要原則以滿足其「社會功能目的」的媒體來說，的確如此。也許有些媒體就是藉勢藉端、替國家和其他權威者當「差使」，不過，這並非常態。[212] 我們從個人經驗中得知，許多新聞記者，對於體系運作的方式相當清楚，而且會利用這個體系偶爾給的機會，提供在某種程度上偏離菁英共識的資訊與分析，謹慎包裝處理，使其大致上還是符合必要的規範。話說回來，這種程度的洞察力當然不會是常

態。相反地，真正的常態是大家深信自由的存在——對那些已經內化必要價值觀與觀點視角的人而言，的確沒錯。

這些情況有一定的重要性。由此我們可以馬上理解，為什麼瓜地馬拉的記者不報導 1980 年代的暴行慘況；50 具左右的屍體，顯然說明了獨立記者偏離當權者所要付出的代價。至於要說明為何美國的記者也避而不報導這樣的新聞主題、甚至還誇張到將瓜地馬拉描述成尼加拉瓜的榜樣（詳見第 174 頁），那麼就需要進一步地解釋了；同樣的道理，在其他不勝枚舉的相似例子上也都成立，我們之前已經仔仔細細地分析過部分案例。政治宣傳模式提供了一個基礎，讓我們理解這種普遍的現象。

然而，沒有一個簡單的模式，足以解釋一樁複雜情況——全國性大眾媒體的運作方式，便是一例——的每項枝微末節。我們相信政治宣傳模式捕捉到這個過程的重要特色，不過卻沒能分析許多細微差異和衍生效應（secondary effect）。還有其他因素也該受到正視；其中，有些因素跟政治宣傳模式描繪下的媒體「社會功能目的」相互衝突，有些則相符。在相互衝突的這類因素當中，人性和記者的專業道德操守，往往把他們帶上不見容於意識形態機構的路子上；而且我們不該低估，在面對這些與愛國前提不符的鐵證時，要隱而不報顯明的真相，同時擁護必要（但也許已違背初衷）的良善教條、支持解釋不了的錯誤、保持善意、主張受到不公對待的無罪身分等等……那樣的精神負擔有多麼大。這些衝突所造成的張力，有時會有限度地獲得表達，不過更常見的情況是，這些張力在一個無論真相為何、只固著某些事情的信仰體系協助之下，被有意識或無意識地壓抑下來了。

至於在與媒體「社會功能目的」相符的這類因素當中，我們發現排名第一的，就是基本的愛國主義——那種要肯定我們自己、我們的機構以及我們的領導人的強烈念想。因為我們認為自己在個人生活中，基本上算是善良又有分寸的，因此我們的機構，想必也是因循同樣的良善意圖而運作——即便此一說法顯然是邏輯前後不通的陳述，但這個主張，往往很有說服力。這

個愛國前提，又遭到「『我們人民』（"we the people"[lxvi]）統治」的信仰強化——這是你我孩童時期教化體系的中心原則，不過也是一個沒什麼價值的原則，分析一下社會和政治體系就可以很快知道此原則為何沒價值了。遵循服從的行為，除了會獲得好處與特權外，還有真正的好處。如果你選擇要譴責格達費，或是桑定民族解放陣線，或是巴勒斯坦解放組織（PLO），或是蘇聯，根本不需要提供可信的佐證。同樣地，假如你重申與我們自己社會及其行為有關的慣常教義——比方說，美國政府致力於維護民主與人權的高尚職志。但如果要針對美國各機構進行批判分析——分析美國各機構在國內的運作方式及國際上的行動——那麼你的分析，就非得符合更高的標準才行；事實上，這樣的標準，高到連自然科學領域的研究也達不到。你得認真努力、找出可信的佐證、建構出嚴正的觀點、提出大量的資料紀錄——只要你繼續在預設的教義式共識框架之中，這一切苦活，都是不必要的。光是遵循服從體系就有好處、而坦承表達歧見就得付出代價，我們便不難理解，為何極少人願意接下這樣的任務。

　　還有其他的考量因素可能會誘導服從。不想過於認真工作的新聞記者或評論人士，藉由發表標準消息來源所提供的資訊（官方消息或內部透露）就可以生存，甚至還獲得某種重要地位；那些不甘將國家政治宣傳的捏造之詞當作事實報導的人，肯定就沒有這樣的機會。媒體的規則結構，完全讓其操作不得不謹遵慣常的思維；除了主流思維以外，根本沒有其他的想法，能在兩個電視廣告之間的時間或以 700 個字就能表達出來，而且不讓人覺得荒謬；何況，當你要在沒有機會詳盡闡述事實或論點的情況下，挑戰人人熟知的教義，那麼也很難避免荒謬。就這方面而言，美國的媒體跟其他多數工業民主國家的媒體相當不一樣，而且，從表達而出的觀點與分析多麼狹隘，就能顯見出結果為何。媒體批評人士，還得做好準備，面對無法對之求償的誹謗機器——這個教人卻步的因素非同小可。有很多諸如此類的因素；它們跟政治宣傳模式揭示的基礎結構特性有關，而這些基礎結構特性，也值得仔細

---

lxvi　譯註：此為美國憲法的序言：「我們人民，為建立更完善的聯邦，樹立正義，保障國內安寧，提供共同防務，促進公共福利，並使我們自己和後代得享自由的幸福，特為美利堅合眾國制定本憲法。」——當中，開頭的三個英文字 "we the people"，是美國憲法中被引用頻率最高的字詞。

檢視討論。結果就是產生了一套影響強大、誘導人們遵行特權與權力階級之需求的體系。

　　總而言之，美國的大眾媒體是有效且影響力強大的意識形態機構，它們在沒有明顯受到蓄意威逼的情況下，靠著市場力量、內化的假設，還有自我的審查，履行了體系支持的政治宣傳功能。近幾十年來，隨著全國性無線電視網的崛起、規模更龐大的大眾媒體集中化現象、右翼對公共廣播與電視的施壓以及公關與新聞管理發展與規模越臻成熟，這個政治宣傳體系，已然變得更有效率了。

　　然而，這套體系並非萬能。政府和菁英對媒體的宰制，並未成功抑制越戰症候群、消弭民眾對於美國直接參與顛覆和推翻外國政府行動的反對態度。雷根時期，一場很大程度反映在菁英共識上，而且規模龐大的資訊誤導與政治宣傳工作，真的成功地完成了其重大目標：一方面催生針對美國扶助之恐怖主義附庸國（所謂的「民主幼苗」）的支持，一方面妖魔化桑定民族解放陣線，而且，不向國會和大眾媒體透露所有的爭議，只允許策略上的辯論，探討應該要採取什麼手段，讓尼加拉瓜恢復「中美洲模式」、並且「遏制」其在企圖捍衛自己免受美國以各種行動施加毀滅性殘暴攻擊的「挑釁行為」。不過，這項工作，卻沒能贏得大眾的支持，就連以代理人戰爭方式對付尼加拉瓜，民眾也不買帳；而且隨著美國要付出的代價越來越高，還有這場帶來禁運令連同其他施壓手段的代理人戰爭，成功在尼加拉瓜恢復了悲慘與苦難的「中美洲模式」、並中止原本推翻了華府盟友蘇慕薩後起初幾年極為成功的改革和發展願景之後，菁英階層的觀點，也轉而支持訴諸其他更符合成本效益的手段，達到共享的目標──事實上，這變化還相當具戲劇性。這項籌畫相當得宜、規模又龐大的國家政治宣傳工作的部分失敗，以及同一時間竄起、媒體資源非常有限的草根反對運動，扮演了非常關鍵的角色，讓美國不能直接入侵尼加拉瓜，而美國的行動只好轉而地下化，進行最好不讓國內人民知道的非法祕密行動──實際上，靠的就是相當大程度的媒體共謀。

　　還有，雖然有重要的結構性改變，強化且集中化了政治宣傳體系，不過，也有相反的力量，可能讓這一體系為更多人所用。雖然一開始的時候，商業利益團體奪得且掌控了有線通訊和衛星通訊，不過它們的出現，削弱了

無線電視的寡頭壟斷，而且為地方團體更容易取得媒體資源一事，留下了一線可能。美國現在已經有大約 3,000 個公眾可以使用的頻道，每星期提供20,000 小時的地方自製節目，而且，甚至連透過衛星（例如：大耳朵電視網〔Deep-Dish Television〕）頻道播放的節目都有全國性的節目製作商和經銷商，同時還有數以百計的地方供應商──只不過他們肯定全都要為籌措資金所苦。這些媒體（以及組織上的）機會，草根與公共利益組織，都需要有所認識，而且試著善加利用。[213] 地方性的非營利廣播電台與電視台，也提供了一個能直接利用媒體的機會，在美國卻尚未獲得充分利用。在法國，許多地方團體都有它們自己的廣播電台。有個值得一提的例子是，在上普羅旺斯（Upper Provence）地區的進步合作社團體隆戈麥（Longo Mai），就有自己的 24小時廣播電台欣欣電台（Radio Zinzine）；該電台就成了一個重要的社群機構，為先前遭到孤立的農民提供資訊，讓他們活絡起來。我們可以從國內各地區的非商業廣播電台身上，看到其潛在價值：太平洋電台（Pacifica Radio）就是一例──它提供了世界觀、深度報導還有一般在大型媒體上不存在的探討與辯論內容。雖然公共廣播和電視在雷根主政期間飽受嚴重破壞，不過，它們代表著另一種媒體管道，而對於有意挑戰政治宣傳體系的人來說，都應該認真看待這些公共廣播與電視的復甦與改善。我們應該要強烈反對公有廣播頻道不斷商業化的現象。從長遠的觀點看來，民主政治秩序不可或缺的，就是更多人能利用媒體資源、同時對媒體進行更大規模的掌控。為達此目的之做法，該當為何，還有，將根本的媒體改革納入政治計畫──這些問題的嚴肅探討，應該列為進步的議題討論之首要內容。

基本上，我們依然要繼續靠著社群內與工作上的團體組織起來自我教育，還有這些團體相互建立關係並積極行動，才能讓我們的社會生活民主化，而且，社會才會產生有意義的改變。唯有這些方方面面的發展成功，我們才有希望看到自由與獨立的媒體。

附錄一

1984年7月1日到7月2日
在瓜地馬拉的美國官方觀察員

　　雷根政府為了1984年7月1日的瓜地馬拉選舉，派遣一支由共和黨國會議員雷夫・瑞古拉（Repubican Congressman Ralph Regula）領軍的觀察員團隊，其他成員計有：國會議員傑克・亥陶爾（Congressman Jack Hightower，為奧克拉荷馬州共和黨員）與國會議員米奇・艾德華（Congressman Mickey Edwards，為德州民主黨員）；堪薩斯州的州務卿傑克・布利爾（Secretary of State, Jack Brier）和印第安納州的州務卿艾德・辛姆卡克斯（Secretary of State, Ed Simcox）；《講道與教牧期刊》（*Homilectic and Pastoral Review*）的編輯、來自紐約市的肯尼斯・貝克神父（Father Kenneth Baker）；來自華盛頓的律師約翰・卡爾伯（John Carbaugh）；美洲自由勞工發展研究部的杰西・佛里德曼；美國勞工暨產業工會聯盟的湯姆・卡恩（Tom Kahn）；波多馬克組織（Potomac Organization）的麥克斯・辛格（Max Singer）；美國企業研究所的選舉專家霍華・潘尼曼（Howard Penniman）。這支團隊在瓜地馬拉待的時間很短，選舉日當天搭乘直升機到該國四處「觀察」，接著發表了一份簡短的聲明，然後在7月2日，他們召開了一場記者會。在瓜地馬拉市的美國大使館於1984年7月18日，根據以下的討論，發布了那份聲明和記者會的內容。

　　多年來，雖然瓜地馬拉因為大規模的政治謀殺和空前的「失蹤」人數，遭到人權組織抨擊責罵，不過，記者會上發言的十位選舉觀察員，沒有任何一人用到了「謀殺」以及「失蹤」這類的字眼。其他也完全沒人說的字眼還

包含了：「國家安全信條」lxvii、《禁止結社法》（Law of Illicit Association）、「國家恐怖主義」、「死亡突擊隊」、「大屠殺」、「刑求」、「強迫搬遷」、「民防巡邏隊」、「新聞出版自由」或「投票資格」。這些不會說西班牙文的外國觀察員，在這個遭受軍事占領的國家乘坐著直升機來訪問瓜地馬拉的農民們，而面對農民們的「正向」答覆，倒沒有任何一位觀察員懷疑其真實性。所有的觀察員，根據瓜地馬拉人排隊投票的長龍隊伍、他們的面部表情，以及面對受官方保護的來訪觀察員的一些回答，都覺得自己挺有能力評價這些瓜地馬拉人的感受。觀察員們毫無異議一致認定，這場選舉既公平公正也激勵人心，見證了瓜地馬拉人亟欲參與並表達愛國情操，而且是他們邁向民主的第一步。所有跟示範選舉有關的陳腔濫調都用上了──歷史就這麼被抹除了，而且，觀察員也沒有檢視任何一條自由選舉的基本條件。

我們挑了幾則瓜地馬拉選舉觀察員所提的陳腔濫調來看看：

1. **充滿希望的人們**──這是非常正向的開始。根據觀察員代表團領隊的雷夫・瑞古拉的說法，這是個「有活力的開端，……是跨出的第一步。」肯尼斯・貝克神父則認為這是「對未來的一種強大希望感……一種期待的精神。」傑克・布利爾也觀察到「對未來的一股期待精神，不過不見得是對選舉會帶來的改變有信心。」（這個微妙差別，布利爾透過翻譯、根據幾個選民的簡短回答，就能發現了。）湯姆・卡恩則聲稱「排隊隊伍中、很多我們聊過的選民都告訴我們，他們抱著很大的希望，這是邁出的第一步。」在記者會上，有人問卡恩，是否有訪問到準備好要抗爭的那些可口可樂（Coca-Cola）員工。他說沒有。卡恩也好，美國自由勞工發展研究部的杰西・佛里德曼也罷，都沒有提到工會成員的大幅減少，或是工會領導人士招致殺害滅口的事。

2. **人龍隊伍，耐心選民**。觀察員們對「人民耐心等候（要投票）的表現」，印象都極為深刻（瑞古拉）。霍華・潘尼曼提到了「投票的人民那不尋常的耐心。」艾德・辛姆卡克斯指出，選民們「真的都出來了，他們一大清早就排起了隊伍，有些人等上兩、三個甚至四個小時投票。」根據國會議員亥陶爾的說法，「立刻吸引我們注意的，就是那長長的人龍隊伍。」湯

---

lxvii　譯註：瓜地馬拉革命失敗之後，拉叛變軍官卡斯蒂尤・阿馬斯（Carlos Alberto Castillo Armas）政府通過了國家安全信條（National Security Doctrine，簡稱 NSD）政策，明訂政府機構要服從軍隊以對抗共產勢力。

姆・卡恩則對「投票受理處周遭隨處可見的平靜與秩序」，印象深刻。

人龍隊伍跟耐心選民這兩個現象，與民眾在飽受恐怖威脅、只想生存下去的情況下的投票行為，十分相符。這些對瓜地馬拉境內教人歎為觀止之國家恐怖行動紀錄隻字未提的官方觀察員，僅僅是假設排隊而且耐心等候的選民，之所以這麼做，都是出於良善的理由而已。

3. **愛國的要務**。麥克斯・辛格說：「我的確感受到，瓜地馬拉人認為投票對他們而言很重要。」（這點沒錯，只是辛格沒有仔細思考，對人民來說，投票的重要性可能在於恐懼感以及迫切希望無所不在的軍隊不要對其施加報復。）瑞古拉說，人民耐心等待的，是「一個參與立憲議會選舉過程的機會。」根據辛姆卡克斯的說法，「他們知道這是一個愛國行為，對他們的國家來說，這很重要。」湯姆・卡恩則認為，投票隊伍中他所聊過的人，「都展現了一種強大的民族自豪感。」

4. **沒有任何威逼的跡象**。肯尼斯・貝克神父表示：「似乎存在著毫無恫嚇跡象的大致氛圍。」貝克沒有說他如何感受到這樣的氛圍，也沒有說他花了一天在軍方的看守下觀察到一個陌生國家的這種氛圍，是否真的可靠。貝克提到了當地的主教們鼓吹人民投票，然而卻沒有說主教們的長期觀察顯示，在一個失蹤、恐怖行動頻傳，社會經濟條件又悽慘的環境中，舉辦不成有意義的選舉。傑克・布利爾說「絕對沒暴力跡象。我沒看到任何軍方直接介入的證據。」布利爾沒有討論到的一個問題是，假如鎮壓得夠徹底，那麼就不需要暴力行動或實質的軍隊存在讓人民遵照軍方的選擇。蘇聯的選舉，也絕對沒有暴力，或軍方直接介入的證據。布利爾裝傻，假裝選舉日當天的暴力才真是重點，而忽略了剝除掉機構保護，造就人民飽受恐怖威脅的那種長期暴力。[214] 國會議員米奇・艾德華倒發現了瓜地馬拉境內軍隊的存在，不過，那不是要「壓迫人民的」：「我們並沒有發現任何跡象顯示那些地區的人民，受到任何的壓力抑或恫嚇。」艾德華到底看得有多用心，肯定要打上一個問號。[215]

5. **不可思議的投票率**。傑克・布利爾提到了「出奇高的投票率」，而艾德・辛姆卡克斯認為，60~70% 的投票率「真的是一個正向得不得了的統計數字。」就連美國大使館都提到，在瓜地馬拉，投票是法律強制的（即使後來他們為了要大家別完全相信這一點，還引用了一位瓜地馬拉官員的話，說這條法律

幾乎從沒執行過）。然而這些官方的觀察員們，從未提及法律上的規定這件小事，也沒說投完票要在身分證上蓋章；更別說他們也沒提到軍方的警告，還有大規模屠殺行動與失蹤案件的背景條件。

6. **人權有改善。** 國會議員米奇‧艾德華認為：「就一切客觀的觀察看來，這個國家的人權紀錄，在過去的兩或三年之間，已經有了相當長足的改善。」他並沒有說自己指的是什麼樣的客觀觀察。麥克斯‧辛格也提到，「我竭盡所能而可以看出的是，瓜地馬拉的人權紀錄，正在改善當中」，部分原因是游擊隊的活動遭到削弱，而對瓜地馬拉人民的人權來說，這些活動一直是重大威脅。記者會上，辛格被問到他如何認定這樣的改善時，他答道：「從住鄉下的人所說的話得知。」

7. **空白票與廢票的成因。** 這場瓜地馬拉選舉的結果中，有大約 26％ 的票是空白票或是廢票——這遠遠超過任何一個政黨的總票數。這點，八成會讓瓜地馬拉的人民出於愛國的激情而排起了人龍隊伍的說法不攻自破。然而，霍華‧潘尼曼卻解釋道，這是文盲的結果。其他的可能性，就沒人提了。至於瓜地馬拉受到美國拯救而獲得自由後 30 年，為什麼文盲率還是那麼高——這點也沒有人討論。

8. **該不該進一步援助。** 觀察員們表現出他們的客觀態度，而且勞工界代表卡恩以及佛里德曼還承認這場選舉只是「第一步」，未來，會再出現一個像薩爾瓦多那樣已發展成熟的民主政體（瑞古拉之言）——藉此說法，展現他們對自由主義原則的忠貞不變。部分觀察員表示願意立即同意追加援助，米奇‧艾德華呼籲，「接觸美國價值觀和美國的訓練」，對瓜地馬拉的軍隊是有益的。其他的觀察員雖然傾向不表態，但是卻都認同這場選舉公平公正、有意義、同時值得美國的認可與支持。

總而言之，雖然儼然這就是一則選舉觀察的諷刺漫畫，不過卻也是美國「官方觀察員」的典型表現。《紐約時報》的史蒂芬‧金瑟還有其他的美國新聞報界，都引用了這份報告，做為瓜地馬拉選舉的重要消息來源。金瑟和他那些大眾媒體同業，卻隻字未提拉丁美洲研究協會動員該地區事務專家、花了八天大規模調查後寫成的瓜地馬拉選舉官方報告。

附錄二

關於偏見的個案研究

為了用另外一種方式讓大家明白，保加利亞涉及教宗遭刺案的大眾媒體報導有政治宣傳的特質，我們接下來要仔細檢視約翰・塔里亞布於 1986 年 3 月 31 日發表於《紐約時報》的文章〈刺殺教宗案：判決已出，疑團未明〉（"Verdict on Papal Plot, But No Answer"）。這篇由接下《紐約時報》派到羅馬報導審判案的資深新聞記者所提供的最終彙整文章，被當成是周詳的判斷，成為了「歷史」紀錄——這篇報導，正好能當標準範例，說明我們認為大眾媒體報導保加利亞涉及教宗遭刺案的主要特色（除了少數例外）、也就是系統性偏見。詳細檢視這篇文章，我們會看到，塔里亞布納進了史德林－漢茲－卡爾伯（Sterling-Henze-Kalb，簡稱 SHK）解釋模式中的所有元素，說明保加利亞涉及教宗遭刺案，而且挑選的事實都與模式之必要條件一致、同時迴避了相互矛盾的事實與解讀。[216]

議題的架構設定：本案仍「懸而未決」

針對保加利亞人遭控涉嫌刺殺教宗一案，羅馬法院的駁回與《紐約時報》在架構設定上，有所衝突。多年來《紐約時報》都已經把這個案子報得合情合理，而如今卻得面對法院裁決駁回此案的事實。解套的方式，就是緊抓住義大利司法體系的一個特點：法院可能以某方確實清白為由，判其無

罪，也可能以缺乏證據為由，而判其無罪。因此，就像塔里亞布文章的標題表明的那樣，有判決，卻「疑團未明」，而塔里亞布為文的第一段，就把重點放在本案「懸而未決」的性質上。文章大可以強調，因為缺乏證據，所以保加利亞人被判**無罪**，並強調西方世界的法律一定要看確實的犯罪證據。不過，五年來都認為保加利亞人有罪的《紐約時報》，可不願承認失敗。

塔里亞布還把法院的決定寫成一件不讓人意外的事，藉以低調處理。「對此判決，幾乎沒人感到意外」，塔里亞布如是陳述。然而，法院沒能判保加利亞人有罪，照理說應該是讓人十分意外的，原因如下：史德林即其同夥之前對保加利亞人顯然在背後策畫如此言之鑿鑿，再加上保羅·漢茲也曾說，「證據」，已經「持續累積到幾乎無疑的地步了。」

如果有另一種架構設定，可能會像這樣：經過三年的調查以及冗長的審訊之後，在義大利國家資源的協助下，儘管義大利和西方世界的強大利益集團對保加利亞人的有罪認定有其厲害糾葛，檢察當局仍然沒能說服義大利的陪審團保加利亞人是有罪的。判決的確讓這些既得利益團體和他們的政治宣傳工具，得以大書特書，只不過他們要大作文章的是，法院以「缺乏證據」為由駁回指控、而不是完全無罪的裁決。這麼一來，政治宣傳機構就可以用塔里亞布的方式，設定此案的架構。

義大利司法程序的保護

這個案子從頭到尾期間，美國大眾媒體完全都沒有報導有證據顯示，參與追查保加利亞人涉案的義大利機構具有爭議性。媒體一直都將初級調查法官馬爾特拉視為誠正廉潔的模範，同時略而不提相互矛盾的事實。[217] 塔里亞布以這樣的傳統方式操作，浪費篇幅對馬爾特拉做事出無因又無關緊要的讚頌（為了強調，還替文章的這個部分下了副標題）。文中「幾乎沒有人站出來責罵初級法官」的這個陳述是相當荒謬的，因為審判庭的證人都被要求必須提供該案的真憑實據；他們沒有立場要譴責開庭前的調查初級法官，而且，就算真的想這麼做，法庭上也不允許。只有保加利亞被告方才有資格而且可以指責馬爾特拉，他們也的確透過 1985 年 3 月 4 日到 8 日的有效陳述表達

譴責之意——《紐約時報》和其他的大眾媒體，都未報導此事。塔里亞布指出，雖然審判庭本來只是要確認初步調查發現之資料的真偽，但實際上，檢察單位花了很大的功夫重新調查。這顯示，審判法庭可能發現馬爾特拉的調查缺漏百出，不過塔里亞布卻從來沒有說到這一點。

阿格卡惡意棄案

在這套辯解架構的設定中，有個重要的部分，就是聲稱阿格卡突然間行為大逆轉、全然拒絕作證。一直到開庭審判之前，關於保加利亞人涉案一事，阿格卡提供的都是一套據傳條理連貫的版本。塔里亞布花了好幾個段落討論這個主題，最後還說，阿格卡越來越不定的行為「可能是設計好的，目的為了徹底破壞法院為此所做的一切。」他認為，由於檢察當局無法克服這個困難，所以，本案起訴失敗，原因便在於阿格卡的行為，而不是檢察當局這份起訴案裡任何前後不連貫的內容。

實際上，阿格卡的說詞都出現得相當晚，而且前後矛盾，他還曾數十次收回自己說過的話；把這些現象都一起考慮進來的話，那麼最好的解釋就是有人下指導棋、提供外面的資訊，還有阿格卡多所揣摩了馬爾特拉和新聞媒體想聽的內容。關於保加利亞涉案一事，我們沒有理由相信阿格卡曾經供出，或者選定了一個前後連貫的版本。相反地，他的版本好像一直在變，而且，馬爾特拉報告的最終說法，是馬爾特拉自己妄斷的綜合拼湊版本。

阿格卡在審判期間行為越加不定的這個說法，也並非有憑有據。因為阿格卡早先都不開口招供，所以他始終如一的怪異行為才未被清楚看到，不過，從馬爾特拉報告裡提及他老早就自稱耶穌而且還展現了其他不理性症狀這方面來看，他的怪誕就清楚得很了。再來，塔里亞布指陳阿格卡在審判開庭期間拒絕合作的說法，也是錯的——雖然阿格卡三不五時碰上證詞過於前後不一時，就會離開訴訟審理庭，不過他總是會回到證人台，而且會回答大量的問題。塔里亞布一直以來考慮的假設情況都是：阿格卡的說詞是不是有人指導以及／或者出於幻想，而在公開的法庭上，他會不堪一擊而且一下子就被人逼到無路可退。

塔里亞布也從來都沒問過這個進一步的問題：就算阿格卡當初堅持不開口（事實並非如此），可是，既然有馬爾特拉做的大量調查與報告，那麼，為什麼法院沒能循著這些早已確立的線索，做出成功的判決結果？為什麼找到的證人，沒有一個能證明阿格卡聲稱自己曾多次與保加利亞人在羅馬會面與共遊一事屬實？為什麼都找不著那台所謂保加利亞人租的車子？據聞給了阿格卡的金錢，到哪裡去了？塔里亞布都沒能處理這些問題。

阿格卡的故事得到「部分證實」

　　塔里亞布寫到阿格卡的說詞獲得了所謂的部分證實。首先，「奧茲比先生（Mr. Ozbey）說保加利亞人的確曾想利用阿格卡先生射殺教宗，不過，他們並不信任阿格卡。」但是，如果最終結果是保加利亞人沒有僱用阿格卡，那這個說法就不叫部分證實。再者，奧茲比在羅馬出庭作證時人在現場的另一位記者後來聲稱，奧茲比並**沒有**告訴庭上，保加利亞人「想要利用」阿格卡。根據美國廣播公司電視新聞節目的沃夫甘・阿赫特那（Wolfgang Achtner）的報導，奧茲比只說保加利亞人「若有所意地聽著，但是卻沒放在心上」（這是法庭上土耳其口譯員的翻譯），或「若有所意地聽著，不過沒有當真」（阿赫特那自己的翻譯）。簡而言之，看起來，塔里亞布自己竄改了證詞。

　　另一項獲得「部分證實」的，是「卡特里暗指祕勤單位跟西德情報單位有若有似無的聯繫，還暗示有目的不明的款項，要付給參與調查的土耳其人。」這個模糊的陳述，甚至連提都沒提對教宗不利的陰謀，根本算不上什麼部分證實。與卡特里這個說法相關的最重要證據是，西德警方意圖賄賂大家誤以為是阿格卡共謀的歐拉爾・塞立克，要他到西德，確認阿格卡的供詞。這個證據支持了有人從旁指導的假設：塔里亞布的相應做法，就是完全不提這事。卡特里唯一提到祕勤單位的另一個證詞，跟灰狼組織的領導人阿里・巴特曼（Ali Batman）有關；阿里告訴卡特里，他從德國祕密警察那兒得知，華沙公約組織的國家，在羅馬尼亞開會時，決定要殺掉教宗。這正是義大利軍事安全情報局編造的 1981 年 5 月 19 日檔案之內容，顯然內容已遭泄漏。如此一來，塔里亞布筆下所謂阿格卡密謀說獲得的「部分證實」，就是

傳聞的偽造內容罷了。

我們還應該要注意到，即使塔里亞布引述了這些所謂的「部分證實」之內容，不過，文章裡卻沒有列出阿格卡供詞中依然未獲證實的各個爭議點。

蘇聯—保加利亞的動機

塔里亞布這篇 32 段的文章當中，有兩篇專門用來闡述所謂蘇聯支持阿格卡圖謀暗殺教宗的動機：「重擊獲得宗教鼓舞、反抗波蘭境內之共產份子統治的勢力。」在此，塔里亞布依循著《紐約時報》長久以來的傳統做法──絕對不讓此議題的其他反駁論點浮上檯面。不過即使蘇聯能做得不著痕跡，一旦教宗刺殺案由他們鼓動而成，大家會歸咎到他們的頭上，還會造成波蘭人團結起來同仇敵愾，而且大大破壞蘇聯跟西歐的關係。這麼做的話，要是沒有任何可以抵銷這些壞處的利益，是有其風險的。

這樣的陰謀，讓誰得利、又讓誰失利呢？西方世界有沒有什麼可能的動機，跟這個案子有關呢？塔里亞布遵照著史德林─漢茲─卡爾伯路線，都沒能提出這些問題。話說回來，一旦阿格卡被關押在義大利，那麼，西方世界的冷戰鬥士（cold warrior[lxviii]），透過操控阿格卡、把刺殺意圖怪到東方陣營頭上，就可以坐收大大的獲益，還幾乎毫無損失。塔里亞布提到，保加利亞涉及教宗遭刺案的指控，是在美國與蘇聯關係「跌到谷底」時出現的。雖然他點出了對西方陣營來說，這個說法會增添暗殺陰謀的可信度，不過，他卻從未暗示，同一個說法，對這場新的冷戰有其用處，而且還可能**解釋**阿格卡遲來的招供。

---

lxviii　譯註：指的是冷戰時期參與美國與蘇聯兩大陣營之明爭暗鬥的所有人。

阿格卡曾在保加利亞短暫居住

　　阿格卡曾在保加利亞短暫居住一事，向來都是史德林和《紐約時報》所提的情節當中，相當關鍵的一部分，而塔里亞布也把這點硬扯進來。而且，他還用〈在保加利亞待過兩個月〉（"Spent 2 Months in Bulgaria"）這個標題進一步加以強調。塔里亞布沒有提及阿格卡也造訪了其他 11 個國家。他在此篇文章裡沒提而《紐約時報》更是從頭到尾都隱而不講的，還有這件事：卡特里在羅馬的供詞中說道，灰狼組織想取道保加利亞去西歐，因為土耳其交通繁忙雜亂，比較容易掩人耳目地旅行。塔里亞布沒說的還有，把阿格卡帶到索菲亞長待一段時間，有違合理推諉的原則。塔里亞布沒有探討合理推諉的問題。他也沒有指出，要是阿格卡曾經在索菲亞待了一段時間，那麼，除了可以讓西方世界的政治宣傳專家得以提出一個表面上證據確鑿（prima facie）的指控，說東方陣營是槍擊暗殺的幕後黑手，這樣的資料，還能用來脅迫阿格卡，說出他們要求的供詞。

保加利亞涉入土耳其事務

　　塔里亞布主張，當時保加利亞人「據傳」同時支持土耳其境內的極端左派與極端右派，透過「左右兩派殘暴的恐怖主義者相互對立」的衝突，「強化土國的不安定」。這是史德林提出的神話，「據傳」塔里亞布躲在這個神話背後，得以讓神話被當成看似事實的證據，發揮作用。然而把 70 年代時土耳其暴力事件中的左右兩派視為勢力相當是不正確的：當時絕大多數的暴力攻擊事件，都是灰狼組織在警方和軍方的保護之下所發動的。塔里亞布也沒討論極端右派實際上加入了 1977 年的政府，跟軍隊和情報單位有大量的密切關係。保加利亞既支持右派也支持左派的說法，從未獲證據支持。塔里亞布自始至終都沒提及美國跟土耳其軍隊向來有著不只是「據傳」的關聯，也沒提到祕勤單位、法西斯民族主義行動黨（Fascist Nationalist Action party），還有 70 年代晚期的恐怖份子事件，最後都是相當有利於美國的。

關鍵問題：阿格卡怎麼知道那麼多事

　　塔里亞布要面對的「關鍵問題」是「阿格卡如何得知他所知道的事，又是何時得知的？」雖然這是很重要的議題，不過，要是他跳出史德林─漢茲─卡爾伯攻勢思考的話，可能還會提出其他的問題。為什麼阿格卡拖了那麼久才供出保加利亞人？他有沒有受到任何威逼，或是收到什麼正面的誘因而開口招供？為什麼他要多次做出重大的翻供？阿格卡最後終於開口招供時，內容就跟訊問官希望他說的內容一樣，這不可疑嗎？對於一個證人（阿格卡）經常接觸外面的消息來源，而且，還可以在不受罰的情況下說謊，還撤回證詞的司法程序，我們要怎麼評價呢？

「連保加利亞人的委任律師都⋯⋯」

　　塔里亞布在評估阿格卡如何知道那麼多事時，只花了一段談到阿格卡受人指導的可能性。但另一方面，他卻煞費心力地強調阿格卡知道的資訊真的很多──電話號碼、個人習慣、綽號等等。對阿格卡所知內容，塔里亞布做出了「最簡單的解釋」，那就是阿格卡可以取得書籍、報紙、雜誌和其他外界資料。有趣的是，他卻沒有提及阿格卡在監獄裡，跟祕勤單位、義大利黑手黨、梵蒂岡代理人還有密使之間多次聯繫之事。阿格卡甚至寫了一封信給梵蒂岡，抱怨教廷代表在監獄裡向他施壓（這也跟義大利黑手黨有關）──《紐約時報》向來都不提這件事實。這些面會，在在點出阿格卡在監獄期間要接受別人給的資訊有多麼容易。而這種會觸及危險討論的事實，塔里亞布是不會承認的。

　　有個重要的問題是，阿格卡**後來對馬爾特拉坦承自己從未去過**安東諾夫的公寓，那他怎麼曉得公寓的相關細節。保加利亞人和安東諾夫的辯方律師團，大費功夫地證明了在阿格卡列舉出安東諾夫的公寓的細節資料之前，媒體都未曾泄漏過這些資訊。這暗示有人從旁指導，而另一個讓我們聯想到有人下指導棋的事實是，阿格卡描述安東諾夫的公寓時，說錯了一個特徵，那個特徵與大樓裡其他公寓相符，卻與安東諾夫的公寓不符。塔里亞布說，

「連保加利亞人的委任律師都承認」，阿格卡描述的事務，並非透過閱讀報紙能得知的，好像他們在隱瞞什麼，而不是壓倒性地控訴有人指導供詞。報紙的不誠實操作，莫甚如是。

「比較惡意的觀點」

塔里亞布在文章後半用了單一個段落，討論有人從旁指導供詞的可能性時，他在沒有提供任何一點證據的情況下，只堅稱這是一個說法，然而，證據其實很多。他用了一種政治宣傳專家的雙重貶低手法——一方面諷刺地把指導供詞的假設稱為「比較惡意的觀點」，一方面說，「支持（這個觀點）的批評人士，是本案包含蘇聯集團各國在內的政治左派。」塔里亞布甚至在他先前的新聞報導當中都提過，黑手黨大哥喬凡尼・潘迪科曾在義大利發表聲明，概述了他人指導阿格卡供詞的情景，還說自己也在現場，不過塔里亞布卻連這點都沒有引述，也沒有引用其他有助於指導供詞之假設的檔案資料或事實。他堅持只提符合史德林—漢茲—卡爾伯模式的資料——大好人馬爾特拉、棄案的阿格卡、蘇聯的動機、阿格卡的保加利亞之行，還有他對細節的所知掌控。其他所有的資料，都被稱為「惡意的」，不然就是完全不提，以強化政黨路線的可信度。

阿格卡幫了保加利亞人

塔里亞布引用了阿格卡辯護律師的一段話替文章作結：保加利亞人「應該要感謝」阿格卡。這重申了塔里亞布偏好的論點——阿格卡故意搞砸這個訴訟案。這個說法，是從史德林的理論衍生出來的：阿格卡的搖擺反覆，其實是給保加利亞人的「暗示」，恩威交錯並施，但目的是要保加利亞人協助他出獄。塔里亞布循著這條路線，在這篇總結的文章裡，雖未明說，但這就是史德林那整套未經證實的把戲。阿格卡在審判過程裡，算計期待的是什麼？他期望保加利亞人能幫他逃獄嗎？還是他想透過一場交易的安排，要保

加利亞人承認他們自己涉及此案，以讓他獲釋？還有，如果他蓄意破壞這場訴訟案，目的是贏得保加利亞人的善意回應，而既然保加利亞人又明顯拒絕有所回應的話，那麼他為什麼最後不決定讓他們付出代價呢？塔里亞布都沒有處理這些疑點。

總而言之，這篇文章，是政治宣傳偽裝成「新聞」或「新聞分析」的標準案例。在這個例子裡，雖然有若干謊言，不過這些謊言，和其他有系統的曲解行為相比，是小巫見大巫。塔里亞布和《紐約時報》，以保加利亞可能有罪以及無法成功起訴定罪的各個因素──但顯示訴訟案本來就不成立的那些因素卻不包含在內──作為議題討論的框架。他們拒絕討論，無人能證實阿格卡與保加利亞人會面或達成條件交換的這種陳述為真。他們沒有討論，甚至連提都沒提合理推諉的問題。他們在沒有提出不合邏輯或者前後矛盾事實的情況下，重申了多數偏好的史德林—漢茲—卡爾伯模式的組成元素。他們忽略了可以支持「證詞遭人指導說」的證據。他們只把招人反感的言詞，用在不支持的論述路線和討厭的發言人士身上，操弄用字遣詞、竄改證據，以達到自己要的目的。這篇文章，用在討論政治宣傳、媒體偏見還有相關主題的課堂上，應該是再恰當不過了。

附錄三

布雷斯特拉普的《重大新聞報導》[lxix]：
幾則「自由之家的獨家論點」

在「新春攻勢」（第272頁）那一小節裡我們探討過，為了證實媒體對當權勢力採取「敵對立場」的指控為真，新春攻勢的報導成為經常被提出來的例子，此一指控所根據的自由之家研究報告也常被拿出來討論。一如我們看到的那樣，在這個例子上，媒體的行為也和政治宣傳模式的預判相符，而且自由之家研究報告自己所提的證據，甚至還否定了自己所提出的主要論點。他們的控訴只剩一種可能：媒體針對新春攻勢的報導，即使服膺了菁英階層的要求，但嚴格來說並不專業。我們轉而更仔細地檢視這個說法，發現事實卻恰恰相反：一旦「自由之家的獨家報導」遭到指正之後，媒體的表現倒顯得值得嘉許，但另一方面，自由之家研究報告的不專業程度，又更上一層樓。耐人尋味的現象是，這份研究報告受到如此重視，而且竟然還得以決定後續討論的內容該怎麼進行。

根據自由之家的說法，電視評論和《新聞周刊》，是這種新聞不專業之「終極案例」中最糟糕的兩例，那麼我們就從回顧他們的罪行來開始吧。布雷斯特拉普多次舉出的一個例子，是2月27日華特‧克隆凱特「廣受關注、在CBS電視頻道的半小時戰爭『特別報導』」。據布雷斯特拉普所說，克隆凱特的「評估」意見是，「看來美國的部隊得駐防鄉村了」。李奧納

---

lxix　編註：本章附錄所有布雷斯特拉普出現在引號中的言論皆出自本書。

德·蘇斯曼在他寫的前言裡，合理地評述道，「我們不期待讀者深信不疑地接受我們的各種分析或評判」，所以我們會刊登出「許多我們探討的完整新聞報導全文」，主要會列在第二卷當中。我們按照他的建議，轉而找了第二卷來看，找到了克隆凱特那個「特別報導」的完整全文。布雷斯特拉普歸在克隆凱特頭上的那個「評估」意見，我們卻連嗅出那樣的意味，都完全辦不到。

布雷斯特拉普聲稱，在這個重要的「特別報導」裡，「就效應上，克隆凱特似乎說的是那些斷垣殘壁、那些難民還有衝著新春攻勢而來的綏靖行動的大肆破壞，全部加起來就是盟軍的失敗，會逼著詹森總統坐上談判桌」。然而克隆凱特根本沒那樣說，他報導的是「關於成功或挫敗的衡量標準，我們還有所疑慮」，而且他還精確地指出「對於共產份子的目標為何，還有他們有多成功地達成了哪些目標，專家們都還莫衷一是。」雖然他們很多目標都「沒能達成」，不過敵人在第三階段時，可能就有機會「把前兩個階段所輸掉的給贏回來了。」以「臆測、主觀、純屬個人」等字眼描述自己的評估判斷，克隆凱特說他「不確定……誰贏誰輸」，或者，輸贏的程度到底為何。他總結道，美國可能「陷在僵局之中」，而且，歷史學家們可能會認定新春攻勢之役，是「平手」一場；「說我們就差一步要打輸了，就是向不合理的悲觀主義投降。」他並沒有說詹森總統會因為「打了敗仗」就給「逼到」談判桌上坐下來，而是說要是真的有「僵局」，那麼「脫身的唯一合理辦法，就會是協商──但我們不是以勝利者的姿態出現，而是以誓言捍衛民主、說到做到還盡了全力的民族，參與談判。」注意，重申政府那套跟美國目標相關的政治宣傳是很典型的手法；即使到了這個時候，大量的事實紀錄與此大有出入，也玷汙不了美國的目標。事實紀錄顯示，美國政府為了破壞民主、摧毀所有南越民眾勢力──民族解放陣線、佛教徒「第三勢力」等等──下了各種功夫，這一切就因為一個坦然承認的假設：靠著美國武力建立的統治勢力，無法在政治競爭中存活下來。我們也別忘了，克隆凱特在自由之家嘲弄的這些評論中所得到的結論，跟參謀長聯席會議主席惠勒將軍於克隆凱特做這篇特別報導的同一天，向總統彙報時的結論，基本上是一樣的。一個月後，總統的顧問團，也做出了同樣的結論。

我們還可能也要注意，克隆凱特於之前兩個星期根據美國和越南的消

息來源，「評估」過共產份子新春攻勢帶來的影響，他報導道：「首先最簡單的就是，越共苦吞了軍事敗仗。」同樣地，在另一個布雷斯特拉普也不斷譴責的節目，也就是國家廣播公司電視頻道 3 月 10 日的特別節目上，霍華・塔克納表示，「軍事上來說，盟軍贏了」，而其他的媒體也一直這麼說。

　　在自由之家的控訴內容裡，克隆凱特的「特別報導」是主要的佐證。這個例子，正說明了自由之家研究報告所做的結論跟他們引用的佐證兩者之間的典型關係。

　　布雷斯特拉普提及羅伯特・沙克尼（Robert Schakne）於 2 月 28 日的發言，他用自己的方式，這麼轉述道：「簡而言之，因為西貢的失敗，現在美國得把整個戰爭接手過來了，這也包含了已經被永久破壞的綏靖計畫」布雷斯特拉普進一步聲稱，沙克尼說「這個論點」是來自羅伯特・科莫。他把這稱為「哥倫比亞廣播公司獨家論點」，這是他嘲弄的慣用詞。事實上「這個論點」又是另一個「自由之家的獨家論點」。據布雷斯特拉普所言，沙克尼說「有可能」科莫本人和惠勒將軍在華府一同要求增兵，「以便讓越南的綏靖計畫重新上軌道」。惠勒於前一日已經提出要求，軍隊要從 525,000 增加到 731,756 人，主要的考量是「革命發展計畫，即綏靖計畫）無疑地已經遭到嚴重的挫敗」，而「很大程度來說，越共現在掌控了鄉村」，還有「好幾個地方都需要美國軍隊，以協助並激勵越南軍隊離開城鎮，重新進入鄉村。」雖然沙克尼的「論點」，在布雷斯特拉普的轉述下，跟他聲稱是沙克尼所說的話，有一丁點雷同，不過，真要說起來，布雷斯特拉普說的版本，還過於保守。

　　接下來布雷斯特拉普繼續說，克隆凱特在 2 月 28 日的廣播節目上，「幾乎一字不改的採用了同樣的論點，不過，他的結論甚至更強硬。」這個布雷斯特拉普所謂的「論點」，在實際的廣播內容裡，根本一點也看不出來。克隆凱特最接近這一「論點」的說法是，「**科莫大使八成跟詹森總統說了一個悲傷的故事**」（布雷斯特拉普用斜體字格式加以強調）。克隆凱特接著精準確實地，把四天前科莫在新聞簡報會上提出的基本事實，重說了一遍。他總結道，「今天，科莫大使很可能要求詹森總統增兵，如此我們才能長久占領村莊，對那些村民，實現維安的承諾（**按原文刊登**），也就是越南人單靠自

已顯然無法兌現的那個承諾」；一如以往，民族解放陣線的成員都不算是越南人。除了政治宣傳體系默認的假設——也就是村民們殷切渴望「維安的承諾」能實現，他們免受民族解放陣線迫害——之外，克隆凱特認為美軍部隊必須要實現一個越南共和國軍**單靠自己**顯然無法兌現的承諾，這種推測，幾乎可說合理；畢竟，三天前，魏摩蘭將軍才表示「可能有必要增派美軍」，有了這些增兵，「我們便可以更有效地拒止敵人的目標」；還有四天前，科莫才將新春攻勢描述成綏靖行動的「重大挫敗」；另外，一天前克隆凱特才播放了一段唐諾・瓊斯上尉（Captain Donald Jones）的電視專訪，他在人稱「綏靖行動最難影響到的」那一區，擔任行動副顧問，他說，「綏靖行動對這一區大多數人來說，並不存在」，而且要進入那裡根本不可能（哥倫比亞廣播公司電視頻道 2 月 27 日的「特別報導」）；更別提一天前，惠勒將軍才以要改變「很大程度來說，越共現在掌控了鄉村」的現況當成部分理由，合理化大幅增兵的要求。

受到「自由之家獨家論點」支配的，還不只是電視與廣播而已。以下就是幾個例子。

流露著輕蔑與嘲弄之意的自由之家研究報告告訴我們，除了喬治・麥克阿瑟（George McArthur）（《美聯社》和唐・歐博多爾佛〔奈特報團〔Knight〕〕）之外，「沒有一個人報導了……順化市的人民，在越共的統治底下，遭遇為何」。結果是布雷斯特拉普又再次展現了自己否定自己說法的超高天分，他一共引用了《新聞周刊》、合眾國際社、《華盛頓郵報》、威廉・萊恩（William Ryan）、《紐約時報》、《時代周刊》、《倫敦時報》，還有國家廣播公司頻道「今日秀」等媒體針對越共暴行的報導，內容有處決、綁架人民，還有無名塚裡遭處決的死屍……等等。布雷斯特拉普在 283 頁寫道，「無線電視頻道還有我們的錄影節目，完全都沒有提到處決行刑的暴行」；在 472 頁，他又推翻了自己的說法，提到 2 月 28 日，國家廣播公司頻道「今日秀」在「戰役尾聲……來自順化市的後續影片報導」裡，「語帶暗示地用了這樣的陳述點出順化市的大屠殺：『數百名政府員工遭到殺害，扔進了臨時的墓坑之中。』」看起來，這是個挺清楚的「暗示」。這個例子，就是自由之家處理佐證的典型風格。

在這一點我們要注意的是，布雷斯特拉普自打嘴巴引用的多個順化市

大屠殺報導，說的都是官方指控順化當地有 300 到 400 名政府人員遭殺害的重大屠殺慘案，不過「這只是戰爭中百姓死亡人數的 1/10」，這麼一來，「其實不像是什麼重大的新聞事件」——蓋瑞斯・波特（Gareth Porter）便如此評論；他還補充道，「把『順化市大屠殺』變成重大新聞報導的，是美國大使館的政治宣傳專家道格拉斯・派克的宣傳；他受當時美國駐西貢大使艾爾斯渥茲・邦克所託，於 1969 年後期以此事件為題，寫了一份宣傳小冊子。」派克的說法一出來，就受到廣大的報導，而且即使消息來源可疑，但還是成了日後標準版本的基礎：「考量到派克取得的大多資料，都是仰賴西貢的政治福利部提供，未經其他方式證實，那麼我們可能會希望新聞報界多展現一些懷疑與保留的態度」，波特說道——而且說得挺合情合理，看起來是如此。波特接著說，1971 年美國大使館釋出的檔案資料，「跟派克提出的每一個重點，都相互牴觸」。根據前 CIA 分析師法蘭克・司內普（Frank Snepp），「整個大屠殺的構想，根本是無中生有」，還有，這些故事是美國官員使勁灌輸給新聞媒體的，「為的是要激起外國對南越人民的同情心」——簡而言之，這就是「老練的觀察人士」所強力主張的「細心規畫的心理戰，把罪過，都怪在共產份子頭上」，而《美聯社》駐順化的記者約翰・蘭格，就是其中一例。

　　布雷斯特拉普既無提供佐證，也沒提出論點，就直接把派克的分析與美國政府的立場視為正確無誤的。他在其中的一個註腳說道，「康乃爾大學的研究生、素來景仰民族解放陣線還曾短暫居住過西貢的 D・蓋瑞斯・波特，曾質疑派克的說法」，不過卻以這不過是「政治口水戰裡不重要的小事」，略而不處理。對比之下，他把派克說成是「思想獨立的美國新聞總署（USIA）越共事務專家」，[218] 卻沒提到波特這位關注越南事務的少數美國學者，針對派克的指控所提出的詳細分析。同樣地，李奧納德・蘇斯曼也連討論都沒有就認為政府立場必然正確，而且「戰爭中規模最大的有計畫百姓處決事件」，是越共的罪責——這麼說來，美國軍方有計畫地在順化市屠殺的數千名百姓，便不算在內，其中很多條人命可能還會算在越共大屠殺的暴行上。還有一點，布雷斯特拉普也沒有提——關於這套日後成了順化市大屠殺的標準版本，見報時間也頗耐人尋味，就在 1969 年 11 月下旬美萊村大屠殺遭到遲來的披露後幾天。當時：

「西貢的軍官公布了從越共那裡取得的『最新發現』檔案資料，其中顯示共產份子的部隊，在 1968 年 2 月的順化攻勢期間殺掉了將近 2,900 名越南人。官員們說，這些檔案資料歸在美國軍事檔案裡長達 19 個月，都無人注意，直到有位特派記者提到了順化市的問題，才讓這些檔案曝光。『我知道這聽起來很不可思議，但實情就是如此』，其中一位官員這麼說道。」

我們無意在這份回顧裡探討自由之家研究報告連提沒有提了什麼，我們只是要再次點出，在此我們看到的，不是學術研究成果，而是一份政府政治宣傳手冊。

麥克思・法蘭柯在《紐約時報》（1968 年 2 月 11 日）評論道，美國國內和越南的壓力「想來又再次讓進一步擴大軍事行動的**誘惑**變得更強大」（為了強調這是祭出「稻草人」^{lxx} 謬誤的例子之一，布雷斯特拉普還用了斜體字格式）。法蘭柯這個慎重的表述，是相當精確的。布雷斯特拉普自己就曾指出，「惠勒和魏摩蘭一致認為，這也是個力促更大膽之越南策略的好時機，增了兵，就能更快達到結果：例如突襲寮國、柬埔寨，或許再加上非軍事區上面一點的北越部分區域。」那麼，為什麼布雷斯特拉普要指控這是祭出「稻草人」謬誤呢？因為，布雷斯特拉普認為，擴大軍事行動「對詹森總統來說，一點也不是**吸引人**的願景」（他以斜體格式表示強調），根本不是法蘭柯說的那樣。布雷斯特拉普進一步聲稱，法蘭柯在該篇文章當中提出，「擴大軍事行動——特別是實行儲備徵兵——是有可能發生的」。法蘭柯的全文，並沒有出現在隨同列出的檔案資料當中；我們找來看之後，發現布雷斯特拉普的說法，又是另一個自由之家獨家報導觀點，法蘭柯的文章壓根沒提過。該文值得一提，只不過因為重申了政府的政治宣傳，也就是要以為「南越人民」帶來「安全」為目標——靠的還是用 B-52 轟炸機炸毀村莊，還有當時巴克特遣部隊 ^{lxxi} 蹂躪廣義省時在美萊村與附近地區幹的好事等手段。

說完電視，不專業報導的最糟範例，就是《新聞周刊》了。讓我們來

---

lxx　譯註：稻草人謬誤，原文為 straw man fallacy，是邏輯裡的一個概念。意思是一個人論述、批評的事情，以及其提出的論點，根本不是真的，而是別人捏造出來的謬誤論述、事情、以及論點。

lxxi　譯註：越戰時期法蘭克・A・巴克中校（Lieutenant Colonel Frank A. Barker）指揮的特遣部隊。

進一步好好看看《新聞周刊》的惡行。布雷斯特拉普說，《新聞周刊》3 月 18 日一篇標題叫〈越南：重新評估〉（"Vietnam: Reappraisal"）的專題報導，是「《新聞周刊》對阮高祺及阮文紹政權的主要說法」；該雜誌在這個專題報導中，以篇名叫〈政治的困境〉（"The Political Morass"）的社論精準評論道，「土地改革這個能贏得農民效忠的最關鍵工作，該政府並沒有認真處理」（第一卷，534 頁到 536 頁），這個自明之理，從美國的越戰高層指揮人士到華盛頓的官員，人人都曉得。布雷斯特拉普認為：「《新聞周刊》的邏輯，又再次讓人難以想像。《新聞周刊》或越南的農民，當然都不會期待該政權在新春攻勢之後的處境下，認真處理土地改革。」但極其清楚明白的是，在這篇「重新評估」的特別報導裡，《新聞周刊》指的是一個整體的情況，並不是專指新春攻勢過後那一個月的狀況。

根據布雷斯特拉普的說法，「《新聞周刊》在 1968 年 2 月到 3 月這一整段期間，就是要不經意地提到『詭計多端的』武元甲（Giap）[lxxii]、『剽悍的』北越常備軍人、『讓人感受威脅的』敵軍行動，總之，講的就是沒有缺點也沒有挫敗的敵人」。3 月 11 日，新聞周刊參考事實，刊載了一篇分析報導，說共產份子「依然深受所有軍事行動都會有的混亂狀況所苦。」這份報導接著描述了這些混亂狀況：炸毀重要橋梁的任務碰上「無法解釋的」失敗、沒能好好運用主要軍力維持氣勢、錯估民眾情緒與美軍——越南共和國軍的戰術、部隊訓練不足……等等，還提到了「共產份子們大部分的目標，都未達成。」隔周，《新聞周刊》討論溪生美軍基地的文章，報導了一名海軍陸戰隊的觀點，「越共（Charlie）[lxxiii]」戰術不佳，「錯失了一個大好機會。」《新聞周刊》對「沒有缺點也沒有挫敗的敵人」的描述，又是另一個自由之家獨家報導式觀點。

其他的罪行又如何呢？提到「詭計多端」的武元甲，我們來比較《新聞周刊》跟布雷斯特拉普認為最傑出的分析人士道格拉斯‧派克的說法；派克說武元甲是「大師級的戰術家」、「20 世紀最優秀的戰術指揮官之一」……等等。針對北越人的「剽悍」還有他們「讓人感受威脅的」軍事行

---

lxxii　譯註：率領軍隊打敗法軍與美軍的越南革命英雄，曾任國防部長、政治局委員等職。在越南國內的革命領導人當中，他的知名度，僅次於胡志明。

lxxiii　譯註：美國大兵對越共的俚俗稱呼，有貶抑之意。

動的相關討論，只要看美國軍隊指揮部的例行報告內容，還有越戰退役士兵提供的大量文字資料就知道了。

布雷斯特拉普聲稱，「就算到了 1968 年 3 月，媒體筆下的敵人，其規畫、戰術、執行、熱忱，還有武器，都完美無瑕，我們就算尋遍大多數的媒體，想找其他說法，也是枉然」；「《紐約時報》的分析或是戰地報導內容裡，講的幾乎都是敵人精明狡猾、固執頑強、自律甚嚴、使命必達、充滿威脅的說法，而且還不乏與該報看法一致的同業」。除了自由之家進一步的獨家報導觀點所提的「完美無瑕」又「使命必達」之外，我們可以從軍事報告裡找到剩下的那些形容詞，而且似乎沒人對此有疑義。自由之家研究報告從 186 頁到 231 頁，都在辯證自己認為媒體把敵人說成使命必達這一點，而且還展現了自由之家典型的自我否決手法：除了剛剛提到的例子之外，文中引用了一個又一個矛盾的例子。媒體報導越共在帶來「無差別屠殺」而且「完全錯判南越人民心境」的同時，「無疑地」跟民眾越離越遠。他們可能正遭逢「嚴重的人力問題」、「嚴重受創」。他們「沒達成主要的目標。」遭到俘虜的越共在西貢迷了路，還被人騙，以為他們會受到歡迎。（上述這些文字，都出現在布雷斯特拉普以〈電視媒體：讚美越共〉〔"Television: in praise of the VC"〕為標題的篇章之中。）他們並沒有「得到──或留意」重要的訊息。諸如此類的文字敘述，不及備載。總而言之，這些一點也不是針對「使命必達」又「完美無瑕」的敵人的描述。

我們還要注意的是自由之家的假設：自由的新聞媒體，在強硬捍衛本身客觀性之餘，不僅應該將那些抵抗美國攻擊的人視為「敵人」、「敵手」等等，也一定要避免清楚地把「敵人」說成剽悍、不屈不撓，或英勇的。這麼看來，按照自由之家的標準，媒體想要在自由的社會裡扮演合宜的角色，就絕對不該有片刻變節，要時時做到極權國家裡那種靠武力要求來保證達成的效忠。

自由之家研究報告的影響，來自於我們對其文件規模龐大的印象，還有用來取得與這些分析文件的大量資源。報告中的這些例子，在逐一檢驗後都不成立。以下再舉幾個例子，真是多到舉也舉不完。

說到綏靖行動，「電視和廣播評論人士都誇大了手邊資料所顯示的內容，暗指會發生最糟糕的結果。」自由之家引了三個例子，證明此一觀點。

首先，國家廣播公司電視頻道的霍華・塔克納，在紐約報導了「美國情報單位官員」和「部分越南的美國官員」的看法——霍華的報導無誤，布雷斯特拉普在註腳裡也承認，還補充說明這些觀點來自「**華盛頓**的 CIA」以及「越南的公民行動與鄉村發展支持計畫（CORDS）lxxiv 底下灰心的初級官員」。按照自由之家的標準，精確引用這類消息來源是不恰當的。其次，自由之家批評哥倫比亞廣播公司的某個廣播節目，只是因其「氣氛消沉」——跟戰場上的綏靖行動官員們一樣。第三個例子，是國家廣播公司電視頻道的一則「特別報導」；報導中，狄恩・布列利斯說，我們並不清楚鄉村地區發生了什麼事，「只能想像」，還有，「城市不再安全了；也許這些城市從來都沒有安全過。」這樣的報導，幾乎不值一提，而且跟布雷斯特拉普轉述版本所得的激烈結論相比，差得遠了。

　　布雷斯特拉普自己提出辯證的內容當中，就有很多他自己稱為「稻草人式謬誤的新聞報導」例子。例如他責怪媒體聲稱綏靖計畫已經遭到破壞，而他自己的結論是，「雖然綏靖計畫遭受嚴重打擊，不過沒『全然失敗』⋯⋯整體情況好壞皆有，但這顯然算不上是軍事或心理上的『災難』」。媒體經常報導綏靖計畫遭到重大打擊，並未全然失敗，他自己所提的佐證，也如此清楚顯示——有別於我們一看便知的五角大廈那更為悲觀的立場。布雷斯特拉普那套「稻草人式謬誤的新聞報導」說法，或許能吸引那些不細讀脈絡只求誇張結論的草率讀者，但是，這說法既沒有提出佐證，也構不成任何論點。

　　布雷斯特拉普挖苦地提到了「深刻洞悉越南人的心理」一事，也就是親眼看著海軍陸戰隊軍人燒毀甘奈村房舍的摩爾利・賽佛所提出的觀點；賽佛認為，房屋被摧毀的農民會很難相信「我們站在他這一邊」。賽佛是怎麼曉得的呢？也許農民喜歡看熊熊燃燒的火焰啊。不過並不是所有像這樣的「心理分析」都遭到布雷斯特拉普嘲弄，魏摩蘭將軍針對城市人民心理狀態的解釋，就是一例；魏摩蘭將軍說，「因為越共違反了新春期間不得褻瀆的神聖傳統，以及他們造成了城市毀滅的戰術，所以城市的人民對越共大多充

---

lxxiv　譯註：全名為 Civil Operations and Rural Development Support。此為美國在越戰期間，
　　　與南越政府一同打造與執行的綏靖行動計畫。

滿憤怒之情」，還有，魏摩蘭將軍針對農民「心態」的詳細闡述也未遭到嘲弄。我們要注意的是，賽佛不是因為接受了不言自明的假設——入侵軍隊的施為者，就是新聞媒體（「**我們**」站在他這一邊）——而遭到批評的。

布雷斯特拉普表示，「在新春攻勢的第二天，電視和報紙大肆報導，而大使館之戰，成了**整個**新春攻勢的內容」（布雷斯特拉普刻意強調「整個」）；這個他用以說明媒體不專業的例子，被他列出的新聞報導目錄徹底推翻。他還聲稱媒體說，大使館遭人闖入，這誇大了越共在初期狀況不明時取得的成功——不過，他卻沒有比較媒體這些說法跟憲兵隊的報告內容、抑或 716 憲兵營的訊息紀錄。前者說，他們在大使館內受到攻擊。後者說：「魏摩蘭將軍來電；下令第一要務，就是**收復**美國大使館」。媒體精確報導了魏摩蘭將軍、參戰憲兵隊與其他人陳述的事件——布雷斯特拉普卻對此大表憤怒不平，讀起來實在有趣；他尤其對新聞媒體根據不單單是魏摩蘭將軍事後之說詞一事大為光火（魏摩蘭將軍顯然以為大使館「遭到占領」，這跟布雷斯特拉普所引述的記者錯誤報導相比，還要離譜）。我們細細讀來就會發現，考量到當時的混亂，媒體的報導出人意外地精確；只不過布雷斯特拉普論斷深奧地說：「一開始的報導，一定都有部分錯誤」——就這點而言，我們也不能說他錯就是了，而對這名職業記者而言，這點的深意，會讓他事後大吃一驚。

這份研究報告一直不斷地聲稱，媒體對政府的說法存疑，不是「心存報復」，就是非「報復」不可。另一個可能是，媒體如此應對，反映出一種新產生的現實主義。舉例來說，布雷斯特拉普同意，「（〔1967 年〕11 月時）魏摩蘭將軍公開表示低估了敵人，是錯誤的行為」，而且他還引用多筆其他不正確或有誤導之嫌的樂觀說法，其中一例，是羅伯特·科莫在新春攻勢發生前一個星期對「綏靖行動會有穩定進展」的預測。事實上，美國軍方跟華府官方，都相當清楚，新春攻勢帶來的震撼，一部分來自於媒體完全相信政府先前的評估內容，而新春攻勢瓦解了這個信念。

再說，魏摩蘭將軍於新春攻勢期間的說詞一點也沒有說服力。例如他聲稱「越南師的兩個指揮官……都有效地指揮了他們的單位」，然而某位記者卻發現，其中一位指揮官「在新春攻勢發動期間，陷入了震驚莫名的狀態」。不然，再想想這個：魏摩蘭說，針對死亡人數遭到誇大而且還不準確的指控，是媒體「扭曲戰事報導的例子之一」——事實上，頂多是「相對而

言稍稍不精準而已」。對此，他自己手下的將軍卻有大異其趣的看法。道格拉斯・金納德將軍在針對越戰將軍們看法的調查研究中提到，61％的受訪者說，死亡人數「往往遭到誇大」，而且，只有26％的受訪者說「準確度在合理範圍內」。受訪者的答案包括：「假的數據完全無用」、「往往都是明目張膽地撒謊」、「陸軍榮譽的汙點」，還有「麥納瑪拉和魏摩蘭之流的不實利益，嚴重影響了很多單位，因而極度誇大了數字」。也許，記者們除了「報復心」之外，還挺有理由抱持懷疑態度。[219]

布雷斯特拉普為了證明新聞媒體想方設法要找出能驚動四方的新聞，已經到了荒唐的程度，他因此引用了《時代周刊》的一則新聞報導；文章講述的是敵人在溪生基地挖隧道的事，「**好像在奠邊府附近發生的那樣**」（斜體格式為布雷斯特拉普刻意強調）。他本意是想對這樣的比較加以嘲弄——但是，他卻忘了要嘲弄海軍陸戰隊總司令庫須曼（Marine Commander General Cushman）的發言；庫須曼說，「他挖著壕溝，做著他在奠邊府學到的那些專業活兒」。

布雷斯特拉普用他一貫的想像語彙，聲稱「美國國內媒體的影片上，越南全國各地不是一片火海烈焰，就是被打到成了廢墟一片，而且所有的越南百姓，都是無家可歸的難民」，他接著說，「這段期間，幾乎所有播放的影片或是發布的照片，完全沒有拍到西貢市、順化市，或其他城市當中**沒被破壞**的區域」（斜體格式為布雷斯特拉普刻意強調）。這點顯示出新聞報導有失平衡，站在敵軍那邊。我們想問的是：那麼，考文垂（Coventry）和珍珠港（Pearl Harbor）遭到轟炸的那段期間，又有多少影片與照片拍下了當時平靜的英國村莊或夏威夷鄉鎮，以平衡事件的全貌呢？

布雷斯特拉普想找出理由，「免除越共負起屠殺非戰鬥人員或導致難民出走潮之責」，卻忽略了一項真理：要找出某事的理由之前得先證明，那件事情真實存在。在這個例子上，事情並不存在。他引用的說法，經常都把百姓的苦難算在越共的頭上，還再三強調越共的暴行。事實上他自己都指出「《時代周刊》和《新聞周刊》都把責任怪到（西貢）越共的頭上」——其他媒體也是。《新聞周刊》的一篇文章，標題是〈越共恐怖行動的一周〉（"The VC's Week of Terror"），講述了越共的恐怖行動小隊在西貢處決百姓的事。一般說來，媒體針對越共究責時，說他們「把子彈和炸彈，帶進了人口

極為稠密的地區之中，害百姓在交火中，遭到無差別屠殺，還造成大量居民成了無家可歸的人，數量比為了安全起見而逃進城市的難民，還多出兩倍以上……」（《時代周刊》〔第一卷，246頁〕）；媒體採取的是美國政府政治宣傳的立場──要是美國有所殺戮與破壞，那也是敵人的錯──但媒體沒說完全的是，難民為了安全而逃進城市裡，想躲的就是大規模的美國暴行，還有，造就出難民是美國明擺著的政策。查爾斯‧莫爾在《紐約時報》裡寫下，「在某種程度上，越共要為發動都會區攻擊行動所造成的百姓死傷負責」；他引述的是美國官員的話，他們「很肯定，越南人民會因為游擊隊『冷酷無情地不顧人民性命』，而對其心生怨恨」。另一方面，《美聯社》、《華盛頓郵報》、國家廣播公司，還有其他媒體，則往往根據影片類的佐證，報導越共造成大破壞、把百姓當成盾牌、不讓百姓逃脫攻擊、謀殺百姓……等等的消息；這些要是用來佐證美國暴行的說法，就是那種會招致自由之家大肆嘲弄的事證。布雷斯特拉普慣用扭曲手法，其中一個典型例子，就是他聲稱國家廣播公司電視頻道「把西貢市的損失，**單單**歸咎於盟軍『殺掉或重傷部分人』以保全其餘人的決定（斜體為我們刻意強調）；這出自於霍華‧塔克納，他說有個決定是「為了保護大部分的……人，他們必須殺掉或重傷部分人」──這跟布雷斯特拉普轉述的版本相當不同，而布雷斯特拉普之所以認為它值得引用，只是因為它提到了「保護」受害者的這種標準說詞。

總而言之，媒體才不是要「免除越共之責」，而是盡心竭力地根據無可爭議的教條，把那些要「保護」並「捍衛」南越及其人民的美國軍隊所造成的人員傷亡和破壞，算在越共的頭上。雖然狹義來說，媒體的報導大致準確，不過報導的框架和呈現的全貌都很荒唐，而且緊密符合了國家政治宣傳體系的要求。這又再次讓我們清楚明白地看到，自由之家認為媒體如此為國家所用，還不足為奇──實際上，依照它的標準，還做得不夠。

在這份自由之家研究報告裡，比較籠統的概述，與其提出之佐證，兩者間之關聯甚微。例如，斷垣殘壁與摧毀破壞，「被（媒體）當成象徵性的證據，證實盟軍不可思議地『吞敗』（用各種方式暗示或明定）」。「在幾座城市大量使用軍火的美國人，被隱約描述成無情地在摧毀越南全國……，而越共軍火的無差別使用，還有在順化市的殺戮行動，卻大多被媒體忽略」。

媒體主要的話題，「全部加起來，就呈現了盟軍吞了敗仗的狀況」。「在新春攻勢這個事件上，新聞媒體大聲嚷嚷的是病人就要死了」……諸如此類。

　　為了讓大家明白這些對自由之家研究報告的特性描述有多少價值，我們引用的例子已經夠多了。另外，一如先前已經看到的那樣，媒體的報導大致上都符合美國軍方的報告，只不過我們也看到了，他們往往比較不那麼極端暗示敵人的成功。對此，布雷斯特拉普不會不知情。比方說，他就寫道：「2月時普遍的新聞觀點，就是西貢市的軍事援助指揮部發言人自己促成的：後勤問題、組織問題或是人力問題，都不會妨礙北越軍任意攻擊所有地方的能力，即便是美國本土的『第一波』支持聲浪之後也一樣（『再也沒有安全的地方了』）」。此外，「雖然現場戰鬥目擊報導很稀少而且受到限制，不過2月時，這類的報導，大多數都比西貢市的軍事援助指揮部公報或公報編修之新聞稿內容還要好」。事實上，遭到引用的軍方新聞稿，就基本的內容而言與媒體的評論十分相近，例如准將約翰‧杰森（Brigadier General John Chaisson）於2月3日就如此描述這個「真正的戰役」：「就其初期階段，這是一場非常成功的攻勢」、「出人意料地協調良好」、「出奇地密集」、是「以高度大膽無畏的態度」來執行的戰役──舉例來說，在「越共掌控之下」的順化市……等等這類的描述。當然，即使媒體在報導內容和風格上的變化較多，不過就算已經有過一堆扭曲實情和純粹捏造事實的報導，要分析以上這類的描述有何特徵可循，肯定只會被當成情緒過激、理智失常，無人理會。

　　如果自由之家的研究報告，真如約翰‧洛許說的，是當代最偉大的學術界成就之一，那麼學術界真的情況不妙啊。

章節附註

1 在許多議題上，媒體與菁英人士和普羅大眾之間，存在著嚴明清楚的分歧，例如貿易協定、軍事預算的金額多寡等等。這點我們在隨後〈進一步的應用〉一節當中，會加以探討。

2 關於這一點就連在蘇聯也成立；阿富汗戰爭時，由於蘇聯的媒體揭露了讓政府難堪的真相，蘇聯國防部部長就曾痛斥新聞媒體不愛國。

3 在美國視海珊（Saddam Hussein）為盟友並提供美援的 80 年代期間，他在 1988 年時用化學武器對付伊拉克庫德族（Kurds）、造成數千人死亡一事，也未曾影響布希政府（Bush administration）提供援助的立場，此一立場，直到 1990 年 8 月 30 日海珊下令入侵科威特（Kuwait）時才中止。

4 美國中央情報局將 1965-1966 年間印尼發生的屠殺事件定調為「20 世紀最嚴重的大規模屠殺」。根據印尼國家安全部長提供之資料，屠殺受害者有 50 萬人，不過，這絕對是低估之低的數據。有其他資料預估死亡人數高達 200 萬。

5 前美國駐聯合國大使（U.S. Ambassador to the United Nations）派翠克・摩伊尼翰（Patrick Moynihan）在自傳裡吹噓自己在 1975 年時，何以阻止了國際的實質行動，保護印尼的侵略行為不受影響，他說：「國務院非常希望聯合國承認，（針對印尼入侵東帝汶一事）不管採取什麼因應作為，都沒有實質效用。當時我授命完成這個任務，而我非常成功地完成了使命。」他還毫無悔意地補充道，在這個他受命要保護的入侵行動裡，短短數周就死了 6 萬人。

6 許多科索沃解放軍（KLA）和塞爾維亞戰士（Serb fighters）都戰死於科索沃，而且北大西洋公約組織本不以百姓為目標的轟炸與軍事行動也造成一般百姓的死亡。

7 根據一份由三位芬蘭法醫學專家提出的最新報告，他們和其他人會診檢驗拉恰克事件的 40 具遺體後，法醫團隊並無發現任何塞爾維亞人遭控毀屍的跡證，而且報告當中提出的資料，進一步質疑所有受害者都遭進行刑式殺害的說法。值得注意的是，歐洲安全合作組織（OSCE）認為還不宜公布本篇報告當中資料來源的原始驗屍報告。

8 在所有大型主流媒體當中，只有《洛杉磯時報》撰文提到了這份研究的結果，報導標題為〈俄羅斯大選中心主任駁斥總統大選舞弊之說〉（2000 年 9 月 13 日）；這份標題要凸顯的是俄羅斯官員對此說法的辯駁之詞，而不是以舞弊內容為重。

9 儘管蘇聯毫無疑問地對自己國內和附庸國的人民施虐，不過 1991 年以來受到西方世界支持的「改革人士」對待俄羅斯人的方式，也沒什麼多大差別。話說回來，由於西方世界自己就支持自己的恐怖網絡，指控俄羅斯支持國際恐怖主義的說法，既過於誇大又虛假偽善。

10 溫斯坦（Weinstein）調查後「毫無發現驚人事實」（換句話說，就是什麼新發現也沒有）而返國的消息，只有一家主流媒體有報導。

11 多年來，美國官員都藉口越南沒有清楚交代所有美國戰俘與失蹤士兵為由，合理化對該國採取的惡意行動。關於這點，先前在〈重寫越戰歷史〉一節當中，就討論過了，書中本文也有所著墨，詳見 33-36 頁。

12 首先，使用化學武器便有違 1925 年的《日內瓦公約》，何況毀毀莊稼也違犯多項國際人道法。就連依據美國陸軍在越戰時期公布實施的戰地守則內容，後者也屬於違法行為。

13 80 年代，雷根和布希政府對於海珊以化學武器攻擊伊朗和自己國內的原住民族庫德族人時，既沒有提出抗議，還繼續待他為重要的盟友。直到 1990 年海珊入侵科威特時，他才成了威脅，而他擁

有「具重大摧毀力之武器」一事，才不可饒恕。詳見註 3。

14　1999 年時，洛伊德・加德納（Lloyd Gardner）在連鎖書店 Barnes & Noble 的網站上查找出跟越戰相關的書籍，就有 1920 筆，而相同主題的絕版書和二手書，更超過 8,000 本以上。

15　《時代雜誌》跟《新聞周刊》在越戰 25 周年時，都發行了回顧專刊，談的主要是戰爭末期的撤退和「絕望的南越人」想辦法要從「入侵的北越人」手中脫逃。還有一篇《華盛頓郵報》的社論提及越戰時，說這場戰爭「越南人吞了敗仗。他們灑過鮮血、償過人命，最終以大批大批人要逃離共產政權收場」。

16　有一份由芬蘭政府出資的研究，主題叫做《柬埔寨：種族屠殺的十年》（*Kampuchea: Decade of the Genocide*）。這份研究將美國於 1970 年到 1974 年間大肆轟炸柬埔寨鄉村地區的期間列入種族屠殺的十年內。美國主流媒體都略而不報這份研究。

17　按照《紐約時報》編輯群的說法，兩個主要政黨就讓選民們有「清楚明確的選擇」了，所以，「今年沒有第三政黨候選人的邏輯必要」。

18　尤其在第二次世界大戰過後，軍事預算當中有很大一筆，換句話說也就是用納稅人的錢來發展基礎科學，奠定了飛機、電腦、電子產業、網際網路經濟、絕大部分生物科技產業以及其他許多產業的進步基礎。

19　2000 年初一份《商業周刊》的哈里斯民調（Harris poll）顯示，接受民調的人當中，只有 10% 自稱為「自由貿易者」；51% 的人稱自己為「公平貿易者」，而 37% 的人則認為自己是「保護主義者」。

20　研究結果顯示，一直到 1970 年代中期，社會健康指標指數會隨著國內生產毛額（GDP）變動，在那之後國內生產毛額繼續成長，但卻產生「社會衰退」（social recession），這個現象只有 1990 年代初期曾出現過小小的中斷。

21　孟山都（Monsanto）的公關主任菲爾・安捷爾（Phil Angell）表示，「我們志在販賣（生物工程改造過的產品），能賣多少就賣多少。至於確保產品的安全性，是食品藥物管理局（F.D.A）的責任。」

22　2000 年 1 月，在討論生物安全協議的會議上，美國政府堅持 WTO 的「誠善科學」（good science）的主張，而歐盟則力促實施預警原則，兩邊立場差點讓會議進行不下去。

23　有別於雷根時期的歐威爾式用法，在此，我們使用「特殊利益」（special interests）一詞時，係指一般的含意上的工人、農人、女性、年輕人、黑人、年邁體弱的人、還有失業群眾，簡單說，就是普羅大眾。只有一個族群不包含在這個稱謂底下，那就是企業與企業主和管理人。這些人不是「特殊利益」人，他們代表「國家利益」。這個專門的用語，代表美國兩大主要政黨對「國家利益」一詞有專控權和操作權的現實情況。

24　在新保守主義的評論中，往往都將大眾媒體描繪成自由派與反建制派用以攻擊制度的射擊堡壘。他們沒看到的是，大眾媒體就是遭到極富有的人或其他企業把持控制的大型商業集團，而且在新保守主義份子口中，那種在媒體「自由派文化」底下的成員們，個個都是受僱的員工。他們也同時罔顧了一項事實：這個自由派文化的成員們，大致都接受這一套制度的基本前提，而且這些人跟建制派成員對於要達成共同目的該採取的策略，本來意見就大為不同。新保守主義份子們根本就沒有做好心理準備，去包容與其自身意見相悖的聲音。我們在第一章就分析過，這些人猶如扮演著「執行者」（enforcer）的重要角色，目的就是要恫嚇媒體，不讓他們聽到任何歧見異議，就連如今在大家容忍範圍內有限的不同意見，也不放過。

25　舉例來說，克萊兒・史德林和喬治城大學國際與策略研究中心的專家們，包含華特・拉科爾、麥可・里汀、以及羅伯特・卡普曼等人，都是大眾媒體塑造出來的恐怖主義權威專家。關於史德林和保羅・漢茲扮演了什麼樣的角色，編導出在教宗遭槍案裡保加利亞人牽扯其中的干係，詳見第四章的討論。至於在拉丁美洲的案例上，媒體則是不得不迴避一般做法，找學院專家發表贊同的觀點，因為在這個例子上，學院專家大部分都拒絕這套國家政治宣傳框架。因此媒體必須創造出一群新的「專家」（羅伯特・萊肯、羅納德・拉多什〔Ronald Radosh〕、馬克・法爾科福〔Mark Falcoff〕、蘇珊・考夫曼・普賽爾〔Susan Kauffman Purcell〕等等），如此一來，他們才有人可以找，滿足教條式的需求。

26　跟其他政治論述的語彙一樣，「民主」一詞在正式撰文或常規的「新聞報導」裡，技術性上有一種

歐威爾式的意味，指涉美國建立「民主」的努力作為。這個詞彙指的是掌控了資源與暴力手段，確保其支配的一切會服膺美國強權之需求的各種制度。也因此，薩爾瓦多與瓜地馬拉這樣的恐怖主義國家，是「民主的」；同樣地，在寡頭政治與軍隊統治下的宏都拉斯也是，同時，在美國策畫下，表面上看似一群有錢商人與銀行家，背後實為美國一手打造出來、由蘇慕薩領軍的傭兵軍隊，就能稱為「民主反抗軍」。進一步的討論，詳見第三章。

27 討論尼加拉瓜的相關議題時，這個基本的事實在國會投票表決援助反政府軍之前的「全國性辯論」期間，也就是 1986 年 1-3 月這段時間裡，《紐約時報》和《華盛頓郵報》所刊登的 85 篇意見專欄文章中，完全都沒有提到。

28 上一個註釋當中所提的 85 篇專欄文章裡，只有兩句話提到尼加拉瓜政府實行了改革；在這個重要的問題上，沒有任何一篇專欄文章拿尼加拉瓜和薩爾瓦多與瓜地馬拉相比。

29 湯姆·威克在 1987 年 8 月撰文嚴詞批評雷根對瓜地馬拉的「和平計畫」，說道：「無論美國的原則是什麼，都沒有什麼具備重大歷史意義的權利，也沒有什麼上天賦予的權利為其他國家帶來民主制度；這種目的，也不會合理化美國出於不喜歡某國政府便加以推翻的行為。」威克挑戰的不是雷根想辦法要在尼加拉瓜建立民主制度的說詞；只不過，雷根的手段含糊不明，而且他的計畫也不會有效。我們應該要注意的是，威克的看法，是美國大眾媒體上不同意見表達的底線了。更進一步的討論，詳見第三章。

30 舉例來說，美國回應 1987 年 8 月瓜地馬拉和平協議的方式，就是立刻增加維持自己部署於尼加拉瓜之軍隊戰力的運補機架次，很誇張地增為每天兩到三班。其目的就是要強化戰事，並且不要讓尼加拉瓜鬆懈軍防，如此一來他們就會被控怠於遵守和平協議，美國也就能因此破壞這個和平協議了。美國的這些行動，可謂嚴重違反協議，但是媒體都完全沒有提到這些。

31 仔細閱讀蘇聯新聞的人，有辦法得知與其政府路線相悖的阿富汗戰事實情為何——詳見第五章，289 頁——話說回來，西方世界也不會認為這些尷尬的事實，就表示蘇聯新聞媒體客觀，或者它們針對此議題的報導恰當。

32 媒體代表宣稱，光是「政府所說的話」它本身就有「新聞價值」。不過如果媒體在沒有考量背景脈絡或評估，而且也沒有考慮政府有無操控的意圖就傳達政府的主張，那麼它們就落入了「被管控」的陷阱裡。它們只是名義上客觀，不是實質的客觀。

1986 年 10 月初，新聞業取得對外流出的備忘錄內容，表示雷根政府執行了一套縝密的計畫，要透過不實資訊影響利比亞（Lybia）。在毫無質疑的情況下便紛紛傳遞這份資料的大眾媒體大表憤慨，認為自己受到誤導。徒增荒謬的是，五年前新聞媒體就曾報導過，中央情報局進行了一項「以不實消息讓格達費（Quadafi）及其政府難堪的計畫」，同時也執行了一連串恐怖行動，要推翻格達費，或者暗殺之。只是媒體沒有學到任何教訓。事實上，大眾媒體幾乎天天都被騙，但是，這種有政府＊文件＊顯露出它們多麼容易上當的受辱情況相當罕見。說到利比亞，媒體可是掉進了每一套政治宣傳手段的操弄，從 1981 年的「行刑隊」（death squad），一直到柏林（Berlin）的迪斯可舞廳爆炸案等等，它們都聽信了一個個不合情理的說詞，事後也沒有承認錯誤，而且顯然還沒辦法從接連上鉤的經驗裡記取教訓，這讓人聯想有自願犯錯之虞。我們在本書裡會提出一連串美國政府撒的謊，這些謊言，接連曝光，可是，對於政府下一次的說法，媒體似乎也從未因而展露絲毫懷疑。

33 美國政府透過捏造米格戰鬥機的消息，轉移大家對尼加拉瓜大選的注意力，關於這個策略的細節描述，以及媒體在這場政府計畫當中的付出，詳見第三章「尼加拉瓜選舉當周策畫的米格戰鬥機危機」一節。

34 特別要說明的是，我們這裡所談的媒體，是影響力遠播的媒體，也就是大眾媒體。一直以來，開辦發行量小的報紙，透過油印或影印的方式製作小眾的新聞報都是可行的。只不過如今在美國，即便是小型的報紙，一般也都是靠著富有的善心金融人士資助才得以存活。

35 舉例來說，1987 年時，時代鏡報公司旗下就包含洛杉磯、巴爾的摩、丹佛、以及康乃狄克州哈特福特（Hartford, Connecticut）的報紙，同時也擁有書籍出版和雜誌子公司、有線電視系統以及 7 家電視台。

36 現今流通全世界的國際新聞裡，80% 來自於西方世界的四大通訊社，也就是《美聯社》（Associated Press）、《合眾國際新聞社》（United Press International）、《路透社》（Reuters）、以及《法新社》（Agence-France-Presse）。《美聯社》是成員與報社共同擁有；《合眾國際新聞

社》是私有集團；路透社在 1984 年上市之前主要是英國媒體持有，但話說回來，原本的持有者只將重要性不高的投票權交給新的股東，因此依然把持控制權；法新社絕大部靠的是法國政府的補助。一如喬納森·芬比（Jonathan Fenby）點出的那樣，這些通訊社「存在的目的便是要服務市場」，因此，它們最為在意的，「就是美國、西歐、和日本這些有錢的媒體市場，對於企業界，它們興趣也越來越大⋯⋯。」儘管它們競爭激烈，不過，《美聯社》和《合眾國際新聞社》「實為以國際規模運作的美國企業⋯⋯。它們如果沒了美國國內的根據地，就無法以國際新聞社的身分運作。既然以美國國內為立基，那它們就必然是美國的組織，受制於美國的壓力與要求。」

37　第十四屆年度洛波調查（Roper survey），以「改變時代下民眾對於電視與其他媒體的態度」為題（1985 年 5 月），指出 1984 年時，調查樣本當中有 64% 的人說電視是「人們取得當天世界發生了什麼事的新聞來源⋯⋯」。人們向來都說電視網本就相當倚重知名報紙、通訊社、以及政府，決定要播什麼新聞。我們很容易就可能誇大了它們身為新聞製造者的自主權。

38　最頂層的成員，要有廣大的受眾、具備設定新聞標準的重要身分、而且還要看資產與獲利總值而定。雖然受眾規模依然是我們主要的取決準則，不過我們列出的 24 個巨頭公司當中，排名最後的 6 家，某種程度上是我們選出來的。麥格羅·希爾會選入，是因為它們在商業書籍和政治雜誌方面以及市場影響力上都有優勢。

39　如表格 1-1 的註釋 7 所示，1985 年時，史托爾通訊（Storer）暫時由私募基金 KKR（Kohlberg Kravis Roberts & Co.）持控。寫本書之時，該公司最終的命運為何尚未明確，而且，由於 1984 年後的財務資料無從取得，儘管史托爾通訊的狀況不明，我們還是將它列在表格裡。

40　1984 年，約翰·克魯吉（John Kluge）以融資購併的方式，花 11 億美金買下了大都會媒體系統（Metromedia system），然後在 1985 到 1986 年間，把公司拆成好幾個部分，以 55 億美金賣出，個人獲利大約 30 億美金。洛杉磯的 KDLA-TV 電視台，1983 年時被一家非媒體集團以 2.45 億美金融資購併買下，兩年後再以 5.1 億美金賣給了論壇報報業集團（Tribune Company）。

41　因為詹姆斯·E·史克力（James E. Scripps）的繼承人們拆夥，最後將《底特律晚報》賣掉。根據新聞報導，「身為史克力家族成員、同時以『憤怒的股東』自稱的的丹尼爾·馬倫泰特（Daniel Marentette）表示，家族成員希望他們的錢獲得更好的收益。經營賽馬買賣的馬倫泰特說：『我們把錢投進紐約的活期存款賬戶，獲利還更好』。在這類事情上，賓漢家族（Bingham family）的分裂，最後以賣掉《路易斯維爾快遞報》（Louisville Courier-Journal）收場；傑克森家族（Jackson family）持有的《紐哈芬報》（New Haven papers），也是多年爭吵不休後被賣出，而「〔《紐哈芬報》〕1.85 億美金的賣價，只不過讓大家知道其他地方的家族報業，家族持股之價值可能多高而已。」

42　雷根政府利用延長電視台執照 3 到 5 年的方式，鞏固了對現有電視台持照人的控制，同時，政府底下的聯邦通訊委員會，還讓執照基本上可以自動更新。聯邦通訊委員會更改變規則，將原本必須持有新購入之電視資產三年始得賣出的規定，減為一年，大大促進了投機與買賣行為。

　　雷根時期的聯邦通訊委員會和司法部也拒絕表態指責會大大促進權力集中化（如通用電氣—美國無線電公司的案子）或媒體集中現象（大都會公司—美國廣播公司的案子）的合併與公開收購。此外，從 1985 年 4 月 2 日開始，只要媒體公司的總受眾不超過全國電視家庭總數的 25%，那麼，就得以持有多達 12 家電視台；而且它們也同樣可以持有 12 家調幅（AM）與 12 家調頻（FM）廣播電台，也就是以「12-12-12」準則，取代 1953 年設下的「7-7-7」準則。

43　關於這點，雷根時期的聯邦通訊委員會主席馬克·福勒（Mark Fowler）所持的理由是市場選擇開放，大眾應該可以自由選擇，所以合情合理。當佛瑞德·弗蘭德里（Fred Friendly）批評他扼殺了法律的公眾利益標準時，福勒答道，弗蘭德里「不相信觀眾有能力透過市場機制，獨立作出選擇。可是我相信。」。姑且不談其他的問題，福勒忽略了一個事實：真正的選擇自由所談的選擇能力，對象不一定是將觀眾賣給廣告商的寡占壟斷產業提供的那些選項。

44　1985 年時，哥倫比亞廣播公司為了躲掉泰德·特納的收購，籌措了 10 億美金購買自己公司 21% 的股份。《華爾街日報》指出，「由於目前負債占了資本的 60%，因此維持很高的廣告收入才能償還債款與利息」。隨著廣告收益的成長幅度減緩，哥倫比亞廣播公司著手裁員，裁減了廣播部門的員工高達 600 多名；這是自 1971 年該公司失去香菸廣告後，規模最大的裁員行動。1986 年 6 月時，時代雜誌有限公司也是為了減低惡意收購的威脅，所以才著手一項買回股份的計畫；外界認為他們花了 9 億美金，買回了高達 1,000 萬股，也就是該公司 16% 的普通股

45 洛氏企業（Loews Corporation）的勞倫斯‧第緒（Laurence Tisch），為了因應杰西‧赫爾姆斯（Jesse Helms）與特納對哥倫比亞廣播公司的威脅，一激之下，想增加他原本已經有 11.7% 的哥倫比亞公司持股。1986 年 8 月，洛氏企業有意將手中哥倫比亞公司的持股增加到 24.9%，而第緒取得了該公司實質的控制權。結果持股 8.1% 的威廉‧沛里，哥倫比亞廣播公司的執行長遭到撤換，第緒自己接手臨時執行長的角色。

46 如果我們把 1984 年去世的萊拉‧華勒斯（Lila Wallace）的資產也納進來的話，因為她在《讀者文摘》的控股利息已經交給受託人負責，所以這個數字就會變成 8。

47 我們在前言裡就曾點出，新保守主義人士經常會提及媒體受「自由派」宰制，他們以為，或者想自欺欺人地表現底層人民說了才算數，而不是持有媒體或是控制媒體的人。這些顯示出媒體老闆有多富有的數據資料，想當然耳是他們傾向視而不見的東西。只不過，有時候新保守主義人士也玩「民粹」，雖然背後為其出資的是美孚石油公司和理查‧梅隆‧斯凱夫（Richard Mellon Scaife），他們還是假裝替「大眾」發言，對抗宰制媒體的有錢菁英人士。

48 李伯齡（A. J. Liebling）說過一個廣為流傳的笑話：你要是不喜歡報紙報的東西，絕對不會有人阻礙你創個報社或買個報社的。這個笑話強調個人的無能。話說回來，在雷根政府提供的這種有利政治氛圍底下，對媒體表現不滿的巨型企業，的確可以買下一個屬於自己的媒體，通用電氣公司就是一例。

49 有一份研究顯示，1945 年到 1970 年間離開聯邦通訊委員會的 65 位委員和高層人士當中，有 12 位是私營通訊部門出身的，之後才到聯邦通訊委員會任職，還有，離開委員會之後，有 34 人進入了私營公司服務。

50 「美國電視與全球化企業的共生成長，讓它們交互關聯到不能被視為各自為政。本質上它們是同樣的現象。有軍事顧問、游說人士、設備經銷、廣告專家、商品化專家以及電視影片銷售員當領頭羊，這個大型企業，滲透了世界上大部分的非社會主義地區（Erik Barnouw, The Sponsor [New York: Oxford University Press,1978], p.158）。

51 如果大眾「要求」的節目內容，媒體老闆非常不喜歡，那麼出於競爭與追求獲利的想法，媒體老闆們逐利，因此他們會提供觀眾要求的節目內容──難道不是這樣嗎？這聽起來或可成立，而且這一點再加上媒體人員有限的自主權，或許可以解釋大眾媒體當中偶爾出現的自制，兩個因素放在一起就可以解釋為什麼在大眾媒體上會偶發出現的「驚喜」。話說回來，輿論要求的力量受到的限制之一，就是數百萬顧客沒有任何方法要求不在提供範圍內的產品。更進一步的問題是，媒體老闆們的階級利益，會受到我們接下來討論的各式過濾器強化。

52 出於同樣的理由，非商業性的電視也非常不利，而且得靠公部門補助才有辦法競爭。由於公共電視台並不具備由富人持掌的固有限制，也不需要討好廣告商，所以對於大眾通訊僅由少數菁英把持來說，是一種威脅。這就是為什麼保守主義者利用每年審預算而且僅給予少額資金的方式，想盡辦法要緊緊監管住公共電視台。在卡特和雷根時期，政府的另一個選項就是大砍補助，強逼公共電視台進入商業連結。

53 這是進一步優化了「把觀眾送來跟前」的「效率」。在雜誌產業中用的是 CPM，也就是「每千次曝光成本」（costs per thousand）作為測量標準，讓廣告商透過全頁的黑白廣告吸引買家。近來像是哥倫比亞廣播公司的廣告事務委員會（CAP），就以辨識出對廣告有印象的觀眾有何特點作為發展目標。《肥皂劇文摘》（Soap Opera Digest）對於向廣告商推銷自己這方面就這麼說過：「你可能會想知道我們的第一個里程碑：如今，相較於其他所有的女性雜誌，《肥皂劇文摘》可以用最低『每千次曝光成本』，吸引到最多 18-49 歲的女性觀眾。

54 寶僑家品（Procter & Gamble's）給他們的廣告代理指示是這樣的：「我們所有的節目，都不得含有深化企業冷酷、沒同理心、無感、或沒有精神驅動力的任何內容。」而通用電氣公司的企業通訊經理曾如此說道：「我們堅持節目環境要能強化鞏固我們的企業訊息。」還記得吧，通用電氣公司現已買下了國家廣播公司（NBC）。

55 廣告商可能也會不滿有人攻擊他們或者他們的產品。如今媒體就算碰到對消費者福祉有重大影響的事（例如：抽菸的後果），也會避免批評廣告的產品。

56 因為多年來聯邦通訊委員會提供的數據資料不佳，所以很難在統計上證實這一點。廣告時間／節目播放時間的長期趨勢，從 1929 年美國國家廣播協會針對廣播中商業廣告採計的標準，就能看出重大差別；當時的標準為「晚上 7 點到 11 點之間……不得廣告商業廣告。」1930 年威廉‧培禮在參

議會商務委員會（Senate Commerce Committee）上證實，哥倫比亞廣播公司只用 22% 的時間播放商業贊助節目，其他 78% 的時間維持一般性節目；他提到廣告只占「我們總播放時間 1% 當中的 7 / 10」。法蘭克・沃爾夫（Frank Wolf）談到公共事務節目時說道：「這類節目有機會能在商業電視上播出，可能就是拜國家通訊委員會的規範所賜」。

57　美國鋁業公司（Alcoe）在反托拉斯訴訟案後贊助了艾德華・R・默羅（Edward R. Murrow），還有，美國國際電話電報公司在 1970 年代初期的醜聞案後贊助了《The Big Blue Marble》節目，這幾個例子的討論，詳見 Barnouw, The Sponsor, ibid., pp.51-52, 84-86。巴諾讓我們看到，電視網對美國國際電話電報公司的新聞報導，在該公司贊助節目期間大大受限。

58　該服務會的 9 家地區辦事處，也有一些公共資訊的事務運作，只不過這些工作還沒有人員和經費的配給。它們的規模都比中央總會來得小。

公誼服務會（AFSC）的公共資訊總預算，大概跟美國國務院與代表尼加拉瓜反抗軍遊說的國際商務通訊（International Business Communications，簡稱 IBC）簽署的合約金差不多一樣（419,000美金）。這只是美國審計總署（GAO）調查的 25 個合約當中其中一個，「根據一位參與調查的審計總署官員表示，這些合約是拉丁美洲公共外交辦公室（Latin American Public Diplomacy office）給研究中美洲的獨立研究員獎賞用的」。

59　全美基督教協進會（NCC）的新聞業務主要集中在它的資訊辦公室，但是組織裡也有一些零星四散的工作人員負責通訊工作，製作一些新聞報、雜誌、以及錄影帶和影片。

60　1980 年時，美孚石油公司的公關預算是 2,100 萬美金，公關人員有 73 人。1976 年到 1981 年間，他們最起碼製作了十幾部跟油價這類議題有關的電視特別報導，節目中訪問自家高階管理人與其他專家的電視記者，還是他們僱用來的；這些節目經常在電視上播放，往往都沒有提及節目贊助商就是美孚石油公司。

61　1986 年 1 月 16 日，美國公誼服務會依據《資訊自由法案》（Freedom of Information Act）發布了一份新聞稿，指陳 1965 年到 1977 年間，海軍發生過 381 次核武意外與「事件」，這比先前對外宣稱的數字遠高得多。大眾媒體沒有直接報導這則熱門新聞，反而透過海軍軍方回應的這個過濾器，以低調處理這些新發現的方式報導。不是抹去了公誼服務會揭發的完整事實，不解讀這些新發現的意義何在，就是視其為上不了檯面的次要消息。當時典型的新聞標題是：〈海軍列出核武意外：據報，630 件當中沒有任何一件毀傷民眾〉"Navy Lists Nuclear Michaps, None of 630 Imperilled Public, Service Says", Washington Post, January 16, 1986

62　負責該計畫的哈佛大學教授哈維・曼斯菲爾德（Harvey Mansfield）對外表示，反正邀請懷特（White）上節目本來就是個錯誤，因為他「是極左派的代表」，而論壇要的是「自由派分子與保守派人士間」的辯論。

63　過去數年來，最常上廣播和電視談節目談恐怖主義的，大概是美國戰略暨國際研究中心（CSIS）的恐怖主義專家羅伯特・卡普曼（Robert Kupperman）。

64　當時也好，現在也罷，呈現則異議分子時，都會把他們當成格外重要的專家，因為他們好像可以證實前夥伴或同僚所犯下的過錯。這些人的說法往往欺詐不實，但因為媒體拒絕指出這點，所以這不是問題。因此，尚・拉庫圖赫對紅色高棉的批評就能讓人接受，因為他聲稱自己從前會同情他們；這不僅是扯謊——因為他當時是親施亞努的——而且還荒謬不實，因為之前大家根本對紅色高棉一無所悉。大衛・霍洛維茲（David Horowitz）則聲稱自己大致跟反越戰的抗議人士一樣，後來「對北韓的金日成產生了新的正面理解」，因此脫胎換骨成為愛國人士，身價上漲。羅伯特・萊肯據傳是前和平運動積極份子，而且也是桑定民族解放陣線的早期支持者，所以，他作為桑定民族解放陣線的批評者更為有力。這些聲稱內容，無一不是捏造，只不過大眾媒體都沒有提。關於萊肯的說詞，以及因為他從「桑定民族解放陣線的支持者」身分一轉，成為批評者，自己反對桑定民族解放陣線的文章，則有了「特別的力量」，這些討論，詳見 Michael Massing, "Contra Aides," Mother Jones (October 1987)。麥新（Massing）不但無視萊肯的假面具，還肯定對方的說詞，稱他「在反戰運動中很活躍」，只不過這一切都嚴重誤導了視聽。萊肯聲稱自己曾是波士頓地區組織反戰活動的份子，但當地的積極分子並不記得 1970 年前萊肯有參與過他們的活動。等到 1970 年那個時候，連麥克喬治・邦迪這種人都可以說是積極分子的領導人了。

65　我們很難估算媒體確實報導組織所造成的影響，不過我們一定要知道，這只是企業界右派一連串較大攻擊當中的一部分而已。它的資金來源跟美國企業研究院（AEI）、胡佛研究院（Hoover）、當

代研究所（Institue of Contmeporary Studies）等等保守派錯綜複雜體系下的其他組織是一樣的，而且有其需要扮演的特殊角色。媒體確實報導組織的負責人里德・爾灣是電視談話性節目的常客，大眾媒體經常刊登他寫給編輯的信函及評論文章。媒體不但覺得自己有義務要謹慎回應他就媒體新聞和紀錄片內容鉅細靡遺的攻擊，公共電視公司甚至還幫他的團隊提供資金，讓他們回應公共電視服務網播放的越戰系列節目。光是他有辦法讓《紐約時報》出版人每年私下與他會晤一次，就足以強力證實他的影響力之大；私下會晤，可是所有說客的第一個目標。

66　《洛杉磯時報》的白宮特派記者喬治・斯格爾頓（George Skelton），在提及雷根引述事實有誤的時候，說道：「這類新聞你要是報了一次，報了兩次，就會收到很多來信說，『你們新聞人也會犯錯，你們在找他的碴。』編輯們對此會有所回應，所以過了一陣子之後，我們就不寫這些消息了。我們嚇到了」。

67　1949 年，提及史達林的集中營時，戴說那是「蘇聯最偉大的成就」，因為它展現了「人剝削人的那種完完全全的壓制」。1982 年，前死忠派共產黨官員克里格（Kriegel）寫了一本書，說 KGB 僱用了跟巴勒斯坦解放組織有干係的德國恐怖主義份子，在美國中央情報局的默許合作之下，策畫了薩布拉（Sabra）與夏提拉（Shatila）難民營的屠殺事件，為的是詆毀以色列，指其為蘇聯國際恐怖計畫的成員之一。

68　當然，異議份子準備好要譴責官方敵人，就可以通過大眾媒體的過濾系統，就像「把反共產主義當成控制機制」一節裡提到的那些身為前共產主義份子的專家一樣（p.87）

69　詳見第 2 章〈有價值受害者與無價值受害者〉。土耳其的案例值得玩味，在於西方世界的新聞媒體拒絕公開報導土耳其政府對新聞業界的攻擊，受害人也包含了美國報界駐土耳其的記者。合眾國際社警告遭到土耳其警方毆打並羅織罪名關押起來的該社記者伊斯梅特・伊姆賽特（Ismet Imset），不得報導自己遭控之罪名，最後遭因該記者批評新聞社對此案的處理立場嚴重失當，將他解僱。

70　我們認為，國內也同樣可見這種二分法。舉例來說，英國和美國的分析人士都提過，大眾媒體會定期關注、同時義憤譴責「騙取福利的人」，但它們面對企業和富人鑽稅務漏洞這種更加嚴重的欺騙行為時，卻低調處理，態度和善。同時，面對不平等和貧窮的結構成因，媒體會展現深植其中的不情願態度。彼得・古汀（Peter Golding）和蘇・米德爾頓（Sue Middleton）大加探討了英國長期存在的「貧者招罪」（criminalization of poverty）狀況、不斷抨擊騙取福利者會在新聞上遭公開指稱，相較之下逃稅行為「可以接受，甚至值得嘉許」，而逃稅的人「不僅僅是受害者，還是英雄」。他們還說，一直以來，「福利資本主義的最高成就」，就是讓大家幾乎看不到貧窮的成因與狀況。

　　李伯齡（A. J. Liebling）在名為《富得應當》（The Deserving Rich）的一章裡指出，美國也是，「發行報紙商最喜歡的發起的政治活動，就是撻伐一貧如洗的人」，而且，「這些報紙發行商大致上最珍愛的觀點，就是『窮人活該』（the Undeserving Poor）了。李伯齡鉅細靡遺地探討了媒體如何「透過（窮人）他們隱瞞資產或是本身個性就有問題，或兩種情況兼具的這種說法」，盡心盡力要壓低福利的支出，壓低稅率。這些策略不僅有分化的作用，也會把有工作的勞工階級跟失業者和招致邊緣化的人，區別開來，讓這些人對於參與騙取福利的可恥制度，感到過度不舒服。雷根總統捏造騙取福利者的事情，對他的企業贊助商大規模逃漏稅一事卻保持沉默，這些行為十分吻合自利與無情貪婪的長久傳統。

71　1973 年 3 月 1 日社論。顯然蘇聯不知道他們擊落了一架民航機，只不過美國官員隱瞞了這點，並謊稱蘇聯知道擊毀了民航機，讓嚴厲批評蘇聯行為野蠻一事有了依據。以色列人公開承認他們知道自己射下了民航機，不過這一點，在這個特殊的例子上，西方世界毫無興趣。

72　在菁英分子意見嚴重分歧的議題上，大眾媒體上就不得出現異議之聲，而且在某種程度上，某些說詞要不要大量出現、重要觀點要不要暫時不予發表等等，都會視種種限制而定。有關這點的討論，詳見前言 55 頁到 53 頁，以及其後的個案研究範例內容。

73　我們不能完全不計政府在這些案例當中所扮演的角色，因為《讀者文摘》與中央情報局關係密切，而且在保加利亞人涉嫌宗刺殺案引發的一系列抹黑行動裡，身為主要消息來源與推手之一的保羅・漢茲，過去在中央情報局任職很長一段時間。有關漢茲的討論，詳見本書第四章。《讀者文摘》某期以柬埔寨為題的雜誌大賣，部分原因相當有可能是中央情報局發布不實消息，關於這件事情的相關討論，詳見第 6 章第 357 頁及引述之資料來源。

74　我們在隨後各章當中，提供了許多案例說明，證實這些論點。本書第七章則討論了水門事件，以及

最近雷根主政晚期曝光的伊朗門事件，作為反例。

75　這幾點顯然可套用於保加利亞人遭到指控涉謀畫教宗刺殺案的例子上。詳見第四章。

76　我們也曾在其他論述當中指出，《紐約時報》都固定仰賴印尼官員就該國入侵的東帝汶「發表事實」，卻忽略了難民、教會資訊來源等等的說法。相對之下，該報在報導越南與柬埔寨的戰後事件時，主要的消息來源卻不是政府官員，而是難民。有關媒體迴避此明顯意涵的討論，詳見第六章〈波布時期〉一節。

77　因此，當中央情報局在國務院明示同意的情況下，下令尼加拉瓜反抗軍攻擊農業合作社這種「脆弱目標」的時候，連同鴿派在內的媒體評論人士，不是大表讚賞，就是提出冷靜探究，說這些目標既然有輕武裝民兵防衛，那麼攻擊是否也合情合理。然而，在同樣有武裝侵占者防衛的情況下，以色列奇布茲（kibbutzim）遭到恐怖分子攻擊時，大家的看法多少就不一樣了。

78　我們可以從美國對支持和反對的第三世界選舉處理方式上，非常清楚地看到政治宣傳與框架的變換使用，一如第三章中當中的闡述內容。

79　麥可・里汀的獨斷主張之狂妄大膽，經典例子如後：（1）比起美國政府的話，大眾媒體更相信格達費的發言；（2）「比起與我們為敵的國家犯下的更重大罪孽，在與美國交好的國家裡那些相對較輕微的違反人權情事，卻遠遠受到更多關注和嚴厲批評……」。關於媒體針對附庸國和敵國的虐行處理有別的事實，詳見第二章的紀實。

80　1986 年 7 月 19 日，尼加拉瓜總統丹尼爾・歐爾特加在演說中回應宗教迫害的指控時斷言，中美洲自 1979 年以來，138 位宗教人士遭到謀殺、278 位被綁架或失蹤（此一數據包含了聖言會協進代表在內）的這些案件裡，沒有任何一個是尼加拉瓜政府加害的。不過，反抗軍以蘇慕薩式的暴力傳統，倒是殺了許多人。這些人絕大多數不是被美國附庸國的軍隊和和維安武力所殺，就是遭到這些附庸國底下的行刑隊殺害。

81　愛德華・赫曼（Edward Herman）在《真正的恐怖主義網絡》（The Real Terror Network, Boston; South End Press,1982）一書中說明，1976 年到 1981 年間，《紐約時報》唯一大幅報導的國外個人遭害現象，就是蘇聯的異議份子，其中最知名的，是沙蘭斯基與沙卡洛夫（Sakharov），只不過在美國的勢力範圍裡，跟這些案子可以相提並論或者更加慘重的案例，比比皆是。

82　以哥倫比亞廣播公司新聞台針對波別烏施科的相關文章和報導（或是以英寸為單位的專欄大小）總數為分母，然後，再以報導 100 位遇害宗教人士的新聞與文章為分母，之後乘以 100 計算而得。

83　安東尼・路易斯表示，蘇聯的異議分子「因為跟我們很像，像到我們對他們會感同身受」；這一點多少是成立的，因為受害於美國外交政策的人，絕大多數是第三世界的佃農，話說回來，這一點也有不成立的地方，因為美國附庸國內的受害人和蘇聯的異議分子，跟我們的「相像」程度都一樣，但他們卻沒有得到同等的關注。

84　美國國務卿亞歷山大・海格和美國駐聯合國大使琴・科克派翠克，實際上都為美國女性遭暗殺一案辯護，這並非巧合，詳如後述。

85　除了表 2-2 所示《紐約時報》提供的報導細節外，還有至少四篇《紐約時報》的文章，重述了這些資訊，而且，《時代雜誌》、《新聞周刊》和哥倫比亞廣播公司新聞台也報導了類似的細節。舉《時代雜誌》諸多文章中一篇名為〈駭人的故事：細讀殉道者之死〉（"Grim Tale: Details of a Martyr's Death," Nov. 19, 1984）的文章為例：「看過這位殉難牧師遺體的教會官員們提述，他曾被毒打。他的脖子、腹部、以及腳踝都被繩子捆綁了起來，所以如果他掙扎想逃，會勒死自己。波別烏施科左手的三根指頭手指被切到見骨，手臂上還有深挖出來的傷。他肺裡的積水，足以顯示他手腳被綁遭人丟進水庫時，就算已經失去意識，也還有呼吸。」《時代雜誌》一逮到機會，顯然就很享受地重複諸如此類的細節描述。我們接下來會看到，《時代雜誌》對無價值受害者不會這麼大費唇舌描寫細節。

86　1986 年 5 月 6 日，薩爾瓦多「失蹤者之母互助會」（Mothers of the Disappeared）的成員蘿拉・平托（Laura Pinto）遭到三名武裝男性帶走、毆打、強暴、之後丟在路邊。5 月 29 日，她再度被綁，遭受虐待，而且之後互助會的 12 名成員就被警方拘留起來了。英國的《新政治家》雜誌大表意外，因為蘿拉・平托先前曾去了歐洲，西歐民眾知道她的存在，竟然還會發生這種恐怖事件。事實上，西歐民眾還抗議了這些暴行。話說回來，能採行這種恐怖行為，是因為在薩爾瓦多有直接影響力的美國，擁有聽命於國家政策的媒體。《紐約時報》和同業們，把蘿拉・平托兩次遭到攻擊的事件和「失蹤者之母互助會」的 12 名成員遭到拘留的消息，都壓下來沒有報導。1987 年 3 月時，

「失蹤者之母互助會」其中一位成員，本身也是杜阿爾特國安部隊施虐暴行下的受害者，受邀在國際婦女節的場合到幾個小城市發表演說，美國卻拒絕讓她入境，此一事件，各大報紙隻字未提。《紐約時報》口中約束了波蘭暴力事件的那種媒體關注，在無價值受害者身上是看不到的，也保護不了他們。

87 由於深入挖掘消息、報導不利於拉丁美洲各軍事政權之新聞的記者，其行為可能會遭到國家介入阻斷，甚至予以殺害，所以，新聞報業可能也因此受制。在波蘭、蘇聯、古巴、或是尼加拉瓜的西方世界記者，鮮少受到人身威脅，更別說遭到謀殺了。但是在薩爾瓦多、瓜地馬拉或美國其他拉丁美洲附庸國裡的西方世界記者，則經常會受到威脅，有時遭被殺害。而在自由的新聞媒體當中，不但沒有人評論這個諷刺的現象，而且也沒有人評論這種針對異議記者、實際存在而且可能發生的暴力行徑，會影響新聞的如實報導。關於這點，第三章的第 157 頁到第 158 頁，有進一步的討論。

88 卡特派遣了前紐約市長羅伯特・華格納（Robert Wagner）前去說服教宗約束羅梅洛神父，而教宗隨後也試著照做。不久之後，中美洲耶穌會教區長凱撒・赫雷茲神父（Father Cesar Jerez）就被召到了羅馬，說明羅梅洛神父寫信給卡特一事。受到軍隊威脅生命安全後逃離瓜地馬拉的赫雷茲神父，是羅梅洛大主教的密友。後來他也被迫逃離薩爾瓦多，如今他是住在尼加拉瓜的難民，擔任中美洲大學的校長；他沒辦法回去那兩個「發展成形中的民主國家」，只能（冒險）回去短暫訪問。

89 1981 年 9 月 27 日，艾倫・萊汀在《紐約時報》撰文寫到，「卡特主政下，美國官員說，90% 的暴行都是維安部隊所為」，不是「控制不了的右翼人士所為」。簡而言之，不只布許奈爾說謊，媒體也知道實情，但卻沒利用這個訊息。萊汀於 1980 年 3 月 23 日寫了一篇文章，標題叫做〈薩爾瓦多軍政府無法阻止殺戮行為〉（"El Salvador Unable to Halt the Killing"）的文章。

90 根據教會估計，政府在 1980 年前三個月就害 900 位左右的百姓喪命，這個數字比 1979 年全年的死亡總數還高；1980 年 3 月 21 日的國際特赦組織報告中有 7 頁的內容，談的就是受到一般軍事控制或教唆的維安部隊、武裝單位、或準軍事組織屠殺手無寸鐵之平民的事件，這些人多為佃農。

91 準軍事部隊在官方的保護下殺人，這種說法的證據之一就是多年來準軍事部隊犯下的殺人案，從來都沒人被捕。至於常規軍隊，1986 年一整年「都沒有聽說軍官或士兵因侵害薩爾瓦多平民之人權遭到罪罰的例子」。

92 安德森（Anderson）提出了許多案例，說明電視網如何在 1980 年一整年當中繼續把「溫和」一詞加在軍政府身上，就連繼任羅梅洛大主教位置的里維拉・易達瑪斯在 1980 年 10 月時表示，暴行已經嚴重到可說是武裝部隊「滅絕無防衛能力之平民百姓的戰爭與種族屠殺」這樣的等級了，媒體依然故我。

93 其他人則聲稱軍隊在現場，這與杜阿爾特、軍政府、還有和崔斯特斬釘截鐵的說詞恰恰相反。在葬禮現場的菲利浦・貝里曼告訴作者，他很清楚看到了兩卡車的部隊，就在附近。不過，崔斯特很狡猾，他提的只是廣場內的部隊，不是廣場附近或是國民宮和其他建築內的部隊。

94 根據懷特大使在電報中所陳述的觀點，左派人士的作為是為了激維安部隊做出回應。他認為這是自我毀滅的策略，不過沒有任何證據就是了。

95 可能真的是因為缺乏對這件事的了解才沒做到這點。話說回來，缺乏了解，一部分反映出不關心，也反映了看法扭曲會造成調查不以某些問題為重點的現象。

96 美國國務卿亞歷山大・海格和美國駐聯合國大使琴・科克派翠克，實際上都為美國女性遭暗殺一案辯護，這並非巧合，詳如後述。

97 這實際上可能是真的。兇手可能是受僱於薩爾瓦多維安部隊的反政府軍刺客。

98 1982 年 2 月 11 日，墨西哥《日報》（El Dia）一篇發自聖薩爾瓦多城的文章，引述了道布依桑的說法，他對兩位包含一個德國人在內的歐術記者說：「你們德國人非常聰明；你們知道，共產主義的散播，就是猶太人所為，所以你們開始殺掉他們。」儘管美國新聞媒體大肆報導了桑定民族解放陣線編造出來的反猶太言論，可是，菁英媒體的報導裡卻沒有提到這個贊同猶太大屠殺的說法。

99 國務院的大衛・E・姆考克斯（David E. Simcox）給威廉・P・福特的信，日期為 1981 年 4 月 16 日。海格發表他的聲明時，證據已經很明確顯示這些女性被強暴，然後遭近距離開槍射殺。海格自己從來沒有為這個侮辱人的謊言道過歉，而且除了受人敬重的安東尼・路易斯曾在媒體上抨擊他之外，他也沒有受到什麼嚴厲批評。這個插曲好像對海格的聲譽也沒有造成什麼顯著影響。

100 「這一點，我們應該講得比現在的說法更清楚明白一點（原文照登）。他們是代表「馬蒂民族解放

陣線」政治活躍分子，而某個以暴力行動反對該解放陣線的人，殺害了這些女性」。前大使羅伯特·懷特則指出，科克派翠克就薩爾瓦多的情況所說的這些話，會「激起殺害的行動」。

琴·唐納文曾問羅伯特·懷特大使：「當你就算幫助窮人，照顧孤兒，都被政府認為是顛覆行為時，你要怎麼辦？」雷根政府的官員，也同樣認為在薩爾瓦多鄉下幫助孤兒是顛覆行為。

101　《紐約時報》都沒有想過，如果這些死者跟謀殺案無關的話，維安部隊為什麼想把屍體藏起來。

102　史蒂芬·金瑟，〈薩爾瓦多的前參謀人員控訴同仁跟行刑隊有牽連〉（"Ex-Aide in Salvador Accuses Colleagues on Death Squads"），March 3, 1984. 請注意這個「措辭溫和」的標題。《紐約時報》之前的下標措辭會像這樣：〈杜阿爾特和國防部長卡薩諾瓦遭控謀殺四名美國女性〉（"Duarte and Defense Minister Casanova Accused of Coverup of Murder of Four American Women"）。珊提凡涅茲拿到了 5 萬美金的報酬，他會要求這個數字乃是因為考量到自己得冒的風險，以及他供出實情後，將來收入可能短缺的情況。媒體不尋常地大肆報導了這筆酬金，暗示他的證詞可信度可能要七折八扣，而《紐約時報》又出於這個原則性的理由，打壓他的第二次證詞；它們從來沒有把這種原則性理由用在蘇聯的變節者身上，而且這些人還比較不需要受到保護。當大家知道多年來，中央情報局為反政府軍集結了一批「民主領導人物」組成平民陣線，每年給他們無須扣稅的 8 萬美金酬勞時，這些人作為媒體消息來源的志節也從未有所打折。尼加拉瓜的變節者米蘭達（Miranda）收到 80 萬美金的酬庸，他的可信度也沒遭到抹除。

103　在 1981 年 9 月、1982 年 7 月 20 日、以及 1983 年 2 月 1 日的一系列調查報告當中，麥可·波斯納（Michael Posner）和國際人權律師委員會（Lawyers' Committee for International Human Rights）提出了精彩的陳述，包含詳細又確鑿的證據，證實完全敗壞的司法程序，以及官方掩蓋消息的舉措。但就像對待丁吉斯的報告一樣，美國的大眾媒體基本上都無視於這些檔案資料，而當中的事實和線索都被壓下來了。與國際人權律師委員會報告相關的新聞報導，微不足道。麥可·波斯納和史考特·葛雷特赫德（Scott Greathead）倒真的成功地在 1983 年 12 月 6 日的《紐約時報》上登了一篇社論文章，標題叫做〈殺戮案三年過後，薩爾瓦多依舊正義不得張〉（"3 Years after Killings, No Justice in Salvador"）。

104　1981 年 2 月，《時代雜誌》和《新聞周刊》都刊出了報導阻礙行為的文章；《時代雜誌》的報導標題叫做〈阻礙進展〉（"Stonewalling"）（2 月 23 日），只不過，儘管阻礙行為持續多年，但該份新聞雜誌對這件事情的興趣卻到此為止。

105　辛頓自信滿滿地斷言，低階衛兵所為乃個人行為；此話一出的同一個月裡，國務院內部的備忘錄也說「閱讀這些文件資料，挑起了好些問題，我們認為，這些問題，是任何以確定犯罪者為真正目標的調查人員早該想到的。」

106　幾乎所有的獨立觀察員都認為，民眾高度期待土地改革，因為它能帶來平等與效率。

107　美國官員常常強力要求純粹形式上的民主改革，同時也力促降低謀殺事件發生率，但是他們卻持續支持、協助規畫蠶食民主改革、增加謀殺事件發生率的框架。在瓜地馬拉（與其他地方），反民主機構之所以會固定獲得支持，向來都是因為出於政經因素對左派的恐懼，還有美國官員與商人長期以來對民眾組織（如公會、佃農組織、大眾政黨）的敵意。因此有系統地支持那些經常破壞自由主義本質的機構，就會讓偶爾支持自由形式這件事變得毫不重要。就像拉斯·舒茲（Lars Schoultz）所指出的那樣，從 1964 年美國支持的巴西政變開始，「軍事集權主義」就一直「透過不讓大多數人參與的方式，永久破壞掉現存之社經特權結構覺察到的威脅」，而且，在拉丁美洲和美國勢力範圍內的其他地方，廣為盛行」。不過在長期的軍事平定同時解散民眾組織很久之後，我們倒可能舉辦選舉，允許他們「參與」。詳見第三章。

108　1977 年起，瓜地馬拉轉而向固定提供美國政府相同用處的以色列求援。

109　雖然這一點對新聞報導文章來說，幾乎沒有例外，不過 1980 到 1986 年這段期間，大概還是有《紐約時報》和《華盛頓郵報》的十幾篇社論專欄，以及一些信件批評了瓜地馬拉的國家恐怖主義；這些資料當中，有的嚴厲批評了美國的政策。

110　當然，這完完全全是捏造。梅西亞·維克多瑞斯指的是一個由他成立的調查組織，完全由政府人員運作，也包括國防部副部長在內，可想而知，這個組織就能佐證政府運作得宜，沒有任何問題。

111　有兩個蜻蜓點水式的例外值得一提：4 月 13 日時，有一篇關於此案的文章提到戈梅茲遭到凌虐；而 4 月 19 日時，有一篇文章則提到，說他的舌頭被人割掉。但戈多伊·德古耶瓦斯（Godoy de Cuevas）和她弟弟與兒子被殺一事，則完全沒有細節報導。

112　我們在下一章就會看到，新選出的平民政府，完全沒有阻止軍隊傷害平民大眾；但話說回來，我們大概也預料到了。新聞媒體對新的平民政府所做的承諾樂觀以對，後續卻沒有報導真正發生的事情。

113　一如我們先前提出的，美國的新聞媒體，完全略而不報政府拒絕讓薩爾瓦多「失蹤者之母互助會」其中一名成員到美國來演講一事。詳見註釋86。

114　這份新聞稿，登錄於 1986 年 10 月 3 日美國瓜地馬拉人權委員會（Guatemala Human Rights Commission/USA）的「緊急行動」的備忘錄內。

115　在薩爾瓦多 1982 年和 1984 年選舉的例子上，政府靠著媒體冷處理的不僅僅是這個計畫，他們還仰仗媒體壓下以下事實：幾十年來，軍隊都拒絕人民們擁有民主選擇權，他們才被逼反叛，成了叛民；若想參加選舉，他們必須要冒著被殺害的生命危險——1980 年 11 月時，薩爾瓦多的 5 個政治反對勢力領袖，就都在聖薩爾瓦多城遭到凌虐、殺害、毀屍。

116　我們在第一章就提過，政府和其他權力組織，有其壟斷媒體報導焦點的方法；除了在媒體上大肆操作政治宣傳的這種方法之外，同時，也會提供可信又可靠的「專家」，為政治宣傳背書，證實其合情合理，進而獨占媒體的注意力。

117　關於觀察員的偏見與愚昧，附錄 1 提供了一個典型的例子。詳見附錄 1〈1984 年 7 月美國官方觀察員小組在在瓜地馬拉選舉中的觀察結果〉。

118　「觀察員代表團的任務很簡單：評估薩爾瓦多選舉的投票公正性、誠實度、以及程序合宜程度，以及計票和選舉最終結果的報導。」任務的主要內容並不包含考量可以事先判定選舉有無意義的任何基本架構條件，例如：言論自由、沒有國家恐怖行動等等的條件。詳見下文。

119　《紐約時報》甚至讓立場右派的自由之家觀察員，主導該報針對伊恩・史密斯 1979 年在羅德西亞策畫安排的選舉的相關報導（1979 年 4 月 22 日及 5 月 11 日的文章）。儘管殘暴的內戰狂掃該國，而且叛亂民眾的黑人組織不能參加選舉，自由之家還是認為選舉公平。一年後，在英國政府支持下所舉辦的重新選舉當中，先前在「公平」選舉裡，伊恩・史密斯支持的黑人候選人，只拿到了 8% 的選票，而先前遭排除於外的黑人叛民，則獲得了絕大多數的選票。自由之家反而認為第二次的選舉啟人疑竇！

120　美國媒體事先就很恰如其分地譴責了 1947 年 1 月的波蘭選舉，說這是蘇聯控制之下的選舉，而且波蘭國內處處可見維安部隊，只不過，這些維安部隊的行為，跟我們在 1979 年到 1987 年間的薩爾瓦多和瓜地馬拉所見識到的殺戮暴行，程度天差地別。

121　認真研究美國民主制度的學生常常觀察到，在美國，中間組織（工會、政治社團、不受企業控制的媒體）的影響力相對薄弱，對有意義的政治民主制度而言，是重大障礙；無疑地，這就是為何選民參與度如此低落，而對選舉意義的質疑卻如此高的原因之一。

122　主張有真正選擇的安立奎・A・巴洛伊拉（Enrique A. Baloyra）說，人民之所以投票，「主要是因為他們想要利用這個大規模的行動，疾呼終止暴力和內戰。」不過，巴洛伊拉卻完全沒有討論杜阿爾特和道布依桑對協商一套戰爭和解辦法的觀點，因為這樣，他才會傳遞錯誤的訊息，讓人以為這兩人當中，有一人支持透過非軍事途徑，終止暴力與內戰。

123　社會民主黨（Social Democratic Party）的最高領導層在 1980 年時遭到謀殺，其餘的官員逃到國外。1985 年的選舉時，這些流亡的領導人，只有一部分回到國內。

124　游擊隊的立場是，軍隊已經建立了全國性的控制系統，軍方的主導，已經制度化了，選舉便不具有意義。

125　在《新共和國》一書裡，艾倫・那恩（Allen Nairn）和尚馬力・西蒙（Jean-Marie Simon）在他們寫的〈官僚之死〉（"Burcaucracy of Deat"）一文中，描述了瑟瑞佐與軍隊之間有「戰術結盟」，讓軍隊不必對過去的行動負責，而他則換得軍隊同意讓他繼續把持政府。

126　瑟瑞佐主張，既然每個人都希望可以重新開始，就不要翻舊罪起訴軍方。然而美洲觀察會指出，如果過去的罪行能豁免於法治，那麼這就意味瑟瑞佐沒有權力制止進一步的軍方罪行。「這是瓜地馬拉尚無建立法治，而且也無法建立法治的徵兆」。這一點，在瑟瑞佐就任後一個月，面對上百起暴力致死事件卻毫無作為——其中很多是軍隊犯下的政治謀殺——就可證實。

127　根據與投票選民者的對話內容，隆（Long）的小組表示，「大多數人等了長達幾個小時，是因為急切地希望自己的身份證被蓋章，指頭沾上印墨，如此才可避免因為沒有投票被罰款和／或遭軍方

與政府的報復⋯⋯。」他們還提到，那些因為人潮過多而無法投票的人，許多地方的選務人員也在他們的身分證上蓋了章，好讓他們離開。

128 1984 年 7 月 1 日的制憲議會代表選舉中，和任何一個政黨的得票數相比，無效票和空白票的票數都更多，高達總票數的 26%，教人震驚。

129 媒體普遍隱而不報的事實是，1982 年時投票所的數量大幅下降，雖然對外聲稱是為了安全的考量，但其實是要讓隊伍排得更長。

130 1982 年選舉日前 11 天，有四名荷蘭記者遭到薩爾瓦多的維安部隊殺害。外國採訪團被招集起來，進入停屍間看屍體，這些屍體遭到利刃割畫的生殖器，就攤在媒體的眼光下。美國的媒體隱而不報這個插曲，致使無人嚴厲反對暴行，也無人針對薩爾瓦多政府的素質做出評論。在薩爾瓦多的記者，面對這個萌芽中的民主體制裡不利於媒體（與其他）的處境，更是保持極度緘默。此一事件，1984 年的電影紀錄片《以民主之名》（In the Name of Democracy）當中有所描繪。

131 《紐約時報》以一整篇文章，報導了薩爾瓦多幕僚長承諾，「會用他的軍隊，為 3 月 25 日的選舉，提供適當的維安」（1984）；報導引用了布蘭登（Blandon）的的話，「我向諸位保證，全國的選舉都會很安全」。

132 「溫和」是媒體描述示範選舉時鍾愛的字眼。1984 年 5 月 7 日《新聞周刊》一篇以杜阿爾特和 1984 年 5 月薩爾瓦多選舉為主題的文章，標題就叫做〈薩爾瓦多：溫和的奇蹟〉（"El Salvador: A Miracle of Moderation"）。

133 瓜地馬拉極右派領袖馬力歐．桑多瓦爾．阿拉爾孔（Mario Sandoval Alarcon），這位往往被形容為中美洲行刑隊教父的人，出席了雷根的第一任總統就職典禮，跟雷根的國防與外交政策顧問們會晤，而且還說碰面時大家達成了「口同協議」，要減少針對瓜地馬拉人權的批評，同時恢復軍事協助。

134 1947 年 1 月的波蘭選舉，深受美國大眾媒體定義為無意義的選舉，可是波蘭的國家恐怖主義，跟 1984 年到 1985 年間的瓜地馬拉相比，還差得遠。

135 我們大概可以確定，《時代雜誌》不會斷言「在阿富汗發生的殺戮事件，跟扎科夫將軍（General Zakov）成功壓制反叛勢力有關。」

136 《資訊報》新聞社（Enfoprensa News Agency）1984 年 6 月 22 日刊登了這份文件的摘要，題名為《瓜地馬拉相關資訊》（"Information on Guatemala"）。這份很棒的文件每周都會公告瓜地馬拉相關新聞，提出一連貫看起來很有新聞性的事件，可惜講的都是沒有價值的受害者，因此大眾媒體無意報導。

137 這份 1985 年 10 月的聲明，國際人權法組織（IHRLG）的報告當中有再次提到。

138 根據與投票選民者的對話內容，隆（Long）的小組表示，「大多數人等了長達幾個小時，是因為急切地希望自己的身份證被蓋章，指頭沾上印墨，如此才可避免因為沒有投票被罰款和／或遭軍方與政府的報復⋯⋯。」他們還提到，那些因為人潮過多而無法投票的人，許多地方的選務人員也在他們的身分證上蓋了章，好讓他們離開。

139 《紐約時報》從來不認為桑解陣 1984 年時「兌現」過什麼承諾，不過話說回來，雷根政府也不這麼認為。而執政的將軍在允許選舉「計畫」繼續進行之前，就已經──為了他們自己──宣布大赦，關於這點，《紐約時報》的專題社論，也沒思考過其意義何在。

140 1985 年 12 月 12 日《紐約時報》的專題社論恭賀瑟瑞佐，宣示「就職，但不會針對軍方的殘暴統治還以報復」一事。這句話用政治宣傳公式翻譯的話，意味著瑟瑞佐勢力太弱，連為恐怖罪行伸張最低限度的正義都承諾不了，這讓人嚴重懷疑他究竟有無實權。各大報社把赦免大規模殺戮行為這件事，講得像美德一樣，還僅稱這正是瑟瑞佐的悲憫行為！

而且《紐約時報》也沒有推論過，假使瑟瑞佐總統選擇「對軍方大加報復」，他會有什麼後果，或者在實為軍方統治的情況下，他可能要怎麼進行這樣的任務。

141 關於政府這麼投入要在尼加拉瓜辦自由的選舉，而不是針對智利、印尼、納米比亞或是南韓等許多其他國家，媒體不但沒有讓大家看到這一點，還僅稱薩爾瓦多和瓜地馬拉這種恐怖主義國家的選舉，既自由又以符合民主，這種種行為，表示他們的偽善，甚至比看起來得更加深重。

142 《紐約時報》雖然有一篇文章談的是在尼加拉瓜的眾多觀察員，不過，這是選舉**之前**的報導。該篇

報導的主要論調，是暗示觀察員有偏袒桑定民族解放陣線的偏見，而觀察員偏見的這個主題，是該報導到官方觀察員時從未提及的。在隨後有關選舉的討論當中，包含拉丁美洲學者學會這種專業機構在內的 450 名觀察員，《紐約時報》通通略而不報。露新達·布洛得班特（Lucinda Broad-bent）做的絕佳研究雖到現在都還沒出版，但跟我們的研究發現一樣鉅細靡遺，根據的也是包含美國電視網電視節目和英美兩國新聞報紙在內的樣本分析。布洛得班特指出，在她的樣本當中，反對尼加拉瓜政府的新聞版面，是尼加拉瓜政府相關新聞版面的兩倍多，「對於通常無論身於何國都會向『官方消息來源』靠攏的媒體來說，這個報導先後順序，實在不尋常」。布洛得班特也跟我們一樣強調了雷根政府的框架主導其中，甚至也影響了英國媒體和自由派媒體，而且這個有偏見的框架，還導致大量的事實曲解。她同時提到，媒體＊從未＊談到尼加拉瓜各參選政黨的計畫，如此一來，雷根針對桑解陣意圖不軌的老套說詞，以及雷根政府的政策，才能大行其道。媒體的側寫描述內容，「跟國際選舉觀察員親眼見證到的事實，大致都相反」，而這也是為什麼在我們看來，這些觀察員都該被略而不報的原因了。

143　這多少是對的，因為桑解陣想辦法要扭轉他們的形象。話說回來，在薩爾瓦多也一樣，只是多了舉辦選舉的環境有持續不斷的國家恐怖行動的問題。《時代雜誌》從未使用「戲劇」一詞描述這兩場薩爾瓦多的選舉。

144　跟 1982 年時一樣，馬蒂民族解放陣線沒有執行任何針對選舉日投票過程的軍事行動，也沒有威脅薩爾瓦多的選民。不過就跟 1982 年時一樣，這點對《時代雜誌》的報導也沒有什麼影響。而反抗軍在廣播節目上威脅尼加拉瓜選民，同時還殺害好些投票所觀察員的這些實情，《時代雜誌》從來都沒有報導過。

　　一如我們提過的，強調大排長龍的這種表面報導，是示範選舉政治宣傳主要內容的一部分。隱而不報大排長龍可能是限制投票所數目的刻意安排結果，也是政治宣傳的一部分，這就跟薩爾瓦多的例子一樣。《時代雜誌》同時強調了長長的排隊人龍，也壓下了為何隊伍如此長的相關證據。

145　金瑟 14 篇以尼加拉瓜選舉為題的撰文報導當中，有 11 篇提到了克魯茲，其中 5 篇還引用了對方的話，而且通常引用內容都不短；其中有 7 篇的內容，不是提到了選舉期間的破壞與騷擾行為，就是以這些題材為專題的文章。

146　後面我們還會看到，《時代雜誌》甚至企圖繪聲繪影地說，尼加拉瓜的選票是威逼出來的。

147　我們要注意的是，這一點在美國恰恰相反。這反映出兩國社會的普羅大眾對誰透過選舉過程而獲利，有不同的認定。

148　事實上，這個投票率比 1984 年美國總統大選的投票率還高得多，當年美國總統大選投票率只超過一半。

149　1985 年 4 月 23 日的《華盛頓郵報》披露了克魯茲拿中央情報局薪水的消息。隨後，奧立佛·諾斯（Oliver North）接手擔負克魯茲的金援，希望這麼做能轉移大家的注意力，不去看克魯茲在美國政府想方設法要詆毀尼加拉瓜選舉的那段期間，中央情報局也金援克魯茲的這項事實。

150　如今克魯茲表示，他相信，提名他的反桑解陣的聯盟（民主協調委員會），「背後是由根本不好好走完選舉活動的人」主導的，而且這些人「退出選舉，目的就是要讓桑解陣難堪」。

151　1984 年 6 月 30 日，羅伯特·麥卡特尼（Robert McCartney）在《華盛頓郵報》上表示，「反對派領導人受訪時承認，他們從未認真考慮參加 11 月 4 日的選舉，他們只認真思考過是不是只進行兩個月的競選活動，然後就退出選舉，因為桑解陣早就布下重重難關，讓他們選不贏。」

152　代表英國議會人權小組觀察薩爾瓦多選舉的資深選舉觀察員奇特尼斯勛爵（Lord Chitnis）提到，「首先，而且對選舉活動整體風格與否相當關鍵的一點是，立場比基督民主黨（PDC）還偏左派的政治人物，都不能自由參與競爭。〔排除革命民主陣線（FDR），才造就了這場選舉〕這場承諾和論理都模糊不清的競爭，角逐者是兩位要為薩爾瓦多今天之所以會這般田地負起最大責任的候選人。」他接著說，1984 年的薩爾瓦多選舉舉辦之時，「恐懼和絕望，可怕謠言和肅殺現實，定調了社會氛圍」。美國的大眾媒體，完全沒有引述奇特尼斯為消息來源。

153　媒體還費心營造《新聞報》是一家勇敢反對蘇慕薩的報紙，而且該報編輯是這位美國支持的黑幫底下的受害者。不過媒體當然清楚得很，兩份報紙除了名稱一樣，幾乎沒有其他關係了。編輯因為跟報社老闆意見衝突，1980 年時就離開了，另外成立了新的報社《新日報》（El Nuevo Diario），而且，報社有 80% 的員工還加入他的行列。如果真的有報紙可以公正宣稱自己是舊《新聞報》的承繼人的話，那就是《新日報》這份報紙了

154 薩爾瓦多境內反對國家的教會領導人奧斯卡·羅梅洛大主教遭到殺害，而殺害他的人一直以來都沒抓到。在尼加拉瓜，反對國家的教會領導人歐班多主教（Cardinal Obando）則依然活著，而且仗義執言，無所畏懼。自由媒體卻從來沒點出這個差異。

155 就一個更大的框架來看，尼加拉瓜鋌而走險地想要抵禦外部的攻擊，抗拒老大哥的要求。當雷根政府要找藉口攻擊尼加拉瓜，樂見於尼加拉瓜要這樣的動作，好讓他們可以直接干預的時候，媒體卻從來沒想過，聲稱尼加拉瓜添了米格戰機對鄰國會產生軍事「威脅」的這個說法有多荒謬。而且新聞媒體也從來沒想過，雷根政府可能想限制尼加拉瓜進口軍武，削弱其防禦能力，無法抵抗持續不斷的外侵。我們要注意的是，有別於游擊軍隊，反抗軍靠一般空投就可以存續，空投的數量在1987 年年中達到每月 30 到 40 次，而同年 8 月過後，時值美國想辦法要破壞瓜地馬拉的和平協定，空投數量則增加為 2 到 3 倍之多。因此，尼加拉瓜大有理由購入 50 年代的老舊噴射機，來抵禦美國代理人軍隊的攻擊。

156 先決條件是私營媒體聘僱和／或倚重的三個主要消息來源，即克萊兒·史德林、保羅·漢茲、和麥可·里汀，跟政府都有長期的關係往來，而且，一如後面的內容所述，像軍事安全情報局這種各式各樣的義大利政府組織，都發起指控同時把指控當成政治宣傳這方面，都發揮了影響力。

157 由於當時剛承繼布里茲涅夫擔任國家領導人的尤里·安德洛夫（Yuri Andropov），曾經是 KGB 的頭頭，因此，指稱企圖刺殺教宗一案跟蘇聯和 KGB 有所關聯，對於詆毀 1982 年跟 1983 年初期的蘇聯領導人特別有用。安德洛波夫掌政 3 個星期內，保加利亞人瑟蓋·安東諾夫就在義大利被捕了。

158 史德林跟漢茲都曾多次如此斷言，但沒有提供任何證據，也不想解釋蘇聯造成土耳其動盪不安有何好處；因為土耳其內部動盪不安，很有可能會讓軍政府奪權上台，和美國同一個鼻孔出氣──而且事實上後來這也成真。史德林與漢茲運氣很好，從來都沒有人點名要他們向西方世界的受眾解釋這些事情。

159 除了阿格卡曾短暫住過保加利亞之外，馬文·卡爾伯連提出個證據都沒有，就能詳細解釋這麼精準的時序，並斬釘截鐵地表示，「說他（阿格卡）陷入了保加利亞祕密警察的機密網絡，也就等同於被 KGB 收納，是很合理的，而且他搞不好根本不知道對方打算叫自己幹嘛。」

160 史德林─漢茲─卡爾伯模式固定都會假設蘇聯領導人是個狂人，而他們的領導階層固定會參與「諾博士（Dr. No）式〔譯注：007 系列電影首部曲中經典反派角色〕的」情節事件，同時大眾媒體也不會質疑這樣的形象。

161 國家廣播公司電視頻道強調，據傳教宗捎了信息給布里茲涅夫，威脅他如果蘇聯真的入侵，他會放棄自己的教宗地位，回到波蘭領導波蘭反抗軍。因此意圖刺殺教宗，就是要除去教宗這個障礙，以便未來入侵。然而事實上根本沒有這封信，而梵蒂岡也否認報導的真實性。

162 阿格卡決定「認罪招供」之後，向義大利的調查法官解釋，他是職業殺手，只要有人想找個可靠的「國際恐怖主義人士」，他都收錢服務。他講這話，聽起來簡直符合克萊兒·史德林的說法。義大利司法單位和西方媒體都嚴肅認真地看待這回事。

163 《國民日報》（Milliyet）駐西德的特派記者，寫了這份分成兩部分的系列報導文章，寫得極好。文中說當時義大利方進行的調查工作，極有偏見，而且管理能力不足。這一系列報導文章裡的許多尷尬不好面對但卻高度相關的事實，可能就是西方世界媒體對此內容完全略而不提的原因。

164 就連本案調查過程期間，新聞披露，阿格卡對保加利亞駐羅馬大使館的電話竟然滾瓜爛熟一事，也因為後來得知有人「無意間」留給他一本羅馬電話簿，可信度因此多少有所折損。

165 直到 1983 年 5 月 12 日，美國廣播公司電視頻道的「20 / 20」節目上，才首次出現大眾媒體立場與史德林─漢茲─卡爾伯模式明確有別的情況，只不過，媒體也沒有提出其他的說法就是了。有關此例當中立場分歧的模式和往後媒體立場有別的情況，詳見註 167。

166 《新聞周刊》在此篇長文的後面部分，的確順便表示，「很難相信蘇聯會以為，殺害教宗就可以解決他們的波蘭問題。對部分人士而言，蘇聯會放棄自己的掌控權，把自己的命運交到保加利亞人和土耳其人手中，似乎相當奇怪，因為對於非小心處理不可的情報運作而言，最基本重要的，就是控制了。」然而，在一長串認可史德林─漢茲─卡爾伯模式成立的論述後，這些在媒體上罕見如此提問的句子，也就只是被寫出來而已，沒有後續的論述發展。

167 在全國性的電視台節目裡，唯一質疑政治宣傳架構的，是 ABC 的節目：1983 年 5 月 12 日「20 /

20」節目的《殺害教宗》專輯，是五年來的電視報導當中，唯一展現出一丁點電視網的進取心、批判能力與誠實的節目了。隨後，ABC 還製作了一個節目，讓史德林和亞歷山大·科本（Alexander Cockburn）在電視上辯論，只不過，這是在史德林不知情的情況下安排的，她對於必須為自己的觀點抗駁一事，十分惱怒。至於各大報紙之間對政治宣傳的附從態度，一直盛行到 1984 年檢察官阿爾巴諾公諸於世之後，才有了變化，當時《華盛頓郵報》麥可·達布斯（Michael Dobbs）和《洛杉磯時報》的唐·善施（Don Schanche）開始以較為批判的角度，看待事件。接下來幾年，雖然達布斯對阿格卡的說詞抱持懷疑，但他同樣也懷疑有人給阿格卡下指導棋的說法，他說這是「保加利亞的觀點」。達布斯從未認真探究過有人給阿格卡下指導棋的這種假設。

168　馬爾特拉法官 1982 年 10 月造訪了華盛頓特區，訪問期間，他不只因為阿諾德·波奇格瑞夫（Arnaud de Borchgrave）所提的見解有所心得獲益，同時，NBC 為他舉辦了特別節目《射殺教宗的人》（*"The Man Who Shot the Pope"*）的特映。里汀可能更直接參與了本案在義大利的發起過程，由法蘭契思科·巴奇安薩提出指控。

169　他們這些威逼戰術有效的原因，是出於他們先前就有名氣，又有吸引群眾的影響力，所以對製作節目的人來說，他們很重要，而他們也就因此有談判籌碼。這就構成了「搭售契約（tying agreements）」的基礎。然而就《克萊登法案》（*Clayton Act*）第三條來看，這是違法的。

170　這套史德林論點以及這些與會者追求的布標，也反映出美國的菁英共識；不然，大眾媒體也不會這麼輕易地就接受她的看法。

171　史德林在她的著作《恐怖網絡》中提出的典型謊言之一，就是塞那（Sejna）「成功在蘇聯大軍入侵」前逃離了捷克斯洛伐克，但事實上，塞那在「布拉格之春」運動進行到一半之時就變節了，這是蘇聯入侵前早就發生的事，而且他還是當時一則貪腐醜聞案的主角。鮑勃·伍華德（Bob Woodward）在自己的著作《帷幕》（*Veil*）一書中，指陳中央情報局的分析家們面對史德林捏造的內容，同聲一氣地不當回事，稱其「荒謬」；書中還提出一些例子，例如她都是靠著義大利的新聞報導捏造說詞，而那些報導，其實是祕密安插於中央情報局的不實消息行動（disinformation operations）。

172　這段引用文字和思維路數，是史德林參加 1984 年 12 月 5 日在巴黎舉辦的不實資訊研討會議（Conference on Disinformation）時的演說內容；此一會議的主辦方是 Internationake de la Resistance，是右派反抗勢力／「解放」組織與支援團體的聯盟。她特別提到的那本影響力奇大、由安德羅諾夫（Andronov）撰寫的宣傳小冊，據我們所知，除了漢茲與她之外，美國大眾媒體從沒有將這本小冊子當成引用來源。

173　保加利亞國防部聲稱，在阿格卡向案件調查檢察官提出這些細節之前，沒有任何公開的消息來源——例如報紙、或是廣播和電視節目——知道安東諾夫的公寓細節。這感覺起來好像在暗示，阿格卡在獄中受到某種指點，告訴他公寓的細節。達布斯雖然認為有人指導的說法，是「保加利亞的觀點」，不予認可，可是他卻從沒解釋還有什麼其他的觀點，足以說明阿格卡為何會知道自己從未去過的地方。

174　1987 年 2 月，《華盛頓郵報》的查爾斯·巴布考克（Charles Babcock）披露，里汀很可能因為學術抄襲，在 1972 年時遭到聖路易市的華盛頓大學開除。同一天，《紐約時報》刊了一篇史帝芬·英吉伯格（Stephen Engelberg）討論里汀的文章，對里汀的過去這樣描述：「1972 年，聖路易市華盛頓大學的拒絕里汀的終生教職申請後，里汀先生就成為了……。」關於里汀這種有用資產，《紐約時報》認為適合刊登的新聞就像這樣。該報保護其不實消息來源的全面程度，令人發噱。

175　1983 年 5 月 12 日 ABC 的節目「20／20」對此有相當優異的處理報導；至於阿格卡供詞反覆一事，從 1984 年 6 月開始，麥可·達布斯也在《華盛頓郵報》上多所深入探討。這些都是例外，不過，我們先前在註釋 167 就曾提過了。

176　雖然達布斯是令人尊崇的例外，不過，論及馬爾特拉法官對這個案子的處理，他還是非常小心，而且一如先前提過的，他沒有認真思考過其他明擺著也成立的解釋模式。

177　一開始，史德林隱晦地暗示，所有說了又收回的說詞，早就都被「證實過了」——她根本在說謊。後來史德林仿照了著義大利檢察官阿爾巴諾的解釋：阿格卡曾真的待過安東諾夫的公寓裡，只不過他對此否認，目的是暗示保加利亞人最好保他出獄。

178　現為軍事歷史學家的金納德將軍是 1970 年柬埔寨入侵行動的戰地指揮官。而評論員之一是菲利

普‧德維耶（Philippe Devillers），他在法國是歷史學家，在其他地方則是戰爭評論家，只不過，他的出席，只是要幫媒體確實報導組織的評論某個部分背書而已。

179　身為法國軍事歷史學家同時也是記者的佛爾（Fall），是當時在美國撰文討論越南的人當中，少數幾個真正的專家。他所持的是極端鷹派的立場，只不過當他看到這場戰爭不過只是在摧毀越南這個國家及社會時，他就轉而反戰了。

180　儘管美國顯然對像蘇慕薩、皮諾契特（Pinochet）、以及莫布杜（Mobutu）這樣的政權長期以來都很滿意，而且即便美國也經常介入其他國家，推翻或阻止民主政權——例如 1954 年以來瓜地馬拉的例子，以及先前討論過的諸多其他案例——不過自由派的想法，還是一直認為美國要在介入干涉的地區，尋求建立美國式的民主制度。如果這個基本假定改變的話，就像承認美國的目的不是出於善意而為。這是無法容忍的。

181　關於這個假「學術」之名、行政治宣傳之實的粗鄙做法，詳見我們的評論於 Chomsky, Towards a New Cold War, chapter 5. 路易（Lewy）透過迴避，勉強默許這個評論也算正確；有關這個評論相較於他針對其他評論者的回應，詳見 Washington Quarterly（Autumn 1979），已將我們的評論和他的回覆作比較。他討論到，國家要採取嚴厲的行動以保護社會大眾不受顛覆份子的「謊言」蒙蔽，而且國家還要確保民眾不會被這類顛覆團體「隱藏起來的主張」所騙，例如「關懷越南的神職人員與平信徒組織」（Clergy and Laity Concerned）、新外交軍事政策聯盟（Coalition for a New Foreign and Military Policy）、拉丁美洲北美大會（NACLA）、以及其他想辦法要掩蓋「他們擁護古巴式共產主義」、同時從事「欺騙」和「顛覆」勾當的團體——一個被大家認真視為學者的人，執著到這種地步，學識水平竟只有如此，從這些言論我們對他就可以有更深一層的認識了。就像他在自己的論述裡面正確點出同時也不小心透露出來的那樣：「對極權主義來說，按照定義，反對者就是顛覆者。」（Lewy, "Does America Need a Verfassungsschutzbericht?" Orbis [Fall 1987] 一這是一份受人敬重的期刊，其編輯委員會相當突出。）

182　內容來自 1965 年流傳於軍隊之中以撫和行動為主旨的備忘錄，該備忘錄未曾公開過。范恩把其中一份給了澳洲新南威爾斯大學（Univerity of New South Wales, Australia）的艾力克斯‧凱瑞教授。

183　美國的干預，可追溯到 1954 年美國將吳廷琰介紹給越南、強行安排他成為該國南部的「領導人」那時候開始；在當時的背景氛圍下，美國官員也會不假思索地承認，南越人民絕大多數都支持胡志明，而吳廷琰沒有當地民意支持的基礎。

184　我們在第三章中就看到過，薩爾瓦多也一樣。儘管媒體承認民眾只希望和平，但是，美國指導協助下的選舉，卻產生出一心聽命軍方勝利的政府；同樣地這個選舉，也是執行完大規模屠殺、清除障礙後才舉辦的——而媒體卻從未質疑或者試著解釋這些殺戮行為的原因何在。

185　保羅‧昆佳吉（Paul Quinn-Judge）提出，1965 年以來，光是越南的死亡人數，可能就超過 300 萬。在美方支持的法國戰爭中，按照一般西方世界的標準估計大概死了 50 萬人。若是加上 1965 年以前的南越、寮國以及柬埔寨，數字還要再增加幾十萬人。

186　這是查爾斯‧莫爾引述「某南越官員」的話。本書作者之一（Herman）於 1971 年發表了集結引述內容的資料，當中有許多內容來自於西貢的將軍和其他官員，他們表示需要時間，因為他們缺少當地民眾支持，以至於無法忍受政治競爭。

187　E.W. 肯沃斯在 1961 年 11 月 17 日的《紐約時報》報導了甘迺迪總統的決定；他在 1961 年 5 月 10 日的《紐約時報》報導了林登‧詹森的亞洲任務。

188　護航人士否認這個轟炸北越行動的特質，其中最有名的護航者就是受人敬重的「學者」坤特‧路易了；他證實轟炸行動只針對軍事目標，理由是因為美國政府就是這麼說的，罔顧各種消息來源中引述的目擊者說法；詳見註釋 iv 裡的評論，當中有舉例說明。

189　這個常見於學術文獻中的分析，跟布雷斯特拉普的結論相當不同；波特（Porter）的評論道，布雷斯特拉普說他的結論來自歷史學家們的共識，但卻連一筆參考資料都沒有。波特還補充道，布雷斯特拉普的結論，或者他針對共產份子目的之分析，「幾乎沒有立場獨立的歷史學家」會為之背書，此說法是波特引用中央情報局分析專家派翠克‧麥葛維（Patrick McGarvey）和其他人士所說的話。

190　寇可（Kolko）接著說明這些評估，何以低估了美國大肆破壞民族解放陣線（NFL）在農村地區的基礎建設上有多麼成功，也因此這些評估都過分「悲觀」。我們要注意的是，寇可的這些結論，就

自由之家的邏輯看來他算「樂觀」，也就是說他支持美國的目的。然而事實上他並不，而這是自由之家的假設荒謬可笑的又一例子；或者，更精確地說，荒謬可笑的是他們對國家政治宣傳教則的盲目依隨，又走上了這些議題一開始的框架解釋方式。

191　引述總統顧問華特・W・洛斯托。洛斯托為前麻省理工學院教授，如今是受人敬重的公共事務評論人士，也是德州大學的經濟歷史學家。此內容來源為他的著作 The View from the Seventh Floor（New York: Harper & Row, 1964), p.244. 洛斯托對北韓與毛澤東的論述跟他對中南半島的評述一樣異想天開，嚴謹的學術就是如此。

192　很多人主張，美國在中南半島之所以支持法國為的是希望法國能加入美國操作的歐洲軍事體系。這點了不起也不過是個小小因素罷了，而且我們也可以說反過來也成立：美方在歐洲支持法國，是因為擔心法國可能會「放棄中南半島」。這個因素也無法解釋美方為何要想辦法把法國留在中南半島，而且在法國人離開後，還要接手他們的志業。

193　福克斯・巴特菲爾德明明白白參照的就是我們之前引用過的瑞斯（Race）的研究。瑞斯的研究深入分析了 1965 年美國戰局升溫前，民族解放陣線在農村地區的勝利，但根據巴特菲爾德這耐人尋味的邏輯，數年後發生的事件「推翻」了瑞斯的說法。

194　除了在後續廣播節目裡稍微修正了幾點之外，這些指控根本是一堆謊話和誤讀。

195　我們其中一人在 1970 年代初期時，曾要求永珍的美國大使館提供他們的相關文件資料，以便察知他們的簡報內容是否符實，同樣的，記者們只要跟（非常願意合作的）美國大使館做此要求，便能很快明白這些依據大使館簡報內容的消息，也就是他們的報導事實仰賴大使館的說法，幾乎跟事實沒有關係。

196　《紐約時報》駐西貢辦公室採訪主任 A・J・蘭格斯（A.J. Langguth），想辦法以混淆視聽的方式，模糊轟炸北方人民社群與轟炸南方胡志明小徑（用「南越抵禦北越攻擊」的概念，在政治宣傳的基本教則體系底下，此做法便可以接受）之間的明顯不同，藉以解釋為何不報導轟炸寮國北部的行動。

197　報導表示，這場戰爭「到今年初春，北越軍開始一系列往寮國北部推進的行動之前」，一直都「是不擴大的」，美國轟炸行動向來都是針對「北越的供給路線」和「敵軍的集中營」，而「民眾聚集的中心與農耕地，大多都未遭轟炸。」不過，大量的難民報告很快地便讓我們明白，這個說法不正確，就像德柯諾瓦（Decornoy）的目擊者報告內容早在 15 個月之前就讓我們看到的一樣。

198　作者之一參加過 1986 年紐約舉行的一場媒體人士的公開說明會。當時一位知名的電視記者辯稱，媒體並非沒有報導轟炸寮國北部的行動，因為 1972 年就有一份來自難民營的報導。這不禁讓人好奇報導 1945 年珍珠港轟炸事件的報紙，到底該多受尊崇才夠。

199　受到蕭克勞斯倚賴的佛朗索瓦・龐蕭德，其身為消息來源的可靠性極為可疑，早就有很多紀錄可循。若不是因為攻擊對象是官方敵人的話，像他這種可疑紀錄這麼多的人，根本不會被當成消息來源，證實沒有文件紀錄的指控。

200　他認為，「那幾年的戰爭，見證了柬埔寨社會的毀滅以及紅色高棉多少靠著白宮政策，在灰燼中的崛起」；儘管我們以為「1973 年紅色高棉遭受到『美國一連串大規模的轟炸，死傷極為嚴重』，不過『戰爭所釋放的民族主義力量，讓紅色高棉成了一支越發難以對付的軍隊』」。這裡的「死傷」一詞，想當然指的是紅色高民的軍隊；沒有提到百姓的死傷。有關蕭克勞斯對「仁慈本質」的有限想像，詳見下文「美國國內的第三階段」小節（第 351 頁）。

201　其他人的估計更高。龐蕭德預估死亡人數有 80 萬人，不過，一如我們 1977 年的評論內容，他似乎誇大了美國轟炸行動的死傷人數，而且也指出過，他是相當不可靠的消息來源。「美國政府消息人士的非官方公告數字為 60 萬到 70 萬之間」（出自採計較低數據的 CIA 人口統計研究）。

202　採計較低估計值的一邊有中央情報局，其人口統計研究表示，「可能遭到處死」的人有 5~10 萬，而由於戰後人口的錯判，還有始終都有各種出於政治動機的評估，所以估算所有成因的死亡人數，沒有意義；《遠東經濟評論》則提出，「根據中央情報局的預估數字」，在民主柬埔寨（DK）底下，死亡人數顯著增加到 820 萬（根據《遠東經濟評論》1979 年和 1980 年的《亞洲年鑑》〔Asia〕，後者將死亡人數從 820 萬減少為 420 萬，顯然正確的數字大概有 650 萬左右）；澳洲的中南半島專家卡萊爾・賽爾（Carlyle Thayer），在美國政府期刊《共產主義的問題》（1981 年5-6 月刊）當中提出，包含所有死因在內的死亡人數為 50 萬，其中被處死的人數為 5 萬到 6 萬之間。至於採計較高估計值的一邊，估計高達 3,000 萬或 3,000 萬以上的都有，只不過都沒有任何分

析。就像所有嚴謹的觀察家都強調的一樣，不管是哪一方面誤差值的範圍很大。

203　大多是麥爾坎‧布朗的報導；還有亨利‧坎姆的外電專題報導。我們在此排除了簡短的報導，而且這份資料可能也不完整。

204　當時我們的看法是，「就算可以解釋越南的入侵，也不能加以正名」（《人權的政治經濟學》〔PEHR〕，第二部，前言，第 19 頁）。在那之後，隨著與 1977 年到 1978 年間波布恐怖主義相關的消息及攻擊越南邊境的新聞陸續出現，我們當初的說法，就算用比較狹隘的方式解讀符合國際法的自衛權，也可能還需要條件證實才行。

205　他的引述是東拼西湊出來的，其中包含了《人權的政治經濟學》〔PEHR〕第一部的概論第 19 頁到第 20 頁當中多所出現的文句詞彙，但當中關鍵的部分都被他刪去了——而且也未加以註明——而這些他刪除的部分，能立刻證實他提出的論點有多荒謬。

206　精確地說，我們找到了一個建議，只不過當時事件老早就結束了。蕭克勞斯在 1981 年 12 月 6 日的《泰晤士高教周報》（The Times Higher Education Supplement）裡，連同一連串歪曲我們討論這些事件之立場的論述外，他還表示，由於我們有「政治影響力」，我們大可以發揮作用，動員全世界，向中國施加壓力，制止紅色高棉的暴行——沒錯，這其實就是他自己迫切想做的，只不過他跟我們一樣沒有影響力，成不了事。這毋庸置喙了。顯然，該報的編輯也深信蕭克勞斯的說法，就算我們有那麼了不起的「政治影響力」，他們還是拒絕刊出我們的回應。我們懷疑，要不是蕭克勞斯事前就先確定該報不會讓我們刊登回應，他也不會發表這麼幼稚的荒唐言論。

207　同時重要的是，面對程度相當、持續發生而且是美國要負責的暴行，媒體都匿而不報（到現在幾乎都一樣），直到無法再否認事實的時候，才無恥地辯解。

208　路易斯在此所提的是自己對詹姆斯‧麥迪遜（James Madison）和布瑞南大法官（Justice Brennan）兩人觀點的詮釋（在他稱為「現代最重大的〔媒體〕訴訟勝利」的《《紐約時報》訴蘇利文案》），同時他也為此背書。

209　這種分散代價的例子，包含支出金額高達幾十億美金、要納稅人負擔的中央情報局祕密行動和政府對附庸政權的補助、打造帝國和軍武競賽的總共花費、軍事工業界中浮報價格提供不需要之武器的剝削情事、還有以稅務優惠立法和其他好處賄賂政治競選活動贊助主的情況（例如：1981 年雷根選上總統後施予企業的巨額減稅大禮，還有 1971 年，乳業說客捐給共和黨巨額獻金後，尼克森馬上增加乳品價格）。

210　事實上，這些醜聞和不法行為，早在陶爾（Tower）的委員會和國會質詢過程中遭到正式「披露」之前，就已經為人周知了，只不過，這些都可以壓下來。

211　儘管如此，我們也提過，這些討論幾乎沒有限制不得散布有用的謊言和謠言，甚至也沒有限制不得散布內容早經證實為虛構的說法。

212　中央情報局選出、為尼加拉瓜反抗軍當發言人的艾德格‧查莫洛（Edgar Chamorro），稱《紐約時報》的史蒂芬‧金瑟就像是「跑腿小弟，編出那些符合雷根政治宣傳內容的故事——一下子是教會、一下子是尼加拉瓜原住民米司基托族（Miskitos），一下子又是私營企業部門。最後的兩個星期，我看金瑟最起碼寫了八篇文章，完全照著白宮要他說的內容做。金瑟老是提出問題，質疑桑解陣的意圖、質疑他們是否真民主等等。你分析他的文章，就會發現他只是回應白宮說的是什麼」（出自《號外！》〔Extra!〕新聞報的訪談內容〔這是公正報導及確實組織〔FAIR, Fairness & Accuracy in Reporting〕的新聞報〕，1987 年 10-11 月刊）。公正報導及確實組織（FAIR）是左派自由意志份子的組織，相當於右派的媒體確實報導組織，因此它們經費不足，還常常被排除於辯論之外，這點跟媒體確實報導組織大有不同。它們給編輯的信往往都不被登出，就算內容的正確性私底下已獲證實也一樣；詳見同一期新聞報，會有一些精彩的範例。

213　雖然 1984 年《有線電視執照經銷與電訊傳播法案》（Cable Franchise and Telecommunications Act）允許各式要求業者要附上公共頻道，但卻准許有線電視業者，要是公眾未善加利用這些頻道的話，可以轉為他用。因此，頻道閒置可能成了刪除公共使用的藉口。

214　布利爾於 1984 年 12 月 20 日，寫信回覆某位埋怨他身為觀察員卻如此好騙的選民。文中他堅稱自己的義務就是報導「觀察到的選舉舞弊情事、對選民的威逼行為或是有無拒絕投票權的狀況……。」至於基本的選舉條件，他說：「關於選舉日之前的言論自由，我過去跟現在都沒有意見，只不過我在瓜地馬拉才剛目睹的這場選舉讓我相信，言論自由的確存在，因為有他們有 14 到 16 個不同的政黨，而根據媒體的說法讓我們相信，尼加拉瓜在準備選舉的時候，是不存在言論自由

的。」事實上，美國新聞媒體時不時報導瓜地馬拉有國家策畫的謀殺案，這可能早就提醒布利爾，瓜地馬拉的言論自由是受限的，不過，他顯然沒有提出質疑，也沒有好好讀一讀這個主題的資料。他從因為很多政黨所以得到言論自由存在的這個推論，是一種邏輯前後不通的陳述——充滿恐怖行動的極權國家，可以輕鬆地允許、甚至鼓勵眾多人參與選舉，只要大家都在事先訂定的政治光譜當中即可。布利爾引用新聞論及尼加拉瓜言論自由受限的說法，好像這是相關的主題似的，可是他卻沒有深究新聞媒體關於瓜地馬拉的說法。他還訂下了愛國主義者的假設，認為美國新聞針對附庸國和不受美國歡迎的國家，報導都很客觀。布利爾在美國支持的選舉裡，戴起了遮眼布，但在討論敵對國選舉的誠正性時，他倒準備好摘掉這塊遮眼布。國務院（就公開採納這種二分法，而且就像我們看到的那樣，《紐約時報》的賀德立克·史密斯也起之效尤，媒體一般說來也是如此。作為1986 年 2 月菲律賓總統大選官方代表團成員的布利爾，在觀察那後來由費德南·馬可仕（Ferdinand Marcos）勝出的大選後，抨擊媒體專門報導一些像「暴力、買票與舞弊」之類的負面消息，說「它們完全沒看到，2,000 萬人民在沒有恫嚇威脅的情況下，本著良心到投票所，投下總統選票」，他的這席話，讓他贏得了大家的敬重。布利爾習慣一心為附庸國選舉的表象辯護，結果卻沒有理解官方路線已經改變——幾天後，在那位熱愛自由的馬可仕先生被人護送出國時，他就出了小糗。

215　他沒有提到瓜地馬拉的實際機構有哪些——例如公民防衛巡邏隊——也不打算加以評估，而且，他跟觀察團的其他人員甚至也沒提綏靖計畫和屠殺佃農的事件，這些可是眾多新聞報導的主題。除了艾德華本人沒有在現場看到任何佃農遭到殺害之外，我們還懷疑，艾德華的「研究」內容八成是美國大使館提出的建議吧。

216　1981 年教宗槍擊案發生之後，時任《紐約時報》駐西德特派記者的塔里亞布，就立刻寫了幾篇發人深省的文章，討論阿格卡跟土耳其法西斯派的關聯。這些資料在他 1985 年為《紐約時報》擔任特派記者，到羅馬報導該案開庭審理相關新聞時，就都略而不談了。重要的是，針對該案在羅馬開庭審理，他的第一份報導，克萊兒·史德林是共同作者，同時，他針對開庭審理的後續報導，都忠於史德林的解釋模式。

217　舉例而言，馬爾特拉沒有控管探阿格卡監的訪客，也沒有控管他的閱讀資料，這點就嚴重破壞了此案，還有，他所謂的祕密調查內容卻大量遭到外洩，也讓此訴訟案打了折扣。

218　我們可以看到，無疑地，布雷斯特拉普在其著作《越共》（Vie Cong, Cambridge, Mass: MIT Press, 1966）中，採取的立場與我們相反；他跟支持革命游擊戰的人同聲一氣，同情「世界各地……經常會有的革命擾動事件」，認為這些游擊戰「一方面反對人民的抱負，同時又顯然鼓勵了人民的抱負」，同時他也表達自己鄙視那些「好騙、遭到誤導的民眾」，說這些人「把農村變成騷動不安的地方，推翻了一個又一個的西貢政府，讓美國人招架不了奇招」等等。布雷斯特拉普沒有因為派克受僱於美國政府，同時又「仰慕」美國政策，會死忠捍衛加以支持等等事實，而想到他可能不是「思想獨立」的人；只有波特的政治傾向跟「自由之家的客觀性」有關。

219　事實上，一如金納德跟其他消息來源人士所證實，由於空襲與炮兵的猛烈轟炸，針對的目標都是死傷根本無從計數、就連猜測都辦不到的那些地方，所以我們並不知道「屍體總數」。後續魏摩蘭的文章顯示，記者對其報告抱持懷疑態度，其實很合乎情理。